文库

春秋左传研究

童书业 著

江西教育出版社
JIANGXI EDUCATION PUBLISHING HOUSE
·南昌·

图书在版编目（CIP）数据

春秋左传研究 / 童书业著 . —— 南昌 : 江西教育出版社 , 2021.10

（大家学术文库）

ISBN 978-7-5705-2315-3

Ⅰ . ①春… Ⅱ . ①童… Ⅲ . ①中国历史 – 春秋时代 – 编年体②《左传》– 研究 Ⅳ . ① K225.04

中国版本图书馆 CIP 数据核字 (2021) 第 025161 号

春秋左传研究

CHUNQIU ZUOZHUAN YANJIU

童书业　著

江西教育出版社出版

（南昌市抚河北路 291 号　　邮编：330008)

各地新华书店经销

北京长宁印刷有限公司印刷

635 毫米 ×960 毫米　　　16 开本　　20.75 印张　　字数 290 千字

2021 年 10 月第 1 版　　2021 年 10 月第 1 次印刷

ISBN 978-7-5705-2315-3

定价：49.00 元

赣教版图书如有印装质量问题，请向我社调换　电话：0791-86706047

投稿邮箱：JXJYCBS@163.com　　电话：0791-86705643

网址：http://www.jxeph.com

赣版权登字 -02-2021-527

"大家学术文库" 编者按

中国学术，昉自伏羲画卦，至周公制礼作乐而规模始备。其后，王官失守，孔子删述六经，创为私学，是为诸子百家之始。《庄子》曰："道术将为天下裂。"孔子殁后，儒分为八；墨子殁后，墨分为三。诸子周游天下，游说诸侯，皆以起衰救弊、发明学术为务，各国亦以奖励学术、招徕人才为务，遂有田齐稷下学官之设。商鞅变法，诗书燔而法令明；始皇一统，儒士坑而黔首愚，当此之时，学在官府，以吏为师，先王之学，不绝如缕。至汉高以匹夫起自草泽，诛暴秦，解倒悬，中国学术始获一线生机。其后，汉惠废挟书之律，民间藏书重见天日。孝武之世，董子献"罢黜百家，表彰六经"之策，定六经于一尊。其后，虽有今古之分、儒释之争、汉宋之异、道学心学之别、义理考据之殊，而六经独尊之势，未曾移也。

及鸦片战起，国门洞开，欧风美雨，遍于中夏，诚"三千年未有之变局"。当此之时，国人震于列强之船坚炮利，思有以自强；又羡于西人之政教修明，思有以自效。于是有"变法守旧之争""革命改良之争""排满保皇之争"，而我国固有之学术传统，亦因之而起变化。清季罢科举而六经独尊之势蹙，蔡子民废读经而六经独尊之势丧。当此之时，立论有疑古、信古、释古之别，学派有"古史辩"与"学衡"之争，学说有"文学革命""思想革命""文字革命""伦理革命"诸说，师法有"师俄""师日""师西"之分，众说纷纭，莫衷一是，百家争鸣，复见于近代。

民国诸家，为阐明道术、解救时弊，著书立说、授课讲学，其学术思想，历久弥新，至今熠熠生辉，予人启迪。然近人著作，汗牛充栋，多如恒河之沙，使人难免望书兴叹，不知从何下手，穷其一生，亦难以卒读。因此之故，我们特精选最具代表性之近人著作，依次出版，俾读者略窥学术门墙，得进学之阶。此次选辑出版，虽未能穷尽近人学术之精品，难免有遗珠之憾；然能示人以门径，使人借此以知近人学术规模之宏大、体系之完密，亦不失我们编辑出版"大家学术文库"之初衷。

此次出版，为适应今人阅读习惯，提升丛书品质，我们特对所选书籍做了必要之编辑加工，约有如下诸端：

一、改繁体竖排为简体横排；

二、修正淘汰字、异体字，规范标点符号用法，为一些书加新式标点；

三、校改原稿印刷产生之错字、别字、衍字、脱字；

四、凡遇同一书稿中同一人名有两种及以上不同写法者，一律统改为常用写法。

除以上所举四点之外，其余一仍其旧，力求完整保持各书原貌。

然限于编者之有限学力，书中疏漏之处，在所难免，尚祈广大方家、读者诸君不吝批评斧正。

编　者

2021 年 9 月

目　　录

春秋左传考证

第 一 卷

古史传说之部

（1）三皇五帝

是能读三坟、五典、八索、九丘。（昭十二年）

案：旧说或以三坟为三皇之书，五典为五帝之书，其说可疑。三皇五帝之说在《左传》作时似尚未完全形成。"三皇五帝"之称始见于《周礼》（战国后期作品）等书。皇字在战国以前只是形容词及副词，偶亦用作动词，或用为人名，绝无用作一种阶位之名称者。战国以后，本用以称上帝之"帝"字，已用作人王之位号，遂改用训"美"训"大"，而又惯用作天神之形容词之"皇"字以称上帝，至战国后期，"皇"亦化为人王之称，于是有三皇之说。秦王政统一中国后，以"三皇"之"皇"与"五帝"之"帝"合为统一帝国之天子之称，遂曰"皇帝"。此时之三皇为"天皇"、"地皇"（或从《史记》所载"八神"中之"天主""地主"来）、"泰皇"（后改为"人皇"），而以"泰皇"为最贵。（《吕氏春秋·大乐》篇"太一出两仪，两仪出阴阳"，注："两仪，天地也。"）"泰皇"之名盖由《楚辞》中之"东皇太一"来。后世或以伏羲、神农、燧人、女娲、共工、祝融等与"三皇"配合，异说纷纭。"五帝"之说当起于五方帝，而五方帝之说则起于五行。五行之说起源或甚古，《甘誓》《洪范》已道五行。此等书虽出于春秋战国间，然《墨子》已引《甘誓》。《甘誓》云："威侮五行，怠弃三正。""五行"自为金木水火土之五行，"三正"或即为天地人之"三才"，"五行三正"即"五帝三皇"说之哲学背景也。《墨子·贵义》篇："帝以甲乙杀青龙于东方，以丙丁杀赤龙于南方，以庚辛杀白龙于西方，以壬癸杀黑龙于北方。"所谓青赤白黑四色之龙，疑即青赤白黑四色之帝（古书中常以龙表帝神），而所谓"帝"疑即黄帝，盖即中央黄龙之神（昭十七年："昔者黄帝氏以云纪，故为云师而云名。""云从龙"，可为旁证）。帝杀四龙，似即所谓"黄帝胜四帝"（《孙子》）。此四帝与黄帝即五方帝，亦即最早之五帝说，则五帝本为神而非人也。五方帝中盖唯黄帝有最上天帝之资格，故其传说亦最风行（逐渐人化）。邹衍五运说起，即以最上天帝之黄帝为人王，而置其时代于夏商周之前。其后人王之五帝说起（始见《荀子》等书），病青赤白黑四帝之未人化也，乃以颛顼、帝喾、尧、舜与黄帝合为人之五帝。至《月令》出，更以太皞、炎帝（即赤帝）、少皞、颛顼应合青赤白黑四帝，而与黄帝共为五神帝。三皇五帝之说忽神忽人，此等固介于神人之间之传说中人物也。至"三坟""五典"之书与"三皇""五帝"究竟有无关系，尚待详证。

（2）太皞

任、宿、须句、颛臾，风姓也，实司太皞与有济之祀。（僖二十一年）

案：喾古或作俈（《管子·侈靡》篇、《史记·三代世表》），太皞或作太皓（《楚辞·远游》）、太浩（《淮南子·览冥》），盖太皞即帝喾，而少皞即契。太皞风姓之"风"，即"凤"（甲骨文及古书中均有证）。少皞之立，凤鸟适至（昭十七年），二皞之世必相继（崔述已有此说）。至以太皞为伏羲，则晚出之说，不足信，前人已辨之矣。

（3）炎帝

炎帝氏以火纪，故为火师而火名。（昭十七年）

案：炎帝非即神农，前人已有辨证。炎帝本为天上之赤帝，赤，火色，故"以火纪"，"为火师而火名"。炎帝为姜姓之祖，而黄帝则为姬姓之祖。《晋语四》云："少典娶于有蛟氏，生黄帝、炎帝。黄帝以姬水成，炎帝以姜水成，成而异德，故黄帝为姬，炎帝为姜。二帝用师以相济也，异德之故也。"盖姬姜本为一氏族或一部落之分化，互相斗争，互相团结。姬、姜世通婚姻者，以其已分为二氏族也。

（4）黄帝

遇黄帝战于阪泉之兆。（僖二十五年）

案：黄帝之名始见于陈侯因脊敦铭。敦为齐威王时器，而曰"绍缅高祖黄帝"。"高祖"者，远祖也，是黄帝确为有虞氏后之陈氏之远祖，此黄帝本为虞帝之确证。邹衍为齐威宣时之齐人，作"终始大圣之篇"，"先序今以上至黄帝"，黄帝之人王化盖始自战国中叶。此前秦灵公已祀黄帝，盖黄青赤白黑五神帝中之帝，尚非人王也。前人及近人以为"黄帝"实出"皇帝"（上帝）之变字，其证甚多。崔适等已谓黄帝即《吕刑》之"皇帝"，则《吕刑》"皇帝遏绝苗民"之故事即黄帝灭蚩尤之故事也。古"皇帝"本指上帝（《师匋毁铭》），故《吕刑》以"皇帝""上帝"为互文。《逸周书·尝麦》篇云："昔天之初诞作二后，乃设建典，命赤帝分正二卿，命蚩尤于宇少昊，以临四方，司□……蚩尤乃逐帝，争于涿鹿之河，九隅无遗。赤帝大慑。乃说于黄帝，执蚩尤，杀之于中冀……乃命少昊请司马鸟师，以正五帝之官，故名曰质，天用大成，至于今不乱。"此神话传说，显示古代有东西两大部落之对峙，盖赤帝（炎帝）在西而蚩尤在东，赤帝为蚩尤所逼，乃求援于其同族黄帝，遂擒蚩尤，改命少昊司东方，于是"天用大成"。至阪泉之战，则古籍云系黄帝与炎帝之战，盖姬姓部落克服姜姓部落之反映，周兴之时固以姬族为主而姜族附之也。

（5）少皞

我高祖少皞挚之立也，凤鸟适至，故纪于鸟，为鸟师而鸟名。（昭十七年）

案：《世本》"少昊名契"（《路史》注引），《潜夫论·五德志》"少暭……始作书契"，则少皞即殷祖契。《离骚》："望瑶台之偃蹇兮，见有娀之佚女……凤皇既受诒兮，恐高辛之先我。"《天问》："简狄在台喾何宜？玄鸟致贻女何喜？"则凤鸟亦即玄鸟。"少皞挚之立也，凤鸟适至"，即"天命玄鸟""帝立子生商"也，故《路史》注引田俅子云，"少昊之时，赤燕一羽而飞集户"，"赤燕"亦即"玄鸟"。《郑语》："商契能和合五教，以保于百姓者也。"《尧典》："契！百姓不亲，五品不逊，汝作司徒，敬敷五教在宽。"左氏谓少皞有"五鸠，鸠民者也"；"五雉，夷民者也"；"五鸠""五雉"与"五教"似有关，"鸠民""夷民"亦即"保于百姓"。少皞为契似可推定。据《史记》《五帝本纪》及《殷本纪》挚、契皆帝喾子，挚、契本一人传说之分化，而帝喾亦即太皞也。又伯益据《史记·秦本纪》亦玄鸟陨卵、女修吞之而生之大业之后裔，近人以为益即燕，亦即玄鸟。秦本淮夷支族，故亦有东方鸟图腾之神话也。

（6）颛顼

陈，颛顼之族也。岁在鹑火，是以卒灭，陈将如之……自幕至于瞽瞍，无违命，舜重之以明德，寘德于遂，遂世守之。及胡公不淫，故周赐之姓，使祀虞帝。（昭八年）

案：昭十年云"陈，水属也"。盖颛顼者北方之帝，亦即水帝也。《尔雅·释天》："玄枵，虚也。颛顼之虚，虚也。北陆，虚也。"郭注："虚在正北，北方色黑……颛顼水德，位在北方。"则颛顼之名或来自星宿。《周语下》："星与日辰之位皆在北维，颛顼之所建也。"非天帝孰能建立"北维"乎？《墨子·非攻下》："昔者三苗大乱，天命殛之……高阳乃命（禹于）玄宫……以征有苗。"《随巢子》"天命夏禹于玄宫"，则高阳即天。

《庄子·大宗师》"颛顼得之以处玄官"，则颛顼即高阳，亦即天帝也，故居于天上之"玄宫"（北方之宫）。《月令》冬月曰"其帝颛顼，其神玄冥"，则颛顼为人五帝之一，亦为神五帝之一也。《鲁语上》"有虞氏禘黄帝而祖颛顼"，又云"幕能帅颛顼者也，有虞氏报焉"，则有虞氏确有出于颛顼之说。禘者祀天帝，祖者祀高祖，校以《左传》之文，则颛顼或为有虞氏最初首长之代表，其后在传说中神化者乎？昭十七年："卫，颛顼之虚也，故为帝丘。"则有虞氏最初之发祥地或在后来卫都之帝丘（濮阳）。"岁在鹑火，是以卒灭"，则颛顼氏曾灭亡，至有虞而复兴乎？神话之中有人话，人话之中有神话，半神半人之古史，亦为各民族之所同也。

（7）高辛

昔高辛氏有二子，伯曰阏伯，季曰实沈，居于旷林，不相能也，日寻干戈，以相征讨。后帝不臧，迁阏伯于商丘，主辰，商人是因，故辰为商星。迁实沈于大夏，主参，唐人是因，以服事夏商……及成王灭唐，而封大叔焉，故参为晋星。由是观之，则实沈参神也。昔金天氏有裔子曰昧，为玄冥师，生允格台骀。台骀能业其官，宣汾、洮，障大泽，以处大原，帝用嘉之，封诸汾川，沈、姒、蓐、黄，实守其祀，今晋主汾而灭之矣。由是观之，则台骀汾神也。（昭元年）

案：高辛氏旧云即帝喾。帝喾实亦即天帝，此高辛氏之二子阏伯、实沈，盖即商、夏之祖，传说中初以为出自天帝者也。左氏此文，以商人因阏伯，唐人因实沈。阏伯者辰之神，商人居商丘，即因此辰星之分野。实沈可能即夏祖鲧，所谓"入于羽渊"者也。唐之后裔因汾水夏虚立国，居参星之分野，至周初而灭，晋国即建于此。金天氏旧谓即少皞。少皞实即商祖契，其裔子昧"为玄冥师"，殆即商祖冥，所谓"冥勤其官而水死"，故其后裔台骀有为汾神之说。至阏伯、实沈之"不相能"，似为夏、商二族交争之历史在传说中之反映。古史传说往往相混而难于清理，此亦其一，姑为说如此。

又案：高辛既即天帝，而其二妃一为商祖，一为周祖，此处二子亦一为商祖，一为夏祖，高辛之二女二子传说与夏、商、周三族皆有关系，不可不附带一论。二女之传说近人考之已详，无用多论，旧作《有仍国考》（原稿为余所作）亦曾论二女传说之一部。盖有娀（即舜妻二女之分化）、有仍、有虞、岷山等二女故事，皆古代氏族群婚制之残迹，而春秋时"姪娣从嫁"之制，亦即贵族男子片面之群婚制也。

（8）陶唐

《夏书》曰：惟彼陶唐，帅彼天常，有此冀方。今失其行，乱其纪纲，乃灭而亡。"（哀六年）

案：此"陶唐"旧说为夏，非是。此言陶唐氏据有"冀方"之地，至夏而灭亡也。"陶唐"与尧究竟有无关系，为一疑难问题。考《诗》、《书》（周书）唯言"三代"（《诗》：《大雅·荡》、《商颂·长发》，《左》昭二十六年引《诗》，《书》：《召诰》、《多士》、《多方》、《立政》），最前之朝代为夏（康有为《孔子改制考》亦云然）。周人于夏之早世情形似已不甚明了，故言殷之兴能历举其先祖（如《书》之《无逸》《君奭》），而于夏则除末世之桀外，唯作空泛之辞，而不能举具体代表人物及史事。《立政》篇历举三代先世之"盛德任贤"，以为嗣王取法，此时若已流传唐、虞二代名，则唐、虞之"盛德任贤"最为后世所称，何故不举？盖周初人以夏为最前之朝代，故称中国为"夏"，且以自称（周托先于夏，自称"有夏"，见《立政》）。《论语》亦只称三代（《为政》《八佾》《卫灵公》，唯《泰伯》篇称"唐、虞之际"，然是章文句散乱，又称"孔子曰"而不称"子曰"，文义不类，且在篇末，甚可疑）。至《墨子》书始有称"虞、夏、商、周"者（《明鬼下》《非命下》），然言尧、舜仍以属之"三代"之中（《尚贤中》《节葬下》《天志中》《天志下》《明鬼下》《贵义》），或尧、舜之代号古亦称之为"夏"，而其国号为"虞"，故先秦古书常以尧舜统属于"有虞氏"，而有虞夏商周四代之称（《国语·鲁语》上、下，《晋语八》，《郑语》，《左》庄三十二年、成十三年、襄二十四年、昭元年，《韩非子·显学》，《吕氏春秋·审应览》，《商君书·开塞》，《太平御览》引《慎子》，等等，又《礼记·檀弓》《王制》《内则》《文王世子》《明堂位》《祭法》《祭义》《表记》亦然），《大戴礼记》甚至有"四代"之篇。《礼记·明堂位》称"伊耆氏"，考尧称"伊尧"（《潜夫论·五德志》及帝尧碑），《帝王世纪》谓"尧姓伊祁"，故释文云"伊耆氏或云即帝尧，则已有别尧于四代之外之意。然《大戴礼记·少间》篇并称尧、舜、禹、汤、文王，而曰"四代五王"，则仍以尧舜并属虞代，与今本《尚书·虞书》同。《周语下》"其在有虞，有崇伯鲧……称遂共工之过，尧用殛之于羽山"，亦可证尧为虞帝（此外尧为虞帝之证尚多）。《鲁语上》云"有虞氏禘黄帝而祖颛顼，郊尧而宗舜"，似又以五帝并属有虞。今本《尧典》载舜受尧终于尧太祖（"文祖"）之庙，及尧崩即真，又格于尧太祖之庙，则尧舜似本属一家，故属于一代也（《尚书大传》有唐传，说文引古文尚书有唐书，盖二书晚出之故）。陈侯因资镈铭"绍缠高祖黄帝"，《左》昭八年"陈，颛顼之族也"，则黄帝颛顼皆陈祖，亦即虞祖。《吕氏春秋·应同》篇载"五德终始"之说，以黄帝至舜并为"土德"一德，高注引邹子云"虞土"，则以黄帝为有虞一代之祖。《大戴礼记·虞戴德》篇亦以黄帝属有虞。《史记·伯夷列传》载《采薇》歌"神农虞夏，忽焉没今"，似亦以神农后之五帝同属虞代。

"陶唐"与"唐"之名始见《国语》《左传》（《晋语》，《左》襄六年、九年、二十四年、二十九年，昭元年、二十九年，定四年），盖为古国，至周初始最后灭亡，其地即在夏虚。《吕氏春秋·古乐》篇历叙朱襄氏、葛天氏、陶唐氏、黄帝、帝颛顼、帝喾、帝尧、帝舜等乐，分陶唐氏与帝尧而二之，且以陶唐氏置于黄帝之上，可见其不以陶唐氏为即帝尧。《鹖冠子》云"尧伐有唐"，亦可证尧与唐为二之说。然《孟子·万章》篇亦与《论语·泰伯》篇同，连称"唐虞"，或尧为唐帝、唐虞为相续之二代之说开始确立于战国中叶，至汉代尧为唐帝之说已成普通常识，唐虞连称之词屡见不鲜（《韩诗外传》卷五、卷六，《太平御览》引外传，《尚书大传》唐传、虞传，《淮南子》俶真、主术、缪称、汜论，《春秋繁露·三代改制质文》，《史记》之《殷本纪》《周本纪》《始皇本纪》《高祖功臣侯年表》《天官书》《平准书》《陈杞世家》《孔子世家》《孟荀列传》《匈奴列传》《汲郑列传》《龟策列传》《太史公自序》等。又《楚辞》中较古之篇号称屈宋所作者均无"唐虞"字样，至汉人所作之赋，如《七谏·怨世》《哀时命》《九怀·蓄英》等篇，则皆有"唐虞"字样。再秦汉间人所为之《庄子外篇·缮性》《管子·法法》篇亦有唐虞连称语。伪《古文尚书》亦独有"唐虞稽古"一语，此其所以为伪也）。

"帝尧陶唐氏"一全名始见《世本》（《书》正义引《帝繫》篇），《史记》因之，至伪《孔子家语》乃云：陶唐、有虞、夏禹、殷、周独不得配五帝（《五帝》篇），于是"四代"又变为"五代"矣。《家语·庙制》篇："子羔问曰……若有虞宗尧，夏祖颛顼，皆异代之有功德者也，亦可以存其庙乎？孔子曰……功德不殊，虽在殊代，亦可以无疑矣。"此即伪作《家语》者对《国语》《祭法》文之怀疑，不知古人不仅以颛顼为夏祖，而尧亦本虞帝也。又《后汉书·赵咨传》引《檀弓》文，在有虞上加黄帝、陶唐二代，咨亦疑《檀弓》之无黄帝、陶唐也。

所谓颛顼、帝喾、尧、舜、太皞、少皞等人，可能均为各氏族部落酋长之先祖，但因古代部落对先祖之崇拜至后来往往与上帝之崇拜混而为一，此等人果本为人而神化与？抑本为神而人化与？现时尚难审定，总之为古代神话传说中半人半神之伟人而已。尧舜之传说与上帝之神话亦相混，近人或谓为上帝之人化，确否尚待考古学之证明。而"帝"之一字确本为上帝之称（最初盖为部落祖先神之称），借为人王死后之号，则后起之事。"帝尧""帝舜"等之"帝"本为上帝之义，似可无疑。帝尧与陶唐，据上所考分之与合，似亦以分为宜也。

又案：或谓《左传》所引《夏书》中之陶唐为尧子丹朱之后，至夏而始灭亡者，此亦当辨。以丹朱为尧子，似为后起传说。丹朱之名固见于《尧典》，放齐称"胤子朱启明"，然此为晚出之书，《皋陶谟》则云"无若丹朱傲"，马国翰以为"丹朱（练）及羿（傲——业）皆尧时南蛮酋长，胁权作乱，而尧征灭之"（《目耕帖》）。毛宗澄又以丹朱为欢兜，其证为欢兜国古作欢朱国，《尚书古文考》欢兜又作鹠哎（《神异经》引书亦作鹠兜），"鹠"字从丹，而"兜""朱"又可通用，邹汉勋《读书偶记》更云"欢兜（《舜典》《孟子》）、欢头、欢朱（《山海经》）、鹠哎（《尚书大传》）、丹朱（弃稷）五者一也，古字通用"。按《尚书大传》郑《注》"欢兜"作"鹠哎"，郑季宣残碑亦云"虞放鹠□"，韩愈远游联句"开弓射鹠哎"，"哎"古或作"唩"，见《广韵》。《古本竹书纪年》"放帝丹朱于丹水"（《路史·后纪》十注引），《荀子·议兵》云"尧伐欢兜"（《秦策》同），《吕氏春秋·召类》云"尧战于丹水之浦，以服南蛮"，《五帝德》云"放欢兜于崇山，以变南蛮"，是丹朱与欢兜均被放处南蛮丹水也。《鹖冠子》云"尧伐有唐"，旧说唐为丹朱封国，有唐即欢兜也。《庄子》（《盗跖》）等书有尧诛丹朱（长子）之说，则丹朱确即欢兜也，在原始传说中并非尧子。又疑欢兜传说中之崇山本即河南之嵩山，嵩山古称"崇山"，《周语上》"昔夏之兴也，融降于崇山"。《山海经·大荒南经》："鲧妻士敬，士敬子曰炎融，生欢头。"炎融当即《国语》之融（即祝融），欢头为炎融所出，故亦有放于崇山之说。"炎融"之名与丹朱亦有关联，祝融为南方楚国之祖先神，故丹朱欢兜并居南方。

（9）有虞

昔虞阏父为周陶正，以服事我先王。我先王赖其利器用也，与其神明之后也，庸以元女大姬配胡公，而封之陈，以备三恪。（襄二十五年）

案：据此，有虞氏诚有其国，其地当本在春秋时邻晋之虞国。但春秋虞国为周同族，姬姓，《诗·绵》篇"虞芮质厥成，文王蹶厥生"，则有虞氏在殷周之际盖为一小"国"而归附于周者也。此后其族长入为周之陶正，所谓"有虞氏上陶"（《考工记》）是也。所谓"三恪"者，虞、夏、商三代之后，盖《左传》作者亦以虞为一代。其实虞盖夏时一氏族或部落耳，本不得为代名，此一氏族部落或盛或衰，且其氏族部落中人或散居各处，其详尚待考证。哀元年《传》"虞思于是妻之以二姚"，《离骚》"及少康之未家兮，留有虞之二姚"，则虞、夏虽同出黄帝、颛顼，而又为相互通婚之二氏族，盖一部落（由胞族扩大而成）中分化之二氏族，犹姬出于姜（姜嫄），本为一部落或胞族所分化之二氏族，而世通婚姻之例。所谓"神明"，盖指"虞帝"（黄帝、颛顼、舜等），亦半神半人之传说中人物也。

又案：舜后商均本为"不肖"之子，此处未提。如商均在较古传说中确为舜后，则舜似即帝喾（帝俊），商均之"商"，即商族之商也。

（10）尧舜禅让

舜臣尧……是以尧崩而天下如一，同心戴舜，以为天子。以其举十六相、去四凶也。……舜有大功，二十而为天子。（文十八年）

案：此为儒家所传尧舜禅让传说之较早者。禅让传说似本为古代氏族社会首长选举制度在后世传说中之反映，尧舜传说中固混有天帝之神话，然其传说之本源出于氏族制，似不可诬。尧舜禅让传说正式起于何时，今已难考（《论语·尧曰》篇晚出），然儒家始盛称之。墨家尚贤，主张"虽在农与工肆之人，有能则举之"。在《尚同上》篇又云："选天下之贤可者，立以为天子。"故《尚贤中》篇云："古者舜耕历山，陶河濒，渔雷泽，尧得之服泽之阳，举以为天子，与接天下之政，治天下之民。"（《尚贤中》《尚贤下》多"反〔贩〕于常阳"一句。）则谓舜本起于耕（农）、陶（工）渔、贩（商）之庶人，以其贤能，故尧举为天子，此墨家尚贤所举之一主要例证也（墨家之"巨子"制度即实行禅让制者）。儒家则本主维持"周道""世卿"制者（至孟子犹主张维持"世卿"制，见《梁惠王下》《滕文公上》等篇），而为社会转变之时势所迫，不得不适当接受墨家之禅让说，乃改造之，使与贵族制度不甚相抵触。《左传》中此处所载已以舜只为尧臣，至尧崩始为臣下所推戴而为帝；其所以推戴，则以其有举十六族贤人（似为贵族）而去四族凶人之功，其说与孟子所言尧舜禅让故事大致相同。孟子所言，盖即演述此儒家所传较早之故事，而更去其神话残迹，使之完全人化也。至荀子，则虽主张尚贤较墨子更甚（尚贤之实质即中央集权下之官僚制度），且反对"以世举贤"，然彼主张君主世袭制，而更企图加强君权，故直斥禅让之说为"虚言"，为"浅者之传，陋者之说"（《正论》篇）。但在文学性质之《成相》篇中仍保留此传说，且其文颇多墨家色彩（如"氾利兼爱德施均"等语）。法家则或以为尧、舜时质朴，财富不多，天子无甚享受而劳苦，故"传天下而不足多"（《韩非子·五蠹》）；或谓尧舜禅让为"逼上弑君"（同上《说疑》）；或竟谓"孔子（儒家）、墨子俱道尧、舜而取舍不同"，"欲审尧、舜之道于三千岁之前……非愚则诬"（同上《显学》）。道家则演述不受禅让之隐士性人物（如许由等），以非墨、儒之禅让说，此先秦禅让传说流传迎拒之大概也。

（11）舜禹禅让

舜之罪也殛鲧，其举也兴禹。（僖三十三年）

案：《晋语》同有此文。尧、舜禅让为较早之传说，至舜、禹禅让则《墨子》书未言，盖儒家所增饰者也。《墨子》书虽言"尧有舜，舜有禹，禹有皋陶"（《尚贤下》），然只能证明在墨家传说中舜、禹有君臣关系，与"汤有小臣，武王有闳夭、泰颠、南宫括、散宜生"相同，并无禅让之事。在《墨子》书中禹与汤、文、武皆本为"百里之诸侯"，而"说忠行义取天下"（《鲁问》）。禹之得天下，主要由于"征有苗"与"汤伐桀、武王伐纣"而"立为圣王"相同（《非攻下》）。《周语上》称"黎、苗之王"，下称"夏、商之季"，可见黎、苗亦曾为"王"，与夏、商同。《墨子·兼爱下》引《禹誓》之文，与《汤誓》《牧誓》之文极类，《非攻下》又言："昔者三苗大乱，天命殛之……高阳乃命（禹于）玄宫，禹亲把天之瑞令，以征有苗……禹既已克有三苗焉，磨（历）为山川，别物上下，卿（乡）制大（四）极，而神民不违，天下乃静，则此禹之所以征有苗也。"《随巢子》亦云："昔三苗大乱……禹乃克三苗而神民不违，辟土以王。"并可为禹之有天下由于征有苗之证。舜、禹禅让之说始明见于《孟子》，崔述《唐虞考信录》中已疑之（卷四），《论语·尧曰》篇谓"舜亦以命禹"，崔述亦疑此文（卷二）。

（12）社稷

土正曰后土……共工氏有子曰句龙，为后土，……后土为社。稷，田正也。有烈山氏之子曰柱，为稷，自夏以上祀之；周弃亦为稷，自商以来祀之。（昭二十九年）

案：《鲁语上》："昔烈（《礼记·祭法》'烈'作'厉'）山氏之有天下也，其子曰柱（《祭法》'柱'作'农'），能殖百谷百蔬，夏之兴（《祭法》'兴'作'衰'）也，周弃继之，故祀以为稷。共工氏之伯九有（'九有'及下'九土'《祭法》均作'九州'）也，其子曰后土，能平九土，故祀以为社。""禹"字古或从"土"（叔夷钟铭），后土即"后社"，犹言"后稷"，本为职名。"句龙"即"禹"字形义之引申（"禹"为有足之虫类，据近人考证确是龙螭之属），则"句龙"即"禹"自甚可能。《天问》："焉有虬龙，负熊以游？"鲧"化为黄熊"，又有"腹生禹"之故事，"腹""负"音近，则"虬龙"似即"禹"，亦即"句龙"也。《海内经》"禹鲧是始布土，均定九州"，则禹鲧为始平水土之人，在彼等之前不能更有所谓"后土句龙"。《吕刑》"禹平水土，主名山川"，《五帝德》"禹……为神主"，《史记·夏本纪》"禹……为山川神主"。"主名山川"即为名山川之主神，山川属土，山川之主即社神也。后土句龙即禹，烈山氏之子柱亦即稷之化身（烈山氏后人说为姜姓，而后稷为姜嫄所生。《汉书·律历志》载张寿王言"郦山女亦为天子，在殷周间"，"郦山""烈山"一音之变。

《周语下》："自后稷之始基靖民，十五王而文始平之"，《史记》

所列周之世系亦只十五代，较之殷自成汤至纣共二十九世尚短一半，则姜嫄当殷、周间自亦可能。《诗·鲁颂》："赫赫姜嫄，其德不回……是生后稷……奄有下土，缵禹之绪。"则姜嫄固女性酋长，而后稷则男性酋长。"缵禹之绪"，谓继禹而有天下，故《书·立政》载周人自称"有夏"也）。禹、稷并称，即社、稷并称，故《淮南子》言禹、稷为社稷（《氾论》），《史记》亦云然（《封禅书》），征之《左》《国》，禹、稷为社、稷之神审矣。

共工亦即鲧也；"共工"二字为"鲧"字之缓声，"鲧"字为"共工"二字之急音。共工氏"伯九有"，鲧"均定九州"为"有崇伯"（《周语下》）。共工氏有子句龙，"能平九土"（州）为社，鲧亦有子禹，能"平水土"（《吕刑》），为社。《周语下》述鲧之罪与共工同，共工"壅防百川，堕高堙卑"，鲧亦湮障洪水。共工"用灭"，鲧亦"殛死"。《墨子·尚贤中》言鲧被刑之处"乃热照无有及也"，《庄子》等书谓共工被流于"幽都"（州），《楚辞·招魂》"魂兮归来，君无下此幽都些"，王注："幽都，地下……地下幽冥，故称幽都。"《淮南子》言共工"潜于渊，宗族残灭"（《原道》），《左》《国》亦谓鲧"入于羽渊"，《尧典》言鲧"方命圮族"。《吕氏春秋》言鲧"自以为得地之道，可为三公"，《逸周书·史记》篇则谓"昔有共工自贤"。《韩非子·外储说右上》所载鲧与共工谏尧之语完全相同。凡此种种，皆可证二人确为一传说之分化。又《左》《国》记晋平公梦黄熊入于寝门而有疾，子产以为鲧作祟，祭鲧而愈。《路史·后纪》二注引《汲冢琐语》同记此事，惟"黄熊"作"朱熊"，"鲧"作"共工之卿浮游"，祭共工而瘥，此为鲧即共工之显证（《史记·楚世家》谓"共工氏作乱，帝喾使重黎——祝融——诛之而不尽"，亦即《海内经》"帝令祝融杀鲧"及《天问》鲧死复活之传说）。

（13）鲧禹治水

见舞大夏者，曰："美哉！勤而不德，非禹，其谁能修之"。（襄二十九年）

案：此以"大夏"为禹所作之乐，可为禹为夏之始王之证。所谓"勤而不德"，主要指治水事。相传禹治水之方与鲧不同，鲧堙洪水而禹主疏道，然此非原始之传说也。禹治水之事见于《诗经》与《周书》，只言其"甸山""敷土""平水土"，而未明言如何从事。读《山海经》《天问》及《淮南子》等书，始知禹所用之治水方法与鲧相同，为"堙"为"填"。《海内经》言"鲧窃帝之息壤以堙洪水，不待帝命，帝令祝融杀鲧于羽郊。鲧复（腹）生禹，帝乃命禹卒布土，以定九州"，鲧治洪水之法为用息壤堙塞，此即所谓"布土"（"敷土"）。鲧始"布土"，禹成鲧之功，自此九州"均定"。在此处鲧之失败由于"不待帝命"，而并非"堙洪水"之法有失。《大荒北经》谓禹"湮洪水"，《天问》言鲧："顺欲成功，帝何刑焉？"伯禹"篡就前绪，遂成考功"，又问："洪泉极深，何以窴之？地方九则，何以坟之？"卒言："鲧何所营，禹何所成？"则禹亦填洪水坟"九则"，此即所谓"平水土"，成其父之功而已。鲧汩鸿水本"顺欲成功"，并未失败也。《淮南子·地形》亦云"禹乃以息土填洪水，以为名山"，与《天问》说相应，此亦即所谓"甸山"也。《汉书·沟洫志》引《夏书》："禹堙洪水十三年。"（《史记·河渠书》"堙"作"抑"，《索隐》："堙、抑，皆塞也。"）《鲁语上》："鲧障洪水而殛死，禹能以德修鲧之功。"《孟子·滕文公下》："昔者禹抑洪水而天下平。"《荀子·成相》："禹有功，抑下鸿。"《庄子·天下》篇记墨子称道"禹之湮洪水、决江河，而通四夷九州"（《史记·司马相如传》"夏后氏戚之，乃湮鸿水，决江疏河"，均"湮"与"决""疏"并举）。墨子始盛称禹之疏水（《兼爱中》），《周语下》遂谓共工"壅防百川，堕高堙卑，以害天下"，有崇伯鲧则"称遂共工之过"，伯禹与四岳始"高高下下，疏川导滞，钟水丰物，封崇九山，决汩九川，陂障九泽"，亦以疏导为主矣。自此以后，鲧之治水方法始渐由"堙"而变成"防"——筑堤，鲧防洪水而失败，禹疏洪水而成功，遂为公认之"史实"。此则战国时水利工程兴盛，水利经验渐富之结果也（贾让以为"堤防之作近起战国"，虽未必尽然，然春秋以上堤防固不盛，鲧防洪水之说亦无由兴起也）。《韩非子》曾言"鲧禹决渎"（《五蠹》），至此鲧之治水亦一度变为"决"，可见实际历史在传说中之反映（禹时水患之年数或作七年，或作十年，或作九年，或作五年，见《墨子·七患》篇、《荀子·富国》篇、《庄子·秋水》篇、《管子·山权数》篇等。禹治水之年数有八年、十三年、十年等说，见《孟子·滕文公》篇、《禹贡》、《史记·夏本纪》、《河渠书》、《尸子》等）。

鲧禹之传说大概起于古代西方民族。春秋时有所谓"九州"之地名，大致西从陕、甘二省交界处起，北由陇山，南抵秦岭，东至今河南中部之嵩山为止。"九州"一带居有姜姓等戎，《吕刑》为姜姓吕国之书，中云："若古有训，蚩尤惟始作乱……苗民弗用灵，制以刑……虐威庶戮，方告无辜于上……皇帝哀矜庶戮之不辜，报虐以威，遏绝苗民，无世在下。乃命重黎绝地天通，罔有降格……乃命三后恤功于民，伯夷降典，折民惟刑。禹平水土，主名山川。稷降播种，农殖嘉谷。三后成功，惟殷于民。"此段故事盖反映一段古代民族斗争之历史，乃西土以姜、姬等族为中心之部落，与以蚩尤为领袖之苗民（三苗）之斗争，结果姜、姬等族战胜，似乎苗族被征服或被驱逐，此亦即所谓黄帝（即皇帝）战擒蚩尤传说之原型也。上帝所命之三后，伯夷为姜族之祖，后稷为姬族之祖，禹则为夏族之祖。此时西方部落联盟之中心似为夏族，此亦即禹征有苗而得天下之传说。禹定九州之"九州"，即西方古九州之扩大变化也。《墨子·尚贤上》："禹举益于阴方之中，授之政，九州成。"《墨子》之"阴方"即《左传》之"阴地"，"九州"即《左传》"九州之戎"（哀四年）之"九州"。九州戎又称"阴戎"，据《山海经》，鲧所化之处亦正在陆浑之戎区域中，陆浑戎即九州戎之一支（亦见《左传》），故鲧称"有崇伯"，"崇"即嵩也，而禹亦称"崇禹"，益可证禹为西族之宗神矣。

鲧者在《墨子》中为上帝（颛顼？）之"元子"，而为上帝所刑（《尚贤中》），禹则为上帝所兴，鲧禹似本与尧舜无关。尧舜故事以禅让为中心，而鲧禹故事则以治水为中心，本两不相涉。

至后来尧舜禅让故事与鲧禹治水故事逐渐合并，此可能起于战国中叶。在此以前，鲧禹与尧舜，治水与禅让，至少关系不大。至于鲧禹是否夏族之先，姑假定为是，然亦非无可疑之处。鲧禹神话极丰富而复杂，是否确有其人而为古代部落酋长，后渐神化？亦只能存疑，现时尚不能臆断。

（14）禹征三苗

于是乎虞有三苗。（昭元年）

案：此文亦可见虞代有三苗为患，故禹征伐之，遂代虞而为天子。虞、夏与三苗有涉，则三苗似为中原民族或中原西部之民族，旧以为即今苗族，恐非。

（15）夏启

夏启有钧台之享。（昭四年）

案：此处以夏启与商汤、周武、周成、周康、周穆等并列，称为"六王"，又与齐桓、晋文"二公"共举，则在《左传》中启自为贤王。然观《墨子》书则启为"淫溢康乐""天用弗式"之昏主（《非乐》篇引《武观》），《山海经》亦载夏后启"舞九代"（《海外西经》），夏后开（启）"上三嫔（宾）于天，得九辩与九歌以下"，"焉得始歌九招"（《大荒西经》），《古本竹书纪年》"启登后九年，舞九韶"（《路史》注引），则启为好乐之主也。《天问》："启棘宾商，九辩九歌，何勤子屠母，而死分竟地？"此即谓启三度宾于天帝，得九辩九歌之事。"死分竟地"盖言启死后而境地分散，似即《墨子》"天用弗式"一语之注脚。《离骚》："启九辩与九歌兮，夏康娱以自纵，不顾难以图后兮，五子用失乎家巷。"旧解均以太康释"夏康"，王引之读"夏"为"下"，解前二句为启窃九辩九歌于天，因以康娱自纵于下。"五子用失乎家巷"，似印《天问》所谓"死分竟地"之事。扬雄《宗正卿箴》"昔在夏时，少康不恭，有仍二女，五子家降"（宋本《古文苑》），"少康"《初学记》文同，章樵注本《古文苑》作"太康"，太康无误为少康之理，且有仍二女与有虞二姚明系一传说之分化，则《宗正卿箴》原文似确作"少康"。"太康""少康"疑皆启之分化，"启""开"古音同，"开""康"双声，"不恭"即"康娱自纵"与"淫溢康乐"，"五子家降"即"五子用失乎家巷"之变，张超《诮青衣赋》"有夏取仍，覆宗绝祀"，似亦指此事。《逸周书·尝麦》"其在启之五子……用胥兴作乱，遂凶厥国"，亦即言"五子"之乱，此夏代初乱之故事也。

"五子"在儒家传说中亦称"五观"。《楚语上》"启有五观"，以启为贤王而有"奸子"，"五观"盖即《墨子》中之"武观"。《韩非子》亦谓"启有五观"，以为"五王之所诛者，皆父子兄弟之亲"，则五观有被启所诛之说。左氏昭元年谓"夏有观扈"，"观扈"疑即"五观"之倒文，"扈"即"五"，于是"五观"化为夏之二敌国，《甘誓》载启征扈氏之事（据《吕氏春秋·先己》篇、《书序》及《史记》解释），《逸周书·史记》谓"有夏之方兴也，扈氏弱而不恭，身死国亡"，《后汉书·郡国志》"卫……本观故国，姚姓"，则观、扈二国皆非夏之同族。《古本竹书纪年》"启征西河"（《北堂书钞》引），西河为卫地，"启征西河"即征观国也。汉代又有有扈为夏同姓、启之庶兄之说（《书》《正义》引《世本》、《史记·夏本纪》、《淮南子·齐俗》篇注），可见"扈观"与"五观"之混淆。然在《墨子》中则以伐有扈为禹事，称《甘誓》亦为《禹誓》（《明鬼》，参见《庄子·人间世》、《吕氏春秋·召类》篇、《说苑·政理》篇）。

《天问》以启之得位为不正（"启代益作后，卒然离孽……"），《战国策·燕策》谓"禹授益而以启为吏"，"启与友党攻益而夺之天下"（《韩非子·外储说右下》《史记·燕世家》略同），《汉书·律历志》引张寿王言"化益为天子代禹"，此即《天问》"启代益作后"之注脚。《古本竹书纪年》"益干启位，启杀之"（《晋书·束皙传》），然在儒家传说中则启变为贤王，其恶事乃归于所谓"太康"。太康、仲康兄弟始见《史记·夏本纪》（但臣瓒引"汲冢古文"已有"太康居斟鄩"语，尚有可疑）。《书》

序："太康失邦，昆弟五人须于洛汭，作五子之歌。"此"五子"盖即"五观"，太康兄弟五人即"五子"（参见《潜夫论》、《楚辞》王逸注、《汉书·人表》、《国语》韦注等），洛汭者观地（《国语》韦注），故曰五观。自伪《古文尚书》改"昆弟五人"为"厥弟五人"，五子遂在太康之外矣。《北堂书钞》等引《世本》"少康作秫酒"，《书》《正义》引《世本》"杜康造酒"，"杜（夏）康"即"少康"（见《说文》），可见少康原名"夏康"，即夏启（开）之化身也。《太平御览》等引《世本》"少康作箕帚"，箕帚为妇人用物，此等传说皆可证少康既好酒又好女色，亦为不贤之主。"少康"见于《楚辞》（并有"有虞二姚"故事），但附丽有神话，王逸《天问》注有"少康灭斟寻氏"语，王氏作此注时似未见《左传》所载"少康中兴"故事。

又案："钧台"即"天台"（天曰大钧，故称"钧天"），《归藏》（《太平御览》八十二引）有启享神而上钧台之说，又有"作璇台"之说。"璇台"即"钧台"，启之"钧台之享"或即"宾天"之说之人话化乎？此外启又有作九鼎之说，见《墨子·耕注》篇，《左传》谓九鼎为"夏之方有德"之时所铸，或与墨家之说相近。至禹造九鼎之说则晚起于汉世，始见《史记·封禅书》等。

（16）羿浞代夏

昔有夏之方衰也，后羿自鉏迁于穷石，因夏民以代夏政。恃其射也，不修民事而淫于原兽。弃武罗、伯因、熊髡、龙圉而用寒浞。寒浞，伯明氏之谗子弟也，伯明后寒弃之，夷羿收之，信而使之，以为己相。浞行媚于内而施赂于外，愚弄其民而虞羿于田，树之诈慝以取其国家，外内咸服。羿犹不悛，将归自田，家众杀而亨之，以食其子，其子不忍食诸，死于穷门。靡奔有鬲氏。浞因羿室，生浇及豷，恃其谗慝诈伪而不德于民，使浇用师，灭斟灌及斟鄩氏，处浇于过，处豷于戈。靡自有鬲氏收二国之烬，以灭浞而立少康。少康灭浇于过，后杼灭豷于戈，有穷由是遂亡，失人故也。（襄四年）

案：此段夏代逸史自古以来颇有怀疑之者。第一，本文与上下

文"首尾横决","乃与初言不相应会"。第二,《晋语》有同样
文字,独无此段逸史,且只作和戎三利,不作五利,亦无谏悼
公"好田"语,更无悼公悔过举动。《左传》中不可通之点在
《国语》中均无之,则《国语》所载似近晋史原文,而《左传》
此节文则经过后人窜改。第三,《山海经·海内西经》称:"海
内昆仑之虚……帝之下都……百神之所在……非仁羿莫能上冈
之岩。"《海内经》:"帝俊赐羿彤弓素矰,以扶下国,羿是始去
恤下地之百艰。"羿之地位甚高,且似为"仁人",有"去恤下
地百艰"之功。《淮南子·本经》更载尧使羿去除百艰之具体事
实,彼甚至以为尧之得为天子由于能任羿。又《氾论》:"羿除
天下之害,而死为宗布。"唯《天问》载:"帝降夷羿,革孽夏
民,胡射夫河伯而妻彼雒嫔?……浞娶纯狐,眩妻爰谋,何羿
之射革而交吞揆之……"此虽与《山海经》《淮南子》相近,然
已有不满羿之辞,并言浞杀羿之事。《淮南子·览冥》称"羿请
不死飞药于西王母,姮娥窃以奔月"事,即《天问》所谓"安
得夫良药,不能固臧"者。《离骚》则云"羿淫游以佚畋兮,又
好射夫封狐,固乱流其鲜终兮,浞又贪夫厥家",所言始与左氏
此节文相合。然射封狐(即封豕之变)本为羿之功,即去"百
艰"之一,在此则变成羿之罪。《山海经》等书叙羿事于禹之
前,为尧时人,《楚辞》则以为夏时人(《天问》叙羿事于启事
之后,《离骚》叙羿事于启后五子事之后)。儒家则言"羿善
射,奡(浇)荡舟,俱不得其死然"(《论语·宪问》,参见《盐
铁论·论菑》),孟子谓羿为其弟子逢蒙所杀(《离娄》),然《荀
子》等书尚多称羿之善射,或以羿为不止一世,或言其"作弓"
(《墨子·非儒》,《孟子》,《庄子》,《荀子·君道》、《解蔽》、
《儒效》、《王霸》、《正论》,《吕氏春秋》:《勿躬》《具备》,《韩
非子》:《守道》《用人》《外储说左上》《问辩》《难三》《说林
下》,《管子》,《淮南子》,《史记》等),但至少在《墨子》中羿
似犹为善人而非"小人"。《左》昭二十八年载有穷后羿灭"封
豕",而"封豕"为人,乃乐正后夔之子。《随巢子》又以羿为
幽厉时人(《太平御览》八百零五引)。《淮南子》言羿死于桃

梧，《山海经·西山经》有"有穷鬼"之名。羿之故事各书所载多矛盾，且多有神话色彩，他书所载浞之故事亦有神话色彩，安见《左传》此节故事为可信。第四，羿代夏政，年不能太少，假定为三十岁。寒浞为伯明氏之谗子弟，为羿所收，其年当较少，假定为二十岁，至为羿之相亦当在三十左右，杀羿而因羿室，生浞及豷，浇长大能用师灭二国，且灭夏后相，年似亦不能在三十以下，则此时浞之年岁至少为六十岁左右。浇灭相后，相之遗腹子少康长大，能娶妻复兴夏室，其年亦至少三十，则此时浞已九十左右。少康之子后杼能助少康中兴，至少年已在二十左右，则浞之年寿已在一百以外。靡之年寿当与浞相近，浇豷之年寿亦大，何以此段夏史中人物皆长寿，得无有"不合人年"之嫌乎？

（17）少康中兴

昔有过浇，杀斟灌以伐斟鄩，灭夏后相。后缗方娠，逃出自窦，归于有仍，生少康焉，为仍牧正。惎浇能戒之，浇使椒求之，逃奔有虞，为之庖正，以除其害。虞思于是妻之以二姚，而邑诸纶。有田一成，有众一旅。能布其德而兆其谋，以收夏众，抚其官职。使女艾谍浇，使季杼诱豷，遂灭过、戈，复禹之绩。祀夏配天，不失旧物。（哀元年）

案：此段文字与襄四年文相应，前人亦有疑之者。第一，原文亦有上下不联贯、"首尾横决"之病。第二，《史记·吴世家》所载虽与左氏此节文相同，然子胥列传有同样子胥谏吴王语，而不载此段夏代逸史；《越世家》亦载子胥谏吴王语，并无此段逸史。第三，左氏本书成八年"三代之令王，皆数百年保天之禄，夫岂无辟王，赖前哲以免也"。其说与襄四年哀元年所载夏朝中绝、羿浞篡位、少康中兴等事不合。《周语下》"一姓不再兴"，更直接与少康中兴故事矛盾（《逸周书·太子晋》篇："自太皥以下至于尧、舜、禹，未有一姓而再有天下者。"然此尚可谓自禹以后有一姓而再有天下者，此段文或即据左氏后加之文为说，故不引为证）。《鲁语上》："杼，能帅禹者也，夏后氏报焉。"称杼而不称少康，何以遗此极重要之"中兴令主"反报杼乎？《大戴礼记·少间》篇言殷举中兴之主武丁，言夏则不举中兴之主。《史记·夏本纪》只言"帝相崩，子帝少康立"，绝无羿浞篡夏、少康中兴事。史迁曾读《左传》，何以疏忽至此？《书》序只记"太康失邦，昆弟五人须于洛汭"事，而无羿浞篡夏少康中兴之事。扬雄《宗正卿箴》："昔在夏时，少康不恭……"以少康为昏主，不以为中兴贤王。除《楚辞》《史记·吴世家》外，先秦西汉古书述三代事者甚多，未有涉及羿浞篡夏、少康中兴等故事者，自甚可疑。至东汉公孙述鼓吹"一姓不得再受命"之古说以难光武帝，光武帝答公孙述书不驳此说，反谓"吾自继祖而兴，不称受命"，光武帝及其臣下均曾读《左传》，何以不引《左传》记载驳公孙述？隗嚣亦鼓吹"一姓不再兴"之说，亦无人引左氏文驳之，但有人言"谷子云夏贺良等建明汉有再受命之符"，此等亦甚可疑者。东汉人确实见到左氏此文者，最早似为班固、贾逵、王符、王逸等（然贾逵注《左传》忽云"仍、缗国名也"，忽又云"缗，有仍之姓也"，李贻德以为"或谱写有误"，然亦可能为贾氏先见之《左传》本无少康中兴故事，后见本始有，故前后矛盾。又王逸注《楚辞》忽云"少康灭斟鄩氏"，忽又大抄《左传》此节文，亦可能为先后所见《左传》本不同）。至曹魏之高贵乡公因图中兴灭司马氏，乃大表彰少康中兴故事，见《三国志注》引《魏氏春秋》。他书引《古本竹书纪年》者，有涉及羿浞篡夏、少康中兴之文，然此或有引误，或是引者增饰，亦或《古本竹书纪年》经过传写，中有增窜文字（根据前人记载，显有此种痕迹），原书既亡，引文不能作为强证。然吾人观察左氏襄四年及哀元年本节文，觉其文字颇古，不类汉人之作。且其中多有神话残迹，且有可以印证氏族制之处，未必此两段文字即为东汉人影射王莽篡位、光武中兴故事所造，以求提高并巩固《左传》之地位者。可能此类故事本为楚地传说，有神话及史事流传于楚地而为《左传》作者所采，加以增饰，而成今左氏中此两段文字。至于先秦西汉书所以极少言及此故事，则因三代史事多为"邹鲁缙绅先生"所传，楚地传说为其所忽。汉初人之学识本极浅陋（遭秦灭学之故），例如《史记·周本纪》言"学者皆称周伐纣，居洛邑，综其实不然。武王营之，成王使召公卜居，居九鼎焉，而周复都丰镐。至犬戎败幽王，周乃东徙于洛邑"，西周都丰镐，在今日为常识者，在汉初学者竟为考证辩论之资，则彼时之人知识之陋可知。其不知或不注意羿浞篡夏、少康中兴等逸史，亦并不足怪也。

（18）姜嫄后稷

《鲁颂》曰："春秋匪解，享祀不忒，皇皇后帝，皇祖后稷。"君子曰礼，谓其后稷亲而先帝也。（文二年）

案：此以后稷为出自上帝，即天之子也。然祖与帝仍有别，《诗·生民》："厥初生民，时维姜嫄。生民如何，克禋克祀，以弗无子，履帝武敏歆，攸介攸止，载震载夙，载生载育，时维后稷……上帝不宁，不康禋祀，居然生子……即有邰家室。"《鲁颂·閟宫》："赫赫姜嫄，其德不回，上帝是依，无灾无害，弥月不迟，是生后稷。降之百福，黍稷重穋，稙稚菽麦，奄有下国，俾民稼穑，……奄有下土，缵禹之绪。"一西周，一春秋鲁国之诗，大体相应，皆说明后稷有母无父，父即上帝。考各民族之上帝本起于部落神（亦即最早之祖先），至阶级社会形成时，乃变为上帝，如希伯来人之部落神耶和华演变为上帝也。夏祖鲧、禹出自颛顼，商祖契出自帝喾，颛顼、帝喾皆由部落神变为上帝。周人后起，且文化较低，其部落神之名今已不传（后假商祖帝喾为祖），成为上帝时恐即黄帝（即"皇帝"），故古书特著黄帝姬姓，以与姜姓之炎帝（赤帝）对抗。尧或即颛顼，舜或即帝喾，舜之代尧或即商之代夏。据此，则最早之人王帝皆起于部落宗神转化成之上帝。周族后起，欲拉长其世系，故曲解后稷为世官之名，其实不可信。周人与夏人或本有关系，故周人自称为"夏"，其社稷神即禹稷。"禹平水土"，"稷降播种"，然农业必依水土，故以后稷为"缵禹之绪"。《论语》称"禹稷躬稼而有天下"，《楚辞》称"何后益作革，而禹播降"，则禹亦事农业，此与"社、田主也"之说相当，然主要之农神仍为稷。周人未必自始即为农业部落，而农业兴起后即以农神后稷为先祖，其真正之始祖或为不窋，故曰"文武不先不窋"也。

（19）皋陶

臧文仲闻六与蓼灭，曰："皋陶、庭坚，不祀忽诸。"（文五年）

案：皋陶盖为淮夷族之祖，亦东方民族之祖先神也，《鲁颂》"淑问如皋陶"可证。如皋陶即《史记·秦本纪》之大业，则亦玄鸟陨卵所生者，为东方淮夷之宗神审矣。

（20）四岳伯夷

夫许，大岳之胤也。（隐十一年）

案：庄二十二年："姜，大岳之后也。"齐、许、申、吕及姜戎氏等皆四岳之后（襄十四年姜戎子驹支曰"谓我诸戎是四岳之裔胄也"），亦即太岳之后，四岳即太岳。汤师中以为太岳即许由，宋翔凤又以为太岳即伯夷，亦即许由（《尚书略说》）。《郑语》："姜，伯夷之后也。"知伯夷即太岳与四岳。章太炎又以许由为即皋陶，盖"许古读如虎，虎古通作皋（皋比即虎皮），繇、由、陶声并幽类，《史记·夏本纪》封皋陶之后或在许"。《墨子·尚贤中》："若天之所使能者谁也？曰：若昔者禹、稷、皋陶是也。何以知其然也？先王之书《吕刑》道之曰：……乃名（命）三后，恤功于民：伯夷降典，哲（折）民惟刑；禹平水土，主名山川；稷隆（降）播种，农殖嘉谷。三后成功，惟假（殷）于民。"《史记·殷本纪》引《汤诰》："古禹皋陶久劳于外……后稷降播，农殖百谷，三公咸有功于民，故后有立。"文义与《吕刑》同，"三公"即"三后"。观《吕刑》与《汤诰》《墨子》，则皋陶即伯夷矣。伯夷"折民惟刑"，皋陶亦掌刑法，更有为一人之可能。唯伯夷四岳传为西土姜族之祖，而皋陶则传为东方夷族之祖，此尚有可疑者。岂东西族交通后，因婚姻上母系父系关系之交错而致传说混淆欤？

（21）祝融

夔子不祀祝融与鬻熊，楚人让之。（僖二十六年）

案：祝融为楚远祖，或以为即鬻熊，疑非。《郑语》："夫黎为高辛氏火正，以淳耀敦大天明地德，光照四海，故命之曰祝融。"又云："祝融亦能昭显天地之光明。"盖祝融为火神，亦即日神也。《吕刑》："乃命重黎绝地天通，罔有降格。"此似为较原始之开天辟地神话，谓开天辟地者为太阳神也（此神话与埃及神话相近）。《山海经·大荒西经》"帝令重献上天，令黎卬下地"，于是天地之交通绝矣。

西周史之部

（22）周之始兴

我自夏以后稷，魏、骀、芮、岐、毕，吾西土也……后稷封殖天下。（昭九年）

案："后稷"即"稷后"，亦即稷神——"农神"（神农传说或亦由此起。《礼记·月令》："毋发令而待，以妨神农之事也。"注："土神称曰神农者，以其主于稼穑。"则"神农"即农神）。《周语上》："稷为大官。"似假神名为官名。周人之以后稷为祖，盖以周人兴起农业之故。《左传》此文言"我自夏以后稷"，校以《周语上》"昔我先王世后稷，以服事虞夏"之文，则亦以后稷为官名，自虞夏（虞夏亦可合称"夏"，所谓"虞夏同科"）以来周祖世为后稷之官，至夏殷之际始失官；然《左传》本文下又言"后稷封殖天下"，则似仍以后稷为一人（即所谓"周弃"），与较古之文献合。盖周人本兴于殷代（故自后稷至文王传说世系仅十五代，左氏昭二十九年云"周弃亦为稷，自商以来祀之"）。至后世则欲拉长其世系，以求上及唐虞，遂以后稷为虞夏官名。然观《诗经》《论语》，周人本以后稷为"王"，故

《周语下》亦云"自后稷之始基靖民，十五王而文始平之"，此周本为独立之部落而非商臣之证，所谓"封殖天下"等语亦由此推衍耳。《左传》本文所载周人之言，盖以为周本西土之大君。此虽不合事实，然其初为独立之部落，至殷末始与殷发生一定之隶属关系，似可断言。

又案：《周语上》称"及夏之衰也，弃稷弗务，我先王不窋用失其官，而自窜于戎狄之间"，则周人本起于戎狄之间。左氏文二年"文武不先不窋"，可见不窋或原为周之始祖，称出后稷，则托源于农神，周人立国后部落神转化为上帝，则又托后稷为上帝之后，而姜嫄传说则母系氏族社会女性酋长之残迹也。《史记·周本纪》自不窋以后为鞠、公刘、庆节、皇仆、差弗、毁隃、公非、高圉、亚圉、公叔祖类、古公亶父、季历、文王十三代，合上二代为十五代，与古说合。此其所言周人世系或有脱失，然周系确不能甚长，故至太王始正式建国。"皇仆"之"仆"，"高圉""亚圉"之"圉"，皆奴隶名，岂周人上世曾为他族奴隶而从事畜牧之业乎？《鲁语上》："高圉、太王，能率稷者也，周人报焉。"左氏昭七年周王追命襄公曰："叔父陟恪……余敢忘高圉、亚圉。"则高圉、亚圉为周人"中兴之主"，与杼之在夏、上甲微之在商同，亦与太王有相类之处。杼传为夏中灭后中兴主少康之子，曾参与"少康中兴"事业。上甲微为王亥之子，王亥为有易所杀，上甲微复仇，灭有易。太王亦有曾为狄人所侵而迁岐建国之说，或高圉、亚圉亦曾为异族所侵略奴役而复兴者邪？《诗·鲁颂》："后稷之孙，实维太王，居岐之阳，实始翦商。"《史记·周本纪》："古公乃贬戎狄之俗，而营筑城郭室屋而邑别居之，作五官有司。"

案：古公亶父未必即太王（古乃时代之称，亦非"谥法"），而《史记》之"古公"则确为太王，盖周族至太王时始脱戎狄之俗而建城郭之国家，并开始有"翦商"之志而称"王"也（《书·康诰》："惟乃丕显考文王……用肇造我区夏。"《君奭》："惟文王尚克修和我有夏。"《立政》："乃伻我有夏，式商受命。"夏起西土，周人亦起西土，故自称为"夏"，其后遂有"诸夏"之名。周族或为夏族之分支，未可知也）。

（23）大伯虞仲

（宫之奇）对曰：大伯、虞仲，大王之昭也。大伯不从，是以不嗣。（僖五年）

案：据此则大伯、虞仲皆虞国之初祖，大伯、虞仲所奔为山西之虞，而非"荆蛮"或江苏之吴，所谓"不从"者，不从父命为嗣也。《诗·皇矣》："帝作邦作对，自大伯王季。维此王季，因心则友，则友其兄，则笃其庆。"《论语·泰伯》："泰伯其可谓至德也已矣，三以天下让，民无得而称焉。"崔述以为"似太伯已尝君周而复让之王季也者"。既谓"三以天下让"，则大伯让国似非一次，崔说或然。于此亦可证大伯、虞仲所奔之"吴"即山西虞国，于周为睦，否则何能"三以天下让"邪？王季时周似在初兴阶段，尚未强盛，故臣属于商，而王季为文丁所杀（见《古本竹书纪年》）也。

（24）"文王受命"

周文王之法曰："有亡荒阅。"所以得天下也。（昭七年）

案："周文王之法"为奴隶法，"有亡荒阅"者，有逃亡奴隶大事搜查也。此文为芋尹无宇执逃亡奴隶对楚灵王之言，下言"昔武王数纣之罪以告诸侯，曰：'纣为天下逋逃主，萃渊薮。'故夫致死焉"，此谓纣招致各部落逃亡之奴隶，为"诸侯"所恶，故武王数其罪，"诸侯"遂"致死"于纣。于此可见殷及初兴时之周与当时中原各部落皆奴隶主国家也。

又案：《论语·泰伯》："三分天下有其二，以服事殷，周之德其可谓至德也已矣。"《书·康诰》："天乃大命文王殪戎殷，诞受厥命。"《逸周书·祭公》："皇天改大殷之命，维文王受之，维武王大克之，咸茂厥功。"《墨子·非攻下》："赤鸟衔珪降周之岐社曰，天命周文王伐殷，有国。"《太平御览》八十三引《竹书纪年》："（帝乙）二年，周人伐商（此时周君为文王）。"可见文王已有"受命"之实及戡殷之志矣。

（25）周人灭殷

商周之不敌，君之所闻也。（桓十一年）

案：《诗·大明》："殷商之旅，其会如林。矢于牧野，维予侯兴。上帝临女，无贰尔心。"左氏宣十五年："夫恃才与众，亡之道也，商纣由之，故灭。"则商纣时殷人盖甚众，国力强于周人远甚，故周人屡称殷为"大国"，自称为"小邦"，牧野之战时犹战战兢兢也。《孟子》称武王之伐殷也，"革车三百两，虎贲三千人"《尽心下》），盖周人虽纠集西土诸部落之兵，其军数初不甚多（《孟子》所言盖为其主力军），而殷军则甚盛，然周卒战胜，故曰"商周之不敌，君之所闻也"。

（26）周公"摄政"

周公相王室以尹天下。（定四年）

案：《书·大诰》："洪惟我幼冲人，嗣无疆大历服……绥予曰……不可不成乃宁考图功。""宁王"即文王，是《大诰》中之王称文王为考。《大诰》又言"以于敉宁武图功"，"宁武"，谓文王、武王也。又言"殷小腆，诞敢纪其叙，天降威，知我国有疵，民不康，曰予复，反鄙我周邦"，此即武庚反周故事，则《大诰》中之"王"为周公无疑。康叔封卫在周公东征后，而《康诰》曰"王若曰：孟侯，朕其弟，小子封"，此"王"亦为周公无疑。《召诰》云"今冲子嗣"，又云"有王虽小元子哉"，皆指成王，则成王幼冲可知。周公摄政称王，犹多尔衮之为摄政王专政也。春秋时人所以罕言周公摄政而但称"相王室"者，则宗法礼制思想作祟。至战国末年，古"宗法"制已解体，《荀子》等书即明言周公摄政践阼矣。

（27）周初封建

昔武王克殷，成王靖四方，康王息民，并建母弟，以蕃屏周，亦曰：吾无专享文武之功。（昭二十六年）

案：左氏昭二十八年"昔武王克商，光有天下，其兄弟之国者十有五人，姬姓之国者四十人"。僖二十四年"昔周公吊二叔之不咸，故封建亲戚，以蕃屏周"。定四年"昔武王克商，成王定之，选建明德，以蕃屏周"。四说不尽相同，盖武王克殷，大功未集，即有封建之国，为数亦必不多。成、康时封建大国亦不能甚多，盖诸重要封国皆周公所建也。所封建者盖主要为王之"母弟"，然亦不限于此，且除同姓外尚有异姓，亦有承认原有之部落为封国者。周初之"封建"实为部落殖民之制，然周室所控制之所谓"天下"，皆称"王土"。《诗·北山》"溥天之下，莫非王土；率土之滨，莫非王臣。"则东方国家古代之土地王有制（亦即"国有制"）也（案据《书·洛诰》及《逸周书·作雒》，周公还政成王，在既定东都之后。《洛诰》："惟周公诞保文武受命，惟七年。"此为古代纪年之法，则周公"受命"称王凡七年，其大封建之事当在此七年中也）。

（28）昭王南征

昭王南征而不复。（僖四年）

案：《齐语》载管仲曰："昔吾先王昭王、穆王，世法文、武远绩以成名"，则昭、穆二王为周室"雄主"，二王盖皆有南征及远巡之事。昭王南征，说明周初东征平定东方后，成康"息民"，至昭王时国力充实，乃又向南发展势力，其南征或甚有战绩（《宗周钟铭》）："南国艮𤾩敢陷虐我土，王敦伐其至，扑伐厥都，艮𤾩乃遣间来逆邵王，南夷、东夷具见廿又六邦。"如此铭中之"邵王"为昭王，则昭王南征确甚有成绩。至"不复"，则似遭楚人之暗算，故齐桓伐楚以此事责楚也。（古书多言此事，不具引。）

（29）穆王巡游

昔穆王欲肆其心，周行天下，将皆必有车辙马迹焉。祭公谋父作祈招之诗，以止王心，王是以获没于祇官。（昭十二年）

案：此语为楚灵王围徐之役右尹子革之谏言，则所谓："穆王周行天下"盖兼有征伐之事。《周语》载穆王征犬戎，《后汉书·西羌传》称"获其五王，王遂迁戎于太原"（其说似出《古本竹书纪年》）。《史记》载造父御穆王西巡狩，徐偃王作乱，造父为穆王御，长驱归周，攻徐偃王，大破之（见《秦本纪》《赵世家》），《韩非子》等书又谓穆王命楚灭徐偃王，其事难于详知。左氏昭四年"穆有涂山之会"，涂山旧说在今安徽寿县，似穆王破徐后会诸侯于此，以威慑"东南夷"者（穆王远游之事又见《楚辞》，至《穆天子传》之记载则近小说，不甚可信）。

（30）夷王之衰

至于夷王，王愆于厥身，诸侯莫不并走其望，以祈王身。（昭二十六年）

案：杜注"愆，恶疾也"，然《史记正义》引《竹书纪年》："（夷王）三年，致诸侯，烹齐哀公鼎。"《后汉书·西羌传》载《竹书纪年》说："（夷王）乃命虢公率六师伐太原之戎，至于俞泉，获马千匹。"是夷王时周势虽稍衰，仍能威服诸侯及征伐戎狄也。观左氏上文语，是时诸侯亦尚"宗周"，不过王有"恶疾"而已。

（31）"国人"大起义与"共和行政"

至于厉王，王心戾虐，万民弗忍，居王于彘。诸侯释位，以间王政。（昭二十六年）

案：《史记·周本纪》："召公、周公二相行政，号曰共和。"《正义》引韦昭云："彘之乱，公卿相与和而修政事，号曰共和也。"《史记索隐》引《竹书纪年》"共伯和干王位"，释之云："共国伯爵和其名。干，篡也。言共伯摄王政，故云干王位也。"《正义》引《鲁连子》云："卫州共城县，本周共伯之国也，共伯名和，好行仁义，诸侯贤之。周厉王无道，国人作难，王奔于彘，诸侯奉和以行天子事，号曰共和元年。十四年，厉王死于彘，共伯使诸侯奉王子靖为宣王，而共伯复归国于卫也。"《吕氏春秋·开春论》："共伯和修其行，好贤仁，而海内皆以来为稽矣。周厉之难，天子旷绝，而天下皆来谓矣。"[《慎人》篇有"许由虞乎（娱于）颖阳，而共伯得乎共首"语，以为隐士，不可信。]《太平御览》八百九十七引《史记》（竹书纪年？）又谓"伯和篡位立"，《史记正义》："共伯（指卫共伯）不得立，而和立为武公，武公之立在共伯卒后，年岁又不相当，年表亦同，明《纪年》及鲁连子非也。"盖张守节疑共伯和即卫武公，其故以《卫世家》云"厘侯卒，太子共伯余立为君，共伯弟和有宠于厘侯，多予之赂，和以其赂赂士，以袭攻共伯于墓上，共伯入厘侯羡，自杀，卫人因葬之厘侯旁，谥曰共伯，而立和为卫侯，是为武公"。卫武公之兄曰"共伯"而武公名"和"，适合"共伯和"之称，故张氏以为"共伯和"即卫武公也。然难解者为年代问题。卫武公之立，据《史记》在宣王时，厉王时和尚为卫庶子，安得有"干王位"之事？唯考《毛诗序》云："《抑》，卫武公刺厉王，亦以自警也。"则武公之立或当厉王之世，可以有摄行王政之事矣。崔述亦谓《史记》世次有误。考《毛诗序》又云："《柏舟》，共姜自誓也。卫世子共伯蚤死，其妻守义，父母欲夺而嫁之，誓而弗许，故作是诗以绝之。"《柏舟》虽未必为共姜之诗，然卫世子共伯蚤死之说理或可信，胡承珙《毛诗后笺》亦疑"史迁所谓僖公之卒、武公之立，其年皆不足据"。又卫"共伯"之"共"，实亦国邑之名而非谥。春秋卫属地有共邑，古共国，在今河南辉县。卫初都朝歌，在今淇县，盖邻邑耳。卫君之称"共伯"，犹晋君之称"鄂侯"，盖西周末卫曾一度都共，卫本诸侯之长，称"伯"，《毛诗序》云"旄丘，责卫伯也"。《史记·卫世家》自顷侯以前六世皆称"伯"，《鲁连子》明云"共伯复归国于卫"，可见"共伯"即"卫伯"也。卫姬姓，武公本西周末之显诸侯，又为东方诸侯之伯，而较齐、鲁诸国为近于王室，入为王官，与问王政，自为极可能之事。周、召二公本周卿，卫武公如亦人为周卿，则与周、召二公为"三公"，故《毛诗序》又云"（武公）入相于周"，《汉书·地理志》河内郡"共"注孟康曰"共伯入为三公者也"，并可为证。左氏襄二十九年："为之歌《邶》《鄘》《卫》，曰：美哉渊乎，忧而不困者也。吾闻卫康叔武公之德如是，是其卫风乎！"以康叔武公并举，又谓"忧而不困"，康叔无此事，殆指共和行政及还政归国之事欤？《楚语上》谓武公之没"谓之睿圣武公"，武公之谥法上竟加"睿圣"之称，非曾摄天子之证乎？且《诗》国风中作为《卫风》之《邶》《鄘》《卫》列于《周南》《召南》之后及东迁后之《王风》之前，皆可证明卫武公有摄政"干位"之事，或与周、召二公共同摄政，而以武公为首也。然春秋时人亦未言卫武公或共伯和摄天子之事，盖亦宗法礼制思想之阻碍，特左氏上文已言"诸侯释位以间王政"，则自有诸侯入周摄王政之事也。

（32）宣王"中兴"

宣王有志，而后效官。（昭二十六年）

案：国人起义，厉王被逐，春秋时王子朝亦不敢否定此次起义，而称"万民弗忍，居王于彘"，则古代原始民主主义之残余思想，抑亦由此次起义有上层大夫、士等参加，与春秋时国人起义亦常有贵族分子参加相同，故贵族阶级对于国人起义尚不视为"盗贼叛乱"；所谓"共和行政"，亦只被视为"诸侯释位以间王政"，不认为篡位，故宣王即位，诸侯复"效官"也。然厉王时之国人起义与"共和行政"实为王政倒塌、霸政开始之先兆，此一变动为周史上一大关键，所谓"宣王有志，而后效官"，即指宣王中兴"诸侯复宗周"（《史记》）之事。宣王虽号称"中兴之主"，其实失德之事甚多，如：一、不修亲耕之礼（《周语上》"宣王即位，不籍千亩"）；二、杀无辜之臣杜伯（见《墨子》等书）；三、立鲁武公少子戏，致鲁内乱，王伐鲁立孝公，"诸侯从是而不睦"（《周语上》）。《周语下》太子晋曰："自我先王厉、宣、幽、平而贪天祸，至于今未弭。"则宣王亦昏主耳。《周语上》载宣王"三十九年战于千亩，王师败绩于姜氏之戎"，《后汉书·西羌传》引《竹书纪年》"伐太原戎不克"，"伐条戎奔戎，王师败绩"，《周语上》又载"宣王既丧南国之师，乃料民于太原"，则宣王虽有征伐狎狁、荆蛮、淮夷、徐戎等战功，失败亦多，故周国元气大亏，遂致幽王之速亡。

（33）西周之亡

至于幽王，天不吊周，王昏不若，用愆厥位。（昭二十六年）

案：西周之亡，除由社会经济之变化及政治之昏乱外，其他尚有重要之二因：一、对外作战之失败（《后汉书·西羌传》引《竹书纪年》："幽王命伯士伐六济之戎，军败，伯士死焉。"《史记·秦本纪》："戎围犬丘世父，世父击之，为戎人所虏，"左氏昭四年："周幽为大室之盟，戎狄叛之。"《诗·召旻》："今也日蹙国百里。"可见西周之亡非一朝一夕之故）。二、天灾之流行（地震饥荒等，《诗·召旻》"民卒流亡，我居围卒荒"）。幽王之姜后，盖娶于西申者（《左传正义》引《竹书纪年》"平王奔西申"，非东迁邑谢之申）。及因废姜后及太子而伐申，申、缯、西戎"会以伐周"，"遂杀幽王骊山下"，骊山盖为西申所在之地（《史记·秦本纪》"申侯乃言孝王曰，昔我先郦山之女，为戎胥轩妻"可证）。

（34）周二王并立

携王奸命，诸侯替之，而建王嗣，用迁郏鄏。（昭二十六年）

案：《左传正义》引《竹书纪年》："伯盘……与幽王俱死于戏，先是申侯、鲁侯及许文公立平王于申，以本太子，故称天王。幽王既死，而虢公翰又立王子余臣于携，周二王并立。二十一年，携王为晋文侯所杀，以本非适，故称携王。"《晋语一》："褒姒……与虢石甫比。"虢公翰似即虢石甫。二文相核，知褒姒与携王及虢石甫盖为一党。又携王之"携"或非地名，而为谥法。《逸周书·谥法》："怠政外交曰携。"谓之"外交"，或携王为叔带之流，其立殆亦托庇于戎人，故为"勤王"之晋文侯所杀，否则缯为姒姓国，何以反与姜后母家西申及犬戎等相结而亡周乎？《诗·正月》称"赫赫宗周，褒姒灭之"，似已明示西周灭亡之故矣。

春秋史之部

（35）郑庄小霸　附郑庄后春秋时郑之国势

大叔完聚，缮甲兵，具卒乘，将袭郑，夫人将启之。公闻其期，曰：可矣。命子封帅车二百乘以伐京，京叛大叔段，段入于鄢，公伐诸鄢。五月辛丑，大叔出奔共。（隐元年）

案：隐六年《传》"周桓公言于王曰，我周之东迁，晋郑焉依"，则周东迁立国时依赖晋郑二国也。晋分为翼、曲沃二国，六十七年而后合，晋始由中衰而复兴强盛。郑庄封叔段，亦"如二君"，二十二年而郑国复合，郑亦渐强。可见由"封建"而内乱，必须统一，国始能强。东周初年晋、郑二国之盛衰，即分裂而统一之后效也。

又案：观郑庄公伐叔段，仅用兵车二百乘，叔段"如二君"，当至少亦有兵车二百乘，则春秋初年郑亦一数百乘之国耳。齐、鲁在当时皆千乘之国，故齐僖欲婚郑忽，郑忽辞以"齐大非耦"；陈桓公亦曰"宋、卫实难，郑何能为"。春秋初年郑国小而强，盖以商业发展、经济富裕之故。昭十六年《传》子产曰："昔我先君桓公，与商人皆出自周，庸次比耦，以艾杀此地，斩之蓬蒿藜藋而共处之。世有盟誓，以相信也。曰：尔无我叛，我无强贾，毋或匄夺，尔有利市宝贿，我勿与知。恃此质誓，故能相保，以至于今。"《左传》载商人三事，皆属郑国，必非偶然。盖郑处当时"天下"之中，其商人足迹通于四方，又得国家之保障，故商业易兴也。

又案：郑庄公自克段后，再次伐卫（隐元年、二年），侵周（隐三年），再抗宋、卫、陈、蔡联军（隐四年），败燕（南燕？）师（隐五年），伐宋入其郛（隐五年），侵陈大获（隐六年），又以王命伐宋（隐九年），大败北戎（同上），合齐、鲁伐宋，取宋二邑（隐十年），取宋、卫、蔡三师（同上），又入宋（同上），会齐、鲁灭许（隐十一年），大败息师（同上），大败宋师（同上），大败周、虢（？）、卫、蔡、陈五国联军（桓五年），救齐再败北戎（桓六年），合齐、卫伐鲁，战于郎（桓十年），最后齐、卫、郑、宋盟于恶曹（桓十一年），几成霸主，此即所谓"郑庄小霸"事业。然郑之成"霸"除因商业发展，经济较富外，郑庄公之外交政策亦起作用。郑、齐旧有盟交（见隐三年），至隐六年郑庄乘鲁、宋交恶，始结好于鲁（隐公即位前曾与郑人战而为郑所俘，见隐十一年《传》），至隐八年，又向鲁"请释泰山之祀而祀周公，以泰山之祊易许田"（许或为鲁之属国，鲁在许盖有周公祀田，《诗·鲁颂》"居常与许，复周公之宇"可证）。及鲁桓即位，郑又"请复祀周公，卒易祊田"而"以璧假许田"，于是鲁、郑盟于越，盟辞曰"渝盟无享国"，至是郑与齐、鲁之交益固。盖郑庄原为王之卿士（初盖独掌王政，至隐八年"虢公忌父始作卿士于周"，为右卿士，而郑仍"为王左卿士"。至鲁桓五年，桓王始"夺郑伯政"，"郑伯不朝"，"王以诸侯伐郑"，而有繻葛之战），故能"挟天子"而用王、虢之师作战（隐元年、五年、十一年）。齐僖为当时名义上之伯主（所谓"小伯"），然实无能，郑庄又挟之以令诸侯，故郑庄公既挟天子，又挟伯主，复结交当时国力甚强之鲁国，凭其本国之富强，故能纵横一时，成为真正之"小霸"也。

又案：郑在春秋及战国初始终为强国。郑庄之强无论矣，其后如鲁桓十三年《春秋》书鲁、郑、纪三国联军大败齐、宋、卫、燕四国联军；宣二年郑受命于楚伐宋，大败宋师，囚其主帅华元，获其将乐吕及甲车四百六十乘；成三年诸侯伐郑，郑公子偃帅师御之，使东鄙覆诸鄤，败诸丘舆；成七年楚子重伐郑，郑共仲、侯羽军楚师，囚郧公钟仪；同年传载申公巫臣谓若以申、吕为赏田，"晋、郑必至于汉"；成十五年楚子侵郑，郑子罕侵楚，取新石，次年楚"以汝阴之田求成于郑"；晋在鄢陵大捷之后，再合诸侯伐郑，诸侯之师次于郑西，鲁师次于督阳，不敢过郑，请逆于晋师，诸侯迁于颍上，郑子罕宵军之，宋、齐、卫皆失军（成十六年）；次年郑子驷侵晋虚、滑；鲁襄十年《传》载：鲁孟献子曰"郑其有灾乎，师竞已甚"（是时楚、郑联军伐宋、侵卫、侵鲁、克萧，郑更单独侵宋）；襄二十五年郑子展、子产帅车七百乘伐陈，入之，其用兵数等于城濮之战时之晋军，是时郑之国力盖已超过千乘矣。定六年，郑再灭许，并助王子朝之党伐周邑，晋阎没戍周，且城胥靡，是时晋人竟无如郑何。哀二年晋、郑铁之战，晋人以郑为大敌，登铁上，望见郑师众，卫大子惧，"自投于车下"，郑人且击赵简子中肩，获其蜂旗。至战国初，郑、韩屡战，郑亦常胜韩，如非内乱，郑未必速亡也。

（36）所谓齐僖小霸

齐、卫、郑、宋盟于恶曹。（桓十一年）

案：《经》作"齐人、卫人、郑人盟于恶曹"，无宋人，《公》《谷》《经》同。隐四年《传》："宋殇公之即位也，公子冯出奔郑，郑人欲纳之。"桓二年《传》："（宋）召庄公于郑而立之，以亲郑。"则是后一短时期宋与郑亲，以郑庄末年之强，纠合四国结盟，甚为可能，《经》无宋人，盖偶脱之。《左》《经》为古，《公》《谷》《经》实皆从《左》《经》出（另有考辨）。又是时齐、卫、郑方睦，故前四年郑、齐、卫伐盟、向，上一年三国联军与鲁战于郎，宋、卫相睦，故宋人亦与恶曹之盟，或宋之与盟者非君，故次于郑后。齐、卫、郑三国则皆君主与盟，故《经》只书三国，此亦可能，则非脱文矣。

又案：隐八年："齐人卒平宋、卫于郑。秋，会于温，盟于瓦屋，以释东门之役，礼也。""冬，齐侯使来告成三国，公使众仲对曰：君释三国之图，以鸠其民，君之惠也，寡君闻命矣，敢不承受君之明德。"是齐僖有平三国之举，隐为盟主矣。隐十年齐、鲁、郑三国联军伐宋，盖亦推齐主盟。隐十一年齐、鲁、郑联军灭许，《传》书："齐侯以许让公，公曰：'君谓许不共，故从君讨之，许既伏其罪矣，虽君有命，寡人弗敢与闻。'乃与郑人。"则灭许之役在名义上亦以齐主兵。桓二年《经》："公会齐侯、陈侯、郑伯于稷，以成宋乱。"桓三年《经》"公会齐侯于嬴"，"齐侯、卫侯胥命于蒲"。桓五年《传》"齐侯、郑伯朝于纪，欲以袭之，纪人知之"。桓六年《传》"会于成，纪来谘谋齐难也"，"北戎伐齐……于是诸侯之大夫戍齐，齐人馈之饩，使鲁为其班，后郑"。"纪侯来朝，请王命以求成于齐，公告不能。"则齐僖屡主盟，且有灭纪之志，又能使诸侯之兵戍其国，此非"小伯"之证乎？此次恶曹之盟，盖亦以齐僖为主，此盟为郑庄小伯之极峰，亦为齐僖小伯之极峰也。僖四年《传》管仲曰："昔召康公命我先君大公曰：'五侯九伯，女实征之，以夹辅周室……'"是齐在西周时本为东方一伯也，故《郑语》云"齐庄僖于是乎小伯"。然齐僖时国力并不甚强，既不能御北戎之侵，其后与宋、卫、燕之联军又为鲁、郑、纪联军所大败，此次大败后，齐僖"小伯"之局盖告终矣。

（37）春秋初年鲁国之强

春二月，公会纪侯、郑伯。己巳，及齐侯、宋公、卫侯、燕人战，齐师、宋师、卫师、燕师败绩。（桓十三年）

案：此为鲁国国势之极强。鲁在春秋初年本强，然在惠、隐之际国交盖甚孤立。鲁在春秋前本为郑之敌国（见隐十一年《传》），"惠公之季年，败宋师于黄"（隐元年）。郑、齐在春秋前已为盟国，鲁与郑敌，自亦与齐不睦，则春秋之初鲁与齐、郑、宋三大国之国交皆不和。惠公之卒唯"卫侯来会葬"。隐公元年鲁求好于邾，"故为蔑之盟"，又求成于宋，"及宋人盟于宿，始通也"。与戎亦"盟于唐，复修戎好"。六年始与郑结好，同时"盟于艾，始平于齐也"。至是鲁、郑、齐之交合，与宋、卫等成为两"国际"集团矣。隐公十年，齐、鲁、郑伐宋，"公败宋师于菅"，取郜、防二邑，桓十三年又与纪、郑大败齐、宋、卫、燕联军，终结"齐僖小伯"之局。庄九年鲁伐齐，纳子纠，虽因无备而为齐所败，然次年即大败齐师于长勺。又侵宋，齐、宋联军来伐，鲁败宋师于乘丘，"齐师乃还"。次年，鲁又败宋师于鄑。春秋初年，鲁只一败于齐，而四败宋，两败齐，一败卫、燕。直至齐桓称霸前夕，鲁之国势尚甚强，不亚于齐。又春秋初年鲁常侵杞、邾、戎、莒等小国，而小国如曹、滕、薛、杞、纪、谷、邓、邿、郕、牟、葛、萧、鄫、州等亦常朝鲁，纪且一度成为鲁之保护国。据此以观，鲁诚春秋初年一强国矣。故以郑庄之强，亦不能不竭力与鲁为好，合鲁之兵力、齐之地位，以破宋、卫、陈、蔡之联盟。

（38）东迁初周之国势

州吁未能和其民，厚问定君于石子，石子曰："王觐为可。"曰："何以得觐？"曰："陈桓公方有宠于王，陈、卫方睦，若朝陈使请，必可得也。"厚从州吁如陈。（隐四年）

案：周东迁后虽托庇于诸侯，然春秋初年周王尚有一定地位，如此文称"王觐"可以"定君"，石厚方虑"何以得觐"，而因"陈桓公方有宠于王"，石子教以"朝陈使请"为求得觐王之手段，则与春秋中叶以后周王地位尚不及一二等国君，诸侯几皆莫朝者有异矣。隐五年："曲沃庄伯以郑人、邢人伐翼，王使尹氏、武氏助之，翼侯奔随。""曲沃叛王，秋，王命虢公伐曲沃，而立哀侯于翼。""郑人以王师会之，伐宋，入其郛。"隐六年："郑伯如周，始朝桓王也，王不礼焉。"隐八年"虢公忌父始作卿士于周"，"郑伯以齐人朝王"。隐九年："宋公不王，郑伯为王左卿士，以王命讨之，伐宋。"隐十年："齐人、郑人入郕，讨违王命也。"桓四年："王师、秦师围魏，执芮伯以归。"桓五年："王夺郑伯政，郑伯不朝。秋，王以诸侯伐郑。"是繻葛战前周王尚能讨伐诸侯，王师尚有一定力量，诸侯尚有朝王者，郑、虢等强国君主尚为周室卿士，周王亦尚能纠合诸侯以讨伐叛离之国，至繻葛战后，周室始一蹶不振矣。

又案：《诗·王风·扬之水》"彼其之子，不与我戍申"，"不与我戍甫"（吕），"不与我戍许"，《序》云："扬之水，刺平王也，不抚其民而远屯戍于母家，周人怨思焉。"此盖申、吕等国受新兴楚国之逼，故王师戍之也。则是时周室确尚有一定力量。

（39）楚之始兴

无亦监乎若敖、蚡冒，至于武、文，土不过同。（昭二十三年）

案：昭十二年《传》："昔我先王熊绎，辟在荆山，筚路蓝缕，以处草莽，跋涉山林，以事天子，唯是桃弧棘矢以共御王事。"宣十二年:"训之以若敖、蚡冒,筚路蓝缕,以启山林。"《史记·十二诸侯年表·序》:"齐、晋、秦、楚,其在成周(西周)微甚,封或百里,或五十里。"《楚世家》:"熊绎当周成王之时,……封熊绎于楚蛮,封以子男之田,姓芈氏,居丹阳。""熊渠生子三人,当周夷王之时……熊渠甚得江汉间民和,乃兴兵伐庸、杨粤,至于鄂。熊渠曰:我蛮夷也,不与中国之号谥。乃立其长子康为句亶王,中子红为鄂王,少子执疵为越章王,皆在江上楚蛮之地。及周厉王之时,暴虐,熊渠畏其伐楚,亦去其王。"是楚初封本小国(《逸周书·作雒》:"凡所征熊盈族十有七国,俘维九邑。"楚族盖本起东方,"熊盈"之"熊"即楚氏,是楚王室盖即周人所俘熊盈族九邑之一自东迁西者),且辟在荆山,直是一野蛮之部落。熊渠时稍发展,然畏周厉王去其王号,则仍弱小之部落联盟耳。此后宣王南征,"于疆于理,至于南海",楚盖甚受压迫而中衰。至西周亡,楚始复兴,武王始称王,然及文王时,楚势仍不甚强。"土不过同",盖指其本邦之土,其服属之地当不在内。然既云"土不过同",则势仍弱也。《郑语》"楚蚡冒于是乎始启濮",桓二年《传》:"蔡侯、郑伯会于邓,始惧楚也。"《诗·王风》亦载王师戍申、吕等国,盖亦备楚,是楚之始兴当在武王时。然至桓二年始见于《传》,其国力似尚不及郑、鲁等国,周、郑特备其方兴之势耳,非此时楚之国力已真能胜郑也,观郑庄屡胜宋、卫等大国之联军,甚至大败周桓所帅五国联军,又大败北戎两次,力能救齐,是时之楚尚非其敌。观桓六年"楚武王侵随,使薳章求成焉","吾不得志于汉东","少师归,请追楚师,随侯将许之","随侯惧而修政,楚不敢伐",是时已届郑庄之末,楚之强未必过于"病齐"之北戎也。桓八年楚始败随,犹未能大克。九年,以邓之弱小,敢于杀楚、巴行人,楚、巴联军仅败邓师,及十一年楚屈瑕将盟贰、轸,郧人军于蒲骚,将与随、绞、州、蓼伐楚师,莫敖患之,用斗廉之计,始败郧师于蒲骚,卒盟而还,此一小胜竟引起屈瑕之骄傲。楚起倾国之师以伐罗(邓曼曰"夫岂不知楚师之尽行也"可证),罗与卢戎两军之,大败乏，莫敖缢于荒谷，群帅囚于冶父，以听刑，则是时之楚尚不及大败齐、宋、卫、燕四国联军之鲁、郑二国也。庄四年楚武王伐随而卒，取随之成后，楚师"济汉而后发丧"，犹惧随之追击也。庄六年楚文王伐申，次年伐邓，庄十年楚始见《春秋经》，盖是时楚之势力始渐强而北进，于是败蔡师、虏蔡侯。十四年楚已灭息，又入蔡。十六年以郑厉公返国，缓告于楚，楚始伐郑。是时楚益强，敢于伐中原之强国矣。然十八年巴人因联合伐申之役惊其师，叛而伐楚，取那处而"门于楚"。十九年楚文王与巴人战，大败于津，遂伐黄，败黄师而卒。以巴之小国尚能败楚，则楚之强尚有限。此后庄二十八年楚子元以车六百乘伐郑，齐、鲁、宋三国救郑，"楚师夜遁"。后楚屡伐郑，僖四年齐桓以诸侯之师伐楚，楚人屈服请盟，可见直至齐桓霸业全盛时，楚犹非齐之敌。僖五年《传》载周王命郑伯曰："吾抚女以从楚，辅之以晋，可以少安。"则周、郑忌齐而尚不忌楚，且晋、楚相辅，郑始得"少安"，则齐之强于楚可知，故齐桓卒后宋人敢于与楚争霸。及楚败宋后，楚始第一次列于最强国之林，几成霸矣。

（40）齐桓霸业之盛

复会焉，齐始霸也。（庄十五年）

案：齐在西周时本为东方一伯，故东周初年王室始衰已有所谓"庄僖小霸"之说。其实齐在僖公时完全成为郑庄之傀儡，"小霸"乃郑庄，非齐僖也。然齐此时已有灭纪之志。纪亦姜姓国，据传说，齐与之有世仇（齐哀公为纪侯谮于周天子而烹杀），然未必尽信，纪盖东方姜姓中次等国家，齐图并纪，犹卫图吞邢也。纪与鲁为婚姻之国，是时结好于鲁以抗齐。在哀、僖时鲁强于齐，桓十三年鲁、郑、纪大败齐、宋、卫、燕之役，当含有齐、纪问题。鲁与齐、郑本为一党，其后以纪之故，齐、鲁有隙，齐曾假助子郑以逼纪，鲁亦无如之何。纪侯嫁女于周，盖复图假周王之威以抗齐。王室既衰，亦不能助纪。鲁桓十三年齐人既败，并纪之志稍息，然次年齐僖即卒，齐襄继位，颇雄桀有为，齐势渐强。鲁桓十七年，鲁与齐、纪盟，欲平二国，弗克，反引起齐、鲁冲突，战于奚。次年鲁桓会齐襄于泺，且与夫人姜氏如齐，为齐所害（未必尽因文姜之故）。齐襄又师于首止，诱杀郑君子亹及其佐高渠弥，鲁、郑皆为齐所摧抑，卫后亦曾为齐所伐，齐襄已成"小霸"之局，又婚于周，于是纪势益孤，齐人遂迁纪之郱、鄑、郚三邑，纪季以酅入于齐，鲁犹欲合郑救纪，郑人辞以难，于是"纪侯大去其国"，纪不得不亡。此后齐、鲁围成，成降于齐师，可见此时齐之强已驾于鲁，然不久齐内乱，襄公被杀，齐霸之局未成。

齐襄既死，鲁欲乘机复兴，庄公伐齐纳子纠，而桓公先入，鲁因无备而败。次年齐师伐鲁，鲁人败之于长勺，势复振，侵宋，齐、宋来伐，宋师又为鲁所败。次年鲁又败宋师，盖是时齐、宋相结以制鲁，犹未能胜，可见鲁在此时之强。齐桓进一步合宋、陈、蔡、邾会于北杏，盖以威鲁，及灭逐，逼近鲁都，鲁乃为齐所屈服（自此以后"鲁为齐弱"之势渐成）。齐桓又合宋、卫之力并假周王之命以服郑，郑、鲁既服，齐霸遂成。

（41）狄族之强

狄入卫，郑弃其师。（闵二年《经》）

案：齐桓始霸之时，不仅楚渐强而北进，戎狄亦甚为纵横，《公羊传》所谓"南夷与北狄交，中国不绝若线"（僖四年）者是也。戎狄侵陵中原之害，远过于楚。盖楚立国南方，为农业区域，即在春秋初叶，楚之富亦有胜于中原之处。如晋文在楚时对楚王曰："予女玉帛，则君有之；羽毛齿革，则君地生焉；其波及晋国者，君之余也"（僖二十三年。其后襄二十六年声子谓楚子木亦云"如杞梓皮革，自楚往也，虽楚有材，晋实用之"）。郑伯始朝于楚，楚子赐之金（僖十八年），则中原物资犹待楚之供给，故楚之武、文、成三王，据左氏记载，颇有文明气象。申、息既灭，楚能用其民，城濮之战，楚之主力盖即申息之师，故楚王使谓子玉曰："大夫若入，其若申。息之老何！"（僖二十八年）则楚之灭国县之而已，无甚残杀。城濮战前周亲若曹、卫、鲁、郑、蔡，异姓若陈、许等，皆服于楚，齐桓之子七人且"为七大夫于楚"，楚之文化或尚有过于晋。春秋时楚人若有中原，经济文化未必遂受摧残，或且得发展也。楚本中原之族，并非真正"夷狄"，以楚为"蛮夷"，周及诸夏贵族之宣传，并不确当（至楚人自称"蛮夷"，则以其所在地本"荆蛮"区域之故）。至于戎狄，则犬戎等灭周，使"周余黎民，靡有孑遗"，西周末年周之文化本已发展甚高（出土器物及铭文等可证），而自西周之亡至战国之初，西方经济文化远逊关东，不能不谓与戎狄之破坏有关。狄入卫之后，"卫之遗民男女七百有三十人"（闵二年），亦不可谓摧残不甚矣，故北狄非"南夷"之比。齐桓"攘夷"之功，以抑制戎狄为盛。谓之"功"者，以其保卫中原之先进经济与文化也。故孔子曰："微管仲，吾其被发左衽矣！"被发左衽为戎狄之俗，孔子曾适楚，欲行其道，可见即在低级贵族出身之孔子观之，戎狄与楚亦自有不同也。

西周亡于犬戎等戎狄，东周既建，戎狄又逐渐东南侵。如晋曲沃庄伯二年（春秋前九年），翟伐晋，及晋郊。北戎侵郑（隐九年），又伐齐（桓六年），山戎病燕（庄三十年），扬、拒、泉、皋、伊、雒之戎甚至合兵伐周，入王城（僖十一年），几成郦山之祸。狄尤强横，入邢、卫（闵二年），伐晋（僖八年、十六年），灭温（僖十年），并再侵卫、郑（僖十三年、十四年），威胁周畿。齐桓伐山戎以救燕（庄三十年），御狄以救邢卫，并伐北戎（僖十年），谋淮夷（僖十三年），然邢、卫卒迁，以郑之强亦弃河上驻守之师，如非诸侯联合抗狄，中原之危殆亦甚难言矣。

（42）召陵之盟

齐侯以诸侯之师侵蔡，蔡溃，遂伐楚。楚子使与师言……师进，次于陉。夏，楚子使屈完如师，师退，次于召陵。齐侯陈诸侯之师，与屈完乘而观之。齐侯曰："岂不谷是为，先君之好是继，与不谷同好，如何？"对曰："君惠徼福于敝邑之社稷，辱收寡君，寡君之愿也。"齐侯曰："以此众战，谁能御之；以此攻城，何城不克！"对

曰："君若以德绥诸侯，谁敢不服；君若以力，楚国方城以为城，汉水以为池，虽众，无所用之。"屈完及诸侯盟。（僖四年）

> 案：昭四年楚椒举曰："夏启有钧台之享，商汤有景亳之命，周武有孟津之誓，成有岐阳之蒐，康有酆宫之朝，穆有涂山之会，齐桓有召陵之师，晋文有践土之盟，君其何用？"王曰："吾用齐桓。"八事称为"六王二公之事"。楚灵欲用齐桓，可见齐桓"召陵之师"之盛。《公羊传》："师在召陵，则曷为再言盟？喜服楚也。"盖终春秋之世，中原霸主以诸侯伐楚取其成者唯有此役。据《齐语》，齐桓时齐亦仅为千乘之国（"万人为一军……三军""有革车八百乘"），如以半数出征则五百乘。召陵之师除齐外，凡宋、鲁、卫、郑、陈、许、曹七国，宋、鲁亦皆千乘之国，如各出车三百乘，卫、郑各出车二百乘，陈、许、曹各出车百乘，则全军可能有一千数百乘之兵力，在春秋前期此为极可惊之军数。故齐桓曰："以此众战，谁能御之？"此其所以能服楚也。召陵之师已及楚境，楚人为城下之盟，观"辱收寡君"语，楚盖已加入齐桓联盟矣。故曰"五霸桓公为盛"，楚灵亦欲效齐桓。然观僖四年左氏之记载，一若楚人甚强硬，齐桓竟为楚人所屈者，此文盖增饰楚史而成，故齐桓自称"不谷"，崔东壁已发之矣。崔氏谓观《经》则齐桓霸业胜于晋文，观《传》则晋文胜于齐桓，信然。此《左传》作者扬楚抑齐、扬晋抑齐之证也，不得拘于僖四年之《传》，遂谓齐桓"召陵之师"不足道，而晋文霸业胜于齐桓也。

（43）齐桓霸业之余（楚宋争霸）

陈穆公请修好于诸侯，以无忘齐桓之德。冬，盟于齐，修桓公之好也。（僖十九年）

> 案：此节文前人少注意，故不知其重要，其实此乃楚人已加入齐桓联盟之显证。《经》"冬，会陈人、蔡人、楚人、郑人盟于齐"，可见此盟楚亦参与，鲁、郑、陈、蔡皆齐桓联盟中国家，而此时则皆楚党，陈穆公发起"修桓公之好"，盖楚人所指使，以楚本齐敌国，出面不便，故使陈人为之。"盟于齐"者，

盖仍使齐处盟主虚位，而实际楚已为盟主，此盖楚、宋争衡中楚人之谋略。此盟中楚人仅列郑上，且远盟于齐，此在整个春秋时代为未有之举，亦可证齐桓霸业之盛，故其余烈如此。僖二十三年"齐侯伐宋，围缗，以讨其不与盟于齐也"，则"盟于齐"之役以齐主盟可知，僖十八年宋襄以诸侯伐齐，鲁救齐，齐师败绩。后狄亦救齐，则狄人似亦已加入齐桓联盟，并可证齐桓霸业之盛。僖二十年"齐、狄盟于邢，为邢谋卫难也"，可见狄在齐桓晚年已服于齐，虽齐桓死后犹未叛也。

又案：在中原诸国内，齐桓联盟中与齐最亲而地位亦最尊者唯宋，故齐桓与管仲"属孝公于宋襄公"，宋襄公伐齐纳孝公之役，从之者仅曹、卫、邾三国，盖皆宋党；而鲁、狄救齐，狄且合邢伐卫，郑朝于楚，自皆不附于宋。但僖二十一年《经》书"宋人、齐人、楚人盟于鹿上"，则宋主盟。《传》云："宋人为鹿上之盟，以求诸侯于楚，楚人许之。"所谓"宋襄霸业"仅见于此而已。是年秋，宋、楚、陈、蔡、郑、许、曹会于盂，陈、蔡、郑皆楚党，曹亦已叛宋（僖十九年），许亦未必附宋，宋襄孤立至此，犹不量力而欲为盟主，宜其见执伐也。鲁此时亦楚党，然与宋为婚姻之国，故为宋请于楚，宋襄得释，犹聋聩而合卫、许、滕等弱小之国伐郑，故为楚人大败于泓，所谓"宋襄霸业"遂告结束（所谓"宋襄霸业"实楚成霸业）。《左传》所载宋襄"不重伤、不禽二毛"，"不以阻隘"等语，皆儒家之义，《左传》作者兼兵家之教，故托子鱼言以非之。《公羊传》则抱儒家迂阔之义，美之以"虽文王之战亦不过此也"。《榖梁传》亦非宋襄公，与左氏同。考《墨子·非儒》云"又曰，君子胜不逐奔，揜函弗射，施则助之胥车"，下文非之，则左氏所载宋襄之言及《公羊传》赞美之辞确为儒家之义，而左氏所载子鱼之言及《榖梁传》之说则与墨家之义合，要之似皆非春秋时人之思想也。

（44）晋献中央集权

晋侯围聚，尽杀群公子。（庄二十五年）

案：晋自分为翼、曲沃二国后，国势中衰；至曲沃武公灭翼，统一晋国，晋始得复兴。然晋之内乱犹未已，其最重要之问题则为承翼、曲沃分裂之余势，公族极为强横。晋献之雄与郑庄同，亟思削弱公族，以集权中央。庄十六年"王使虢公命曲沃伯以一军为晋侯"，此为晋统一之始。"一军"者小国之军，盖是时晋在名义上犹为小国。然伐夷朝周，势已渐强。庄二十三年："晋桓、庄之族偪，献公患之。士蒍曰：去富子，则群公子可谋也已。"越二年，遂"尽杀群公子"，次年"士蒍城绛以深其宫"，盖防群公子之余党作乱也。此后晋作二军，灭耿、霍、魏，进灭虞、虢，启土于狄，晋始大矣。僖五年虞宫之奇曰："桓、庄之族何罪，而以为戮，不唯逼乎？"宣二年："初，丽姬之乱，诅无畜群公子，自是晋无公族。及成公即位，乃宦卿之适子而为之田，以为公族；又宦其余子，亦为余子；其庶子为公行，晋于是有公族、余子、公行。"此述晋之除公族而以异姓为公族之过程，盖惩曲沃之乱而矫枉过正。晋文以后晋无公族之乱，而异姓异宗之大夫日强，皆由此耳。

（45）城濮之战与晋文霸业

晋侯、齐师、宋师、秦师及楚人战于城濮，楚师败绩。（僖二十八年《经》）

案：城濮之战为春秋时代最著名大战之一，然其中有不少问题尚待解决，今为疏证如下：

第一，参加城濮之战之国家，左氏《经》《传》有矛盾。据《经》，晋方有晋、齐、宋、秦四国，而楚只一国，则楚师之败无足异。据《传》，则晋方只晋一国，而楚方则有楚、陈、蔡三国，以方兴之晋国，败久强之楚国联军，是足异矣。考《晋语四》："文公立四年，楚成王伐宋，公率齐、秦伐曹、卫以救宋……公告大夫曰……我欲击楚，齐秦不欲，其若之何？先轸曰：不若使齐、秦主楚怨……子玉释宋围从晋师……退三舍避楚……至于城濮，果战，楚众大败。"《楚语上》："昔令尹子元之难，或谮王孙启于成王，王弗是，王孙启奔晋，晋人用之。

及城濮之役，晋将遁矣，王孙启与于军事，谓先轸曰：'是师也，唯子玉欲之，与王心违，故唯东宫与西广实来。诸侯之从者，叛者半矣，若敖氏离矣，楚师必败，何故去之。'先轸从之，大败楚师，则王孙启之为也。"据此，晋寡楚众可信。《韩非子·难一》："晋文公将与楚人战，召舅犯，问之曰：'吾将与楚人战，彼众我寡，为之奈何……'"《吕氏春秋·义赏》："昔晋文公将与楚人战于城濮，召咎犯而问曰：'楚众我寡，奈何而可……'"二书皆先秦文献，与《左传》《国语》相证，更为有力。晋是时已作三军，然伐曹而假道于卫，卫人竟弗之许。晋师围曹，门焉，多死，晋侯患之，听舆人之谋，始克入曹，则晋师未必甚众。楚人围宋之役，从之者陈、蔡、郑、许四国，鲁人亦与会。楚芍贾曰："子玉刚而无礼，不可以治民，过三百乘，其不能以入矣。"其后子玉请战，左氏谓"王怒，少与之师，唯西广东宫与若敖之六卒实从之"。则楚师之从子玉者似不多。然子玉败后，王使谓之曰："大夫若入，其若申、息之老何！"是从子玉之军似以申、息之众为主力，西广东宫若敖之六卒为数不多，仅为王族中坚而已。申在西周末为大国，春秋初年息国曾单独伐当时最强之郑，其军数皆不能甚少，二县从子玉之众至少当有数百乘，所谓"过三百乘"是也。陈、蔡之众亦当有数百乘，合之楚军当在千乘左右，晋军仅七百乘，故曰"楚众我寡"也。左氏载"晋侯、宋公、齐国归父、崔夭、秦小子憖次于城濮"，然则宋、齐、秦之军不过为晋之声援而未必参战。从楚四国之郑、许二国，亦当为楚声援而未参战。参战者，晋军七百乘，楚、申、息、陈、蔡五邑之师，必众于晋无疑，故"楚师背酅而舍，晋侯患之"。子犯亦曰："若其不捷，表里山河，必无害也。"若晋方之众足当楚师，以晋国方兴之势，文公不能迟疑如此。《韩非》《吕览》之记载信而有征矣。左氏载"晋师陈于莘北，胥臣以下军之佐当陈、蔡，子玉以若敖之六卒将中军，曰：'今日必无晋矣。'子西将左，子上将右。胥臣蒙马以虎皮先犯陈、蔡，陈、蔡奔，楚右师溃，狐毛设二旆而退之，栾枝使舆曳柴而伪遁，楚师驰之，原轸、郤溱以中军公族横击之，狐毛、狐偃以上军夹攻子西，楚左师溃，楚师败绩。子玉收其卒而止，故不败。"据此，晋师独当楚军，胥臣下军之佐，军少，故蒙马以虎皮，薄败陈、蔡之师。晋中、上二军集中力量击溃楚之左军，楚师遂大败。然观子玉"今日必无晋"之语，则恃众逼晋之意气可见。总结上文所考，城濮之战晋以自力七百乘独当楚（包括申、息）、陈、蔡三国联军，以寡胜众，晋方之宋、齐、秦，楚方之郑、许，皆未参战也。

第二，城濮战时晋、楚在中原势力之比较。是时从楚者盖有鲁、卫、莒（僖二十六年"公会莒兹丕公、宁庄子盟于向"）、曹、陈、蔡、郑、许等国，从晋者仅宋、齐、秦三国。楚伐齐、宋，晋伐曹、卫，是为争衡之焦点。僖二十六年："东门襄仲、臧文仲如楚乞师，臧孙见子玉而道之伐齐、宋，以其不臣也。""不臣"自指不臣于楚，则是时楚人势力几已席卷中原，为中原事实上之霸主矣。昭二十七年，楚沈尹戌曰："平王之温惠共俭，有过成、庄，无不及焉。所以不获诸侯，迄无极也。"可见不特庄王为霸主，成王亦为霸主也。是时微晋人大挫楚锋，楚将有中原而或代周，春秋历史之形势必大变矣。

第三，城濮之战与晋文霸业之估价。近人在春秋霸主中多重晋文而轻齐桓，以为齐桓不能败楚挫狄，而晋文能之。此说似可商榷。齐桓实已服楚、狄，使之加入中原联盟（召陵盟后楚人虽尚持对抗之势，其实不敢过于明显背盟，故齐桓死后尚有"修桓公之好"而"盟于齐"之事，虽为策略，然齐桓霸业之盛可见），仅"东略"未成耳。晋文虽能挫狄、杀子带，使周室统一，又能大败楚师，然晋、楚胜败对于当时中原人民之利害甚为难言（中原贵族自然赞晋畏楚）。楚是时之文化未必低于晋，经济富足尚过之。至戎、狄之祸，是时已近尾声，有晋、齐、秦三大国及郑国在，戎、狄实已不能为大患（虽能乱周，尚不敢侵郑），且多数入处中原之戎、狄似已渐定居夏化，等于中原列国。以卫之弱小，尚能抗狄、邢联军，狄且附齐以图救邢而不能救，是时之戎、狄已非齐桓初年之戎、狄矣（僖三十二年"狄有乱，卫人侵狄，狄请平焉。秋，卫人及狄盟"），故晋文"攘夷"之功亦未必大于齐桓也。

（46）崤之战与晋襄霸业

晋人及姜戎败秦师于崤。（僖三十三年《经》）

案：此为晋襄霸业中一大事。秦本周室附庸，平王东迁时始列于诸侯，然秦人力征经营，略定宗周土地之大部，遂为大国。秦与周室关系比较密切，与虢、晋、郑等国同，故能用王师（桓四年），且屡勤王（僖二十一年、二十五年）。秦穆公通婚于晋，数平晋乱，《史记·秦本纪》载孝公令曰："昔我穆公，自岐、雍之间，修德行武，东平晋乱，以河为界，西霸戎、翟，广地千里。天子致伯，诸侯毕贺。"其言大致可信。晋文公时，晋、秦尚睦，曾合兵伐郜，又合兵与楚战于城濮，温之会及翟泉之盟秦皆与焉。僖三十年，晋、秦合兵围郑，秦私与郑盟，且遣将戍之，晋、秦间始发生裂痕。及晋文公卒，秦穆公乃图袭郑以启东道，为郑人所知，乃灭滑而还，至崤为晋及姜戎所覆败。此后晋又败狄于箕，获白狄子，是晋势尚强，所谓襄公继霸是也。晋襄再败秦师，伐秦取汪及彭衙（文二年），文三年"秦伯伐晋，济河焚舟，取王官及郊，晋人不出……遂霸西戎"，次年晋人伐秦，以报王官之役，秦终为晋弱。此后秦又与楚争郜，及穆公卒，左氏谓"君子是以知秦之不复东征也"（文六年），盖春秋中叶以后秦始中衰，不为中原重要国家矣。

秦穆亦为"雄主"，惜其霸西戎事迹不能详悉，其东征则大受挫于晋，以晋扼崤、函之险，国力又强于秦也（僖十五年："晋侯逆秦师，使韩简视师，复曰：师少于我，斗士倍我。"吴入郢之役，秦发大军救楚，亦仅五百乘。盖秦地广民稀，国虽大，亦至多二千乘左右之兵力耳。在春秋时秦之"国际"地位尚不及齐）。当秦之冲者，又有周室，秦不敢侵。其南则大国楚，秦亦不能得志。秦国东出之路三面被扼，故终春秋之世常附于晋、楚，不能成为真正霸主也。

（47）晋赵盾专政

赵穿攻灵公于桃园，宣子未出山而复，大史书曰："赵盾弑其君"，以示于朝。宣子曰："不然。"对曰："子为正卿，亡不越竟，反不讨贼，非子而谁？"宣子曰："呜呼，我之怀矣，自贻伊慼，其我之谓矣。"孔子曰："董狐，古之良史也，书法不隐。赵宣子，古之良大夫也，为法受恶。惜也！越竟乃免。"宣子使赵穿逆公子黑臀于周而立之。（宣二年）

案：此为春秋史上一大事，自此而晋国政权渐下移，大夫专政，以致内政多门，霸业不竞，卒致三家分晋之局。文公之复也，狐、赵实为首勋，狐偃、赵衰（赵夙弟）皆以士之身份从大夫身份之公子重耳为臣以出亡，其地位犹鲍叔牙之于公子小白，管夷吾、召忽之于公子纠也。先是献公时已以耿赐赵夙，使为大夫（闵元年）。献公又娶戎女狐姬，狐氏本出唐叔（《晋语》），故狐突为晋臣，犹小宗之于大宗。文公作三军，狐毛、狐偃将上军，"命赵衰为卿，让于栾枝、先轸"（僖二十七年）。则赵氏地位不及狐氏，以狐氏为文公之舅家，子犯又屡立大功之故。然赵衰为文公之婿（僖二十四年），故晋作五军时"赵衰为卿"（僖三十二年，《晋语四》"使赵衰将新上军"）。"卿"也者，将军者也（别有考证）。盖自此狐、赵二氏并有军行，然赵氏地位仍亚于狐氏。文、襄二公时，中军元帅先为郤縠，次为先轸，盖郤、先二氏为晋旧族，故次狐、赵之上，犹齐之国、高二氏地位在管、鲍上也。文公伐卫之役，郤縠卒而先轸代之。箕之役，先轸死之，先且居将中军，而赵衰已佐中军，至此赵氏地位渐驾于狐氏矣（狐氏为亚公族，此亦晋国异姓胜同姓之证）。及襄公之末，赵氏之属阳处父地位又高，曾帅师伐楚。鲁文六年，晋蒐于夷，使狐射姑将中军，赵盾佐之，阳处父改蒐于董，易中军之帅，赵盾始执国政。阳处父为太傅，赵氏之势成矣。晋襄之卒，赵盾欲外求君，不克，仅逐狐氏。灵公立，乃与赵氏为敌。狄相酆舒问于贾季，赵衰、赵盾孰贤？对曰"赵衰，冬日之日也；赵盾，夏日之日也"（文七年）。"夏日之日"，自为可畏。扈之盟，赵盾专盟齐、宋、卫、郑、许、曹六国之君，为大夫主盟之始（同上）。晋、秦河曲之战，赵穿违军律而弗罪（文十二年），赵氏亦专横哉。及灵公长，思收政权，乃与赵氏冲突，君臣多间，晋始弱矣，所谓"晋侯侈，赵宣子为政，骤谏而不入，故不竞于楚"（宣元年）。左氏为大夫讳之，饰辞也。左氏谓"晋灵公不君"等等恶德，皆有可疑（"从台上弹人而观其辟九也"等，不甚近情理）。左氏又谓"宣子骤谏，公患之，使钼麑贼之"。若果政在灵公，恶赵盾，杀之可矣（如晋景公之除赵氏），何必使人贼之邪？至于所谓"不忘恭敬，民之主也"等钼麑之语，夫谁闻之？其不可信奚疑。左氏又载灵公"饮赵盾酒，伏甲，将攻之"，亦证政在赵氏，故灵公只能设计以除之。及赵穿杀灵公，赵盾未出山而复，"反不讨贼"，明是预定阴谋，不得谓赵盾不与弑君。左氏所载孔子之语，固说明当时君臣之义与后世有异，然亦或左氏所托也。观赵盾竟使弑君之赵穿迎立新君，其志可知矣。此后又"宦卿之适子而为之田，以为公族……"，"赵盾为旄车之族，使屏季以其故族为公族大夫"，则异姓大夫代为公族，晋公室之弱，自此始矣。

及赵氏失政，成四年"晋赵婴通于赵庄姬"，次年"原屏放诸齐"，赵氏内乱，晋景公乘之，诬之以"原屏将为乱，栾、郤为征"（栾、郤皆晋旧族，此说明晋新旧贵族之争。成五年赵婴曰"我在，故栾氏不作，我亡，吾二昆其忧哉"，并可证），遂讨赵同、赵括。以韩厥之谏，复立赵武（成八年），厥之言曰："成季之勋，宣孟之忠，而无后，为善者其惧矣。"弑君之人竟谓之"忠"，固亦证其时君臣之义有异，然亦晋大夫或左氏之饰辞也（成十年"晋侯梦大厉……曰：杀余孙不义，余得请于帝矣"，并赵氏后世所造故事）。至若《史记》赵孤之记载，前人已辨之，兹不赘。

（48）楚灭若敖氏

及令尹子文卒，斗般为令尹，子越为司马。蒍贾为工正，谮子扬而杀之，子越为令尹，己为司马。子越又恶之，乃以若敖氏之族圄伯嬴于轑阳而杀之，遂处蒸野，将攻王。王以三王之子为质焉，弗受，师于漳澨。秋七月，戊戌，楚子与若敖氏战于皋浒。……遂灭若敖氏。（宣四年）

案：或谓春秋时楚国已行中央集权制，君权独盛。此说未为是。襄二十六年声子谓楚令尹子木曰："虽楚有材，晋实用之。"子木曰："夫独无族姻乎？"对曰："虽有而用，楚材实多。"则晋用异姓及客卿多，已开战国之制。楚人异之，以为不用"族姻"。至楚则屈、斗诸族世袭执政，皆公族也。文十年楚子西"与子家谋弑穆王"，文十四年楚公子燮与子仪作乱，甚至以王出，非卿族专横之证与？吴起变法时楚之贵戚竟杀吴起，使楚变法失败，是后昭、屈、景三大族世执楚政，遂"以五千里之大楚受制于秦"，所谓"楚不用吴起而削乱"（《韩非子·问田》），曾谓春秋时楚已行中央集权乎？盖春秋时楚之"封建"制尚不及中原诸国成熟，王为"大宗"之"宗法"制尚盛，故若楚之君权比较集中。然及春秋之末，囊瓦专政，其后"白公之乱"，皆贵族势力渐大之征。若敖氏之乱在楚庄时，此时楚势全盛，然大夫专权亦萌于此。如若敖氏不灭，楚政将亦下移，为晋之续。春秋中后期之形势将丕变矣。观若敖氏之乱，子越专杀大臣，以其族攻王，王以三王之子为质且弗受，意图篡弑矣，谓春秋时楚国贵族不专横，殊不合事实也（又，此或有《左传》作者为楚王室润饰之成分）。

（49）邲之战与楚庄霸业

晋荀林父帅师殁楚子战于邲，晋师败绩。（宣十二年《经》）

案：自晋灵公之弑，晋政权一度操于赵氏之手，越四年，晋赵盾侵陈，是盾犹在。又越二年（宣八年）《传》书："郤缺为政，废胥克，使赵朔佐下军。"十一年《传》书："晋郤成子求成于众狄。"十二年《传》乃书："晋师救郑，荀林父将中军。"是赵盾盖卒于鲁宣八年，《史记·赵世家》云"晋景公时而赵盾卒"，非是（晋成公卒于鲁宣九年）。赵盾既死，郤缺为政，"废胥克而使赵朔佐下军"。宣十二年，荀林父代郤缺为政，邲之战，赵朔将下军，赵括、赵婴齐皆为中军大夫，赵同为下军大夫，是赵氏一家一卿三大夫，势犹甚也。是时荀林父初将中军，左氏载楚伍参曰："晋之从政者新，未能行令。其佐先縠，刚愎不仁，未肯用命。其三帅者，专行不获，听而无上，众谁适从？"将帅不和，有失军律，为邲之战晋败主因。是时，盖荀、范、栾、知等为一党，不欲战，先縠竭力主战，赵括、赵同和之，而赵朔亦不欲战，赵氏内部意见亦分歧，赵旃且挑楚师，致晋师大败，是赵氏虽失大政，而犹甚专横，故速亡也。先縠既致晋师之败，复与宋、卫、曹人同盟于清丘，而致宋、卫之不睦（同年），又召赤狄伐晋，故"晋人讨邲之败与清之师，归罪于先縠而杀之，尽灭其族"，于是先氏亡，荀、范二氏当政，灭赤狄，晋稍振。伐齐之役，范武子老，使郤克代执政，成鞌之功。是时郤克将中军，士燮将上军，栾书将下军，盖赵朔已死矣。鲁成三年，晋作六军，赵括、赵旃皆为卿，成四年《传》书晋栾书将中军，荀首佐之，是郤克死，而栾、荀二氏当政。绕角、桑隧之役，赵同、赵括欲战，知、范、韩氏不欲，栾书从之，可见赵氏与诸氏之不睦，放不久景公即因赵氏内乱及其与栾、郤诸氏之不和而灭赵氏，盖其时晋公室尚有权力，能御其臣下，政权相对统一，故致复霸之绩也。

又案：楚穆王时已开始东北略，灭江、六、蓼，及晋屡生内乱，范山言于楚子曰："晋君少，不在诸侯，北方可图也。"于是楚伐郑、侵陈、聘鲁，服陈、郑、蔡、宋，田于孟诸（文十年），又伐麇，鲁"叔仲惠伯会晋郤缺于承筐，谋诸侯之从于楚者"（文十一年），文十二年群舒叛楚，楚执舒子、宗子，遂围巢。穆王卒，庄王初即位，楚势稍衰，屡生内乱，外患亦甚亟。文十六年，楚大饥，庸及群蛮等伐楚，楚国一度危殆，而上下同心，会合秦、巴灭庸，并服群蛮。宣元年楚、郑遂合兵侵陈、宋，与晋争霸，晋已"不竞于楚"。宣二年，郑公子归生受命于楚伐宋，战于大棘，宋师败绩，是亦楚人之捷也。及赵氏弑灵公，晋因内乱，势益衰，楚庄伐陆浑之戎，竟观兵于周疆（宣三年）。次年，楚有若敖氏之乱，既平，楚又三伐郑，"取成而还"，又灭舒、蓼（宣八年），盟吴、越，势益张。宣十一年，楚遂入陈，次年围郑，大败晋师于邲，又灭萧以胁也。宣十四年，楚人围宋，晋弗能救，鲁、宋皆与楚平，楚庄霸业至此告成。鲁宣十八年，鲁使如楚，乞师伐齐。楚庄王卒，楚师不出，既而用晋师。成二年，楚人以大军救齐侵卫伐鲁，于是楚、鲁、蔡、许、秦、宋、陈、卫、郑、齐、曹、邾、薛、鄫十四国盟于蜀，是行也，"晋辟楚，畏其众也"，盖为楚霸之极盛矣。

（50）晋灭赤狄

晋荀林父败赤狄于曲梁，辛亥，灭潞。（宣十五年）

案：僖三十一年"狄围卫，卫迁于帝丘"，是狄势尚强，然次年《传》载"夏，狄有乱，卫人侵狄，狄请平焉。秋，卫人及狄盟"，是狄势之初衰。是后僖三十三年狄侵齐，而晋人败狄于箕；文四年狄又侵齐，七年侵鲁，而"公使告于晋，赵宣子使因贾季问酆舒，且让之"。是时狄似尚统一，故犹能为患齐、鲁，而以赤狄潞氏为首，此晋人所以让狄相酆舒也。九年，狄又侵齐，十年侵宋，十一年复侵齐伐鲁，鲁叔孙得臣败狄于缔，获长狄侨如。左氏谓宋武公之世，鄋瞒伐宋，宋人败狄于长丘，获长狄缘斯。晋之灭潞，获侨如之弟焚如，齐襄公二年，鄋瞒伐齐，获其弟荣如，卫人获其季弟简如，鄋瞒由是遂亡。考宋武公末年，当春秋前二十四年，及鲁宣十五年已一百五十三年，齐襄公二年当鲁桓公十六年，至鲁宣十五年亦已一百零二年，此记载必不可信。《鲁语下》："吴伐越，堕会稽，获骨焉，节专车。吴子使来好聘，且问之仲尼……仲尼曰：'丘闻之，昔禹致群神于会稽之山，防风氏后至，禹杀而戮之，其骨节专车，此为大矣……在虞、夏、商为汪芒氏，于周为长翟，今为大人。'"可见长狄之事杂有神话传说。《公羊传》："狄者何？长狄也。兄弟三人，一者之齐，一者之鲁，一者之晋。其之齐者王子成父杀之，其之鲁者叔孙得臣杀之，则未知其之晋者也……何以书？记异也。"《穀梁传》："传曰：长狄也，弟兄三人，佚宕中国，瓦石不能害。叔孙得臣，最善射者也，射其目，身横九亩，断其首而载之，眉见于轼……"神话愈传愈奇，愈不可信矣。盖长狄为狄中之特异人种，或至孔子时尚有存者，故曰今为大人。当时中原人异之，战而克之，书以记异。长狄诸首或皆死于鲁文、宣二公年间，其长寿自不足信。文十三年，狄又侵卫，宣三年，赤狄侵齐（是时盖长狄巳亡），次年再侵齐，六年伐晋，围怀及邢丘，七年又侵晋，取向阴之禾，八年，晋师、白狄伐秦，是赤狄叛晋，而白狄服于晋（《传》"白狄及晋平。夏，会晋伐秦"），十一年，晋侯会狄于攒函，《传》："晋郤成子求成于众狄，众狄疾赤狄之役，遂服于晋。秋，会于攒函，众狄服也。"则是时群狄离散，多服于晋，赤狄已趋孤立，故邲战晋败后，先縠召赤狄伐晋及清，越一年晋遂灭潞，晋侯治兵于稷，以略狄土。次年晋士会师师又灭赤狄甲氏及留吁、铎辰，成三年，晋、卫合兵伐廧咎如，讨赤狄之余，"廧咎如溃，上失民也"。至是而赤狄全亡。白狄自西方为秦、晋所逐，东徙，至春秋末晋灭肥、鼓，白狄唯余鲜虞，后为战国时之中山国。至诸戎亦为晋、秦、周、卫诸国所并灭，诸夷蛮则大部为楚、吴、齐、鲁诸国所并，仅余之部落至战国迄秦统一，亦入于诸大国，或"散为民户"矣。

又案：夷族文化本高，与诸夏相近，未经若何战争即与诸夏同化。蛮族似亦多务农，文化亦较高，在楚、吴、越发展下多数亦与诸夏同化。唯戎狄本多为游牧部落，文化较低，曾为诸夏大患。然至晋、秦强盛以后，戎、狄多分散定居，进于农业。如赤狄潞氏已为有城邑之大国，晋人数狄之罪曰："耆酒，二也。"是其农业发展，有谷物可造酒，故成"耆酒"之俗。宣七年："赤狄侵晋，取向阴之禾。"是亦赤狄定居务农之旁证。其后白狄肥、鼓、鲜虞亦为城邑之国，贬戎狄之俗矣。文十七年："周甘歇败戎于邧垂，乘其饮酒也。"是为戎人务农之证。更早鲁西之戎，隐七年《传》云："初，戎朝于周，发币于公卿。"则亦有币帛，且谙朝聘之礼，其有较高之文化无疑。春秋时所谓"诸夏"与"夷蛮戎狄"常不以种族分而以文化分，所谓"夷狄也进于中国则中国之"，故至春秋中、末叶，中原地区之"诸夏""夷狄"已几不可分而成为一族矣。

（51）鞌之战与晋景复霸

季孙行父、臧孙许、叔孙侨如、公孙婴齐帅师会晋郤克、卫孙良夫、曹公子首及齐侯战于鞌，齐师败绩。（成二年《经》）

案：自邲战晋败后，晋仅得宋、卫、曹等国之归附，霸势大衰，东方之旧霸齐国亦乘机起而与晋争霸（自晋霸之衰，鲁已屡服于齐，见《春秋》《左传》）。宣十三年齐师伐莒，以其恃晋而不事齐故。鲁公孙归父会齐侯于谷（宣十四年），仲孙蔑会齐高固于无娄（宣十五年），盖亦服于齐也。宣十七年《传》载晋侯"使郤克征会于齐，齐顷公帷妇人，使观之。郤子登，妇人笑于房"。郤克怒，归谋伐齐。《公羊传》《穀梁传》更敷衍其事，谓"使跛者逆跛者，使眇者逆眇者"《公羊传》），"使秃者御秃者，使眇者御眇者，使跛者御跛者，使偻者御偻者"（《穀梁传》），其事诚为传说，甚不足信。宣十七年《左传》已谓："献子先归，使栾京庐待命于齐，曰：不得齐事，无复命矣。"则志在服齐而已。"齐侯使高固、晏弱、蔡朝、南郭偃会。及敛盂，高固逃归。"故晋、鲁、卫、曹、邾会于断道以"讨贰"，"盟于卷楚，辞齐人"。晋人执晏弱等。苗贲皇言晏子于晋侯，"晋人缓之，逸"。及郤克为政，宣十八年，晋侯、卫世子臧已伐齐，齐人乞和。鲁人使如楚乞师伐齐，"楚庄王卒，楚师不出"。成元年："为齐难故，作丘甲。"是鲁受齐之侵可知。"闻齐将出楚师"，故"臧孙许及晋侯盟于赤棘"。成二年，齐侯伐鲁北鄙，又大败卫师于新筑，或且威胁曹国，故晋、鲁、卫、曹四国联军伐齐，而齐师败绩，齐始屈服于晋（《史记·晋世家》谓"齐顷公如晋，欲上尊晋景公为王，景公让不敢"），微此战，则晋不独南有楚忧，西有秦忧（秦自崤战败后常与楚联合），且尚东有齐忧（鞌战前齐与楚亦联合），即北方之狄亦将乘机而起，晋势危矣。故鞌之战晋胜齐，足以偿崤之败。既已克狄，唯西方之秦、南方之楚为强敌，晋厉经营，卒致"三强服"，而复大败楚师于鄢陵，虽有内乱，终致复霸之绩（晋景之末，晋侵蔡，遂侵楚，获申骊。又侵沈，获沈子揖，已见复霸之端矣）。

（52）晋厉复霸

吾先君之亟战也有故，秦、狄、齐、楚皆强，不尽力，子孙将弱。今三强服矣，敌楚而已。（成十六年）

案：此鄢陵之战时范文子之言，指晋厉公时之"国际"形势。自邲之战后，晋势稍弱，然当景公之世即于鲁宣十四年伐郑，"为邲故也，告于诸侯，蒐焉而还，中行桓子之谋也"。"郑伯如楚，谋晋故。"同年楚庄王"使公子冯聘于晋"。宣十五年，晋荀林父灭赤狄潞氏，晋侯治兵于稷，以略狄土，魏颗败秦师于辅氏。次年，晋士会又灭赤狄甲氏及留吁、铎辰。又次年晋侯卫世子臧伐齐，齐人乞盟，以公子强为质于晋。鲁成元年，晋、鲁盟于赤棘。二年，晋郤克会鲁、卫、曹三国之师，大败齐师于鞌，齐人屈服。三年，晋会鲁、宋、卫、曹之师伐郑，"讨邲之役"。晋、卫又合师伐廧咎如，讨赤狄之余。是年晋作六军。四年晋师伐郑。五年晋会齐、鲁、宋、卫、郑、曹、邾、杞同盟于虫牢，"郑服也"。六年，晋迁都新田，栾书救郑，与楚师遇于绕角，楚师还，晋师遂侵蔡。八年，"晋栾书侵蔡，遂侵楚，获申骊。楚师之还也，晋侵沈，获沈子揖"。（襄二十六年声子谓楚子木曰："绕角之役，晋将遁矣，析公曰：'楚师轻窕，易震荡也，若多鼓钧声以夜军之，楚师必遁。'晋人从之，楚师宵溃，晋遂侵蔡，袭沈，获其君，败申、息之师于桑隧，获申丽而还，郑于是不敢南面。楚失华夏，则析公之为也。"则绕角之役以后，楚人已连挫矣。）是年晋讨赵同、赵括，亦中央集权稍固之征。晋是时又通吴以制楚，不久产生晋、楚第一次之盟约，是景公后期晋已开始复霸，故《史记》有齐顷公尊王晋景公之说。及厉公即位，晋益强，然第一次晋、楚于宋联盟后不久，楚败盟，秦亦背晋成，狄亦侵晋。鲁成十二年，晋人败狄于交刚。次年晋假王命合九国之师伐秦，大败秦师于麻隧，获秦成差及不更女父。越三年，遂有鄢陵之战。盖厉公之时，晋中央政权较巩固，师徒强盛，故能服三强、败楚师而致复霸之绩也。

（53）第一次宋之盟

宋华元克合晋、楚之成。夏五月，晋士燮会楚公子罢、许偃。癸亥，盟于宋西门之外，曰：凡晋、楚无相加戎，好恶同之，同恤菑危，备救凶患。若有害楚，则晋伐之。在晋，楚亦如之。交贽往来，道路无壅，谋其不协，而讨不庭。有渝此盟，明神殛之，俾队其师，无克胙国。郑伯如晋听成，会于琐泽，成故也。（成十二年）

案：第一次宋之盟，不见于《春秋》《经》，故前人与近人多有疑之者，余旧亦有所疑。今考是时晋厉正在进一步图谋中央集权，欲先靖外。自晋景时灭赤狄，服齐，至是晋厉乃欲和楚、秦，以集中全力对付内部卿族。而楚则因吴人新兴，奔命已疲，乃有晋、楚成和之事。在此前晋、楚早已通使，借宋华元之介，故有第一次宋之盟。是盟也，唯晋楚两国参加，非若第二次宋之盟参加之国甚多，为弭兵大会也。又是时晋、秦亦为成而不克。此次宋盟后，晋郤至如楚聘，且莅盟；楚公子罢亦如晋聘，且莅盟，晋侯及楚公子罢盟于赤棘。秦伯背成，欲道楚、狄伐晋，狄、楚皆告晋，"诸侯备闻此言"，"是以睦于晋"，晋遂大败秦师。成十五年《传》载楚将北师，子囊曰："新与晋盟，而背之，无乃不可乎？"楚子侵郑、卫，郑人以楚人无信，反"侵楚取新石"，楚不得已，"以汝阴之田求成于郑"，郑始叛晋从楚伐宋，晋人伐郑，楚人救郑，遂有鄢陵之战。左氏记载前后之事甚明晰，恐不能尽出杜撰。《周语中》亦云"（楚）背宋之盟（第一次宋之盟）"。至《春秋》《经》不书，或以此役为晋、楚二国之盟，无与诸侯，故未载于策，亦或《春秋》《经》之脱文也（是年《经》文甚少，颇有脱漏可能）。

（54）鄢陵之战

晋侯及楚子、郑伯战于鄢陵，楚子、郑师败绩。（成十六年《经》）

案：晋厉公见楚背盟，既败秦师，国力强甚，乃思败楚以尽靖外患，然后内图卿族。范文子知之，故不欲战，范文子之言曰：

"我伪逃楚，可以纾忧……我若群臣辑睦以事君，多矣。""唯圣人能外内无患，自非圣人，外宁必有内忧。盍释楚以为外惧乎？"及战而胜，范文子又曰："君幼，诸臣不佞，何以及此？君其戒之。"《传》又载反自鄢陵，范文子使其祝宗祈死，曰："君骄侈，而克敌，是天益其疾也，难将作矣。"从此等言辞中皆可见是时晋国内部之问题。此次晋师之胜亦用谋略。苗贲皇言于晋侯曰："楚之良，在其中军，王族而已。请分良以击其左右，而三军萃于王卒，必大败之。"是即郑庄繻葛之战之战术，城濮之战亦有类似之谋略。襄二十六年，声子之言曰："鄢陵之役，楚晨压晋军而陈（案此亦效郑战之战术），晋将遁矣，苗贲皇曰：'楚师之良，在其中军，王族而已。若塞井夷灶，成陈以当之，栾、范易行以诱之，中行、二郤必克二穆，吾乃四萃于其王族，必大败之。'晋人从之，楚师大败。王夷师熠，子反死之。郑叛吴兴，楚失诸侯，则苗贲皇之为也。"所述尤详，可以参考。晋既胜楚，又三伐郑，郑人不服，然晋难已作矣。

（55）晋厉集权之失败

晋弑其君州蒲。（成十八年《经》）

案：晋厉公为一颇图自强之君主，晋国霸业至厉公时已发展至顶点，然衰运亦萌芽于此时。成十七年《传》载："晋厉公侈，多外嬖。反自鄢陵，欲尽去群大夫而立其左右。"使是计划告成，则晋国可能于此时逐渐转入中央集权官僚制度。厉公盖利用诸卿族中之矛盾以除诸大夫，任用胥童、夷阳五、长鱼矫等宠臣为心腹。又利用栾、郤二大族间之矛盾，遂杀三郤，实用胥童之谋。童曰："必先三郤，族大多怨。去大族不偪，敌多怨有庸。"胥童于杀三郤后，又"以甲劫栾书、中行偃于朝"，公弗忍杀，长鱼矫曰："臣偪而不讨，不可谓刑。"弗听，矫遂奔狄。公使胥童为卿，盖倚仗之。而栾书、中行偃遂执公焉，召士匄、韩厥，皆辞，是晋之卿族间颇有矛盾。厉公被弑后，悼公和解公与诸卿间之矛盾，利用诸卿之争而建政权于其上，尚能勉成所谓"复霸"之业。

（56）晋悼复霸

晋悼公卒，遂不克会。（襄十五年）

案：所谓"悼公复霸"，实犹"宣王中兴"，其绩业有甚大之局限性。当悼公之立，仅十四岁，大夫逆于清原，公曰："抑人之求君，使出命也。立而不从，将安用君？二三子用我今日，否亦今日。"可见是时晋卿族之强，公室几已成赘疣，故悼公要诸大夫以"从君"，诸大夫虽暂时允诺，盟而后入，"逐不臣者七人"，而弑君之栾书、中行偃不与焉。成十八年《传》载，晋悼公之施政："施舍已责，逮鳏寡，振废滞，匡乏困，救灾患，禁淫慝，薄赋敛，宥罪戾，节器用，时用民，欲无犯时。"此皆所谓"收拾民心"也。同时重用魏、范、赵三氏，使"为卿"及"大傅"（士渥浊）、"司马"（魏绛），而以荀家、荀会、栾黡、韩无忌为公族大夫，以安栾、荀等氏之心，所谓"凡六官之长，皆民誉也"。以此成"复霸"之功。楚人伐彭城，纳宋亡臣鱼、向二氏，以三百乘戍之，以逼宋。晋悼内宁诸大夫，外和诸侯，合诸侯救宋，遇楚师于靡角之谷，楚师还。诸侯之师围宋彭城，虏宋五大夫归（襄二十六年声子曰："彭城之役，晋、楚遇于靡角之谷，晋将遁矣。雍子发命于军……行归者而逸楚囚，楚师宵溃，晋降彭城……楚失东夷，子辛死之，则雍子之为也。"是此役楚亦颇受挫也）。晋又率诸侯伐郑侵楚，此后晋屡伐郑，结吴人以困楚，又和戎狄，"谋所以息民"，于是"三驾而楚不能与争"。然襄十年晋、楚之军遇于颍，未战而还。荀罃曰："我实不能御楚，又不能庇郑。"可见晋悼之末，晋霸已成强弩之末。襄十一年秦师伐晋以救郑，战于栎，晋师败绩。次年楚、秦联军伐宋，"以报晋之取郑"，襄十四年晋范宣子数姜戎氏曰："今诸侯之事我寡君不如昔者，盖言语漏泄，则职女之由。"姜戎氏对曰："今官之师旅，无乃实有所阙，以携诸侯。"诸侯之大夫从晋侯伐秦，晋栾黡不从命，先归，"乃命大还，晋人谓之迁延之役"。同年《传》载："范宣子假羽毛于齐而弗归，齐人始贰"。次年齐、邾伐鲁，晋弗能救，而悼公卒。是晋既西挫于秦，又东挫于齐，悼之霸业衰矣。

又案，晋悼公为"复霸"之主，据左氏记载功烈甚盛，虽享国不甚永，何以谥为"悼"乎？是甚可疑。考悼公晚年，卿族专横，诸侯已贰，甚至不竞于秦、齐，或悼公有效厉公集权之志，而为大夫所杀欤？左氏于晋祖卿族，于魏氏事造饰尤多。晋悼降心以从诸大夫，又重用魏氏，故左氏曲笔以扬其功乎？观悼公既卒，平公即位，"警守而下，会于溴梁，命归侵田"。或悼公之不善终，晋人讳之，以免诸侯之贰。观晋侯与诸侯宴于温，使诸大夫舞，曰："歌诗必类。"齐高厚之诗不类，荀偃怒曰："诸侯有异志矣。"使诸大夫盟高厚，高厚逃归。是等记载，蛛丝马迹，甚可疑也。但是年晋荀偃、栾黡帅师伐楚，以报宋扬梁之役，楚公子格帅师及晋师战于湛阪，楚师败绩，晋师遂侵方城之外，复伐许而还。盖是时楚困于吴，势益弱，故晋师尚能胜楚，然齐伐鲁，晋亦暂时无如之何也（至襄十八年晋始合诸侯伐齐，次年齐始暂服）。

（57）春秋时邾之盛衰

邾子牼卒。（襄十七年《经》）

案：此左氏《经》文。"牼"，《公》《谷》《经》皆作"瞷"，盖假借字。出土铜器邾公牼钟正作"牼"，与左氏《经》合，则左氏确为古文，非汉人所能伪造矣。此为左氏古文《经》不伪之强证一。

又案：邾国之地位在春秋时仅次于鲁，战国时并称"邹鲁"，为文化之邦，其国兴衰之历史应略加考证。邾在春秋时为三等小国，而传世彝器之多在今山东境内仅次齐、鲁，名器有邾公牼编钟、邾公华钟、邾公钰钟等。邾公牼编钟四器中铭文最多者五十七字，邾公牼即邾宣公。邾本附庸小国，隐元年《春秋》《经》书鲁隐公及邾仪父盟于蔑，《左传》："邾子克也，未王命，故不书爵。曰仪父，贵之也。"鲁桓公时，邾又曾与鲁结盟于趡，修蔑之好。庄十五年宋、齐、邾合师伐郳，盖邾自从齐桓伐郳后始列爵于诸侯。然鲁隐、桓之世邾已与鲁为好，又曾与郑人一伐卫、再伐宋，与鲁、郑二国盟于翼，是虽附庸小国，已早得诸侯之重视矣。鲁僖之世，邾贤君文公屡与诸侯之盟会，伐灭须句。升陉之役，大败鲁师，国势自此渐强。文公子定公为齐出，得齐之卵翼，更与鲁为敌。文公之卒，鲁使吊丧不敬，邾竟伐鲁讨罪。鲁宣之世，邾都绎邑为鲁所取，其后邾人亦戕杀鲁附庸鄫子。鲁成末年，邾宣公即位，虽再朝鲁，然襄四年鲁人侵邾，邾人败之于狐骀。鲁襄十五年齐人叛晋伐鲁，邾亦伐鲁南鄙，以为齐援。宣公之后，悼公初年，仍与齐夹攻鲁国。襄十九年晋盟诸侯于督扬，执邾悼公，取邾田自漷水归之于鲁，此后邾人仍"骤至"。至鲁襄二十一年邾内乱，庶其以漆、闾丘奔鲁。襄二十三年邾畀我又奔鲁，自此邾始渐衰，为鲁所制。襄二十七年《传》宋之盟，齐人请邾不与盟，是邾为齐属之证。昭四年《传》郑子产云"邾畏鲁"，昭十三年"邾人莒人愬于晋曰，鲁朝夕伐我，几亡矣"。昭十八年邾人入鄅，尽俘其众，宋人讨邾，始归鄅俘。昭二十三年，鲁取邾师，鲁昭之末邾快、黑肱等联袂奔鲁，邾更为鲁所弱。鲁定公时邾隐公一与鲁盟，一与鲁会，一朝鲁，一奔鲁之丧，如此事鲁，犹不免于鲁讨。鲁哀初年，鲁乘晋、齐相攻，数伐邾国，取邾田，俘邾隐公，邾几濒于亡，赖吴、齐之力，始得幸存。鲁哀十年，邾隐公奔鲁。隐公曾为吴所执，失位，后越人纳之，旋又执之。然"鲁赋八百乘，邾赋六百乘"（哀七年《传》），邾之国力亦稍次于鲁而已。要之，春秋时邾之全盛唯在中叶宣、悼二公时也。

（58）晋栾氏之亡

晋栾盈出奔楚。（襄二十一年《经》）

案：栾氏本晋旧族。桓二年《传》："惠之二十四年，晋始乱，故封桓叔于曲沃，靖侯之孙栾宾傅之。"三年《传》："曲沃武公伐翼……逐翼侯于汾隰……夜获之，及栾共叔。"是在曲沃与翼二国中栾氏皆为大族。晋文复国，狐、赵虽为首勋，然作三军、谋元帅，仍以旧族郤縠将中军，郤溱佐之。命赵衰为卿，让于栾枝、先轸，使栾枝将下军，先轸佐之。城濮之战，栾枝有功，"入盟郑伯"。及赵氏为政，栾氏以公室同族，虽将下军（栾盾），不甚得志。赵盾死，郤缺为政。郤缺死，荀林父为政，栾书佐下军，其势犹亚于赵氏（赵朔将下军）。邲之役，栾书不欲战，赵朔党於栾书。荀林父死，士会为政，士会请老，郤克为政。鞍之战，栾书将下军。郤克死，成四年栾书始将中军为政。成五年，赵婴齐曰："我在，故栾氏不作。我亡，吾二昆其忧哉。"绕角之役，赵同、赵括欲战，栾书卒从知、范、韩三氏之言还师，是皆栾、赵二氏间有矛盾之证，所谓"原、屏将为乱，栾、郤为征"，可见栾氏实灭赵氏。赵氏既弱，栾、郤二旧大族间又起矛盾。成十五年三郤害伯宗，谮而杀之，及栾弗忌。伯宗或为栾氏之党也。鄢陵之役，范文子不欲战，栾书不可，是盖栾、范不和之始。战时，栾、范以其族夹公行，则栾、范固皆强族。及"栾书怨郤至"，害之，厉公杀三郤，亡郤氏，栾书、中行偃又杀厉公，即《晋语八》所谓"栾书实覆宗（大宗）"也。栾书等执厉公时，召士匄、韩厥，皆辞，是又可证栾、范之矛盾。晋悼公即位，重用范、魏、赵、韩等氏，以牵制栾、中行二氏，特别依仗范、魏二氏。栾书死，韩厥为政，然栾黡仍专横。韩厥老，知罃为政，范氏渐强（襄九年"范匄少於中行偃而上之，使佐中军"）。鲁襄十年伐郑之役，楚师救郑，知武子欲退，栾黡不从，独进。栾黡欲伐郑师，荀罃不可，是又栾、知二氏间之矛盾，栾氏之势渐孤。荀罃、士鲂卒，晋侯使士匄将中军，让於荀偃（是盖为范、中行氏相结之始）。荀偃为政，栾黡仅将下军，晋悼伐秦之役，栾黡又违荀偃之命，擅自率下军东归。栾鍼死役，栾黡谓士鞅使鍼死，又逼士匄逐其子士鞅，栾、范之隙益深。及荀偃死，范匄为政，乃修栾氏之怨，栾黡死，栾盈为下卿，"好施，士多归之"，范宣子"畏其多士"，遂逐之，尽除其党。栾盈奔楚，适齐，其党知起、中行喜等亦奔齐。晋再会诸侯"锢栾氏"。齐人欲乱晋，纳栾盈及其士于栾氏封邑曲沃。栾盈帅曲沃之甲，因魏氏以入于绛。赵氏以原、屏之难怨栾氏，韩、赵方睦。中行氏以伐秦之役怨栾氏，而固与范氏和亲。知悼子少，而听于同族中行氏。唯魏氏及七舆大夫与栾氏。以"栾氏多怨"，范氏为政；"栾氏自外"，范氏在位，故范氏胜。范宣子使范鞅逆魏舒，略之以曲沃，栾氏孤立，败奔曲沃，为晋师所杀。虽有齐援，栾氏卒亡。然自是范、中行氏又渐横，终成晋国第二次大内乱。

（59）吴之始强

吴伐郯，郯成。季文子曰：中国不振旅，蛮夷入伐，而莫之或恤，无弔者也夫……有上不弔，其谁不受乱？吾亡无日矣。（成七年）

案：宣八年楚为众舒叛故，伐舒、蓼，灭之。楚子疆之，及滑汭，盟吴、越而还。此为吴、越始见於《传》。众舒在今安徽中部淮南江北之地，盖淮夷徐戎之别枝，则是时吴、越所在地可能离此不远。吴、越虽受楚逼，以楚之东略，亦受其文化之影响，是以始大。据《春秋》《经》《传》观之，越之兴虽晚于吴，然每战越多胜，则越之强与善战决不亚于吴也。成七年吴始见《经》，以其伐郯故。郯与鲁为婚姻之国（宣十六年"郯伯姬来归"），故鲁史记之。是年《经》又书"吴入州来"，《传》曰："巫臣请使於吴，晋侯许之。吴子寿梦说之，乃通吴于晋。以两之一卒适吴，舍偏两之一焉。与其射御，教吴乘车，教之战陈，教之叛楚。寘其子狐庸焉，使为行人于吴。吴始伐楚、伐巢、伐徐，子重奔命。马陵之会，吴入州来，子重自郑奔命。子重、子反于是乎一岁七奔命。蛮夷属于楚者，吴尽取之，是以始大，通吴於上国。"襄二十六年声子云："子灵奔晋，晋人与之邢，以为谋主，扞御北狄，通吴于晋。教吴叛楚，教之乘车射御驱侵，使其子狐庸为吴行人焉。吴于是伐巢、取驾、克棘、入州来，楚罢于奔命，至今为患，则子灵之为也。"是皆言吴之强由于巫臣之教导。岂有一人能兴国之理？盖吴此时已逐渐兴起，巫臣知之，乃撮合吴、晋，以中原先进战术教吴，吴乃益强耳。个人在历史上之作用固不能抹煞。

吴自鲁宣、成间兴起，伐郯之役，盖欲启通晋之道，与"上国"之盟会，非欲侵犯中原也。吴此时与争者为楚，故伐郯之后即入州来。州来者，吴、楚间之要塞，故楚子重自郑奔命。楚一岁七奔命，吴之侵楚亦亟矣。成八年晋、齐、鲁、邾四国伐郯，《传》曰："晋士燮来聘，言伐郯也，以其事吴故。"此说可疑。晋何至远与吴争东夷之小国？且郯近于鲁，郯服于吴，在鲁为威胁，又何以"公赂之，请缓师"乎？又是年"晋侯使申公巫臣如吴"，正在通吴，何以伐"事吴"之郯？左氏本身即自相矛盾。盖是时吴、晋通路在莒，故巫臣如吴"假道于莒"，而次年楚人伐莒，"克其三都"，盖欲截断吴、晋之通路。率是以言，则晋伐郯者，盖欲以郯为通吴之路耳（或是时郯畏楚，不肯为吴、晋之通路）。成九年蒲之会"将始会吴，吴人不至"，是此时晋巫欲通吴以胁楚之证。楚人为吴所胁，故求成于晋，而有第一次宋之盟。成十五年诸侯大夫"会吴于钟离，始通吴也"。次年遂有鄢陵之战，楚益弱，吴患愈巫。成十七年"楚人灭舒庸"，以其道吴人侵楚。成十八年，楚又纳宋亡臣于彭城，亦以断吴、晋之通路。故《传》载宋西鉏吾曰："今将崇诸侯之奸，而披其地，以塞夷庚，逞奸而携服，毒诸侯而惧吴、晋，吾庸多矣。"襄元年晋帅诸侯取彭城，归之于宋，亦以畅通吴之道。自后楚遂"失东夷"（襄二十六年）矣。襄三年，楚子重伐吴，吴亦伐楚，楚"所获不如所亡"。襄五年，鲁、卫会吴于善道，诸侯盟于戚，会吴。襄十年晋又帅诸侯会吴于祖，遂灭偪阳，以与宋，盖亦启通吴之路。楚人伐宋克萧，盖报此役。楚又联秦，使秦伐晋，败晋师于栎，亦如晋之联吴矣（晋吴、楚秦是时皆曾联姻）。襄十三年，楚共王卒，吴侵楚，为楚所败。襄十四年晋帅诸侯会吴于向，楚人伐吴，为吴所败。"楚子囊还自伐吴，卒。将死，遗言谓子庚必城郢。"盖楚已畏吴也。襄二十四年，楚为舟师以伐吴，"不为军政，无功而还"。次年，楚败吴，灭舒鸠，吴子诸樊伐楚，门于巢，卒。《传》载楚人曰："是君也死，疆其少安。"可见是时楚受吴侵之甚。襄二十六年，楚、秦合师侵吴，虽无功，足见楚、秦之联结。其后吴师入郢，秦人救楚，卒复楚国，其端已肇于此矣。

又案：吴之人民为越族，故"断发文身"，无甚可疑。至其王室自称周泰伯之后，中原诸国亦承认之，则有可疑。予前立有二说，一说以为吴王室亦蛮夷之族，其证为成七年吴伐郯，鲁季文子曰："中国不振旅，蛮夷入伐。"并言"吾亡无日"，则以吴为"蛮夷"，似不认为同族同姓。哀七年，鲁子贡曰："太伯端委以治周礼，仲雍嗣之，断发文身，裸以为饰。"盖太伯在虞，故"端委以治周礼"，而仲雍在吴，故"断发文身，裸以为饰"。是吴祖为仲雍，非太伯也。旧说以仲雍为即虞仲，然虞仲在虞，故称"虞仲"，宫之奇以太伯、虞仲皆为虞祖。盖仲雍别是一人，其人"断发文身"，似非夏族，未必因奔吴而从越俗也。一说以为吴或为虞国支庶之别封，本为"汉阳诸姬"之一。观汾水流域之国如随、鄂、唐（即晋）、沈、黄等，在江汉流域附近皆有之。唐虞连称，有唐亦可有虞。汉水流域之虞或即吴，从考古发掘遗物看，吴似有由西移东之迹。《史记》谓太伯、仲雍奔荆蛮，汉阳亦属广义"荆蛮"之地。汉阳之吴（虞）盖受楚逼而逐渐东迁，故楚灭舒、蓼，及滑汭，盟吴、越，疑吴、越是时地尚在今安徽省境内或不远之处。襄十二年《经》书："吴子乘卒。"《传》："吴子寿梦卒，临于周庙。"《论语》亦谓鲁昭公"取于吴，为同姓"，是或吴通"上国"后冒虞祖太伯、虞仲之后，自称"姬姓"，以与诸夏结好，亦或为吴本"汉阳诸姬"中一国之证，斯犹未能定也。然太伯、虞仲在周太王时决不可能远奔至江东，则无疑矣。

（60）第二次宋之盟

叔孙豹会晋赵武、楚屈建、蔡公孙归生、卫石恶、陈孔奂、郑良霄、许人、曹人于宋……豹及诸侯之大夫盟于宋。（襄二十七年《经》）

案：是时晋国内有卿族互相兼并之忧，外有秦、齐之患，故不得不与楚平分霸权，以息兵争。楚国内部政权亦有下移倾向，同时困于新兴之吴，不能与晋竞争中原，故亦乐于分享霸权而与晋平，此第二次宋之盟弭兵大会所以暂时有成也。

又案，是盟《经》书晋赵武在楚屈建之上，似晋主盟者，然《传》云："晋、楚争先……乃先楚人。书先晋，晋有信也。"《传》之说有可疑。左氏作者每有袒楚之嫌（其次则袒晋卿族），言"乃先楚人"，并曲解《经》文，似非信史。观盟后"宋公兼享晋、楚之大夫，赵孟为客"。《注》："客，一坐所尊。"则是盟以晋赵孟为主审矣。春秋时晋、楚之争，晋势较强，是时楚国又深受吴患，国势益衰，未必能先晋也。然是盟晋、楚虽许平，而齐人难之，盖尚欲与晋人争霸。齐、秦虽与会而不与盟，楚子木谓宋向戌"请晋、楚之从交相见"，结果"释齐秦，他国请相见"，而"齐人请邾，宋人请滕，皆不与盟"。鲁季武子使谓叔孙，以公命曰："视邾、滕。"盖欲轻鲁之贡赋，是可见当时小国受大国剥削之甚。盟后"晋荀寅遂如楚莅盟"，"楚蒍罢如晋莅盟"。此次弭兵大会之主要目的为弭晋、楚兵争，使"晋、楚之从交相见"，以便晋、楚分享霸权。然从晋者皆中原大国，从楚者皆南方小国，宋之盟，楚受惠良多，故盟后果得暂时"弭兵"也（昭元年晋、楚、齐、鲁、宋、卫、陈、蔡、郑、许、曹诸国又会于虢，寻宋之盟，楚人请"用牲，读旧书，加于牲上而已，晋人许之"，此后晋、楚间遂暂时安宁）。

（61）子产治郑之改革

子产使都鄙有章，上下有服，田有封洫，庐井有伍。大人之忠俭者，从而与之。泰侈者，因而毙之……从政一年，舆人诵之曰："取我衣冠而褚之，取我田畴而伍之，孰杀子产，吾其与之。"及三年，又诵之曰："我有子弟，子产诲之。我有田畴，子产殖之。子产而死，谁其嗣之。"（襄三十年）

案：子产为七穆之族，地位本高，又有才能，故郑正卿子罕使之为政，亦所谓"明贤"也。先是，襄八年郑人侵蔡，胜焉。郑人皆喜，唯子产不顺。其父子国怒之，曰："童子吉焉，将为戮矣。"是时子产尚幼。襄十年因郑执政子驷曾"为田洫"（盖与子产之"田有封洫"相类），司氏等"皆丧田焉"等原因，"五族聚群不逞之人，因公子之徒以作乱"。于是子驷当国，子国为司马，子耳为司空，子孔为司徒，"作乱"者杀子驷、子国、子耳，劫郑伯。子产"闻盗"，儆而后出，以兵车十七乘"攻盗"，"国人"助之，"盗众尽死"。子孔当国，为载书"以位序听政辟"（盖亦维持旧制度之举），"大夫诸司门子弗顺"，子孔将诛之，子产止之，请焚书，"众而后定"，是子产之初显才能。郑子孔专，"欲去诸大夫"，"起楚师以去之"，郑人知之，"完守入保"，楚师无功而还（襄十八年）。襄十九年，郑人讨子孔，杀之。子展当国，子西听政，立子产为卿。襄二十二年，晋人征朝于郑，子产为少正，对之。襄二十四年，晋范宣子为政，诸侯之币重，郑人病之，郑伯如晋，子产寓书于子西以告宣子，"宣子说，乃轻币"，是子产善于外交辞令之表现。襄二十五年，郑子展、子产帅车七百乘伐陈，入之。子产献捷于晋，对答晋人之质问，有文辞。子产问为政于然明，对曰："视民如子。见不仁者诛之，如鹰鹯之逐鸟雀也。"子产喜。子大叔问政于子产，子产对曰："政如农功，日夜思之，思其始而成其终。朝夕而行之，行无越思，如农之有畔。其过鲜矣。"合二人之言，盖以为为政须谨慎无懈，而德礼威刑并用也。次年，郑伯赏入陈之功，子产辞邑，公孙挥以为"让不失礼"。楚、秦合师侵郑，楚人俘皇颉与印堇父，以印堇父归秦。郑人赎之，弗得，从子产之辞始获之，是子产已屡显才能。许灵公请师于楚，伐郑，郑人将御之，子产曰："晋、楚将平，诸侯将和，楚王是故昧于一来。不如使逞而归，乃易成也。"郑人从之，楚师逞而归，不久成宋之盟。于此见子产之智。襄二十八年，子产相郑伯如楚，舍不为坛，谓"小适大"有五恶为"小国之祸"，故"焉用作坛以昭其祸"，是子产反对大国之欺压也。襄二十九年，郑执政子展卒，子子皮即位，吴季札聘于郑，"见子产，如旧相识，与之缟带，子产献纻衣焉"。是年《传》载裨谌曰："善之代不善，天命也，其焉辟子产？举不逾等，则位班也。择善而举，则世隆也……天祸郑久矣，其必使子产息之……"于此亦可见子产得政之原因。

襄三十年，子产相郑伯如晋，叔向问郑国之政焉。对曰："吾得见与否，在此岁也。驷、良方争，未知所成。若有所成，吾得见，乃可知也。"可见是时郑国卿族内争之甚。是年郑伯有、子晳相攻，伯有出奔，人谓子产"就直助强"，子产曰："姑成吾所。"子产敛伯有氏之死者而殡之，遂行，子皮止之，子产入。

伯有入，与驷带相攻，皆召子产，子产曰："兄弟而及此，吾从天所与。"伯有死，子产哭而敛之。子驷氏欲攻子产，子皮怒之，乃止。是年子皮遂授子产政，辞曰："国小而逼，族大宠多，不可为也。"子皮曰："虎帅以听，谁敢犯子？"是子皮深信子产，故子产得为政。

子产为政之方，大致为在贵族间相忍以为政，然甚恶者则毙之。所谓"都鄙有章，上下有服，田有封洫，庐井有伍"者，余以为主要是恢复整顿"宗法封建"旧制，在此时尚有改良性改革之意义。所谓"舆人诵之"，则初以子产恢复整顿旧制，使彼等"僭越"之所得有失，故欲杀子产，然子产改革后盖有奖励生产及兴起文教等举动，故"舆人"又歌颂之。所谓"舆人"，殆"国"中"甲士"一类人物也。

襄三十一年，子产相郑伯如晋，未得见晋侯，"子产使尽坏其馆之垣而纳车马焉"。晋人让之，子产强硬对答曰"今铜鞮之宫数里，而诸侯舍于隶人。门不容车，而不可逾越。盗贼公行，而天厉不戒。宾见无时，命不可知"云云。晋人使士文伯谢不敏，乃筑诸侯之馆。晋叔向评之云："子产有辞，诸侯赖之。"是子产确善于外交辞令。同年《传》又载"子产之从政也，择能而使之"云云，是子产亦能"任贤使能"，故得助多。《传》又载："郑人游于乡校，以论执政。"然明请毁乡校，子产不可，曰："夫人朝夕，退而游焉，以议执政之善否。其所善者，吾则行之；其所恶者，吾则改之，是吾师也……岂不遽止，然犹防川，大决所犯，伤人必多，吾不克救也。不如小决使道，不如吾闻而药之也。"孔子评之曰："以是观之，人谓子产不仁，吾不信也。"此段记载证明子产当有原始民主主义思想，在当时宜于治国。同时子产又止子皮使未学之尹何"为邑"，"子皮以为患，故委政焉，子产是以能为郑国"。

昭元年，郑贵族公孙楚、公孙黑争妻相攻，子产治之，遂公孙楚。昭二年，郑公孙黑又将作乱，伤疾作而不果，子产逼杀之。晋侯有疾，郑使子产如晋聘且问疾，子产据故典等对答晋问，晋侯以为"博物君子"，是子产有学（昭七年又载子产聘晋，晋侯疾，韩宣子问于子产，子产亦据故典对答。此或是一事之两种记载，未必尽可信）。楚令尹围使公子黑肱、伯州犁城犨、栎、郏，郑人惧，子产曰："不害，令尹将行大事，而先除二子也。"楚令尹围果弑君自立为灵王。昭四年《传》称："子产善相小国。"是年子产"作丘赋"，"国人"谤之，子产曰："何害！苟利社稷，死生以之。且吾闻为善者不改其度，故能有济也。民不可逞，度不可改。""作丘赋"盖为增加军赋，亦当时不得已之事，非此不足以待强邻。鲁"为齐难故作丘甲"，亦如是矣。观子产之言颇有后世法家之风格。昭六年郑人铸刑书，晋叔向使诒子产书曰："昔先王议事以制，不为刑辟，惧民之有争心也……民知有辟，则不忌于上，并有争心，以征于书，而徼幸以成之，弗可为矣……今吾子相郑国，作封洫、立谤政、制参辟、铸刑书，将以靖民，不亦难乎！……"子产复书曰："若吾子之言，侨不才，不能及子孙，吾以救世也。""铸刑书"为公布刑法，亦当时时势之必然，非此不可者。叔向守旧，故非之，以为公布刑法则民"不忌于上"，亦即孔子评晋铸刑鼎所谓"何以尊贵"之意。子产亦为大贵族，故思想不能不与叔向、孔子等有共同点。然彼比较实际，略有法家倾向，为时势所迫，不能不事改革，即所谓"吾以救世也"。

昭七年，子产又为丰氏归州田于晋，以防晋之讨，亦外交善策。昭十三年平丘之盟，子产竭力"争承"，晋人许之，子大叔咎之，子产曰："国不竞亦陵，何国之为？"昭十六年，晋韩起聘于郑，求郑商之玉环，子产弗与，曰："夫大国之人令于小国，而皆获其求，将何以给之……吾且为鄙邑，则失位矣。"韩起买诸贾人，既成贾，又请诸子产，子产坚持郑君与商人之盟约而弗与，韩起终辞玉谢罪而归。子产之善于外交，于此等事皆可看出。昭十九年，郑驷偃卒，立子瑕，子产弗许，亦弗止其姻，晋人如郑问驷氏事，子产从容对晋客曰："若寡君之二三臣，其即世者，晋大夫而专制其位，是晋之县鄙也，何国之为！""辞客币而报其使，晋人舍之。"此又为子产外交之一胜利。昭十六年，郑大旱，有事于桑山，斩其木，不雨。子产曰："有事于山，艺山林也，而斩其木，其罪大矣。"是证子产尚有迷信思想，然主要是"守礼"。昭十七年，郑裨竈言于子产曰："宋、卫、陈、郑将同日火，若我用瓘斝玉瓒，郑必不火。"子产弗与，郑果火，裨竈曰："不用吾言，郑又将火。"郑人请用之，子产不可，曰："天道远，人道迩，非所及也，何以知之？竈焉知天道！是亦多言矣，岂不或信。"遂不与。郑火时子产但"行礼"而已，少见迷信之事。然卒"大为社，祓禳于四方，振除火灾"。《传》曰："礼也。"则仍"行礼"而已。"火之作也，子产授兵登陴"，不畏晋讨，曰："国之不可小，有备故也。"此等处皆可看出子产"重人轻天"，重实际，讲守备，而"行礼"，其思想实与孔子大同小异。昭十九年："郑大水，龙斗于时门之外洧渊，国人请为禜焉。"子产弗许，曰："我斗，龙不我觌也。龙斗，我独何觌焉？禳之，则彼其室也。吾无求于龙，龙亦无求于我。"乃止。是亦孔子"不语怪力乱神"及"务民之义，敬鬼神而远之"之思想也。然昭七年《传》载"郑人相惊以伯有"，"子产立公孙洩及良止以抚之"。及子产适晋，晋人问其事，子产以为能有，则子产似非完全不信鬼神者，亦与孔子相同。

昭二十年，子产有疾，谓子大叔曰："我死，子必为政，唯有德者能以宽服民，其次莫如猛。夫火烈，民望而畏之，故鲜死焉。水懦弱，民狎而翫之，则多死焉，故宽难。"《左传》载孔子之评曰："善哉，政宽则民慢，慢则纠之以猛；猛则民残，残则施之以宽。宽以济猛，猛以济宽，政是以和。"子产卒，左氏载"仲尼闻之，出涕曰：古之遗爱也"，是段记载有可疑者。子产固可有早期法家思想，主以猛治民，然左氏所载孔子之言则与《论语》所载孔子之言弗类，疑《左传》作者所文饰，《左传》作者固兼有儒、法、兵三家思想也。

总之，当子产为政时，郑卿族间多内乱，而郑又以小国介于晋、楚两大国之间，国内外形势俱属不利。子产为大贵族中之比较开明贤能者，故执政子皮使之为政。子产针对当时本国形势，以容忍及执法之两种手段对付贵族，以靖内乱。又善利用晋、楚之间及晋、楚国内之矛盾以应付外交。子产本人亦长于文辞，外交无失，屡获胜利，以靖外患，是其能也。子产又针对当时社会政治形势，整顿旧制及创立新法以"救世"，不顾保守者之反对，又有早期法家之风。然彼虽以猛治民，而接受舆论；以法绳贵，而以宽济之，故能于交错之矛盾中推行渐进性之改革。至于其改革内容与成效之有限，则时代使之然也。

（62）孔子治鲁之改革

十年春，及齐平。夏，公会齐侯于祝其，实夹谷。孔丘相……齐人来归郓、讙、龟阴之田……侯犯以郈叛，武叔懿子围郈，弗克。秋，二子及齐师复围郈，弗克……驷赤止而纳鲁人，侯犯奔齐，齐人乃致郈。（定十年）

仲由为季氏宰，将堕三都。于是叔孙氏堕郈，季氏将堕费，公山不狃、叔孙辄帅费人以袭鲁。公与三子入于季氏之宫，登武子之台，费人攻之，弗克，入及公侧。仲尼命申句须、乐颀下伐之，费人北，国人追之，败诸姑蔑，二子奔齐，遂堕费。将堕成，公敛处父谓孟孙：堕成，齐人必至于北门。且成，孟氏之保障也。无成，是无孟氏也。子伪不知，我将不堕。冬，十二月，公围成，弗克。（定十二年）

案：《孟子·万章下》："孔子有见行可之仕，有际可之仕，有公养之仕。于季桓子，见行可之仕也；于卫灵公，际可之仕也；于卫孝公，公养之仕也。"则孔子之仕于鲁，实仕于季孙氏也。季孙氏盍为用孔子乎？则以三家虽专鲁政，而频有家乱。季孙氏有南氏及阳虎等之乱，叔孙氏有竖牛及侯犯等之乱，孟孙氏其后亦有公孙宿之乱。孔子所谓"陪臣执国命"之局，至阳虎专政，可谓极矣。阳虎于定八九年间作乱，失败奔齐，次年《传》遂书夹谷之会"孔丘相"，是孔子及其门徒登用于阳虎失败之后，明是季孙氏等用之，所以抑制有土有民之旧式宗法家臣也。孔子述周制，法周公，虽出身微贱之士，然其思想则因所受教育而较保守。季孙氏既登孔子，以孔子在当时鲁国之声誉，不能抑为家臣，故以为公臣而听任之。定元年《传》载"孔子之为司寇"，则孔子尝为鲁国司寇之官，故能相定公以会齐侯于夹谷。昭四年《传》载杜泄谓季孙氏为司徒，叔孙氏为司马，孟孙氏为司空，则孔子为司寇，地位仅次于三家，亦可谓之不次之升擢矣。季孙氏既以忌其宗法家臣之故，重用无土无民但受谷禄之孔子，孔子又使其弟子仲由为季氏非宗法性之宰，内外夹持，政权一度几在孔子之手，故《公羊传》两言"孔子行乎季孙，三月不违"（定十、十二年），是孔子几代阳虎之地位也（就身份言尚高阳虎一等，阳虎犹为家臣，而孔子为公臣）。

孔子既执鲁政，其善外交辞令与子产同。夹谷之会，以"礼"屈服齐人。夹谷会后，齐人以欲结鲁抗晋，故"来归郓、谨、龟阴之田"。观左氏上文，其田即所谓"汶阳之田"，而"汶阳之田"旧为季氏封土。僖元年《传》："公赐季友汶阳之田及费。"当定公时"汶阳之田"已早为齐人所夺，至是孔子要以归鲁（以鲁从齐出征为条件），即以归季氏（成二年，晋胜齐于鞍，"使齐人归我汶阳之田"，盖亦即以归季氏，故成八年"晋侯使韩穿来言汶阳之田，归之于齐"，季文子弗顺，私谓之曰"信不可知，义无所立，四方诸侯，其谁不解体"云云），是孔子为季氏尽力也。是年，侯犯以郈叛，鲁师再攻之，不克，以駟赤之计收回郈邑。此时孔子必以所谓"礼"游说三家（如《公羊传》所谓"家不藏甲，邑无百雉之城"之类），使堕三都，以"尊公室"而抑家臣，亦所以强三家。季、叔二氏鉴于宗法家臣之不可制，乃许诺而堕二都，孔子之谋既为三家（孔子未主张废世卿），亦所以"张公室"。盖孔子之图，在客观上实行中央集权官僚制度，如孔子之谋成，则孔子及其弟子得掌鲁政，彼辈受谷禄，无封土，无宗法关系，实为最早之官僚，孔子改革之历史意义，在此部分废弃"宗法封建"关系而实行不彻底之中央集权官僚制度也。

定十二年实为孔子政权之稳固期，三家尤其是季孙氏已信用孔子，甚至定策堕其三都。叔孙氏既平侯犯之乱，"家"势顿强，故堕郈无阻挠者。季孙氏则阳虎虽亡，其内部宗法家臣之势力犹不弱，故孔子、仲由使季氏堕费，费邑宗法家臣公山不狃、叔孙辄等遂率费人以袭鲁（定八年《传》："季寤、公钼极、公山不狃皆不得志于季氏，叔孙辄无宠于叔孙氏，叔仲志不得志于鲁，故五人因阳虎。阳虎欲去三桓，以季寤更季氏，以叔孙辄更叔孙氏，已更孟氏。"盖阳虎为孟氏之族，故平阳虎之乱者为孟氏成邑之师，公敛阳请追阳虎，孟孙弗许。又定六年《传》"阳虎强使孟懿子往报夫人之币……孟孙立于房外，谓范献子曰：阳虎若不能居鲁而息肩于晋，所不以为中军司马者，有如先君"，是亦阳虎为孟孙氏族人之证。《史记·孔子世家》"公山不狃……因阳虎为乱，欲废三桓之适，更立其庶孽"，是更为阳虎为孟氏庶孽之确证。盖阳虎专鲁政，不特其家主季孙氏畏之，其大宗孟孙氏亦畏之，季、孟二氏合以去阳虎。《传》书公敛处父帅成人"与阳氏战于南门之内，弗胜，又战于棘下，阳氏败"，则阳氏亦已成为宗法大族，故难去也。定七年《传》书"齐人归郓、阳关，阳虎居之以为政"，是既足证郓旧为季氏封土，亦足证宗法家臣有封土，并能据邑为政，阳虎之"阳"或即阳关之"阳"也）。是役鲁君及三桓皆避入季氏之宫，登台以据守，费人"入及公侧"，足见费师实力之厚（故在战国时费能独立为小国，久而后亡）。微孔子之指挥及其门徒等之卖力与"国人"之助，鲁及三家亦危矣。是时唯孟氏成宰公敛处父有平阳虎之功，且未作乱，故强硬不屈，孟氏亦从之，弗堕成，鲁公出面率师围之，犹不克，足征宗法家臣势力之强。虽季氏之任孔子等亦弗得全胜，而孔子则因此不得不去鲁矣。

此次孔子之失败，一由于其保守之思想，所谓"张公室"之主张招三家之忌。二由于其弟子孟孙氏之反对堕成，季、孟二氏不和（见《墨子》）肇端，遂使孔子之谋不成。三由于其弟子仲由为季氏宗法家臣所想，《论语·宪问》："公伯寮愬子路于季孙，子服景伯以告曰：'夫子固有惑志于公伯寮，吾力犹能肆诸市朝。'子曰：'道之将行也与？命也。道之将废也与？命也。公伯寮其如命何！'"季氏亲属之名上多有"公"字（如"公鸟""公亥"等，盖季氏僭为公族之故），公伯寮至少为季氏宗法家臣，其愬子路亦犹秦之贵戚害商鞅、楚之贵戚害吴起也，然孔子固欲"张公室",其招季氏之忌也亦宜。子服景伯者,盖公室之党,故亲于孔子(《韩非子·难三》:"子服厉伯人见[鲁穆公],问庞䣄氏子。子服厉伯对曰:'其过三,皆君之所未尝闻。'……或曰:'鲁之公室,三世劫于季氏,不亦宜乎……厉伯以奸闻,而穆公贱之……'"似子服氏颇亲公室,故穆公时虽行中央集权制,而子服氏仍存也)。崔述以为子路见慰,即孔子不得志去鲁之故,甚是,其后孔子遂"以微罪行"矣。

又案:孔子仕鲁,虽得季孙氏之重任,官为司寇,然固无封土,但受谷禄。《史记·孔子世家》:"卫灵公问孔子居鲁得禄几何?对曰:奉粟六万。卫人亦致粟六万。"《论语·雍也》:"子华使于齐,冉子为其母请粟……原思为之宰,与之粟九百。"《泰伯》:"三年学,不至于谷,不易得也。"《宪问》:"邦有道,谷。邦无道,谷,耻也。"是皆可证孔子及其门弟子但受谷禄而无封土,故成为官僚性质之官吏,与有封土武装之贵族官吏(包括卿大夫家臣)不同,此所以季孙氏任免孔子及其弟子甚自由,孔子及其弟子得用则"行道",否则亦不能反抗,而用武力把持政权,如宗法家臣阳虎等。然"陪臣执国命"之局,亦使三家不愿其再现,故孔子虽出亡,亦卒归国,为君大夫之重要顾问(屡见《论语》等书),其弟子亦常为三家所任用,为"家"宰或邑宰。《论语·雍也》"季氏使闵子骞为费宰","子游为武城宰";《先进》"子路使子羔为费宰",《子路》"仲弓为季氏宰","子夏为莒父宰";《季氏》"季氏将伐颛臾,冉有、季路见于孔子……今由与求也相夫子……";《阳货》"子之武城,闻弦歌之声……子游对曰……"。是即所谓"仕而优则学,学而优则仕"(《子张》)也。《檀弓》亦载"子皋将为成宰",盖孟氏平公孙宿之乱,收回成邑后之事。左氏于孔子矢政权后又载"(吴)太宰嚭召季康子,康子使子贡辞"(哀七年)。"微虎欲宵攻(吴)王舍……有若与焉"(哀八年)。"齐为鄎故,国书、高无平帅师伐我,及清。季孙谓其宰冉求曰:……孟孺子泄帅右师,颜羽御,邴泄为右。冉求帅左师,管周父御,樊迟为右……季氏之甲七千,冉有以武城人三百为己徒卒……师获甲首八十,齐人不能师，宵，谍曰：齐人遁。冉有请从之，三，季孙弗许……冉有用矛于齐师，故能入其军"（哀十一年）。"季孙欲以田赋，使冉有访诸仲尼……曰：'子为国老，待子而行'……"（同上）。"吴子使太宰嚭请寻盟，公不欲，使子贡对曰……乃不寻盟"（哀十二年）。"吴人藩卫侯之舍"，子服景伯使子贡说之，"乃舍卫侯"（同上）。"小邾射以句绎来奔，曰：使季路要我，吾无盟矣。使子路，子路辞"（哀十四年）。成宰公孙宿以成叛于齐，"子服景伯如齐，子赣为介，见公孙成，曰……乃归成"（哀十五年）。"孔丘卒，公诔之……"（哀十六年）。"卫出公自城鉏使以弓问子赣"（哀二十六年）。"越子使后庸来聘，且言邾田，封于骀上。二月，盟于平阳，三子皆从。康子病之，言及子赣，曰：'若在此，吾不及此夫。'武伯曰：'然，何不召？'曰'固将召之'"（哀二十七年）。此等事皆说明孔子及其弟子之被三家及外邦所重视，冉求且"帅左师"以败齐师，开前所未有家臣将军之局。冉有、季路曾并为季氏之"相"，盖已肇后世官僚制度文武分职之端矣。其后子夏被尊师于晋魏氏，曾子被鄪君（"武城人"——季氏？）所师，季氏将亡时又大用孔子之徒（见《韩非子》），甚至因此被杀，鲁穆公与费惠公（季氏后？）皆尊师子思，是早期儒家不仅在学术上颇有影响，在政治上亦甚有地位也。

（63）春秋后期各国政权之变化

楚薳越帅师，将逆华氏，大宰犯谏曰：诸侯唯宋事其君，今又争国，释君而臣是助，无乃不可乎。（昭二十一年）

案：自"共和行政"至西周亡，以至繻葛之战，周天子之威严扫地，诸侯日强。至春秋中叶，诸侯政权又渐移入大夫之手，及春秋末年，大夫专政，如鲁国政权且一度落入家臣之手。此其故，"宗法封建制"发展必然之结果也。周以"宗法封建制"立国，其初天子为"大宗"，诸侯为"小宗"，大夫士则"小宗"之"小宗"，故天子得以专制天下（即孔子所谓"天下有道，则礼乐征伐自天子出"），诸侯得承天子命以治其国，卿大夫士以次服从于"宗"，此西周时之大略形势也。至社会经济发展，"宗法"世族日以扩大，其间"小宗"逐级化为"大宗"，各"君"其土，各"子"其民，此"共和行政"以后周人之"宗法"统治网开始解体之征也。诸侯化为"大宗"，专制一国，即成所谓"列国"形势。诸侯间又互相兼并，乃出现所谓"霸政"（即孔子所谓"天下无道，则礼乐征伐自诸侯出"）。诸侯国家之发展，其君渐成过去天子之地位，大夫俨若过去之诸侯，此种形势发展之结果，必成诸侯守府、大夫专政之局（即孔子所谓"政逮于大夫"），此为"宗法封建制"发展之极，其衰运亦肇于此。大夫之"小宗"、"宗人"甚至"庶人"中接近贵族者势力亦渐发展，遂由家臣而变为官僚，大夫则渐化为集权之君主，战国时代新兴政权之雏型已肇基于春秋之末。唯鲁秉"周礼"最多，本最为保守，故"宗法封建制"发展之结果，独出现明显之"陪臣执国命"局面，然三家"改制"之结果，亦成为草创之新型政权。其后中原大国之大夫，如齐之陈氏，晋之三家（尚有宋之戴氏等），建立新兴中央集权国家，小国则或因卿族内乱而灭亡（如郑），或则削弱为大国之附庸而幸存（如卫），或则经过斗争，君主收回政权，亦变为中央集权国家（如鲁），或则分裂而为更小之邦（如周）。边区之大国，吴在君主掌权时已灭亡，越在春秋时亦尚为君主掌权之国，其后情况不详。楚则君权本较巩固，春秋末年卿族势力渐兴，战国时经过吴起"变法"，虽未完成，亦成君主贵族联合专政之半中央集权国家。唯秦较落后，在春秋、战国间政权始下移，造成所谓"厉、躁、简公、出子之不宁"，至献公发愤图强，孝公任商鞅"变法"，乃成为新兴最强之中央集权国家，终于统一当时所谓"天下"。

当时中原国家内政之变迁，齐、晋另有论。周之政权在景王时已逐渐落入单、刘二氏之手，景王欲杀单子、刘子，未果而卒。单、刘遂专政，引起王子朝与王子猛之乱，累年始定。终春秋之世，周之政权常在王臣之手。至战国时，周又分裂，考王封其弟于河南，是为西周桓公，以续周公之官职。桓公二传至惠公，又封其少子于巩，以奉王，号东周惠公，周分裂为二，合王室为三，以底于亡。

鲁国自庄公之卒，其三弟相争，季氏胜而立僖公，受费及汶阳之封以为上卿，三家并立而以季氏为首。及文公薨，东门遂杀嫡立庶，政权又一度为东门氏所掌。东门氏"欲去三桓"，"与公谋而聘于晋"，宣公薨，季文子遂逐东门氏，自此政权移入三家之手，"政在季氏"数世。通过"作三军""舍中军"二役，三家尽分公室之军赋而"贡于公"，于是鲁君仅有"公徒"，势大弱于三家。昭公末年，图去季氏，三家合以攻公，公出奔，死于外。自定公之立，鲁之公室"三世劫于季氏"。至战国时，鲁公室始乘季氏内乱及三家不和，假越兵以去季氏，"季氏亡"而叔、孟两家亦微，至鲁穆公之世，鲁之中央集权政治遂巩固矣。

卫国在春秋中叶，孙、宁二氏亦曾专政，献公除灭孙、宁，君权稍强。灵公时司寇齐豹与大夫北宫喜等作乱，杀公兄公孟絷，灵公出奔边邑。旋北宫氏与齐氏相争，北宫氏灭齐氏，迎灵公复国。灵公死，其子与孙争位，庄公复国，欲尽去旧臣，逐执政孔悝及太叔遗，大夫及"国人"等逐庄公。庄公走死后，出公复位，大夫"国人"等又逐之。出公引越兵合公徒伐其反对派之臣，不克，卒于越。卫人立庄公弟悼公，"南氏相之"。此后卫日削弱，成为三晋之附庸。

郑国政权在春秋中叶渐入七穆之族之手，卿族互争，内乱频仍，外患又亟，国甚危殆。至弭兵之盟，郑外患稍息，内政由罕氏掌握，重用卿族子产。子产有才，安内御外，并适当改制，郑国稍宁。子产死后，罕氏仍世为上卿，政权犹在卿族。战国初年，郑屡生内争，政局未定，为韩所灭。

春秋中叶以后，秦国内政不甚明晰，似政权尚在公室。《史记·秦本纪》载孝公令，谓有"厉、躁、简公、出子之不宁，国家内忧，未遑外事。三晋攻夺我先君河西地，诸侯卑秦，丑莫大焉"。其事因《史记》记载嫌简略，未能详知。大约战国初年，秦之政权亦尝一度转入大夫之手，故商鞅"变法"与贵戚斗争甚烈。

楚国则灵王以令尹篡位，平王亦以外藩入主，至昭王之世，政权似稍落入令尹囊瓦之手。囊瓦贪暴，引起小国不服，吴人乘之，大败楚师而入郢。左氏哀二年载楚子西曰："吾先大夫子常易之，所以败我也。"似楚国政权一度确曾入囊瓦等卿族之手。昭王复国后，子西为令尹，"迁郢于鄀而改纪其政，以定楚国"。不久楚即恢复北略，然犹不能敌吴。惠王继位，结越侵吴，吴势稍杀，然不久即有"白公之乱"。白公为楚平王太子建之子，出亡在外，楚人召之，"使处吴境，为白公"，"遂作乱"，杀子西子期而劫惠王，叶公帅师入都，"与国人以攻白公"，白公自杀。于此等事可见楚国在春秋后期卿族亦渐强横，遂开战国时昭、屈、景三大族世袭执政之局面。至于宋国，春秋时君权较固，盖彼受周人"宗法封建制"之影响较弱也。春秋中叶以后，宋之卿族固亦较强，如元公时，华、向二大族甚横，惧宋公加讨，乃作乱，大杀公族，劫持宋公，与宋公交换质子。宋公弗忍，攻逐二氏，二氏竟结内应，回国据邑叛乱，召吴师伐宋。齐、晋等国救宋，与宋兵败华氏，围之。华氏又向楚乞援，楚人请宋国放出二氏，宋人许之，二氏奔楚。其后宋国又有司马向魋及大尹专政之乱，向魋为难，"奔卫"，又奔齐，是时公室势力盖较强。及春秋之末，"六卿三族降听政，因大尹以达"，大尹盖君之近臣，如后世之大宦官，"常不告，而以其欲，称君命以令，国人恶之"，大尹至劫六子，擅立国君。卿族弗忍，司城乐氏（戴族）宣言曰："大尹惑蛊其君，而专其利……大尹之罪也。"

大尹亦徇曰："戴氏、皇氏将不利公室，与我者无忧不富。"戴氏、皇氏欲伐公，乐得曰："不可，彼以陵公有罪，我伐公，则甚焉。"使"国人"施于大尹，大尹奔楚。于是司城为上卿，盟曰："三族共政，无相害也。"盖从此宋之政权始全入卿族之手。司城乐茷为戴氏之族，此即启后来戴氏篡宋之端。左氏襄二十九年叔向曰："郑之罕，宋之乐，其后亡者也，二者其皆得国乎？民之归也。施而不德，乐氏如焉，其以宋升降乎！"此亦暗示战国时戴氏之强，则戴氏篡宋与陈氏有齐之原因殆相近，故《韩非子》并称之（《忠孝》）。然篡宋之"戴氏"则戴族分支之皇氏也。

（64）陈氏专齐

陈人杀其太子御寇，陈公子完与颛孙奔齐。颛孙自齐来奔，齐侯使敬仲为卿。辞曰：羁旅之臣，幸若获宥……敢辱高位，以速官谤，请以死告……使为工正……初，懿氏卜妻敬仲，其妻占之，曰："吉，是谓凤皇于飞，和鸣锵锵，有妫之后，将育于姜。五世其昌，并于正卿。八世之后，莫之与京。"……及陈之初亡也，陈桓子始大于齐。其后亡也，成子得政。（庄二十二年）

> 案：左氏之文虽杂预言，齐桓公使敬仲为卿之说亦甚可疑（小国之公子初奔于霸主之国，即得被任为卿，不甚可能），然其预言末数语，则以事后所记，颇为正确，较之左氏其他记载为可信。一般史家多因左氏他处"浮夸"之记载，误信陈氏在齐早已得势，一若"小霸"之齐景公时陈氏已成代齐之局者，实非事实。陈氏之得政，实在春秋之末鲁哀公时；即在此时陈氏是否能代齐，亦尚为时人所疑，何况景公之时？请为疏证之。
>
> 齐国在春秋初年，辅佐公室之正卿（一若周之左、右二卿士），实为公族国、高二氏。僖十二年《传》载："齐侯使管夷吾平戎于王……王以上卿之礼飨管仲，管仲辞曰：'臣贱有司也，有天子之二守国、高在，若节春秋，来承王命，何以礼焉，陪臣敢辞。'……管仲受下卿之礼而还。君子曰：管氏之世祀也，宜哉！让不忘其上……"可见管、鲍二氏在齐桓时虽掌国政，然其出身为下级之士（有曾经商等传说），在爵位上不能不让国、高。在齐桓时公室掌握实权，自无大夫专政之事，管、鲍等皆仅为宠信之臣而已。齐桓卒后，政权犹在公室，辅政者仍为国、高二氏。城濮之战，会晋师者为国归父、崔夭（僖二十八年）；践土之会，出席者亦为国归父（僖二十九年）；聘鲁者亦为国氏（僖三十三年）。臧文仲曰："国子为政，齐犹有礼。"则此时为政者为国子。其后"齐高固来逆女"（宣五年），"国佐来聘"（宣十年），然此时"崔杼有宠于惠公，高、国畏其逼也，公卒而逐之"（同上），是为齐国卿族争权之始。同时"公孙归父会齐侯于谷，见晏桓子，与之言鲁乐"（宣十四年），齐侯使高固、晏

弱等会诸侯，高固逃归（宣十七年）。是国、高二氏外，崔氏已曾为宠臣，晏氏亦露头角矣。此后凡大盟会，皆仍为国、高二氏出面（成二年、十五年）。鄢陵之战，齐国佐、高无咎至于师（成十六年），是时"齐庆克通于声孟子……鲍牵见之，以告国武子。武子召庆克而谓之，……夫人怒。国子相灵公以会，高、鲍处守……孟子诉之……刖鲍牵而逐高无咎"（成十七年），于是"齐侯使崔杼为大夫，使庆克佐之……国佐……杀庆克……"（同上），齐侯杀国佐，庆封为大夫，庆佐为司寇（成十八年），崔杼亦屡与诸侯之盟（襄元、二年），盖自是崔、庆渐当权矣。灭莱之役，"陈无宇献莱宗器于襄宫，晏弱围棠……灭之，迁莱于郳。高厚、崔杼定其田"（襄六年）。是时陈氏地位不但在崔、庆、国、高之下，亦尚在晏氏之下也。"齐晏桓子卒，晏婴麤缞斩，其老曰：'非大夫之礼也。'曰：'唯卿为大夫'。"（襄十七年）则晏氏在此时亦仅为大夫，而非卿也。晋栾盈自楚适齐，晏平仲言于齐侯，弗听，退告陈文子（襄二十二年），此时晏、陈二氏皆为贤大夫（故《论语》载崔子弑齐君，陈文子有马十乘，弃而违之……云云）。崔杼先杀高厚而兼其室（襄十九年），不久即弑齐君，立景公而相之，庆封为左相，盟国人于大宫，于是崔、庆二氏专政（襄二十五年）。不久庆封灭崔氏，独掌齐政"当国"（襄二十七年）。次年公族栾、高氏及陈、鲍氏合以攻庆氏，灭之，此后栾、高氏掌权专政，逐群公子（襄三十一年），晋人请婚于齐，公孙虿竟"以其子更公女而嫁公子"（昭三年）。栾、高氏之横并不亚于崔、庆，徒以公族之故，故为晏子等保守者所"惜"（同上）。栾、高氏又互相猜忌而"多怨"，"强于陈、鲍氏而恶之"，"陈、鲍方睦，遂伐栾、高氏"，栾、高氏失败出亡，"陈、鲍分其室"。晏子谓陈桓子"必致诸公"，桓子听之，并召被逐诸公族而反其封土，"益其禄"，"凡公子、公孙之无禄者，私分之邑，国之贫约孤寡者，私与之粟……公与桓子莒之旁邑，辞。穆孟姬为之请高唐，陈氏始大"（昭十年）。然此后旧公族国、高二氏仍掌齐政（初似为国弱执政，屡与诸侯之事。高偃亦曾纳北燕伯，高发帅师伐莒，高张会城成周），召陵之会，齐国夏与会（定四年）。是时景公盖如桓公信任管仲而信任晏平仲，故《孟子》载公孙丑曰："管仲以其君霸，晏子以其君显，管仲、晏子犹不足为与？"（《公孙丑上》）齐景公早图与晋"代兴"而复霸，至召陵会后，晋失诸侯，齐景遂甚活跃。鲁定七年，齐、郑盟于缣，齐、卫盟于沙，始叛晋。同时齐景又用恩（归还侵地）威（侵伐）并施之策，胁鲁服从（定七、九、十年）。又胁宋服从（定十四年）。甚至屡伐晋（定九、十三年），结晋叛臣范、中行氏侵扰晋国（定十四年，哀元、四年）。当吴人北上之前，齐景几为霸主，其党有郑、卫、鲁、宋等国，齐景时执政之臣仍为国、高二氏（国夏、高张）。定九年"齐侯伐晋夷仪，敝无存之父将室之，辞，以与其弟，曰：此役也不死，反必取于高、国"。可见其时高、国二氏地位之高，而陈氏不与焉。哀五年齐景公卒，遗命国惠子、高昭子立公子荼，陈氏此时势尚弱于国、高。哀六年"齐陈乞伪事高、国者"，挑拨执政高、国与诸大夫之关系，发动"国人"战败国、高二氏，国夏、高张、晏圉等奔鲁。陈僖子召立公子阳生，其臣教以"君大访于陈子而图其小可也"（同上年《传》），至此陈氏始得势。然吴、鲁诸侯伐齐，齐人弑悼公以说（哀十年）。此后政权犹在高、国二氏之手，国书、高无丕帅师伐鲁，吴、鲁、齐艾陵之战获国书等，是役陈僖子谓其弟书"尔死我必得志"，陈书果死之（哀十一年）。当齐简公时宠任阚止，使之为政，则政权尚在公室，未入陈氏。陈氏全力击败阚氏，杀阚止，遂弑简公（哀十四年），于是"成子得政"。唯此后尚有国、高等氏之残余势力（哀十五年、十七年），救卫之役，陈瓘谓晋人曰"国子实执齐柄，而命瓘曰，无辟晋师"云云（十七年），是国氏至少犹为名义上齐之执政也。鲁哀二十三年"晋荀瑶伐齐，高无丕帅师御之"，是高氏亦尚有地位也。至鲁哀二十七年"晋荀瑶帅师伐郑……齐师将兴，陈成子属孤子三日朝"云云，盖至是时齐国最高政权始入陈氏之手矣。

左氏昭三年"叔向曰：齐其何如？晏子曰……齐其为陈氏矣。公弃其民而归于陈氏"，"齐公孙竈卒，晏子曰：……姜族弱矣，而妫将始昌，二惠竞爽犹可，又弱一个焉，姜其危哉"。昭二十六年又载晏子曰："陈氏虽无大德，而有施于民……后世若少惰，陈氏而不亡，则国其国也已。"此等记载皆是预言，决不足信。观上文考证已可见陈氏之得势及专政实在春秋之末鲁哀之世，《左传》哀十四年载陈、阚之争曰："成子出舍于库，闻公犹怒，将出，曰：'何所无君？'子行抽剑曰：'需，事之贼也，谁非陈宗？所不杀子者，有如陈宗！'乃止。"则是时陈氏甚危，成子几欲出亡，微子行之争，阚氏胜矣。而谓齐景时陈氏已有代齐之势，岂可信乎？哀十五年《传》又载："齐陈瓘如楚，过卫，仲由见之，曰：'天或者以陈氏为斧斤，既斲丧公室，而他人有之，不可知也。其使终飨之，亦不可知也。'"则是时陈氏成功与否，时人尚怀疑之，曾谓景公时而畏陈氏代齐乎？

又案：《史记·田敬仲完世家》："田常言于齐平公曰：'德施，人之所欲，君其行之；刑罚，人之所恶，臣请行之。'行之五年，齐国之政皆归田常。田常于是尽诛鲍、晏、监止及公族之强者，而割齐自安平以东至琅邪，自为封邑。封邑大于平公之所食。"是陈氏得政虽晚，取国则较晋三家为速。以晋卿强族多而势均，不能相下，陈氏既得民心，又用诈谋，尽并诸大族，政权统一于陈氏，故取国代齐较速。

（65）三家分晋形势之造成

知伯不悛，赵襄子由是惎知伯，遂丧之。知伯贪而愎，故韩、魏反而丧之。（哀二十七年）

案：晋栾氏亡后，范氏益强，仍当国，故甚骄横。鲁襄二十四年，鲁叔孙穆叔如晋，范宣子问"不朽"焉，以为己族在虞、夏、商、周、晋皆为显氏，即"不朽"，穆叔非之。同年《传》载"范宣子为政，诸侯之币重"。子产寓书戒之曰"子为晋国，四邻诸侯不闻令德，而闻重币……"云云，宣子始轻币。范宣子卒，"赵文子为政，令薄诸侯之币而重其礼"（襄二十五年），此赵氏之收服人心也。襄三十一年《传》："既而政在大夫，韩子懦弱，大夫多贪。"又载："及赵文子卒，晋公室卑，政在侈家，韩宣子为政，不能图诸侯。"盖韩宣子之才不及赵文子，又适值晋政之乱，故"不能图诸侯"也。昭三年《传》叔向曰："虽吾公室，今亦季世也。戎马不驾，卿无军行。公乘无人，卒列无长。庶民罢敝而宫室滋侈，道殣相望而女富溢尤。民闻公命，如逃寇仇。栾、郤、胥、原、狐、续、庆、伯降在皂隶，政在家门，民无所依……"是晋国失霸之因在军政衰落，君主腐朽，庶民罢敝，而卿族富强，各不相下也。然齐之陈氏、宋之乐氏、郑之罕氏皆知厚施于民以收人心，而晋之六卿则未闻有是，徒以其族强盛，互相兼并，而最后政归"三家"，遂分晋也。昭五年楚人曰："韩赋七邑，皆成县也……因其十家九县，长毂九百，其余四十县，遗守四千。"则是时晋邑有五十县左右，兵力达五千乘左右，不可谓弱，只以政在私家，"公乘无人，卒列无长"，故霸势衰微耳。是时晋之卿族已只有六家，韩、赵、中行、魏、范、知，所谓"六卿"是也，然尚有大夫中强族，"羊舌四族，皆强家也"，此韩起执政时之形势。是时晋君尚"欲废知氏而立其外嬖"，是公室尚有一定权力，此可注意者。韩起之后，魏献子为政，是时晋灭祁氏、羊舌氏二大夫强族，魏献子"分祁氏之田，以为七县；分羊舌氏之田，以为三县"（昭二十八年），左氏赞美魏氏，而《史记·晋世家》云："晋之宗家祁傒孙、叔向子，相恶于君，六卿欲弱公室，乃遂以法尽灭其族，而分其邑为十县，各令其子为大夫。晋益弱，六卿皆大。"《史记》之说疑较得其实。魏献子卒（定元年），盖范献子为政（定元年《传》杜《注》即云然），故定四年《传》载："晋荀寅求货于蔡侯，弗得，言于范献子"云云。范献子之后，盖赵简子为政，定八年《传》载"晋士鞅、赵鞅、荀寅救我"，是赵鞅之位仅次于范鞅也。定十三年，范氏、中行氏伐赵氏，赵鞅奔晋阳，知氏、韩氏、魏氏又奉公以伐范氏、中行氏，弗克，二氏"遂伐公"，"国人助公"，二子败，奔朝歌。"韩、魏以赵氏为请"，"赵鞅入于绛，盟于公宫"。是时知氏与赵氏仍有嫌隙，知氏迫赵氏讨其臣董安于，赵氏不得已从之，"知伯从赵孟盟而后赵氏定"（定十四年）。此后盖仍是赵氏当国，攻铁之战赵简子誓师之词曰"克敌者，上大夫受县，下大夫受郡……"云云，非执政不能如此。然胜郑后"赵孟喜曰：可矣。傅傻曰：虽克郑，犹有知在，忧未艾也"（哀二年）。盖知氏与中行氏本为同族，故与范中行氏之敌党赵氏终不能相睦。至鲁哀五年晋克柏人，荀寅、士吉射奔齐，晋范、中行氏之乱始告平息，自此大政尽入知、赵、韩、魏四家之手。鲁哀十三年黄池之会时，晋之当国者仍为赵鞅，故其后赵襄子曰"黄池之役，先主与吴王有质"云云（哀二十年）。赵鞅卒，知伯、荀瑶为政，鲁哀二十三年伐齐之役，"知伯亲禽颜庚"，哀二十七年知伯又帅师伐郑，《左传》之末载悼之四年晋荀瑶帅师围郑，与赵襄子不和，讥之，由是知、赵相攻，三家合力以灭知氏。《史记·晋世家》："出公十七年，知伯与赵、韩、魏共分范、中行地以为邑，出公怒，告齐、鲁，欲以伐四卿。四卿恐，遂反攻出公，出公奔齐，道死，故知伯乃立昭公曾孙骄为晋君，是为哀公……当是时，晋国政皆决知伯……知伯遂有范、中行地，最强。哀公四年，赵襄子、韩康子、魏桓子共杀知伯，尽并其地。"《史记》所言或有缺失，然大致尚可信也。

又案：栾氏亡后，晋国八大族唯祁氏、羊舌氏出于晋公族，似可无疑。范氏出于唐杜氏，祁姓。中行氏即荀氏，当为姬姓之族而仕于晋者。知氏即中行氏之别。赵氏嬴姓，与秦同祖。魏氏亦姬姓国毕公之后，而仕于晋。韩氏之来源颇有问题，据《史记·韩世家》："韩之先与周同姓……其后苗裔事晋，得封于韩原，曰韩武子。"《索隐》引《系本》及《左传》旧说"皆谓韩万是曲沃桓叔之子"。考《晋语八》"（韩）宣子拜稽首焉，曰：起也将亡，赖子存之，非起也敢专承之，其自桓叔以下嘉吾子之赐。"韦《注》："桓叔，韩氏之祖曲沃桓叔也。桓叔生子万，受韩以为大夫，是为韩万。"则韩氏为晋公族之硕果仅存者。八家中公族两氏（祁氏、羊舌氏）最先亡，为公室卑落之征。范、中行氏次之，则以其太专横之故。又其次为知氏，则以"知伯贪而愎"，为三家合力所灭。至三家中惟韩氏最弱〔《晋语八》中载有"（韩）宣子忧贫"之语〕，在战国"七雄"中

亦为弱国，最先亡于秦，或韩氏本为公族，保守"宗法封建
制"之残余最多，故在"六卿"中较不竟与？

（66）柏举之战

冬，十有一月，庚午，蔡侯以吴子及楚人战于柏举，楚师败绩，
楚囊瓦出奔郑。庚辰，吴入郢。（定四年《经》）

案：第二次于宋会盟后，吴屡丧君，暂时未能侵楚。襄二十九
年，"阍弑吴子余祭"，吴公子季札聘鲁，"通嗣君"。遂聘于齐、
于郑、于卫，如晋。襄三十一年，吴子夷末又使屈狐庸（巫臣
之子）聘于晋，"通路也"。昭元年晋、楚诸侯之大夫会于虢，
寻宋之盟。是年楚灵王弑郏敖自立，楚暂时强盛。昭四年，楚
灵王合蔡、陈、郑、许、徐、滕、顿、胡，沈、小邾、宋及淮
夷会于申，执徐子，"吴出也，以为贰焉"。楚灵王遂帅蔡、陈、
许、顿、胡、沈、淮夷伐吴，执齐庆封，杀之，遂灭赖。是役
楚所合多中原及东方小国，除郑、宋外无次等大国。伐吴之
役，以郑、宋中原国家与吴有好，故不与，所谓"宋太子、郑
伯先归，宋华费遂、郑大夫从"，以及上文"使椒举如晋求诸
侯"，晋人许之等记载，或皆含有左氏"张楚"之夸辞，未可尽
信。是时晋、楚仅加好通婚而已。是年吴伐楚，入棘、栎、麻，
以报朱方之役。次年楚灵又以蔡、陈、许、顿、沈、徐、越人
伐吴，《传》书"越大夫常寿过帅师会楚子于琐"。此越人联楚
始与伐吴也（然昭十三年《传》："申之会，越大夫戮焉。"蓬
氏之族等"启越大夫常寿过作乱"，则是时越尚属楚，甚至申会
不书，故其大夫为楚所戮）。是役吴人败楚师于鹊岸，楚大军
进"及汝清，吴不可入"，以"吴早设备，楚无功而还"。楚子
惧吴，使沈尹射待命于巢，蓬启强待命于雩娄。昭六年，令尹
子荡帅师伐吴，"师于豫章而次于乾谿，吴人败其师于房钟"。
昭八年，楚师灭陈。昭九年，鲁、宋、郑、卫之大夫会楚子于
陈，畏楚之故。是年楚人迁许于城父，"取州来淮北之田以益
之"；迁城父人于陈，"以夷濮西田益之"；迁方城外人于许，
是皆备吴逼中原之举。当晋平公之卒（昭十年），齐、鲁、郑、

宋、卫、许、曹、莒、邾、薛、杞、小邾之大夫如晋葬平公，是晋犹未失霸，并不弱于楚之证。昭十一年楚师灭蔡，晋人合诸侯，谋救蔡，不克，以蔡近于楚也。是年楚灵大城陈、蔡及东西两不羹，"赋皆千乘"，以威诸侯。次年"楚子狩于州来，次于颍尾"，使荡侯潘子等师师"围徐，以惧吴"，"楚子次于乾谿，以为之援"，是楚灵图霸之最盛期也。左氏之记载以成败论人，遂若灵王此役毫不足取，未尽足据。次年，以楚王久在外，蔓氏之族及蔓居、许围、蔡洧、蔓成然"因群丧职之族"，"启越大夫常寿过作乱"。是越人与于此次乱楚之役，盖尚为楚属也。蔡故大夫之子朝吴之臣观从"以蔡公（楚公子弃疾）之命召子干、子皙"，"强与之盟，入袭蔡"。观从徇于蔡曰："蔡公召二子，将纳之。"蔡人"乃奉蔡公，召二子而盟于邓，依陈、蔡人以国"。"楚公子比、公子黑肱、公子弃疾、蔓成然、蔡朝吴帅陈、蔡、不羹、许、叶之师，因四族之徒以入楚。"其势强于灵王出征之师，告从王之师曰："先归复所，后者剐。"灵王之师"及訾梁而溃"，灵王自杀，公子弃疾又谋杀公子比、公子黑肱，即位，是为平王。"楚师还自徐，吴人败诸豫章，获其五帅。""平王封陈、蔡，复迁邑……"盖弃疾"君陈、蔡，城外属焉"。拥有盛大势力，故能夺位。然以其得国由于陈、蔡人，故复封陈、蔡，并"复迁邑"（灵王迁许、胡、沈、道、房、申于楚地），以安人心。自此以后，楚国削弱，吴势日强，平王又昏庸信谗，至昭王时政权渐下移于大夫，囊瓦贪暴，招小国不服，吴人乘之，故有入郢之祸。当楚之大乱，晋人为平丘之会，晋侯将"会吴子于良，水道不可，吴子辞"。是役晋人以"甲车四千乘"威诸侯服从，亦强弩之末耳，故子产不惧之。是年吴灭州来。昭十四年，楚平杀斗成然而灭养氏之族，抑私门也，然信谗人费无极，故不竞。昭十五年，吴子夷末卒。昭十六年，齐景公伐徐，会徐、莒、郯为盟，与吴楚争，且欲代晋为中原盟主也。昭十七年，吴伐楚，楚人败之。吴公子光以计大败楚师。昭十八年，楚平王"迁许于析"，盖以之为外卫，以备北方（是时许在楚叶邑，楚人畏晋、郑伐之而楚丧地，故迁之）。昭十九年，楚人又迁阴于下阴，并城郏。鲁叔孙昭子评之曰："楚不在诸侯矣，其仅自完也，以持其世而已。"此似为平王时楚之实情。是时宋人亦乘晋、楚之衰图强，故宋公伐邾，会邾、郯、徐人"同盟于虫"。楚子为舟师以伐濮，并置太子建于城父，"以通北方"。楚人又城州来，畏吴也。昭二十年，费无极谮太子建及其傅伍奢于楚平，太子建奔宋，楚平杀伍奢及其长子尚，奢次子伍员奔吴。宋华、向二氏之乱，华、向乞援于楚，楚不敢与齐、晋争，仅派师逆华、向以归，是皆见楚之不竞。昭二十三年，吴人伐州来，大败楚师及顿、胡、沈、蔡、陈、许之师于鸡父，杀胡、沈二子，获陈夏啮并取老太子建之母以归。是役实为楚之大败，可谓"亡郢"之始，故楚令尹囊瓦巫城郢。昭二十四年，吴灭巢及钟离，是役以"楚子为舟师以略吴疆"，"越大夫胥犴劳王于豫章之汭，越公子仓归王乘舟，仓及寿梦帅师从王，王及围阳而还"，是楚越进一步结合以抗吴。入郢之役微越之入吴，虽有秦师之援，楚亦不能复国如此之速也。是时楚屡迁邑人以图完保（见昭二十五年《传》）。昭二十七年，吴公子光弑君自立，是为阖庐。楚令尹囊瓦信费无极之谗，灭郤宛等"三族"，皆"国之良"，国人弗顺，令尹又杀费无极及其党鄢将师，尽灭其族。昭三十年吴人灭徐以胁楚，子胥谋曰："为三师以肆焉……彼出则归，彼归则出……巫肆以罢之，多方以误之。既罢而后，以三军继之，必大克之。"阖庐从之，"楚于是乎始病"。

昭三十一年，吴人侵楚，伐夷，侵潜、六，又围弦，楚师至而吴师还，"始用子胥之谋也"。昭三十二年，吴始伐越，盖断楚之援。定二年，楚人伐吴，吴人败之。囊瓦暴凌小国，蔡侯如晋请师伐楚，晋为召陵之会以侵楚，始败宋之盟。然以大夫贪货弗克，"晋于是乎失诸侯"。"沈人不会于召陵，晋人使蔡伐之。夏，蔡灭沈。秋，楚为沈故围蔡。""楚自昭王即位，无岁不有吴师，蔡侯因之。"吴、蔡、唐遂合师伐楚，舍舟于淮汭，自豫章与楚夹汉，"三战，子常知不可"。战于柏举，楚师败绩，吴从楚师，五战及郢，遂入郢。昭王奔随，吴人从之，随人辞吴，免昭王。申包胥如秦乞师，秦、楚婚姻之国，秦以五百乘救楚。越人乘机入吴，秦、楚联军败吴师，吴"夫概王归自立"，"吴师大败，吴子乃归"。此役楚受重创，几于亡国，为吴强楚弱之极峰。楚国大而难定，吴有内乱，越人入吴，秦师又救楚，故吴弗能克楚，然楚亦危矣。定六年，吴人败楚舟师及陆师，"楚国大惕惧亡"，令尹子西"迁郢于都而改纪其政，以定楚国"。

鲁定十三年后，晋有范、中行之乱，知、赵争政。齐景公卒，政权渐移陈氏，国亦中衰。吴、越相哄，吴人北上图霸，故楚乘机复兴。定十四年，楚灭顿；次年灭胡；哀元年，楚、陈、随、许联军围蔡，蔡人请迁于吴，楚报柏举之败也。吴人亦侵陈，"修旧怨"。哀四年，"楚人既克夷虎，乃谋北方"，"围蛮氏，蛮氏溃，蛮子赤奔晋阴地"。晋人因内乱未宁，畏楚，归蛮子于楚。定六年，吴伐陈，楚昭王救陈，师于城父。昭王卒，惠王立。哀九年，楚人伐陈，"陈即吴故"。次年，楚又伐陈，吴救陈。哀十三年，楚再伐陈。哀十五年，楚人伐吴，及桐汭。吴人伐楚，为白公所败，不久楚有白公之乱，乱平之次年灭陈。哀十八年，巴人伐楚，围鄾，楚人败之。次年，"越人侵楚，以误吴也"。楚公子庆等追越师不及，楚人又伐东夷，"三夷男女及楚师盟于敖"，是楚之复兴也。

（67）夫椒之战

吴王夫差败越于夫椒，报携李也，遂入越。越子以甲楯五千保于会稽，使大夫种因吴大宰嚭以行成……三月，越及吴平。吴入越不书，吴不告庆，越不告败也。（哀元年）

案：自晋人通吴，楚始为吴所困。及楚灵王之时，越人会楚师伐吴，盖是时越为楚属（其地位尚在徐之下，参昭五年《经》可见），楚启越以困吴也。当鲁襄公时，吴已曾"伐越"，"获俘焉，以为阍"，"阍弑吴子余祭"（襄二十九年）。鲁昭十三年，楚灵王死，平王即位，楚始弱，吴人屡侵楚。鲁昭二十四年，楚人伐吴，越人劳楚王，归楚王乘舟，并会楚师伐吴。故吴于鲁昭三十二年伐越，《传》曰："始用师于越也。"杜《注》："自此之前，虽疆事小争，未尝用大兵。"或是。此时吴光嗣位已五年。昭二十七年《传》楚沈尹戌曰："吴新有君，疆埸日骇。"盖阖庐颇有为。鲁昭三十年，吴北略灭徐，是时越亦始强，故吴复南略伐越。定四年，吴败楚入郢，五年，"于越入吴"。《传》："越入吴，吴在楚也。"是为越首次入吴。定六年，吴连败楚舟师及陵师，是为吴势之极强。越八年，吴又伐越，越子勾践败之于携李，阖庐伤而死，是为吴、越之战越首次大胜，《经》亦书"於越败吴于槜李"，"吴子光卒"。是此战越确胜吴也。《传》载"夫差使人立于庭，苟出入，必谓己曰：'夫差！而忘越王之杀而父乎？'则对曰：'唯，不敢忘。'三年，乃报越"。是此时越亦已称"王"矣。哀元年，楚、陈、随、许四国围蔡，楚已复兴，蔡"请迁于吴"，是年《左传》遂载吴败越于夫椒。然是战颇有可疑之点，吴、越之事《春秋经》屡书之，越入吴及越败吴《经》均书之，何以此役吴败越独不书？《传》曰："吴不告庆，越不告败。"越隔于吴，不告败于鲁则可，以吴王夫差之奢侈自大，又为复父仇，何以不告庆于鲁？春秋末年吴、越之战，越常胜而吴常败，何以独此一役吴一胜即能使"越子以甲楯五千保于会稽"，几于亡国而请成？案之《吴语》："吴王夫差起师伐越，越王勾践起师逆之，大夫种乃献谋曰：'夫吴之与越，唯天所授。王其无庸战……王不如设戎约辞行成以喜其民，以广侈吴王之心……将必宽然有伯诸侯之心焉。既罢弊其民，而天夺之食，安受其烬，乃无有命矣。'越王许诺，乃命诸稽郢行成于吴……'"吴王夫差乃告诸大夫曰：'孤将有大志于齐，吾将许越成，而无拂吾虑。若越既改，吾又何求；若其不改，反行，吾振旅焉。'申胥谏曰：'不可许也，夫越非实忠心好吴也，又非慑畏吾兵甲之强也……夫越王好信以爱民，四方归之，年谷时熟，日长炎炎，及吾犹可以战也。为虺弗摧，为蛇将若何？'吴王曰：'大夫奚隆于越，越曾足以为大虞乎？若无越，则吾何以春秋曜吾军士。'乃许之成。将盟，越王又使诸稽郢辞曰：'以盟为有益乎？前盟口血未干，足以结信矣。以盟为无益乎？君王舍甲兵之威以临使之，而胡重于鬼神而自轻也？'吴王乃许之，荒成不盟。"是役虽或谓非夫椒之战，然终有可疑。岂夫椒之战交绥而未大战，越即行成乎？抑又有进者，越灭吴后，与鲁修好，未尝加兵，其后又可能尝助鲁公室以去季孙氏，使鲁公室中兴，鲁史特讳越之败，以见好于越邪？《经》本修自鲁公室之史书，《传》则季氏之属曾申、吴起父子辈所为，《经》《传》之立场不同，故《经》削越之败，而《传》书吴之胜。观《越语下》曰："越王勾践即位三年而欲伐吴，范蠡进谏……王弗听……果兴师而伐吴，战于五湖，不胜，栖于会稽……乃令大夫种行成于吴……吴人许诺。"《墨子·非攻中》亦云："（夫差）东而攻越，济三江五湖而葆之会稽，九夷之国，莫不宾服。"《鲁语下》亦云："吴伐越，堕会稽。"皆与《左传》之记载大体相合。或夫椒之战确有其事，然越未必甚败几不能国。《左传》所载似犹近于事实也。

又案：《史记·越世家》："越王勾践，其先禹之苗裔而夏后帝少康之庶子也，封于会稽，以奉守禹之祀。文身断发，披草莱而邑焉。后二十余世，至于允常。"三十年为"一世"，"二十余世"仅六七百年，自春秋末之允常至夏少康，至少有一千余年，越安得为少康之后？《郑语》："芈姓夔、越，不足命也。"《吴语》韦《注》："勾践，祝融之后，允常之子，芈姓也……《世本》亦云，越芈姓也"。考《史记·楚世家》："（熊渠）立其长子康为勾亶王，中子红为鄂王，少子执疵为越章王，皆在江上楚蛮之地。"越或即越章王之后，孙诒让《墨子间诂》已言之。若然，则越本在豫章（豫章即越章，古在江北、淮南之地），其后始东南迁也。观春秋时晋、吴相结，楚、越亦相结，或为同姓之故乎？或曰：楚惠王为越女之子，明见《左传》。同姓不婚，越、楚不得为同姓。然春秋时同姓为婚者多矣（晋、吴亦通婚），奚独疑于越、楚哉。

（68）黄池之会

公会晋侯及吴子于黄池。（哀十三年《经》）

夏，公会单平公、晋定公、吴夫差于黄池……秋，七月，辛丑，盟，吴、晋争先……乃先晋人。（哀十三年）

案：哀元年吴侵陈，"修旧怨"，"吴师在陈，楚大夫皆惧"，是吴在此时确甚强。哀二年，吴迁蔡于州来，盖以避楚，则楚已稍强矣。哀四年，楚人"谋北方"，伪称"吴将沂江入郢，将奔命焉。"则是时吴尚有"入郢"之可能也。齐景公既卒，齐内乱而衰，吴乃北略，先会鲁臣于祖（哀六年），又会鲁君于鄫（哀七年）。鄫之会，吴人曰："宋百牢我。"是此时宋已服于吴矣。是年鲁伐邾，俘邾子益，邾人请救于吴。次年吴伐鲁，鲁人御之，吴人行成，为"城下之盟"而还。"齐侯使如吴请师，将以伐我，乃归邾子。""邾子又无道"，吴人执之，"使诸大夫奉太子革以为政"，鲁及齐平。哀九年，齐使辞吴师，吴王怒，是年吴城邗沟，通江、淮，"使来儆师伐齐"。次年，鲁会吴、邾、郯师伐齐，齐人弑悼公，赴于师。吴徐承帅舟师将自海入齐，齐人败之，吴师乃还。是年"吴子使来复儆师"。次年，齐国书帅师伐鲁，鲁人御却之。鲁会吴伐齐，齐师败绩，吴获齐国书等及革车八百乘，甲首三千，以献于鲁。是役吴有四军（中、上、下、右），齐仅三军（中、上、下），吴果强于齐。或是时吴已有五军或六军，以中、上、下军外别有右军，不能无左军，盖左军居守也。《传》载"吴将伐齐，越子率其众以朝焉，王及列士皆有馈赂"，子胥以为"豢吴"。反役，王杀子胥。是为吴最强之时，子胥所谓"盈必毁"者是也。哀十二年，鲁会吴于橐皋，吴又"征会于卫"，卫侯会吴于郧，"吴人藩卫侯之舍"，鲁使子贡说于吴，"乃舍卫侯"。是时吴几已成霸，故次年乃有"黄池之会"。"黄池之会"左氏《春秋》、《经》、《传》皆以为晋先吴，《国语》以为吴先晋，《史记》似从左氏（《晋世家》文不甚明晰）。今案当以《国语》说为是。《左传》曰："吴人将以公见晋侯，于服景伯对使者曰：'王合诸侯，则伯帅侯牧以见于王。伯合诸侯，则侯帅子男以见于伯……敝邑之职贡于吴，有丰于晋，无不及焉，以为伯也。今诸侯会而君将以寡君见晋君，则晋成为伯矣，敝邑将改职贡……且执事以伯召诸侯，而以侯终之，何利之有焉？'吴人乃止。"是"黄池之会"吴为伯之证，左氏且自相矛盾矣。考《吴语》载："吴王昏乃戒，令秣马食士，夜中，乃令服兵擐甲，系马舌，出火灶……万人以为方阵……为带甲三万，以势攻，鸡鸣乃定。既陈，去晋军一里。昧明，王乃秉枹，亲就鸣钟鼓、丁宁、镎于，振铎，勇怯尽应，三军皆哗釦以振旅，其声动天地。晋师大骇不出，周军饰垒。"又载晋董褐曰："臣观吴王之色，类有大忧……将毒，不可与战。"结果"吴公先歃，晋侯亚之"。"吴王夫差既退于黄池，乃使王孙苟告劳于周"，周王答命之，盖吴已成霸矣。左氏云云盖执于鲁史之文，鲁固晋党而迫于吴，吴又盛极而衰，故鲁史于"黄池之会"书先晋，亦犹与越而不与吴也（公羊《春秋》齐人之书，则亦以为"吴主会"，曰："吴主会则曷为先言晋侯？不与夷狄之主中国也……曷为重吴？吴在是则天下诸侯莫敢不至也。"其说似有所据。穀梁《春秋》亦主"吴进"而未言吴先）。

此次越入吴，《经》《传》均书之，盖越乘吴王帅师北上争霸而袭其后也。《传》曰："六月丙子，越子伐吴，为二隧……大败吴师，获大子友、王孙弥庸、寿于姚。丁亥入吴。""冬，吴及越平。"是越第二次大胜吴并入吴也。

又案，哀九年《传》载"秋，吴城邗沟，通江、淮"，是最早之大运河。吴实为之，所以通北方也。然《吴语》又载："吴王夫差既杀申胥，不稔于岁，乃起师北征，阙为深沟，通于商、鲁之间，北属之沂，西属之济，以会晋公午于黄池。"余沿江沂淮，阙沟深水，出于商、鲁之间，以彻于兄弟之国。此为一役或二役（旧多以为二役）待考。

（69）越灭吴

冬，十一月丁卯，越灭吴，请使吴王居甬东。辞曰：孤老矣，焉能事君。乃缢。越人以归。（哀二十二年）

案：黄池会后吴始不振。哀十五年，楚子西、子期伐吴，及桐汭，与越夹攻吴也。十六年，楚有白公之乱，是年楚白金曾败吴。左氏曰：楚召太子建之子公孙胜"使处吴竟，为白公"。则是时楚人已侵入吴境矣。哀十七年，越王勾践伐吴，吴王夫差御之笠泽，夹水而阵，越人潜涉，大败吴师。《吴语》越大夫种倡谋曰："今吴民既罢而大荒荐饥，市无赤米而囷鹿空虚，其民必移就蒲蠃于东海之滨……"越王乃大戒师伐吴，"吴王起师，军于江北，越王军于江南"，越王以军潜涉以袭攻之，吴师大北，又大败之于没，又郊败之，三战三北，乃至于吴，越师遂入吴国，围王宫。吴王使人行成，越王不许，吴王自杀，越灭吴。《越语上》："是故败吴于囿，又败之于没，又郊败之，夫差行成……"越王不许，灭吴。又云："居军三年，吴师自溃。"考之左氏，吴在笠泽败后楚灭陈，哀十九年越人侵楚，"以误吴也"，次年越围吴，晋赵孟遣使吊吴王而不能救。哀二十一年《传》书："越人始来。"盖越人已能绝吴之后路而至山东矣。二十二年，邾隐公自齐奔越，越人归之，是越人势力已达到山东。是年冬，越遂灭吴，盖因吴师众疲乏，加以饥荒，越人乘之，败吴师而进围吴都，吴孤立被围三年，终于被灭也。

（70）越王勾践之霸

夫越新得诸侯。（哀二十五年）

案：左氏哀二十二年越灭吴后，二十三年鲁"叔青如越，始使越也。越诸鞅来聘，报叔青也"。是为越、鲁朝聘之始。次年，越执邾子以归，鲁哀公如越，"得太子适郢，将妻公而多与之地。公孙有山使告于季孙，季孙惧"，使因吴旧臣大宰嚭而纳赂焉，乃止。次年，卫出公出亡，"适城鉏以钩越"，请师于越。又次年，越会鲁、宋之师纳卫出公，卫人重赂越人，以城鉏与越人。鲁哀二十七年，"越子使后庸来聘，且言邾田，封于骀上。二月，盟于平阳，三子皆从"。杜《注》："欲使鲁还邾田，封竟至骀上。"是年《传》书："公患三桓之侈也，欲以诸侯去之。""公欲以越伐鲁而去三桓"，"乃遂如越"。则是时越至少已得鲁、宋、卫、邾等国之归附，成为东方盟主矣。《吴语》："越灭吴，上征上国，宋、郑、鲁、卫、陈、蔡执玉之君皆入朝。"陈、蔡虽已亡，或有支裔在吴建国，春秋、战国间小国常有亡而又存者，蔡、滕等皆是也。《史记·越世家》："勾践已平吴，乃以兵北渡淮，与齐、晋诸侯会于徐州，致贡于周。周元王使人赐勾践胙，命为伯。勾践已去渡淮南，以淮上地与楚，归吴所侵宋地于宋，与鲁泗东方百里。当是时，越兵横行于江淮，东诸侯毕贺，号称霸王。"《史记》之说或有夸张，要之是时齐、晋相攻，陈氏犹未代齐，三家犹未分晋，陈氏与知氏势不相下，楚虽复兴，元气犹未大复，齐、晋、楚、越中唯越最强，故曰"越新得诸侯"，"号称霸王"。

又案，《竹书纪年》晋出公七年于越徙都琅玡（此说自有所据，或本于古本《竹书纪年》）。《水经·潍水注》："琅玡，山名也，越王勾践之故国也。勾践并吴，欲霸中国，徙都琅玡。"至越王翳三十三年（前三七九年）迁回吴。自勾践灭吴至王翳还都吴间，约近一百年，越专制东方，曾夺莒东方地，灭滕与郯，国势甚强，故《墨子》言齐、晋、楚、越"四分天下"。

西周春秋制度文化之部

（71）宗法制与分封制

故天子建国，诸侯立家，卿置侧室，大夫有贰宗，士有隶子弟，庶人、工、商各有分亲，皆有等衰。（桓二年）

案：此述古代贵族、庶人等之"宗法制"及贵族之"封建"制也。"天子建国"即天子建诸侯，"诸侯立家"即诸侯立卿大夫，"卿置侧室"即卿立下级之卿或大夫（文十二年"赵有侧室曰穿"，杜《注》："侧室，枝子也。""秦获穿也，获一卿矣"，则晋国是时最大卿族赵氏之"侧室"已为卿，此卿自为下级之卿。卿自亦可分"侧室"为大夫，如鲁之公父氏、子服氏等）。"大夫有贰宗”，即大夫立下级大夫或“属大夫”（杜《注》：“适子为小宗，次者为贰宗，以相辅贰也。”案“小”当为“大”，嫡子为大宗，非小宗也。或曰：“贰宗即小宗，盖以贰于大宗言之。”吕祖谦曰：“别子为祖，如鲁桓公生四子：庄公既立为君，则庆父、叔牙、季友为别子。继别为宗，如公孙敖继庆父，是为大宗。继祢者为小宗，如季武立悼子，悼子之兄曰公弥。悼子既为大宗，则继公弥者为小宗。”考季氏之别族有公父氏，《鲁语下》“季康子问于公父文伯之母”，韦《注》：“文伯，鲁大夫，季悼子之孙，公父穆伯之子公父歜也。”公父氏亦为大夫。《鲁语下》：敬姜谓文伯，“尔又在下位”。韦《注》：“下位，大夫也。”此为卿之别族之大夫也。《鲁语下》又载“公父文伯饮南宫敬叔酒”，韦《注》：“敬叔，鲁大夫孟僖子之子，懿子之弟南宫说也。”是南宫氏盖亦别族之大夫也。此外，晋之知氏，鲁之子服氏，亦皆别族而为卿及大夫也。是等虽皆卿之别族，亦可明“大夫有贰宗”之义。大夫与卿在他国可以有升降，卿即大夫中之领袖，多为掌军行者也。盖“大夫有贰宗”与“卿置侧室”相同。“正室”“侧室”犹“大宗”“贰宗”。“贰宗”，似为“小宗”中地位之较高者。一般“小宗”盖只为“属大夫”“家宰”或士也。襄二十九年：“季武子取卞，使公冶问。”杜《注》：“公冶，季氏属大夫。”《鲁语下》：“季武子取卞，使季冶逆。”韦《注》：“季冶，鲁大夫季氏之族子冶也。”则公冶为季氏之族，而为季氏“属大夫”。属大夫亦有家臣而隶于大宗，且受邑于大宗。襄二十九年：“公冶致其邑于季氏而终不入焉，……及疾，聚其臣曰：我死，……且无使季氏葬我。”可证。《檀弓》：“陈子车死于卫，其妻与其家大夫谋。”“家大夫”，观《檀弓》下文实即“宰”，其地位盖与“属大夫”相近，而全属于大夫，不独立。“属大夫”犹有独立性，昭七年“孟僖子……召其大夫”，杜《注》：“僖子属大夫也。”是盖“家大夫”之类，未必即“属大夫”。“属大夫”似多为本族之支庶）。“士有隶子弟”，杜《注》：“士卑，自以其子弟为仆隶也。”士之等级似甚多，凡非大夫而为贵族者，皆可称“士”。“士”亦可有

"氏"与"族",如襄十年:"初,子驷与尉止有争,……初子驷为田洫,司氏、堵氏、侯氏、子师氏皆丧田焉,故五族聚群不逞之人、因公子之徒以作乱。""书曰盗,言无大夫焉。"是高级之"士"也。孔子亦"士",然"贫且贱"矣。"士"也者,盖本部落时代氏族贵族下之亲兵武士,其后转化为低级贵族,仍为武士,而君大夫之疏族亦为"士"。盖"士"一般无家臣,故以子弟为仆隶,亦即臣之类。然"隶子弟"之"隶",亦或为亲族隶属之义。天子建国,盖主要为周初事,即普通所谓"封建"。其后天子之亲族愈众,无甚多之土地封之,则以为"内诸侯"、王室大夫,或甚至下降为士矣。"诸侯立家",周初自亦有之,然大家之立,当在西周晚期诸侯国渐大以后。在此以前,诸侯之亲属或有分为附庸者矣,如鲁有沈子(见金文)。晋之狐氏出于唐叔,而为大戎之君。骊戎男或亦如是,故《庄子》称之为"艾封人"(见《齐物论》篇)。"晋居深山,戎狄之与邻",自可有此。自西周晚期以来,诸国出现卿大夫之大族,大致迄春秋中叶,是"诸侯立家"之时矣。(如鲁之展氏、臧氏出自孝公,三桓出自桓公,东门氏出自庄公,郑之七穆出自穆公,宋之戴、庄、桓三大族出自戴公、庄公、桓公。晋之强宗曲沃出自穆侯,而受封于昭侯时。栾氏出自靖侯。韩、赵、魏、范、中行、知、郤、先等大族亦皆形成于西周末至春秋中叶。卫之石氏,初见于春秋初年,宁氏出自武公,而发展于春秋前期,孙氏亦出自武公,主要活动于春秋中期。齐世族国、高、管、鲍、崔、庆、栾、高、陈等氏,亦在齐桓称霸前后形成及发展。)春秋初,卿大夫尚罕闻置"侧室""贰宗";至春秋中叶,卿大夫之族强大,乃多置"侧室"与"贰宗"焉。(如鲁之孟孙氏在孟献子时分出子服氏,叔孙氏在叔孙戴伯时分出叔仲氏,季孙氏亦在季悼子时分出公父氏。晋之赵氏,在赵盾时亦有"侧室"赵穿为卿。羊舌氏为大夫,亦分出"贰宗""四族",而似以叔向为"大宗",见昭五年《传》。)"士有隶子弟",襄十四年《传》作"士有朋友",下言"自王以下各有父兄子弟以补察其政",则"朋友"理亦应是士之宗族成员,"朋友"即

"隶子弟"也。"朋"字在古书中有比也、类也、党也等义，"善兄弟为友"，则"朋友"古义为族人也。庄二十二年《传》：陈公子完奔齐，桓公使为卿，辞曰："《诗》云，翘翘车乘，招我以弓。岂不欲往，畏我友朋。"此"友朋"亦族人之义，指陈国之同族而言。《毛公鼎铭》"以乃族干吾王身"，《师旬毁铭》作"以乃友干吾王身"，二器同时，可证"朋友"古义为族人。古金文中"朋友"一词（见趞曹鼎铭、克盨铭、茶伯毁铭、杜伯盨铭、王孙遗者钟、许子钟铭、齐鎛氏钟铭等），皆族人之义。《书·盘庚》"至于婚友"，《诗·假乐》"燕及朋友"，《传》："朋友，群臣也。"《抑》"惠于朋友"，《笺》谓王之诸侯。《六月》"饮御诸友"，《吉日》："儦儦俟俟，或群或友，悉率左右，以燕天子。"似皆指同宗贵族也。《师奎鼎铭》"用司乃父官友"，《大鼎铭》"大以厥友守，……王乎善夫骙召大以㽙友入攻"，《毛公鼎铭》"善效乃友正"，《瞏毁铭》"善效乃友内辟"，此等文中之"友"如非指族人，即指僚属或同僚，与后世"朋友"之义仍有异。《大戴礼记·曾子制言》："父母之仇不与同生，兄弟之仇不与聚国，朋友之仇不与聚乡，族人之仇不与聚邻。"孔广森《注》："族人者，谓绝族者。"以"朋友"介于"父母""兄弟"与"族人"之间，可见其亲属关系介于"兄弟"与"绝族之人"之间，亦当为同宗之人也。又《易经》《诗经》中尚有若干"朋友"字，意义不甚明，或与后世之所谓"朋友"同义。然《楚语》"于是乎合其州乡朋友、婚姻，比尔兄弟、亲戚"，与金文语相近，恐仍是族人之义。

庶人有无宗法，现甚难知。然观"庶人、工、商各有分亲"之语，似亦有宗族组织，但未形成政治系统耳。

天子、诸侯、卿大夫皆贵族（宗法贵族），自无疑义。"士"是否贵族，尚可讨论。《晋语四》："公食贡，大夫食邑，士食田（注："受公田也"），庶人食力，工、商食官，……"王公皆食贡税，大夫食采邑，士虽卑而尚分有"公田"，庶人、工、商则无田自食其力，或食于官府，是本无土地财产也。士可以进仕为官，庶人、工、商则无功不能进仕。士可受教育（文武之教，襄九年《传》"其士竞于教"），庶人、工、商则至多只能受低级教育，不能受高级教育。则"士"应当仍是贵族，或为高级自由人。

庶人者，只能使用土地而不能占有土地之农民也。襄九年《传》："其庶人力于农穑。"《晋语四》"庶人食力"，可证"庶人"列于"士"之下，"工、商""皂、隶"等之上，则为不甚自由之农民可知。故哀二年《传》载赵简子之誓："克敌者，上大夫受县，下大夫受郡，士田十万，庶人、工，商遂，人臣、隶、圉免。"杜《注》："得遂进仕"，"去厮役"。案"遂"即"进"也（《易》虞翻《注》），是庶人无功不能进仕之证。襄十四年《传》："是故天子有公，诸侯有卿，卿置侧室，大夫有贰宗，士有朋友，庶人、工、商、皂、隶、牧、圉皆有亲昵，以相辅佐也。……大夫规诲，士传言，庶人谤，商旅于市，百工献艺。……"此处所言"庶人"之身份等第与桓二年《传》同，但此文说明"庶人、工、商"与"皂、隶、牧、圉"地位相近。《诗·卷阿》："维君子使，媚于天子"，"维君子命，媚于庶人"，"庶人"又与"天子"对举，自指一般人民，"媚于庶人"即顺于人民也。《论语·季氏》："天下有道，则庶人不议。""庶人"可以"议"，自指人民。《大盂鼎铭》："锡汝邦司四伯，人鬲自驭至于庶人六百又五十又九夫。……"《矢毁铭》："锡土……锡圅庶人六百又廿夫。"《书·梓材》："以厥庶民暨厥臣达大家，以厥臣达王惟邦君。"《校勘记》："民，古本作人。""人鬲"即"民献"（《书·大诰》"民献有十夫，予翼以于，敉宁武图功"），为人民中有才力之人。"驭"即"徒御"之"御"，战士也，则"庶人"为身份较低之农民无疑，故与土并锡，而又与"臣"（"臣僚"之"臣"，非"臣妾"之"臣"）连举也。

"工、商"者，官府手工业者与官府商人也。故曰"工商食官"。工、商列于庶人之下，"皂、隶、牧、圉"等奴隶之上（参襄九年、襄十四年、哀二年《传》，《晋语四》等），而隶属官府，或与"皂、隶"等连举（襄九年《传》等），则其身份似为半奴隶。盖"工、商"本为贱役,观世界各国古代史"工、商"多为解放之奴隶或外来人,及接近奴隶身份之人,西周、春秋时之"工、商"地位盖与之类似也。

昭二十六年《传》:"民不迁,农不移,工、贾不变。"盖"民总农、工、贾言之。不迁,谓不去其乡,言公民、私民不得相迁也。不移,不变,皆守其业也。"《周语上》"庶人、工、商各守其业,以共其上",盖当时贵族、庶人、工、商皆世袭其业也。然"宗法封建制"转变时已不能守此秩序矣。

士耕田与否,尚待考证,但似为基本不受剥削之人,剥削他人则似有之,其制已难知矣。庶人则为受剥削之农民,所谓"小人农力以事其上"(襄十三年)是也。其剥削之重,观《诗·七月》等文献可知。盖男耕女织"以事其上",即所谓"粟米之征"与"布帛之征"。然最重者实为"力役之征",故古书多言"使民以时"也。至"工商"亦受剥削,手工业者为上所"使"自无疑,商人则受命于官府,为官府服役,其所得常被"匀夺"。唯郑国地处中原,恃商为富,在东迁时国君即与商人有盟(昭十六年),商人所受剥削似较轻微,营利较为方便,故春秋时郑国商业最为发达。

(72)奴隶制

天有十日,人有十等,下所以事上,上所以共神也。故王臣公,公臣大夫,大夫臣士,士臣皂,皂臣舆,舆臣隶,隶臣僚,僚臣仆,仆臣台,马有圉,牛有牧,以待百事。(昭七年)

案:从本节下文看芊尹无宇曰:"周文王之法曰:有亡荒阅,所以得天下也。""昔武王数纣之罪以告诸侯,曰:纣为天下逋逃主,萃渊薮,故夫致死焉。"则殷、周之际,奴隶制甚盛行,奴隶逃亡甚剧,法律保护奴隶主之所有权(左氏文六年载晋赵宣子之法,亦曰"董逋逃"),有人违之即为非法。奴隶之制,在周代仍有之。此节所言,谓奴隶有六等、八种。自"皂"以下,皆奴隶也。奴隶何以有等?此似为周之等级制特征,以每级奴隶相属,使统帅之,而不致逃亡也。奴隶所以供役,故曰"以待百事"。"臣"之云者，本为奴隶之名，盖在"家庭奴隶制"之下，子弟亦即父兄之仆隶，故子弟亦谓之"臣"。"宗法封建制"本以"宗法"分封子弟，故"臣"之名遂有臣属之义，转为臣僚之称矣。盖天子与诸侯，诸侯与大夫，大夫与士之间，既为君臣之关系，亦为父兄子弟之关系。奴隶初亦包入家族成员之内，此"家庭奴隶制"之特点也。楚灵王为章华之宫，纳逃亡之奴隶等以实之，芋尹无宇之阍入焉，无宇执之，王之有司御之，故无宇据理以争，卒执亡臣而归，此"奴隶法"之后效（昭七年所谓楚文王"仆区之法"，似亦奴隶法）。奴隶而竭力欲逃亡，必其所受压迫剥削至重。西周、春秋时奴隶屡有逃亡，其与后世之奴仆有所不同，此应注意者也。

又案：西周、春秋时，奴隶之名甚繁，其总名则常为"臣妾"，即男女奴隶。《大克鼎铭》："锡汝井家匐田于眙与厥臣妾。"《令𣪘铭》："姜赏令贝十朋，臣十家，鬲百人。"《不𡢁𣪘铭》："易女……臣五家，田十田。"《麦尊铭》："厌易者𣄰臣二百家剂。"《易·遁·九三》："系遁，……畜臣妾吉。"《损·上九》："得臣无家。"《鼎·初六》："得妾以其子，无咎。"《书·费誓》："马牛其风，臣妾逋逃，勿敢越逐。无敢寇攘，逾垣墙，窃马牛，诱臣妾。"《左氏》僖十七年："惠公之在梁也，梁伯妻之。梁嬴孕，过期，卜招父与其子卜之，其子曰：将生一男一女。招曰：然，男为人臣，女为人妾。故名男曰圉，女曰妾。"襄十年："子西闻盗，不儆而出，……臣妾多逃，器用多丧。"是皆原始文献中连称"臣妾"之文，犹后世之"奴婢"也。

奴隶之种类甚多，兹略举之：

曰"皂隶"，官府奴隶也。隐五年："若夫山林川泽之实，器用之资，皂隶之事，官司之守。"此类奴隶已若贱官，职司"器用"等，与普通奴隶有异。襄九年"商、工、皂、隶不知迁业"，则奴隶亦世袭其地位而"不变"者。《晋语四》"皂隶食职"，注："各以其职大小食禄。"则皂、隶亦有官府之职禄也，在西洋各国，如罗马，此类奴隶之地位亦较高。曰"舆"（与《左传》所常见之"舆人"似不同），其地位与皂隶略等。昭四年："（冰）舆人纳之，隶人藏之。"昭十二年："周原伯绞虐其舆臣，使曹逃，……原舆人逐绞而立公子跪寻。"昭十八年："子产使舆三十人迁其柩。"此皆可证"舆"之地位与"皂隶"相等，故左氏上文谓"士臣皂，皂臣舆，舆臣隶"也。曰"僚"，见上左氏文，其地位盖次于"皂隶"等而属于家庭奴隶范畴。昭十一年："泉丘人有女，梦以其帷幕孟氏之庙，遂奔僖子，其僚从之。……其僚无子，使字敬叔。"泉丘人女为孟僖子贱妾，旧注"僚"为"友"，疑此"僚"字即"臣妾"之"妾"之义。曰"仆"，家庭仆役也。《易·旅·六二》："旅即次，怀其资，得童仆贞。"九三："旅焚其次，丧其童仆贞。"《诗·既醉》："君子万年，景命有仆。其仆维何，厘尔女士。厘尔女士，从以孙子。"僖二十四年："秦伯送卫于晋三千人，实纪纲之仆。"是"仆"之人数甚多。然此"仆"未必即奴隶。襄十一年《传》"仆人巡宫"，凡侍候人执役者皆曰"仆"，非必奴隶也。曰"台"，最下等之奴隶，盖贱"仆"也。《方言》："南楚凡骂庸贱，谓之田台。"昭七年《传》又云："逃而舍之，是无陪台也。""陪"即"仆"假借字。曰"圉"，养马之奴隶；曰"牧"，养牛之奴隶。上左氏文已明言之。庄三十二年："雩，讲于梁氏，女公子观之。圉人荦自墙外与之戏，子般怒，使鞭之。……共仲使圉人荦贼子般于党氏。"定十年："其圉人曰：吾以剑过朝，……遂杀公若。"是圉人且与弑君杀贵族之事也。襄十四年"皂、隶、牧、圉皆有亲昵"，是谓皂、隶、牧、圉亦皆有家族等组织也。襄二十八年"陈氏、鲍氏之圉人为优"，是"圉人"且能为优矣。曰"竖"，守藏司事之奴隶，亦家庭童仆之类。僖二十四年："初，晋侯之竖头须，守藏者也。"昭四年："初，穆子去叔孙氏，及庚宗，遇妇人，使私为食而宿焉。……既立，所宿庚宗之妇人献以雉，问其姓，对曰：余子长矣，能奉雉而从我矣。……遂使为竖，有宠。长，使为政。"是贵族与"贱人"之非婚生子亦可使为竖，竖且可为家政矣。曰"奴"，《论语·微子》"箕子为之奴"，亦家庭奴隶，其字盖由家属之"孥"来，《书·甘誓》《汤誓》皆曰"予则孥戮汝"，古文或作奴，"奴""孥""帑"三字

实一字之分化，奴隶、家族与财产也。哀二十五年《传》："卫人
翦夏丁氏，以其帑赐彭封弥子。"亦包括奴隶家室之财产也。曰
"婢"，下等之"妾"，亦家庭奴隶。僖二十二年"寡君之使婢子
侍执巾栉"，怀嬴谦称"婢子"。《檀弓》："陈乾昔寝疾，……曰：
如我死，则必大为我棺，使吾二婢子夹我。"此皆"奴""婢"字
初见。曰"徒人"，似亦家庭执役之奴隶。庄八年："反，诛屦于
徒人费。弗得，鞭之见血。"曰"阍"，司门之奴隶也。襄二十九
年："吴人伐越，获俘焉，以为阍，使守舟。吴子余祭观舟，阍
以刀弑之。"昭五年：楚灵王曰："若吾以韩起为阍，以羊舌肸
为司宫，足以辱晋。""司宫""寺人"之流，与"阍"相类。上
《左传》本文"无宇之阍入焉"，亦司门之奴隶。定三年"阍以瓶
水沃廷"，是"阍"亦执杂役也。庄十九年：楚鬻拳自刖，楚人
以为"大阍"，此非奴隶，亦司门之官也。曰"小臣"，是否奴隶
尚待考。然僖四年："与犬，犬毙；与小臣，小臣亦毙。""小臣"
与犬同类，且可随意试毒杀之，则似为奴隶，盖亦臣仆之类。以
上各奴隶之名，或有同类者，其详难悉考。此外尚有他种奴隶之
名，从略。

西周、春秋时之奴隶，其工作大致可分为四类：其一，家庭执
役，上已详之。其二，从事畜牧业，即"圉""牧"等所为之
工作。其三，亦有从事农业者。《晋语一》："其犹隶农也，虽
获沃田而勤易之，将不克飨，为人而已。"此为人耕田之"隶
农"，即农业奴隶也。其四，从事手工业，《晋语七》："郑伯
嘉来，纳女工妾三十人。"此"女工妾"或谓系乐工，非工奴，
尚待详考。僖二十三年《传》："蚕妾在其上，以告姜氏，姜氏
杀之。"此当为采桑及纺织之女奴。成二年："孟孙请往赂之，
以执斫、执针、织纴，皆百人。"此或是手工奴隶，故用以为
赂也。是外又有所谓"仆庸"之名。《召伯虎毁铭》："余考止
公仆庸土田多谏（债？），必伯氏纵许。"《诗·閟宫》："乃命鲁
公，俾侯于东，锡之山川、土田、附庸。"定四年《传》："分
之土田、倍敦。"此"仆庸""附庸""倍敦"实一名假借而分
化为三词。"仆庸"或为耕田之奴隶，若依附人也。又有"私

人”之名，《诗·崧高》：“王命傅御，迁其私人。”“私人”者，私属，包括奴隶在内。

西周、春秋时，奴隶之来源主要为罪犯及战俘。昭三年：“栾、郤、胥、原、狐、续、庆、伯，降在皂隶。”盖八族犯罪，降为贱役。此“皂隶”虽未必全指奴隶，然可能有奴隶在内。《吴语》：“身斩，妻子鬻。”是谓犯罪者之家属降为奴隶，似即《书》“予则孥戮汝”之义。《书·微子》：“商其沦丧，我罔为臣仆。”《诗·正月》：“民之无辜，并其臣仆。”是皆因亡国而为奴隶。僖五年《传》：“执虞公，及其大夫井伯，以媵秦穆姬。”此以战俘为媵奴也。宣十二年：“其翦以赐诸侯，使臣妾之。”亦此类。宣十五年“晋侯赏桓子狄臣千室”，狄臣即狄俘也。《叔夷钟铭》：“余易女……厘仆三百又五十家。”厘仆或即莱俘。《周语下》：“亡其氏姓，踣毙不振，绝后无主，湮替隶圉。……王无亦鉴于黎、苗之王，下及夏、商之季，……子孙为隶，不夷于民。”皆亡国奴隶。然此时已可能有买卖奴隶者，较明确之证据，为《易·旅·六二》：“旅即次，怀其资，得童仆贞。”昭元年：“故志曰，买妾不知其姓则卜之。”《檀弓》：“子柳之母死，子硕请具。……子硕曰：请鬻庶弟之母。”《吴语》所谓“妻子鬻”，亦此类。至奴隶之解放，则或由逃亡，或由赎身（可买卖即可赎），或由立功。哀二年：赵简子之誓：“克敌者……人臣、隶、圉免。”晋栾氏之乱，隶人斐豹杀栾氏力臣督戎，遂得免奴籍。或由贵族提拔，如叔孙氏之竖牛被提拔执家政。至少官府奴隶皆有奴籍，所谓“著于丹书”，免奴籍时则焚之（襄二十三年）。为奴隶于人或称为“宦”。《越语上》“宦士三百人于吴”，韦《注》：“将三百人以入事吴，若宦竖然。”《越语下》又载勾践“与范蠡入宦于吴”，韦《注》：“宦，为臣隶也。”晋惠公名子曰圉，女曰妾。“及子圉西质，妾为宦女焉。”（僖十七年传）《注》：“宦事秦为妾也。”质子盖亦近于奴隶，故曰男为人臣。宣二年《传》：“宦三年矣，未知母之存否。”此“宦”似亦为臣隶。至当时奴隶之数量盖甚多，如晋景公赐荀林父“狄臣千室”，如以一室五口计，则五千人矣。当时贵族盖甚重视奴隶一项财产，所谓"室"即奴隶制大家庭也。

又案：春秋、战国之际，奴隶史料较多而显著，今略述之以备参考。《墨子》书言当时战争，以战俘之男为"仆""圉""胥靡"，女为"舂""酋"（《天志》下）。"仆"司车马，"圉"养马，"胥靡"则"被褐带索"而"庸筑"。"舂"，舂米。"酋"，造酒。本国人在他国为奴隶者，如能赎回，赎金可由官府负担，如鲁国之法，"鲁人为臣妾于诸侯，有能赎之者，取其金于府"（《吕氏春秋·察微》篇）。

（73）释"民"

所谓道，忠于民而信于神也。上思利民，忠也。祝、史正辞，信也。……夫民，神之主也。是以圣王先成民而后致力于神。（桓六年）

案：所谓"民"即人民义，并非一种特殊身份。春秋时，有一种原始民主主义流行于开明贵族间，盖古代军事民主制之残余也。彼时开明贵族多有提倡所谓"利民"者，孔子即曰："务民之义，敬鬼神而远之。"彼时民主思想中尚杂有宗教思想，时及制度为之也。

民字在古代亦有多种意义。其一，即人也。如《诗·生民》："厥初生民，时维姜嫄。"《绵》："民之初生，自土沮漆。"《烝民》："天生烝民，有物有则。民之秉彝，好是懿德。"其二，包括士在内，所谓"四民"之"民"，如《齐语》："四民者勿使杂处。……昔圣王之处士也，使就间燕；处工，就官府；处商，就市井；处农，就田野。"即士、农、工、商也。其三，即被统治者，如《诗·灵台》："经始灵台，经之营之，庶民攻之，不日成之。"《抑》，"惠于朋友、庶民、小子。"成十五年《传》："盗憎主人，民恶其上。"昭二十六年："万民弗忍，居王于彘。"又如上左氏本文所谓"民"，宣二年："不忘恭敬，民之主也。"此种"民"字，实仅指农、工、商。如昭二十六年："民不迁，农不移，工、贾不变。""民"字包举下农、工、贾三者，皆被统治者也。然一般言之，奴隶不在"民"之内。如《周语下》"子孙为隶，不夷于民"，可证。"民""人"往往连称，如《诗·瞻卬》"人有民人，女复夺之"，昭三年《传》"民人痛疾"，盖"民"即凡人也。

（74）释"国人" 附释"舆人"

吴之入楚也，使召陈怀公。怀公朝国人而问焉，曰：欲与楚者右，欲与吴者左，陈人从田，无田从党。（哀元年）

案："国人"屡见战国以前古籍，其身份至应注意。盖"国人"者，国都中之人也。春秋以上之"国"本指国都所在之城市，其范围初不甚大。"国人"亦有广狭三义。其一，国都城中之人，如定六年："阳虎又盟公及三桓于周社，盟国人于亳社，诅于五父之衢。""周社""亳社""五父之衢"皆在国都城中。僖十五年、定八年、哀元年皆言"朝国人"，则"国人"在城中也。昭十三年，楚右尹子革曰"请待于郊以听国人"，则郊不在"国"之内，所谓"国人"明指国都城中之人。哀元年上文"国人""陈人"分别言之，陈人指城内外之人，"国人"则指城中之人也。又齐尸崔杼于市，"国人犹知之，皆曰崔子也"（襄二十八年）。则"国人"在城市中可知。其二，国都城内外之人，如《齐语》："管子于是制国以为二十一乡，工、商之乡六，士乡十五。"韦《注》："唐尚书云：士与农共十五乡。昭谓此士，军士也，十五多合三万人，是为三军。农野处而不眠，不在都邑之数，则下所云五鄙是也。"考《齐语》下文云："公帅五乡焉，国子帅五乡焉，高子帅五乡焉。"五乡一帅，故万人为一军，五乡之帅帅之。三军，故有中军之鼓，有国子之鼓，有高子之鼓。"士"之人数不能如此之众，故《管子·小匡》篇云"商、工之乡六，士、农之乡十五"，其说似可据。又《周语上》："国人……流王于彘。"昭二十六年，王子朝曰："万民弗忍，居王于彘"，则"国人"即"万民"，似包括近郊农民在内。其三，泛指本国疆域内之人，如成十六年传："曹人请于晋曰；自我先君宣公即位，国人曰：若之何忧犹未弭，而又讨我寡君，以亡曹国社稷之镇公子，是大泯曹也。……"此"国人"似指全国之人，然犹未可必。要之，春秋以上之所谓"国人"，主要指国都之人，尤其是国都城内之人也。

指国都范围内士、农、工、商四民之"国人"，固包括农民在内矣；指国都城内之人之"国人"，则主要指"士"与"工""商"也。古"工""商"皆居城内，"士"有"宗法"，族居而家别；"工""商"亦然。《齐语》："四民者勿使杂处，……处工就官府，处商就市井。"又曰："令夫工，群萃而州处，审其四时，辨其功苦，权节其用，论比协材，旦暮从事，施于四方，以饬其子弟，相语以事，相示以巧，相陈以功，少而习焉，其心安焉，不见异物而迁焉，是故其父兄之教不肃而成，其子弟之学不劳而能，夫是故工之子恒为工。令夫商，群萃而州处，察其四时，而监其乡之资，以知其市之贾，负任担荷，服牛辂马，以周四方，以其所有，易其所无，市贱鬻贵，旦暮从事于此，以饬其子弟，相语以利，相示以赖，相陈以知贾，少而习焉，其心安焉，不见异物而迁焉，是故其父兄之教不肃而成，其子弟之学不劳而能，夫是故商之子恒为商。"又曰："工立三族，市立三乡"，"三族""三乡"即六乡，是"乡"即"族"，"工""商"皆族居也。《逸周书·程典》："士大夫不杂于工、商。……工不族居，不足以给官，族不乡别，不可以入惠。"此即上说之确证。"百工"属"工师"管辖。《月令》"命工师令百工审五库之量"，"工师"为师傅身份，又为官吏身份，"百工"亦即其"隶子弟"与属下也。《考工记》："知者创物，巧者述之，守之世，谓之工。"《注》："其曰某人者，以其事名官也。其曰某氏者，官有世功，若族有世业，以氏名官者也。"盖上古之"氏族工业"均为世袭。如"有虞氏上陶"（《考工记》），而"虞阏父为周陶正"（襄二十五年）是也。"氏族工人"及其领袖（族长）至阶级社会即成为"百工"及工官，为统治氏族服务，如薛之"皇祖奚仲"，即曾"居薛以为夏车正"（定元年）。由于"百工"中外来人较多，故其身份较"庶人"为低。商人亦或多来自外族，故其身份亦低于"庶人"而与工相伴。

西周时代之手工业，盖有金属工（《诗·公刘》等）、木工、玉石工（《诗·淇奥》等）、陶工（《诗·绵》等）、纺织工、皮革工、营造工、武器工等。工具直至春秋时尚多为青铜制。各门工人统称为"百工"（《令彝铭》《蔡毁铭》《师毁毁铭》《伊毁铭》《书·康诰》《酒诰》《洛诰》等），所谓"百工"指有官长率领之官府手工业者（但最主要之手工业仍为与农业相结合之家庭纺织业，多由家庭妇女担任。《诗·葛覃》《东门之枌》《七月》《巷伯》《大东》《瞻卬》等篇可证）。"百工"之身份与"商人"略等，低于"庶人"而高于奴隶，然常与奴隶并举，可见其为贱役（见《师毁毁铭》《伊毁铭》等）。《月令》："物勒工名以考其诚，工有不当，必行其罪以穷其情。"则"百工"所受之压迫亦甚剧。"工师"为监工者，负责考察工人。鲁之公输班为工人师傅，亦即"工师"之类。《论语》"百工居肆以成其事"（《子张》），"肆"似为工场。"百工"居肆作工，必有工师等率领之。商人似亦有商官统率，商官即所谓"贾正"之类。"工商食官"，则官府工商业者皆食禄于官府，故为贵族官府服役。然"工商"确实列于一般所称"国人"之内，比较接近贵族。鲁定八年：卫侯将叛晋，先胁诸大夫曰晋欲索诸大夫之子为质，大夫许诺。王孙贾曰："苟卫国有难，工商未尝不为患，使皆行而后可。"此言卫国如有难，"工商"亦未尝不以为患，故胁之以"使皆行（似为质其子）而后可"。"公以告大夫，乃皆将行之"，于是激怒"国人"，皆主叛晋，是卫侯所用之策略也。是文说明"工商"与君大夫在对外时亦有共同之利害（国亡同受损失），则工、商身份比较自由，有"自由人"倾向可知，奴隶不能如此也。至郑国商人与国君订有盟约，商人不得背叛国君，国君亦不得强买或掠夺商人之货物，商人对外之事不得自作主张，须向执政请示。观左氏文，郑国"商人"之身份地位可知。鲁僖三十三年：秦师袭郑，郑商人弦高遇之，以商品犒"师"，"且使遽告于郑"，秦人遂因此被迫退师。弦高或为商人首领，犹工人首领"工师"之类，亦未可知。成三年，郑有商人谋救楚囚晋将知䓨，未成而楚返知䓨，商人如晋，知䓨善待之，"如实出己"。商人曰"吾小人，不可以厚诬君子"，遂适齐。则此商人非贵族而为小人也。自西周以来，即有农民以其余暇"肇牵车牛远服贾"者，又有"抱布贸丝"之"氓"（"庶人"？）。《郑语》载周宣王时有制造"檿弧萁服"而自行出卖之夫妇二人，是盖小自由商人而兼小自由手工业者，即所谓"贩夫、贩妇"之类。西周之末，已有"如贾三倍，君子是识"之情况出现。西周时，非铸币性质之金属货币及贝属货币已相当流行，"锡贝"之记载屡见金文（锡贝五朋者有《趞尊铭》等，十朋者有《小臣单觯铭》等，廿朋者有《效卣铭》等，卅朋者有《吕齋铭》等，五十朋者有《小臣静彝铭》等）。《诗·菁菁者莪》"既见君子，锡我百朋"，《笺》："古者货贝，五贝为朋。"《畧卣铭》且称"贝布"，"布"在春秋、战国间为铸币，此"贝布"可能为铸币（？）。金文中又屡见"锡金"若干"寽"之记载（如《禽殷铭》等），又有"取遗"若干"寽"之记载（如《趞鼎铭》等），寽为一种重量单位。《书·吕刑》载"赎刑"罚金以"锾"计，"锾"即"寽"，货价亦以"寽"计算（《舀鼎铭》）。货币之发展为商业发展之征象，足见至少西周后期王畿一带商业已渐趋发达，商人地位可能已有提高。是否有正式之自由商人，尚待研究。自由工商业者可能已出现，但现时尚无确证。春秋前期商业似不发达，全部《左传》几无货币痕迹，此可能为"宗周"灭亡之影响。然至春秋后期，工商业亦渐趋发达。周景王有"铸大钱"故事，但不甚可信（然春秋后期可能有铸币，出土物中明确可信者尚不多）。《晋语八》，"秦后子来仕"条（春秋中叶事）云："夫绛之富商……能金玉其车，文错其服，能行诸侯之贿。"是晋国富商已出现。然其人"韦藩木楗以过于朝"，"而无寻尺之禄"，则犹是贱人身份也。春秋初期，据后世传说，管仲、鲍叔牙皆曾经商而"分金"。管、鲍皆士，如其说信，则彼时贫贱之士已有经商者，自为自由商人。春秋末年，孔子弟子子贡为显士，"不受命而货殖焉"，"废著鬻财于曹、鲁之间"，"最为饶益"，"结驷连骑、束帛之币以聘享诸侯"，其为自由商人而兼士之身份无疑。又有所谓"陶朱公"者，其人盖在春秋、战国之际，旧谓即越臣范蠡，彼曾"三致千金"，遂成巨富，自亦为自由商人。春秋末年，"百工"有起义者（昭二十二年、哀十七年、二十五年），足征工官制度已开始崩溃，官府手工业者因失业（见昭二十二年《传》）及被压迫而起义。自此以后，必逐渐有自由手工业者出现可知。

国都近郊之农民既有时亦包括在"国人"之内，则吾人亦应一考近郊农民之情况。西周、春秋时，农业已有初步发展，尤其是近国都地带之农业，为统治阶级所重视，设有专门农官管理。西周时及春秋前期之农业生产情况，《诗经》记之最详，其生产力水平大略如下：工具有铜制（较少）、石制、骨制、木制等种类，主要为耒、耜，其他尚有钱、镈、铚等。其农事技术约有（一）翻土垦地（"耕"、"菑"？），见《易·无妄》《书·大诰》《梓材》等。其耕田方法为二人相耦之"耦耕"。（二）下种（"播""种"或"艺"）见《书·大诰》《酒诰》《吕刑》《诗·大田》《生民》《噫嘻》《良耜》等。（三）除草（"耘"、"弗"或"薅"），见《诗·甫田》《生民》《载芟》《良耜》等。（四）培本（"籽"），见《诗·甫田》等。（五）去虫，见《诗·大田》等。（六）收获，见《书·大诰》《诗·七月》《生民》《载芟》等。（七）灌溉（有灌溉工程如"沟洫"等）。春耕，秋获，似主要为一季之耕种（见《七月》篇）。农作物主要为黍、稷，其他有麦、稻、菽、菜蔬、瓜、果、麻、葛、桑等，大概有类似《孟子》所言"井田"之农业区划（襄二十五年"井衍沃"，是井田设于平原肥沃土地上。襄三十年："子产使……田有封洫，庐井有伍"，下文言"取我田畴而伍之"，或为子产整顿"井田"制度）。田旁皆有疆畔、沟洫，春秋时有废坏，则或修之，如襄十年："初，子驷为田洫，司氏、堵氏、侯氏、子师氏皆丧田焉。"子产亦"作封洫"（襄三十年、昭六年）。然其详难于确知，盖正田界也。农民或附带从事畜牧业，大畜牧业多数为贵族使其奴隶等为之。《易·晋》"康侯用锡马蕃庶"，《诗·定之方中》"骙牝三千"，此似为贵族所经营之畜牧业。《诗·君子于役》："鸡栖于埘，日之夕矣，羊牛下来。"此等畜牧业，士、庶人等皆能为之矣。农民于农隙时亦从事狩猎。《诗·七月》："一之日于貉，取彼狐狸，为公子裘。二之日其同，载缵武功，言私其豵，献豜于公。"则农民狩猎所得，亦多为贵族所掠取。"我稼既同"之后，尚须"上人执宫功"，"亟其乘屋"，为贵族服役。"二之日凿冰冲冲，三之日纳于凌阴"，以供贵族之用。农妇皆从事家庭纺织，《诗·七月》"女执懿筐，……爰求柔桑"，"八月载绩，载玄载黄，我朱孔阳，为公子裳"。则农妇纺织所得亦多为贵族所掠取。农民所食为自耕之余粟。有时贵族"我取其陈，食我农人"《诗·甫田》），而"采茶薪樗，食我农夫"。农民所衣者为己妻女所织之余布，"无衣无褐，何以卒岁"。所居者陋室，"穹窒熏鼠，塞向墐户，嗟我妇子，曰为改岁，入此室处"。农民之妇女且于"春日迟迟"时，"女心伤悲，殆及公子同归"。当时农民所受之剥削压迫亦云惨矣。

至春秋中叶以后，随生产力之发展，"井田"制之开始破坏，农民逐渐有脱离贵族束缚而自行经营者，可能已有开垦土地逐渐致富者，此与自由工商业者同类，为新兴之中间阶层。然春秋时是否已形成此新阶层，则尚未能确定。

春秋中叶以后，生产力逐渐发展，大概农具及技术均略有改善，然其详难考。左氏昭二十九年："遂赋晋国一鼓铁，以铸刑鼎。"说者以为春秋晚年冶铁业已初步发展之明证。宣十一年："抑人亦有言曰：牵牛以蹊人之田，而夺之牛。"此或为最早牛耕史料，然尚未能定。春秋晚年，孔子弟子冉耕字伯牛，司马耕字子牛（见《史记·仲尼弟子列传》）。古者名字相应，此为牛耕开始较明确之证据，然尚有异说。

《晋语九》"宗庙之牺为畎亩之勤"，说者以此为春秋末年有牛耕之确证。左氏等文献中已见"堤防"之名（如襄二十六年《传》"弃诸堤下"），但是否即如后世所谓"堤防"尚有可疑；即为后世堤防之始，亦尚不盛。(《周语下》载王子晋曰："晋闻古之长民者，不堕山，不崇薮，不防川，不窦泽。"可为旁证。)至吴王夫差之开邗沟等工程，本为军事交通所设，然自于农事有利。要之，终春秋之世，水利灌溉事业尚不甚发达。又，终春秋之世，农耕似仍主要为一季收成，如《论语·阳货》"旧谷既没，新谷既升，钻燧改火，期可已矣"可证。盖由于生产力发展程度之限制，农业发展在此时尚有限。然观"初税亩""用田赋"等文，及郑国整顿田制之记载，"井田"制度似已初步破坏，较少量土地之开垦及土地兼并似可有之。一面固可有新兴富裕农民出现，然同时贵族之税役重重，及战争之影响，农民失业流亡、转于沟壑者必甚多，农民迁徙者亦渐多（见《诗经》《论语》等书）。是时一般农民之生活较前益困苦，农民逃亡及"国人"等起义之事屡见不鲜，阶级斗争尖锐化，此所以当时较为开明之贵族分子力主"宽民""利民"及所谓"薄赋敛""使民以时"，而各国强宗大夫亦以施与收买民心也。

"士"为"国人"中之上层，在国都之城内，或人数最多，且有战斗力，故至春秋后期，地位日高，其富有者几与下级大夫无异。即贫贱而有文化及政治能力者如孔子及其若干弟子，亦能上升为大夫"国老"，或为大贵族之家臣、邑宰，掌握家政与邑政。彼等逐渐转化为新兴之官僚，并形成新兴之"士夫"阶层。然在春秋时官僚制度及"士夫"集团犹未普遍，士一般仍为"国人"中之上层而已。

"国人"（主要为士）在西周后期及春秋时地位极为重要。国之盛衰、胜败，国君及执政之安否，贵族之能否保其宗族及兴盛，几悉决定于"国人"。如卫懿公好鹤，鹤有乘轩者；将战，国人受甲者皆曰："使鹤，鹤实有禄位，余焉能战！"（闵二年）结果，懿公死，卫师大败，几亡国。（是役，左氏载"夜与国人出，……卫之遗民男女七百有三十人"，可见一般所谓国人确指国都城中之人，故其人数不能甚多。所谓"卫之遗民"，似仅指"国人"，其城外之民盖逃散矣。定十年《传》亦曰："吾以国人出，君谁与处！"可见真正之"国人"不能甚多。）晋惠公被秦人所俘，其大夫"朝国人而以君命赏，……众皆哭"（僖十五年）。晋于是作爰田、州兵；以增财富甲兵，国势遂渐强。宋襄公败于泓，"国人皆咎公"（僖二十二年）。周王被狄人所逼出亡，"国人纳之"（僖二十四年）。晋文公伐卫，"卫侯欲与楚，国人不欲，故出其君以说于晋"（僖二十八年）。秦穆公卒，以"三良"为殉，"国人哀之，为之赋《黄鸟》"（文六年）。宋"穆、襄之族率国人以攻公，杀公孙固、公孙郑于公宫，六卿和公室"（文七年）。"成大子朱儒自安于夫钟，国人弗徇"（文十一年）。"宋公子鲍礼于国人，……昭公无道，国人奉公子鲍以因夫人。……公曰：不能其大夫，至于君祖母，以及国人，诸侯谁纳我！……书曰'宋人弑其君杵臼'，君无道也"（文十六年）。左氏直以"国人"弑君为正，且观是文，可知大夫不在"国人"之内。"莒纪公……多行无礼于国，（大子）仆因国人以弑纪公"（文十八年）。楚庄王围郑，郑"国人大临"（宣十二年）。晋人言"师有功，国人喜以逆之"（成二年）。郑"子驷帅国人盟于大宫，……杀子如、子骄、孙叔、孙知"（成十三年）。曹宣公"既葬，子臧将亡，国人皆将从之，成公乃惧"（同上）。宋右师华元"多大功，国人与之"。出亡反，"使华喜、公孙师帅国人攻荡氏，杀子山"（成十五年）。鲁师"败于狐骀，国人逆丧者皆髽。……国人诵之曰……"（襄五年）郑尉氏等所谓"盗"作乱，杀执政，子蟜"帅国人"助平乱者，"杀尉止，……盗众尽死"（襄十年）。宋"国人逐瘈狗，瘈狗入于华臣氏。国人从之，华臣惧，遂奔陈"（襄十七年）。"郑子孔之为政也专，国人患之，乃讨西宫之难与纯门之师，子孔当罪。……子展、子西率国人伐之，杀子孔而分其室"（襄十九年）。卫"孙氏夜哭，国人召宁子，宁子复攻孙氏，克之"（襄二十六年）。郑"子皮以子展之命饩国人粟，户一钟，是以得郑国之民，故罕氏常掌国政，以为上卿"（襄二十九年）。"郑伯及其大夫盟于大宫，盟国人于师之梁之外，……驷带率国人以伐之。……伯有死于羊肆"（襄三十年）。莒"犁比公虐，国人患之。十一月，展舆因国人以攻莒子，弑之，乃立……书曰'莒人弑其君买朱锄'，言罪之在也"（襄三十一年）。是亦左氏直"国人"，不直无道之君之证。"子产作丘赋，国人谤之"（昭四年）。虽以子产之贤能，加重军赋，犹为"国人"所谤。鲁季孙氏家臣南遗使"国人"助叔孙氏家臣竖牛，竖牛遂得胜（昭五年）。齐大夫"战于稷，栾、高败，又败诸庄，国人追之，又败诸鹿门。栾施、高强来奔，陈、鲍分其室"（昭十年）。楚灵王之败，右尹子革曰"请待于郊以听国人"（昭十三年）。"莒著丘公卒，郊公不感，国人弗顺，欲立著丘公之弟庚舆"（昭十四年）。"莒子庚舆虐而好剑，苟铸剑，必试诸人，国人患之，又将叛齐。乌存帅国人以逐之"（昭二十三年）。卫侯欲叛晋，"朝国人，使（王孙）贾问焉，曰：若卫叛晋，晋五伐我，病何如矣？皆曰：五伐我，犹可以能战。……乃叛晋"（定八年）。"季氏堕费之役，费人袭鲁，围公及三桓于季氏之台。孔子命申句须、乐颀下伐之，费人北。国人追之，败诸姑蔑"，叛臣奔齐，"遂堕费"（定十二年）。晋大族范、中行氏作乱，"伐公，国人助公，二子败，从而伐之"，二氏奔朝歌（定十三年）。上哀元年左氏文，陈怀公朝国人，问从吴、楚之事。齐陈、鲍等氏与上卿国、高二氏战，二氏败，"国人追之"，二氏出亡（哀六年）。陈"辕颇为司徒，赋封田以嫁公女，有余以为己大器，国人逐之，故出"（哀十一年）。楚白公之乱，"国人"爱戴叶公，"攻白公，白公奔山而缢"（哀十六年）。鲁哀公以妾为夫人，"国人始恶之"（哀二十四年）。宋大尹专政，"国人恶之"，执政戴氏"使国人施于大尹"，大尹奔楚（哀二十七年）。鲁哀公出亡，"国人施公孙有山氏"（同上）。又左氏常言"以靖国人"（文十八年、成十五年、昭十三年、昭二十六年等），或言"以说于国"（昭二十八年，《越语》亦云然）。又有"盟国人"之记载（如襄二十五年、襄三十年、定六年等）。此类皆见"国人"地位之重要。《晋语》谓惠公改葬共世子，国人弗顺，诵之云云。又谓厉公为"国人"所"不蠲"，故被弑于翼。《诗·陈风·墓门》："夫也不良，国人知之。"《曹风·鸤鸠》："淑人君子，正是国人。正是国人，胡不万年。"是等皆春秋时"国人"为国家主力之证也。"国人"即"邦人"。《诗·沔水》"嗟我兄弟，邦人、诸友"，"诸友"指族人等，则"邦人"似皆与国君"大宗"有亲姻关系，故其势力如此之大。左氏载晋文公围阳樊，阳樊人苍葛呼曰："此谁非王之亲姻，其俘之也！"晋侯"乃出其民"（僖二十五年）。《晋语四》作："其非官守，则皆王之父兄、甥舅也。""国人"所以有势力，即由于此。

此外又有所谓"舆人"者，亦与"国人"有关，不得不加考证。僖二十八年《传》，"（晋侯）听舆人之谋曰：称舍于墓，师迁焉，曹人凶惧。"又（晋侯）听舆人之诵曰："原田每每，舍其旧而新是谋。公疑焉。"是二处之"舆人"皆难知为何种身份。《晋语三》："惠公入而背外内之赂，舆人诵之曰……"云云，亦不知"舆人"为何种身份。《楚语上》云："近臣谏，远臣谤，舆人诵，以自诰也。""国人"亦常有"诵"，则"舆人"殆即"国人"中地位较低者乎？襄三十年《传》载子产"从政一年，舆人诵之曰：取我衣冠而褚之，取我田畴而伍之。孰杀子产，吾其与之。及三年，又诵之曰：我有子弟，子产诲之。我有田畴，子产殖之。子产而死，谁其嗣之？"子产使"都鄙有章，上下有服，田有封洫，庐井有伍"，则或"舆人"先前衣冠"逾制"，田畴"逾畔"。子产整顿"井田""封建""宗法"之制，抑制"僭越"，故"舆人"反对之。其后子产发展教育及生产，使"舆人"既富而又有文化，故"舆人"又歌颂之。若然，"舆人"必非奴隶或贱民，而为国都中甲士一类人物也。考《晋语三》，丕豹曰："今又杀臣之父及七舆大夫，此其党半国矣。"服虔《左传注》："下军之舆帅七人属申生者。"《国语》韦《注》："七舆，申生下军之众大夫也，考僖二十五年："秦人过析隈，入而系舆人，以围商密。"此"舆人"似为戍城之战士。晋有舆尉、舆司马等官。襄三十年《传》："晋悼夫人食舆人之城杞者，绛县人或年长矣，无子而往，与于食。有与疑年，使之年，曰：'臣，小人也，不知纪年。臣生之岁，正月甲子朔，四百有四十五甲子矣。其季于今，三之一也。'吏走问诸朝，师旷曰：'……七十三年矣。'……赵孟问其县大夫，则其属也。召之而谢过焉，……遂仕之，使助为政。辞以老，与之田，使为君复陶，以为绛县师，而废其舆尉。"此为研究"舆人"身份最重要之一段史料。服虔《注》"舆尉"为"军尉"，似是。盖"舆人"即战士之一种，故晋文公出征时听"舆人"之谋，闻"舆人"之诵，"七舆大夫"盖司"舆人"之较高长官，而舆尉则其直接指挥（地位次于元尉），"舆司马"则司"舆人"之军法者也（地位次于"元司马"）。"舆人"不但参军役，且参其他行役，其地位之低者或等于"役夫"，凡筑城等事皆为之（哀二十三年："是以不得助执绋，使求从舆人。"《会笺》"舆人盖丧车之人，观舆迁柩，舆曳柴，似执推挽之役者。"其说可供参考。若然，则昭十二年周原伯绞虐其"舆臣"，使曹逃，"原舆人"逐绞而立公子跪寻，亦此类"舆人"。昭八年：陈舆嬖袁克杀马毁玉以葬，"舆嬖"亦即高级"舆臣"）。然"舆人"仍为国都中之人。"绛县"者，晋之国都也。"舆人"盖"国人"中之从征从役者耳。以其地位较低，故用贱隶之名称之为"舆人"也。"舆人"可有田地，且可有"衣冠"，并有能受教育之"子弟"，其非城外务农之"庶人"或奴隶可知矣。

"国人"既有地位，且为"国"之支柱，故甚至能左右政事。近人或谓"国人"参与朝会、国之盟誓等，即上古"民众大会"之孑遗，此说可供参考。"国人"既有甚大之势力，故常有起义反对君大夫暴政之举，常能逐杀国君、大夫而取得胜利。此即所谓"国人起义"。西周末年，周厉王暴虐"专利"，"国人"谤王，王杀谤者，激怒"国人"，三年后遂起暴动，"流王于彘"，且围太子于召公之宫，欲杀之。召公以其子代，始免太子。国家无主，于是"共和行政"十四年。"国人"怒息，宣王始得即位。春秋时王子朝犹不敢否定此次"国人"起义，左氏于"国人"起义亦多不予否定也。又春秋末年，三次"百工"参与暴动，亦带有"国人"起义性质，左氏亦未予完全否定（特别是后二次成功者）。

（75）世族制

无骇卒，羽父请谥与族。公问族于众仲，众仲对曰：天子建德，因生以赐姓，胙之土而命之氏。诸侯以字为谥，因以为族。官有世功，则有官族。邑亦如之。公命以字，为展氏。（隐八年）

案：此为大夫"宗法"世族制也。实为"宗法封建制"之最下一级，而在春秋时，尤其是在春秋中叶以后，则为"宗法封建

"制"之基层组织，舍此即无"宗法"制度，故后世遂以"宗法"限于大夫以下，而以"封建"限于诸侯以上，失其朔矣。无骇，鲁之公族，盖孝公之后。"谥"者称也，族者，大夫之宗族也。观众仲之言，"宗法"与"封建"确为一事。天子建德，即天子建国，因其所生以赐姓，如鲁公伯禽为周公之子，即为姬姓。宋祖微子为殷帝乙之子，即为子姓。齐太公出于姜族，即为姜姓。胙之土者，禄之以国土也。氏者，姓之分也。如鲁为姬姓，国于鲁，为鲁氏。宋为子姓，国于宋，为宋氏。齐为姜姓，国于齐，为齐氏。"以字为谥"者，以其本人之字或父若王父之字为称也。傅逊以"展"为无骇之字，公子荡之妻亦曰荡伯姬。元年，公子益师卒，《传》称"众父卒"，后有众仲，则以父字为称也。庆封之为庆，以庆父，施伯之为施，以公子施父，亦以父字为称。所谓"公子、公孙不赐氏，公孙之子死后氏王父字"之说，不甚可通。"展氏"即"展族"也。胥甲父之为胥，以胥臣，公子目夷之后，亦为目夷（墨台）氏，则亦以父之名为氏也。"官族"者，谓取其旧官以为族名也，如司马氏、司城氏、士氏、中行氏之类。以邑为族者，以旧邑为族名，如韩氏、魏氏、赵氏、萧叔大心、卞庄子之类。既有世族，必有世禄世官，无待多言矣。（春秋世族世官制，知者较多，其实西周早已如此。西周世族、世官制，参善鼎铭、师虎簋铭、牧簋铭、豆闭簋铭、师奎鼎铭、师望鼎铭、卯簋铭、同簋铭、师酉簋铭、舀鼎铭、舀壶铭、趩簋铭、师毁簋铭、单伯簋铭、大克鼎铭、虢叔钟铭、叔向父簋铭、番生簋铭、师訇簋铭、师嫠簋铭等。）盖周本为小邦，古时一部落耳。灭殷成为中国共主，即以其氏族部落之贵显成员分封各地。周为大宗，余皆小宗，故周曰"宗周"，亦即所谓"君之宗之"（《诗·公刘》）是也。《召伯虎簋铭》"对扬朕宗君其休"，是君（天子）亦可称"宗君"。殷故为当时中国之大宗，是时降为殷族之大宗，即宋是也。姬、姜盖本为一氏族之分支，故传说谓："昔少典娶于有蟜氏，生黄帝、炎帝。黄帝以姬水成，炎帝以姜水成，成而异德，故黄帝为姬，炎帝为姜。"（《晋语四》）姬、姜二氏族由一原始氏族分化而出，其原始之氏族即成为胞族。姬、姜二姓，即二氏族世通婚姻，行氏族外婚制，而在部落或胞族中则行内婚制也。其后二族形成二胞族若二部落，遂以姬族为主，结合西土近亲近邻之氏族部落，形成为小型之部落联盟，即所谓"我自夏以后稷、魏、骀、芮、岐、毕，吾西土也"。灭殷以后，周成为当时中国之共主，即所谓"及武王克商，蒲姑、商奄，吾东土也；巴、濮、楚、邓，吾南土也；肃慎、燕、亳，吾北土也"（昭九年）。周族之"天子"在其所控制之广大领地中，大事分封，即所谓"天子建国"。大国以姬姓为多，其次姜姓及原来殷国之后子姓。此外庶姓被封建（如陈、杞、鄅、楚等），被承认（如所谓"蛮夷小邦"等）为诸侯者，盖甚多，是即所谓"周初大封建"也。周室于同姓诸侯固为"大宗""小宗"之宗属关系（天子称"大宗""宗子"，见《诗·板》），即于异姓诸侯亦通过婚姻等建立"宗法"性之关系，即所谓"兄弟、甥舅"，此原始之"宗法"也。故王称同姓诸侯曰"伯父""叔父"，称异姓诸侯曰"伯舅""叔舅"。周固有所谓"宗盟"在，而"异姓为后"（隐十一年）。诸侯亦祖天子，如鲁祖后稷，郑祖厉王（文二年，郑且祖其受封之宣王，见宣十二年），卫祖文王（哀二年，《晋语》文同），所谓"诸侯祀先王、先公"（《鲁语上》）也。（《沈子殷铭》亦言"乃鹏沈子作绹于周公宗，陟二公……念自先王先公"云云。）

然诸侯远封，在其本国内亦成为"大宗"，而其"兄弟"为"小宗"。（《晋语八》称"栾书实覆宗，弑厉公以厚其家"。"舟之侨告诸其族曰：……宗国既卑。"）故诸侯亦称同姓大夫曰"伯父""叔父"（庄十四年、隐五年），称异姓大夫曰"伯舅""叔舅"（《楚语》《礼记·祭统》引孔悝鼎铭）。鲁有三桓，郑有七穆，宋有戴、庄、桓等族（桓族亦称"桓氏"），皆以所出之公为氏。《晋语八》："非（韩）起也敢专承之，自（曲沃）桓叔以下嘉吾子之赐。"是晋之大夫韩氏亦祖先君也。而天子、诸侯、大夫、士之间亦相称为"宗"，《盠牺尊铭》曰"王弗望毕旧宗小子"。僖二十四年《传》："召穆公思周德之不类，故纠合宗族于成周而作诗。"是天子称诸侯为"宗"。襄二十九年《传》，（季札）谓（叔孙）穆子曰"吾子为鲁宗卿"，桓六年、庄二十四年、襄二年均称大夫之妻曰"宗妇"。《善鼎铭》"余其用各我宗子雯百生（姓）"，是诸侯称大夫为"宗"。僖五年《传》："（虞）公曰：晋，吾宗也。"《孟子·滕文公上》篇：滕之父兄称"吾宗国鲁先君"，是诸侯相互亦称"宗"。襄二十九年《传》"晋国不恤周宗之阙而夏肆是屏"，是同姓诸侯称本族为"周宗"。《鲁语下》："（叔孙）穆子曰：……故曰虽死于外而庇宗（指季氏）于内可也。"襄二十八年《传》："庆舍之士谓卢蒲癸曰：'男女辨姓，子不辟宗，何也？'曰：'宗不余辟，余独焉辟之！'"是大小大夫之间亦互称为"宗"。哀八年："吴为邾故，将伐鲁，问于叔孙辄。……公山不狃曰：……今子以小恶而欲覆宗国。"哀十五年："子服景伯如齐，子贡为介，见公孙成曰：……利不可得而丧宗国，将焉用之。"是同姓家臣若士之身份者亦称诸侯为"宗"，以诸侯之国为"宗国"。至大夫世族之内，大宗与"侧室""贰宗""小宗""宗人"等之关系别详于下。

当周初"封建"时，往往以俘虏之殷族及他族与夫当地之族赐受封之贵族，如鲁公伯禽封于商奄之虚（即少皞之虚），固分有"土田倍敦"（仆庸）、"祝宗卜史"、"备物典策"、"官司彝器"等矣，然另分有"殷民六族"，此"殷民"非仅指一般人民，亦指被征服之贵族宗长，故曰"使帅其宗氏，辑其分族，将其类丑，以法则周公，用即命于周，是使之职事于鲁"（定四年）。"宗氏"者，宗族也，有"大宗"率领。分族者，宗族之分支，盖有"侧室""小宗"等之长率领，与"大宗"相和辑，受"大宗"管辖。"类丑"者，盖指"宗人"与"臣仆"，当以室分，直接受其家长之统帅，而间接受宗长之统帅也。是等宗族之宗长可以"法则周公""即命于周"而"职事于鲁"，其为助鲁公统治人民之贵族自无疑问。（周初金文《明公殷铭》："王令明公遣三族，伐东国。"如明公确为伯禽，则此三族或即为"殷民六族"之三乎？）其后鲁公室滋庶，除公为一国"大宗"外，公子、公孙亦建族受氏，成为一族"大宗"，旧日随鲁公建国之殷贵族，虽地位下降，然仍保持一般贵族之身份，成为"国人"中之主要分子。定六年："阳虎又盟公及三桓于周社，盟国人于亳社。""亳社"即殷社，则鲁之"国人"主要为殷族之后从可知矣。卫国亦然，康叔受"殷民七族，封于殷虚"。故《康诰》曰"往敷求于殷先哲王，用保乂民，汝丕远惟商耇成人，宅心知训"，"乃以殷民世享"。《梓材》所谓"以厥庶民暨厥臣达大家，以厥臣达王，惟邦君"，其后则"鲁卫之政兄弟也"。晋国受戎族之"怀姓九宗"及"职官五正"，至春秋初年，"九宗""五正"尚甚有权势。隐六年："翼九宗、五正、顷父之子嘉父，逆晋侯于随，纳诸鄂，晋人谓之鄂侯。"杜《注》："唐叔始封，受怀姓九宗，职官五正，遂世为晋强家。五正，五官之长。九宗，一姓为九族也。"《左氏会笺》："周初封国，必陪以大姓，与土田并锡，欲使子孙有所凭藉，而后世得天下者或徙其豪杰以实要地，或迁灭之以防祸乱，用意不同，而所见则一也。"其说近是。

周初封国，一般仅只一城市及其附郊之土地，即所谓"国"也。大国盖有控制之一定区域，如卫之"封畛土略，自武父以南，及圃田之北竟，取于有阎之土以共王职，取于相土之东都以会王之东蒐"。齐则管仲曰："赐我先君履：东至于海，西至于河，南至于穆陵，北至于无棣。"杜《注》："履，所践履之界。"其区域亦甚广。在此等区域之中，盖有甚多之附庸"采卫"，为封主所统率，或同姓，或异姓。同姓如鲁属之沈（见金文《沈子殷铭》），晋属之大戎、骊戎等，异姓如任、宿、须句、颛臾之类，皆"服事诸夏"者。僖二十一年："邾人灭须句，须句子来奔。"次年："（鲁）伐邾，取须句，反其君焉。"《传》曰："礼也。"是须句盖鲁之附庸。《论语·季氏》："季氏将伐颛臾。孔子曰：'夫颛臾，昔者先王以为东蒙主，且在邦域之中矣，是社稷之臣也，何以伐为！'"是颛臾为鲁属之明证。宋之萧、蒙，卫之共、滕，郑之京、栎，盖亦此类。春秋后期，莒国尚有"蒲余侯兹夫"，疑亦本附庸之君也。至周初，国都之中除受封时之异姓大族外，公族恐尚未盛。公族之盛似起于西周后期。晋、齐、鲁、宋、卫、郑等国之同姓世族，及后起之异姓世族，皆自西周后期至春秋中叶形成及发展者，前已论之矣。大体周、齐、鲁、郑、宋、卫等国之世族多为同姓，异姓较少，晋国世族则因惩曲沃与桓、庄之族以及骊姬之乱，同姓较少，而异姓、异宗较多。秦国情况不明。楚国似同姓、异姓大夫皆多，而至少至春秋中叶以后，同姓贵族亦渐占优势矣。吴、越盖与楚相近，而用楚人特多，以其文化后进也。

同姓贵族之世族"宗法"制度，后世记礼之书固多言之，然不甚明晰，且多疏误。如《礼记·大传》："别子为祖，继别为宗，继祢者为小宗。有百世不迁之宗，有五世则迁之宗。百世不迁者，别子之后也。宗其继别子之所自出者，百世不迁者也。宗其继高祖者，五世则迁者也。"郑玄《注》："别子，诸侯之庶子，别为后世为始祖者也。"此文较为明晰，故姑引之。春秋时大夫世族"宗法"之制大略如是。然若仅有《礼记》等书，犹不足为强证，请证之原始史料。《陈逆𣪳铭》云："陈氏裔孙逆乍为皇祖大宗𣪳。"《陈逆簠铭》："余陈桓子之裔孙，余寅事齐侯，懽卹宗家，……以享以孝于大宗皇祖皇妣、皇考皇母。"此所谓"大宗"，或指宗子之宗，或指太庙，然"宗家"之义则甚显，指陈氏大宗之家也。哀十四年《传》："子我夕，陈逆杀人，逢之，遂执以入。陈氏方睦，使疾而遗之潘沐……而逃。子我盟诸陈于陈宗。"此所谓"陈宗"，明指陈氏之大宗，为陈逆之所属。陈逆"寅事齐侯，懽卹宗家"，明已为分族之长。征之《左传》，陈逆在陈氏中之地位固甚重要也。桓十一年："雍氏宗有宠于宋庄公。""雍氏宗"，雍氏之大宗为大夫者也。昭二十八年："梗阳人有狱，……其大宗赂以女乐。"此大夫世族之"大宗"之明文见于左氏者。又鲁叔孙婼聘于宋，桐门右师见之，语卑宋大夫而贱司城氏。叔孙昭子告其人曰："今夫子卑其大夫而贱其宗，是贱其身也。"（昭二十五年）杜《注》："司城，乐氏之大宗也。"是亦左氏"大宗"之明文。桓二年、襄十四年并云："卿置侧室，大夫有贰宗。""侧室""贰宗"即广义之"小宗"。且既有"大宗"，相对自有"小宗"矣。"侧室""贰宗"或"小宗"之后，在春秋、战国间地位已渐重要。如《屬羌钟铭》："屬羌作戎，卒辟韩宗彻，率征秦遵齐，……赏于韩宗，命于晋公，昭于天子。"此或是韩氏之家臣。然家臣之地位本与"小宗"相近，此屬羌能作器铭功，称"韩宗"为"卒辟"，不特"赏于韩宗"，且"命于晋公，昭于天子"，是家臣不特达于国君，且达于天子矣。以鲁国为例，季孙氏之"小宗"季寤，叔孙氏之"小宗"叔孙辄，孟孙氏之"小宗"阳虎（昭二十七年"孟懿子、阳虎伐郓"。《论语·子张》："孟氏使阳肤为士师"，而阳虎作乱，季氏奔孟氏，平阳虎之乱者亦为孟氏之属，与上所举证据合看，即可证阳虎为孟氏之支裔），擅执国政（所谓"陪臣执国命"），且欲"去三桓"而以季寤、叔孙辄、阳虎更之（定八年）可见大夫"小宗"之专横矣。是天子、诸侯之"大宗"地位下降，"政在大夫"后必然发生之现象也。

卿大夫置"侧室""贰宗"，盖盛于春秋中后期，前已言之，如鲁之子服氏出于孟孙氏，叔仲氏出于叔孙氏，故季平子"欲使（叔孙）昭子逐叔仲小。小闻之，不敢朝"（昭十二年《传》）。公父氏出于季孙氏，故公父文伯谏其母之绩，谓"惧忏季孙之怒"，其母责之。孔子曰："季氏之妇不淫矣。"（《鲁语下》）阳虎囚季桓子，亦及公父文伯（定五年《传》）。肯赵氏在春秋前期已"有侧室曰穿"，欲以其属出战秦师。赵宣子曰："秦获穿也，获一卿矣"（文十二年）则赵氏之"侧室"已获卿位。赵穿者，赵夙之孙，而赵盾之父赵衰为赵夙之弟，以赵盾执政，赵穿反成"侧室"，此可注意者。春秋后期"范皋夷无宠于范吉射而欲为乱于范氏。……五子谋，将逐荀寅而以梁婴父代之，逐范吉射而以范皋夷代之"（定十三年）。杜《注》："皋夷，范氏侧室子也。"春秋中叶，《晋语八》载："八郤：五大夫，三卿。"是其中必有"侧室"为卿者矣，或"卿置侧室"主要为立次级之卿也。"侧室"强大，或自为"大宗"，别成一族，如知氏之于荀氏（荀林父之弟荀首食邑于知，谓之知庄子，以邑为氏）。至于"贰宗"，则似皆大夫。《鲁语下》载公父文伯之母谓文伯曰"尔又在下位"，《注》："下位，大夫也。"哀十三年《传》，吴执鲁

子服景伯，景伯曰："且谓鲁不共而执其贱者七人。"景伯为大夫
而非卿，故云"贱者"，是盖皆"贰宗"之类。若一般"小宗"，
则自大夫世族"宗法"建立后当即已有之。然至春秋中、后期，
其势渐盛，或与次级大夫无异，此则大夫世族膨胀之故。如季
公冶似为"小宗"，有室，有家，有邑，有臣，为季氏"属大
夫"而仍隶于季氏（襄二十九年《传》，及杜《注》，亦见《鲁
语》）。晋之韩氏，在韩起执政时，起为大宗之君。韩襄盖为
"侧室"或"贰宗"，其余五族盖"贰宗"或"小宗"，亦成"大
家"，七家七县，赋七百乘，等于"城濮之赋"。是时上大夫羊
舌氏叔向为"大宗"，其下有"贰宗"或"小宗"二，加叔向之
族为三（传作"四"字，误，前人已有订正），"强家"三家二
县，赋二百乘，亦近于"百乘之家"矣（昭五年）。昭三年，叔
向曰："肸之宗十一族，唯羊舌氏在而已。"则羊舌氏之"宗"
本亦"分族"，为其原来之"宗"之一支，至此其他各族皆
亡，惟存羊舌氏，故为"大宗"也。"宗"（如"韩宗"）与"侧
室""贰宗"及强大之"小宗"在大国皆成为"家"，"家"或称
为"族"。"宗"（"大宗"）为一大族之宗主，"侧室""贰宗"其
副，强大成"家"之"小宗"亦其屏藩，是皆具有"百乘"或
数十乘之兵力，等于西周初年小国之诸侯。（春秋初，郑庄公伐
"如二君"之叔段，仅用兵车二百乘而克之，则段之兵力更少可
知，然已近于曲沃而为一国矣。）其"大宗"能指挥全族之兵
力，几于千乘之国，与当时郑、卫等国之力相近，故至战国初，
韩、郑相攻，卒因郑之内乱而韩灭郑也（是时韩、郑之兵力自
早已超过千乘以上无疑）。

"宗""家"之基本单位为"室"（"家"有时亦称"室"），此与
一般士庶人之"室"异，有其特殊意义。"室"者，当时宗法贵
族之奴隶制大家庭，与"族"有异，故巫臣奔晋，"尽室以行"
（成二年），其族仍在楚，其后子重、子反杀巫臣之族子阎、子
荡及清尹弗忌而分其"室"（成七年）。此贵族之"室"，如其子
幼弱，可由其他同宗贵族与其宰"相"之，如郑"司徒孔实相
子革、子良之室，三室如一，故及于难"（襄十九年）。齐子尾

卒，"子旗欲治其室"（昭八年）。季公鸟死，"季公亥与公思展与公鸟之臣申夜姑相其室"（昭二十五年），皆是。"室"之主要财产为"田"。《晋语六》载厉公"大其私昵而益妇人田"，时人以为"不夺诸大夫田，则焉取以益此，诸臣之委室而徒退者将与几人"，结果"杀三郤而尸诸朝，纳其室以分妇人"，是"室"之主要财产为田之明证。故《晋语八》又载"（韩）宣子忧贫，叔向贺之。宣子曰：吾有卿之名而无其实。……对曰：昔栾武子无一卒之田，……夫郤昭子其富半公室，其家半三军，……其身尸于朝，其宗灭于绛。……今吾子有栾武子之贫，吾以为能其德矣，是以贺"。韩宣子为晋正卿，其"宗"有七成县之土地，其"家"亦有一成县，所谓"百乘之家"，安得"忧贫"而"无一卒之田"。（左氏昭元年作"百人之饩"即百夫之田百顷，一万亩也。）夫百夫之禄，其车至多十乘，与左氏所载太不相侔，是盖指韩宣子"室"之财产也。不然，栾书亦为正卿，实弑厉公，其后栾盈据有晋"宗邑"曲沃，力足以叛晋，当不止"百乘之家"，亦岂得谓之"无一卒之田"耶。所谓郤昭子"其富半公室"，亦指其"室"，"其家半三军"则谓其"家"，盖有数百乘兵车。其"宗"则指郤氏全族，盖谓"八郤：五大夫，三卿"。韩宣子"忧贫"者，"大国之卿一旅之田（五百顷），上大夫一卒之田"（亦见《晋语八》）。彼"无一卒之田"，故曰"吾有卿之名而无其实"也。秦后子来仕于晋，其车千乘，车数之多且过于韩氏，然其禄亦不过"一卒之田"（并见《晋语》）而已。是皆足证左氏及《国语》之文不误，而"宗""家"与"室"有不同也。"室"之财产，除田而外，重要者有人。人包括"妻孥"、大家庭成员、臣僚、"仆庸"、奴隶等，此外即所谓"器用、财贿"，故古者"奴"（奴隶等）、"孥"（家庭成员等）、"帑"（财产）三位一体，可以互称（或称"奴"或称"孥"、称"帑"）。《晋语二》"宫之奇……以其孥适西山"，《晋语九》"鼓子之臣曰夙沙厘，以其孥行"。鲁穆伯生二子于莒，"尽室以复适莒"（文十四年）。"（季氏属大夫）申丰趋退，归，尽室将行"（襄二十三年）。晋使魏寿余伪叛，"执其帑于晋"，士会返晋，"秦人归其帑"（文十三年）。"（楚）蓝尹亹涉其帑"（定五年）。是"孥"与"帑"通，亦与"室"（古称妻亦为"室"）通也。赵盾使其属史骈送狐射姑之"帑"，史骈"尽具其帑与其器用财贿，亲帅扞之，送致诸竟"（文六年）。晋先蔑奔秦，"荀伯尽送其帑及其器用、财贿于秦"（文七年）。是即家庭与财产也。西周之末，周畿内小国郑桓公（厉王之少子友为周司徒，封于旧郑，极小之国）从史伯之计，"乃东寄帑与贿，虢、郐受之，十邑皆有寄地"。是时之郑桓公等于一大国之大夫，而其所寄之"帑"与"贿"十邑皆有寄地，则是时王子身份之大贵族所掌握之奴隶制大家庭（"室"）与其所谓"族"（"家"）亦甚大矣。（定十年《传》"宋公子地嬖蘧富猎，十一分其室而以其五与之"。是春秋末年列国大贵族之"室"亦甚大之证。）所谓"帑"与"贿"，即家族成员、臣隶及器用等也。西周时常以"我邦、我家"连文，春秋末年尚连称"邦、家"，于此可知其故矣。当时各"室"之田耕种者盖为"仆庸"臣隶之类，《晋语一》所谓"隶农……虽获沃田而勤易之，将不克缮，为人而已"，即此类耕种之"臣隶"也。各"室"之田，除受之上级之封赐外，亦可能已有用本"室"臣隶等开垦之新土地。如郑子驷"为田洫，司氏、堵氏、侯氏、子师氏皆丧田焉"（襄十年），即以新辟之私田纳入"公田"之内，而作为封洫。此为当时贵族等所反对，故子产"作封洫"，不特"舆人"反对之，而叔向亦规戒之也（见襄三十年及昭六年）。唯其"室"所握有土田等财产为奴隶制大家庭之私有性财产，故贵族致邑于上级后，仍能生活，而为贵族（参看成十六年曹子臧事，襄二十九年季公冶事，及晏子事）。若无"室"则不能为贵族，等于庶人矣。故吴季札固辞君位，"弃其室而耕，乃舍之"（襄十四年）。

"室"之范围虽较小，而实为当时宗法贵族能比较自由支配之财产及人力，故"室"之富可以为"家"之基，从而亦为"宗"之基。大贵族之"室"有"室老"，即所谓"家宰"，此为最高之"家臣"，其下尚有臣属、隶仆等。大贵族之"臣"盖甚多，其身份多为"士"，富有作战之力，故多"臣"之"室""家"

常为国之患，甚至为"宗"之患。（如晋栾氏多"士"，为晋国之患，范氏、中行氏之"侧室"为其"大宗"之患，见襄二十一年、二十三年、定十三年。）《论语》载"管氏有三归，官事不摄"（《八佾》）。是其"臣"盖甚多。"仲弓为季氏宰，问政，子曰：先有司，赦小过，举贤才"（《子路》），亦其证。春秋中叶以来，大贵族之家宰甚至预问国政与他家之政，如季氏家宰南遗受叔孙氏家宰竖牛之贿，使"国人"助竖牛为乱（昭五年）。叔孙氏之家宰竖牛欲乱叔孙氏之"室"而有之，敢于杀嫡立庶（昭四年、五年）。至季氏家宰阳虎，遂专鲁政，威胁鲁君写三桓，甚至"国人"亦惧之，终于作乱，欲去三桓而以己及季、叔二氏之支庶更代之。"家宰"掌握"室"政，亦掌握"家"政，甚至掌握"邑"政、"国"政。如《论语》载"季氏富于周公，而求也为之聚敛而附益之"（《先进》）。仲弓为季氏宰，问"家"政（《子路》）。"子路使子羔为费宰"（《先进》）。左氏载"仲由为季氏宰，将堕三都"。是直握国政，与阳虎无异。其后虽以季氏宗法戚属公伯寮之愬，孔子及其门弟子皆较新式之官僚，无兵权而失败，然此后仲由、冉求并为季氏"家宰"，所谓"相夫子"，而欲伐颛臾。齐、鲁清之战，冉求且帅左师击退齐师（哀十一年）。是役冉求谓季孙曰："鲁之群室众于齐之兵车，一室敌车优矣。""季氏之甲七千。""齐人遁，冉有请从之三。"（同上）可见是时"鲁之群室"及季氏之"室"之兵力。是役盖以三家之兵力为主，未大用外邑之军，则鲁之大世族之实力从可知矣。

春秋中叶以后之大夫皆有封邑（所谓"大夫食邑"），封邑或大或小，或多或寡，愈晚而大夫之封邑愈大愈多（大邑如所谓"宗邑"者，必在宗主之手，如崔氏之崔邑，见襄二十七年《传》）。晋之所谓"县"亦多为大夫封邑，韩起之宗族已有七县七百乘之兵力，其后"六卿""三家"之封邑日益扩张，终于"三家分晋"。齐之诸大族盖亦有较大较多之封邑，陈氏得高唐后始大，其后兼并诸大夫及公室，至春秋、战国之际盖已占有齐国大部分土地，终于"陈氏代齐"。鲁之三家各有一大封邑，季氏之封土且更多（除费外有汶阳之田及卞等），"大都耦国"之形势亦已造成，非季氏内乱及三家不睦与越人之援鲁公室，鲁之三桓或季氏亦必将分鲁代鲁。然季氏之族终独立为费国。郑之罕氏、驷氏（皆穆族），宋之乐氏、皇氏（皆戴族），盖亦以封邑多、势力大而得政"得国"。（参看襄二十九年、哀二年、二十六年《传》，《史记·郑世家》，《韩非子·说疑》篇、《内储说下》篇、《二柄》篇、《人主》篇、《外储说右下》篇、《忠孝》篇、《吕氏春秋·适威》篇、《雍塞》篇，及《史记·宋世家》《索隐》引《竹书纪年》等。）唯卫在春秋后期已甚弱小，其后为各大国所兼并，仅存一二邑为"君"，至秦统一后始全亡。陈、蔡、曹、许等国本小，又受大国之削弱兼并，故未闻有大族之封邑。唯邾则为三等大国，仅次于鲁（哀七年"鲁赋八百乘"，"邾赋六百乘"）。在春秋末年有所谓"茅成子"者，"以茅叛"而"自请救于吴"（哀七年）？殆亦大族之有封邑者乎？至战国之世，邹、鲁并称，其国势几与鲁相等（《吕氏春秋·慎势》篇引或说以齐楚、宋郑、邹鲁、滕费为四等不同之国。盖战国时较早之说），则春秋时之有大夫封邑，并无足异。秦国，春秋时之史事未详。观后子之富与景公等，或亦有大族封邑，然尚未可知。楚国卿大夫之封邑是否普遍，尚待考证。（楚灵王夺斗韦龟及成然邑而致乱，楚大夫亦有封邑可知。哀十八年，楚"封子国于析"。《楚语下》："惠王以梁与鲁阳文子，……与之鲁阳。"是皆楚之封君。）然其以"公""君"等所守之县邑，似直属中央，非守者所可专擅，其详如何，亦尚待考证。吴则齐庆封来奔，"予之朱方，聚其族焉而居之，富于其旧"（襄二十八年），似亦有大族封邑之制，然其详亦难知。至越则《越语下》谓勾践"环会稽三百里者以为范蠡地"，此不似封邑，似为赐田也。周在西周时，王畿内之小国诸侯亦甚多，等于春秋时各大国之大夫封邑。春秋时周畿内亦有大夫封邑，如春秋后期之单子、刘子等，似皆为有较大封邑之君，故能掌握周政而战败王子朝。至战国，周分为二，加王为三，亦如郑子阳之弑"国分为三"，非"王室"之虚名犹存，亦早如郑为韩所并灭矣。

大夫之封邑亦皆有邑宰。《论语·公冶长》：“求也，千室之邑，百乘之家，可使为之宰也。”“千室之邑”中即有大夫之封邑在内。襄三十一年《传》“（郑）子皮欲使尹何为邑”，即治其私邑。《论语·雍也》“季氏使闵子骞为费宰”，费为“有社稷”之邑，等于一国（《先进》），《檀弓》“闻子皋将为成宰”，是等盖皆春秋末年新官僚式之“宰”。其以前大夫之邑宰，如南遗、南蒯世为费宰，南蒯以费叛季氏，将叛，“盟费人，司徒老、祁虑癸伪废疾，使请于南蒯曰：臣愿受盟而疾兴，若以君灵不死，请待间而盟”（昭十四年）。是大夫之“邑宰”之下尚有臣僚，亦与“家宰”之下有臣僚同。叔孙氏之家臣侯犯本为郈马正，使圉人杀郈宰公若，遂以郈叛，叔孙与郈工师驷赤谋，驷赤用计逐侯犯（定十年），则郈宰之下亦有马正、工师等官也。是等臣僚虽又臣于宰，然仍臣于大君之大夫，如司徒老、祁虑癸劫南蒯曰：“群臣不忘其君，畏子以及今，三年听命矣。子若弗图，费人不忍其君，将不能畏子矣。”（同上）凡家臣原则上皆臣属于“家”（大夫），“家臣而欲张公室，罪莫大焉”（同上），“我家臣也，不敢知国”（昭二十五年），是春秋时人之见解矣。至《晋语八》载“栾怀子之出，执政使栾氏之臣勿从……栾氏之臣辛俞行，吏执之献诸公……对曰……臣闻之曰：三世事家君之，再世以下主之。事君以死，事主以勤”。“君”即“主”也，此或是深浅之言。“再世以下”之家臣与家君之关系尚浅，故尚可背之，如豫让然“士为知己者死”，范氏、中行氏以众人待豫让，让以众人报之。范、中行氏亡，让又为知伯之臣，知伯以“国士”待豫让，让以国士报之，故知伯死再三为报仇以死也。

诸侯于天子为臣，大夫于诸侯为臣（异国之大夫且能受封邑于另一国之诸侯，则亦有臣属之义，如郑大夫公孙段受州县之田于晋侯，且受策书，见昭三年《传》），家臣亦于大夫为臣。春秋时家臣称家君（大夫）为“君”、“主”或“公”（见《左传》、《国语》，襄三十年《传》郑伯有之臣称伯有为“公”）。卿大夫亦有外内家朝，“合官职于外朝，合家事于内朝”（《鲁语下》。卿大夫之朝，参见襄二十七年、三十年《传》等）。家臣或称家大夫（见《檀弓》）。昭七年《传》："孟僖子……将死也，召其大夫曰……"云云，即"家大夫"也（杜《注》以为"属大夫"，恐非。"属大夫"与"家大夫"似尚有异）。家臣中之"宰"等亦有封邑。成十七年《传》："施氏之宰有百室之邑。"施氏在鲁未为大家，其宰且有"百室之邑"，其他可知。故昭五年《传》："（竖牛）取东鄙三十邑以与南遗。"此邑似为小邑，然在他国"唯卿备百邑"，大夫仅有数十小邑（见襄二十七年《传》），则季氏之宰南氏岂不等于他国之大夫乎。至"属大夫"之有邑，前已言之。家臣之大者亦已成"氏"，如阳虎之族称为"阳氏"，阳氏亦有甲兵，能作乱于鲁（参定八年《传》）。其后孟氏成宰公孙宿似亦有私属甲兵（参哀十五年《传》），此等家臣亦皆有土有民有军有政之世袭贵族，故孔子言"陪臣执国命，三世希不失矣"（《论语·季氏》），宗法家臣之世袭可知。宗法家臣亦可出为公臣，如季公锄氏富"又出为公左宰"（襄二十三年《传》）。《诗经》言"筑室百堵"（《斯干》），则古宗法世族即氏族制之余，故筑室聚居，其势力自大。春秋末年固已有"公子、公孙之无禄者"（昭十年《传》），然春秋中叶以后，凡欲立其所私宠之人而去宗法世族之君若大夫，往往遭宗法世族之祸。如晋厉公如此而被弑，燕简公如此而被逐（昭三年），周大夫单献公弃亲用羁，……襄、顷之族杀献公而立成公（昭七年），又甘简公立其弟过，"过将去成、景之族，成、景之族赂刘献公"而杀之（昭十二年）。"周巩简公弃其子弟而好用远人"（定元年），"巩氏之群子弟贼简公"（二年），故保守"宗法""礼"制之孔子曰："《书》云：孝乎，惟孝友于兄弟，施于有政，是亦为政，奚其为为政。"（《论语·为政》）此即"宗法"世族制下之政治也。

（76）爵位

王及公、侯、伯、子、男、甸、采卫、大夫各居其列。（襄十五年）

案：宗法贵族中具有等级，大别之为天子、诸侯、大夫、士四级，细分之则诸侯中有正式诸侯及附庸之别，大夫中有卿及大夫之别，士中亦有贵贱之分。天子亦称为"王"，似本从部落联盟之军事首长转化而来（殷、周之初皆有部落联盟性质）。诸侯似本为受联盟军事首长控制之部落酋长，其大者即后来之诸侯，小者即后来之附庸。大夫似本为胞族及氏族之酋长，可能胞族（亦是一个军事单位）之酋长即后世之卿，而氏族之酋长，即后世之大夫。士盖军事民主制时代部落显贵手下亲兵武士之类，其后亦分化成若干等级。当周族建立国家后，过去之部落联盟军事首长通过军事民主制时代转化为阶级社会国家之首长——王，原来之部落酋长及王之亲属被分封或承认为诸侯，其地位低者附于大诸侯，即为所谓"附庸"。原来之胞族长及王诸侯之亲属有军事等才能者被任为卿，原来之氏族长及王诸侯之一般亲属被任为大夫，原来之亲兵武士等及王诸侯之疏属则成为各级之士。此天子、诸侯、卿、大夫、士之大致来历也。

旧说诸侯有公、侯、伯、子、男五等（孟子以为"子、男同一位"，则诸侯只四等），公、侯之封方百里，伯七十里，子、男五十里，不及五十里、附于诸侯者曰附庸（《孟子·万章下》），孟子为此说亦不甚敢自信，谓北宫锜曰："其详不可得闻也。诸侯恶其害己也，而皆去其籍。然而轲也尝闻其略也。"此诸侯爵禄之制果可信乎？曰："事出有因而查无实据"也。何以言之？春秋时确有公、侯、伯、子、男五种诸侯之称，亦确有附庸小国之君，其始封时之"国"亦确为百里左右，或数十里，甚至更小。周之畿内诸侯有周公、召公，周室尊亲及与王关系较密者亦称为"公"，如虢公、虞公皆是。宋先代之后，于周为客，亦称曰"公"。其他各较大之国如齐、鲁、卫、陈、蔡、晋等国皆称为"侯"。畿内及畿外小国之君有称"伯"者，如周畿内诸侯有原伯、毛伯等，畿内诸侯较小国家之君亦称为"伯"，如郑伯。畿外较小国家之君亦称"伯"，如曹伯。蛮夷之君皆称为"子"，如楚子、吴子、越子、邾子、莒子等。"男"则华夏小国诸侯之称，与子相近，如许男（郦戎姬姓，其君亦称"郦戎男"），是非"事出有因"乎？然而西周、春秋时称爵极乱，称公者亦常称伯，如召伯。称"侯"者亦常称伯、称子，如滕子、薛伯。称伯者自称"伯男"，如郑。称"子"者亦称"伯"称"侯"，如杞既称杞子，亦称杞伯、杞侯。蛮夷之君且有称"王"者，如楚王、吴王、越王、戎王、瞿王等。普通诸侯有无称"王"者，尚待考证。当时称爵之纷乱，近人多有言之者，则又"查无实据"也。然则西周之制果如何乎？曰：此当征之金文、《尚书》。《大盂鼎铭》："唯殷边侯甸，雩殷正百辟，率肆于酒，故丧师祀。"是商代之"侯"与"甸"均处于王之边境也。《矢令方彝铭》："明公朝至于成周，出令舍三事令，眔卿事寮，眔诸尹，眔里君，眔百工，眔诸侯：侯、甸、男舍四方令。"侯、甸、男受"四方令"，外服之诸侯也。《书·康诰》："侯、甸、男、邦、采卫。"《酒诰》："越在外服，侯、甸、男、卫、邦伯。""汝劼毖殷献臣，侯、甸、男、卫。"《召诰》："命庶殷侯、甸、男、邦伯。"《康王之诰》："庶邦侯、甸、男、卫。"据此，侯、甸、男者，三等诸侯也。"甸"在春秋时亦称为"伯"（"伯"者，长也。邦伯犹"邦君"，亦本为通名，后渐转化为专名），定四年《传》："曹为伯甸。"是"伯"即"甸"也。盖"侯"为最大诸侯，"甸"（"伯"）次之，男为最小。由春秋时观之，其地位亦相当。"公"则诸侯之尊称，天子之命卿尊亲（周公、召公、虢公、虞公等）、先代之后（宋公）皆称之，非爵位也。诸侯在国内亦泛称为"公"。"子"则"不成君"之称，故蛮、夷、戎、狄之君称之，盖"无列于王室"者矣，其地位略当于男，故曰"子、男同一位"。然则所谓"殷爵三等"与"周爵五等"之说或本是一事。然在周室结"宗盟"时，则异姓诸侯次于同姓，如践土之盟之载书曰"王若曰，晋重、鲁申、卫武、蔡甲午、郑捷、齐潘、宋王臣、莒期"，晋、鲁、卫、蔡，侯也，晋为盟主，郑伯甸也，齐异姓而王之元舅，宋异姓而先代之后，莒异姓而子男也，其序如此，所谓"周之宗盟，异姓为后"也。然《春秋经》本鲁史，则书"公会晋侯、齐侯、宋公、蔡侯、郑伯、卫子（未成君也）、莒子盟于践土"，则以国之大小及爵位为序矣。

"附庸"之国盖即所谓"采卫"也。《郑语》："妘姓邬、郐、路、逼阳，曹姓邹、莒，皆为采卫。或在王室，或在夷、狄，莫之数也。"观左氏上本文则"采卫"居诸侯之下，大夫之上，其为附庸审矣。

卿者何？军职也，故亦谓之"卿士"，然亦相职也。古文武不分职，国君之佐贰谓之"卿"，晋"六卿"亦称"六将军"，此犹可谓为春秋时晋国后起之制，然齐之国、高称为"天子之二守"，与公并帅三军，《齐语》："士乡十五，公帅五乡焉，国子帅五乡焉，高子帅五乡焉。""三军，故有中军之鼓，有国子之鼓，有高子之鼓。"是齐侯与国、高二氏即齐三军之帅也。襄二十五年《传》记"郑子产献捷于晋，戎服将事"。晋人问："何故戎服？"对曰："我先君武、庄为平、桓卿士，城濮之役，文公布命曰：'各复旧职。'命我文公戎服辅王，以授楚捷，不敢废王命故也。"是卿本为军职之确证（"卿士"即卿。定元年，子家子曰："若立君，则有卿士、大夫与守龟在，羁弗敢知。"可证）。故春秋初年，郑、虢二君并为周卿士，屡用王师（或奉王命）侵伐他国（隐五年、九年），《郑语》史伯曰："君若以成周之众，奉辞伐罪，无不克矣。"是时郑桓公为周司徒，"甚得周众与东土之人"，盖亦卿士之类也。

卿之中有上、中、下之分，大夫有上、下之分。成三年《传》："次国之上卿当大国之中，中当其下，下当其上大夫。小国之上卿当大国之下卿，中当其上大夫，下当其下大夫。上下如是，古之制也。"上卿之执政者亦称"正卿""冢卿"（昭元年、昭四年），次于"正卿"之执政称为"介卿"（昭四年）。执政之上卿盖皆受命于王。僖十二年，管仲辞上卿缛礼曰："有天子之二守国、高在"，"管仲受下卿之礼而还"。宣十六年"晋侯请于王"，"以黻冕命士会将中军，且为太傅"。是上卿命于天子之证。成二年，晋巩朔以上军大夫献齐捷于周，而王曰"不使命卿镇抚王室……巩伯实来，未有职司于王室"。是大夫不命于天子之证。至诸侯即位受命于王，盖在西周时为常事，至春秋时则少见于记载，是诸侯国独立之征也。春秋时有所谓"霸"主者，

"霸"亦作"伯"，称为"侯伯"，侯之长也。中原君主成霸后亦受王之策命，盖为诸侯之长，代王统治诸侯者。其制盖西周时已有萌芽，如齐、鲁、卫等国皆似为"方伯"。"方伯"者，一方之"伯"。如僖四年载管仲曰："昔召康公命我先君大公曰：五侯九伯女实征之，以夹辅周室……"《诗》毛《序》《旄丘》，责卫伯也……"《鲁颂·閟宫》："王曰叔父，建尔元子，俾侯于鲁，大启尔宇，为周室辅。"是齐、卫、鲁等国盖皆所谓"方伯"也。"士"之等级，不甚详知。观左氏等书之记载，各级士之地位高低颇悬。如据《孟子》所言"上士一位，中士一位，下士一位"，而"君""卿""大夫"合亦仅三"位"，可见"士"之等级之复杂，此记载似犹存古义也。

昭十三年《传》："昔天子班贡，轻重以列，列尊贡重，周之制也。"诸侯本应归贡于王（如春秋初晋人灭虞而"归其职贡于王"，管仲亦责楚人"尔贡包茅不入……寡人是征"），至春秋时已成具文，且非常举，诸侯皆贡于霸主。（小国又贡于大国，如鄅贡鲁不贡晋，此盖古小国贡方伯之制乎？）郑游吉对晋人曰"以敝邑居大国之间，共其职贡"（昭三十年），谓贡于晋、楚也。"黄人不归楚贡"（僖十一年），"黄人……不共楚职"（僖十二年），亦小国以楚为盟主而归其职贡也。职贡往往与朝聘相联，如襄八年公如晋，"朝且听朝聘之数"，"会于邢丘，以命朝聘之数，使诸侯之大夫听命"（同上）。此类朝聘贡献至春秋后期盖甚烦重。襄二十九年，"鲁之于晋也，职贡不乏，玩好时至。公卿大夫，相继于朝，史不绝书，府无虚月"。昭十三年，郑子产争承曰："行理之命，无月不至……贡献无极，亡可待也。"宋之盟"释齐、秦"，"晋、楚之从交相见"，诸侯之贡献益重矣。哀十三年，"自王以下朝聘玉帛不同"。普通诸侯间之朝聘本为好问之礼，至西周时诸侯之对王，春秋时诸侯之对霸主或大国，则成为一种极重之负担，此类负担必转嫁之人民，故西周时已"东人之子，职劳不来；西人之子，粲粲衣服"（《诗·大东》），春秋时则各小国"贡献无极，亡可待也"。

诸侯盖亦受大夫、国人、都邑等之贡，故曰"公食贡"，然其详情难知矣。

（77）周及中原列国中央官制

郑武公、庄公为平王卿士，王贰于虢，郑伯怨王。王曰无之，故周郑交质。（隐三年）

案：周初重要之官，略见定四年《传》："武王之母弟八人，周公为太宰，康叔为司寇，聃季为司空。"又云："周公相王室以尹天下。"《矢令方彝铭》："王令周公子明保尹三事四方，受卿事寮……明公朝至于成周，出令舍三事令，众卿事寮、众诸尹、众里君、众百工、众诸侯：侯、甸、男舍四方令。"据此，当时周室之相为太宰之官，所谓"尹三事（司徒司马司空？案《书·立政》'任人准夫牧作三事'，然此文时代似较晚，文义亦不甚明，且孤证，尚待详考）四方"者（《诗·雨无正》"三事大夫，莫肯夙夜；邦君诸侯，莫肯朝夕"。"三事大夫"盖即此"三事"，"邦君诸侯"盖即此"四方"），亦即相职。此相"受卿事寮"，"卿事"即"卿士"，"卿事寮"似指诸卿及其僚属，为一官僚群也（其中主要者或为所谓"三左三右"，其制尚待详考，参《小盂鼎铭》）。相或"太宰"为卿士之首，犹春秋列国之正卿，所谓"太宰"者似即王室之宰（亦即王"家"之"宰"），本治王室"家"事（亦即"室"事），不过一奴隶制大家族之总管耳，因其为王室之"宰"，亦即为王之"相"，故能"尹三事四方，受卿事寮"也。（明保旧谓即周公子鲁公伯禽，是周公告老后鲁公伯禽亦曾相王室也。昭十二年《传》，楚灵王曰："昔我先王熊绎与吕伋、王孙牟、燮父、禽父并事康王。"右尹子革对曰："齐，王舅也。晋及鲁、卫，王母弟也。"是禽父即伯禽，盖在成康时为周卿也。）盖卿士官众（如从旧说，则天子有六卿，春秋时晋、宋、郑等国亦有"六卿"），必有一摄其总之首领，春秋时谓之"正卿"或"冢卿"，亦谓之"相"。正卿尚有一二副贰，谓之"介卿"，周初之召公或即"介卿"。然卿为爵位，非官职，以官职言，则周初之执政者似为太宰（然"大师"亦为执政尊官，如《诗·节南山》"尹氏大师，维周之氏，秉国之均，四方是维"。又至少在西周时"膳夫""内史""趣马"等奉王之官地位亦高，见《十月》《云汉》等诗）。

考春秋时"太宰"亦为尊官，僖九年："公会宰周公、齐侯……于葵丘。"杜《注》："天子三公。"僖三十年："天王使宰周公来聘。"杜《注》："天子三公兼冢宰者也。""三公"之说尚待考证，此宰为太宰则无疑。观上引左氏文，此时之周公似亦为王之正卿也。春秋时周之执政正卿始为郑伯，至隐八年后为郑伯、虢公，郑伯为左卿士，虢公盖为右卿士。至桓五年，王夺郑伯政，郑伯不朝，王以诸侯伐郑，王为中军，虢公林父将右军，周公黑肩将左军，是犹齐侯与国、高二氏之分掌三军。观左氏此年文，则右卿士高于左卿士（虢公叙在先，所属为同姓蔡、卫二国之军，周公所属为异姓陈国之军），中原各国固尚右也。此后盖虢、周二公并掌周政。及僖五年虢灭，虢公醜奔京师，盖自此虢亦失周政。下一阶段执周政者似为周公，故会诸侯于葵丘。是后盖周公又与王子虎、王叔桓公等同执周政，至春秋后期周政始入单、刘二氏之手，盖亦右左二卿士也。僖二十八年："王子虎盟诸侯于王庭。"《周语上》"襄王使太宰文公及内史兴赐晋文公命"，《注》："太宰文公，王卿士王子虎也。"案：僖二十八年《传》："王命尹氏及王子虎、内史叔兴父策命晋侯为侯伯。""尹氏"不知何官，盖亦王卿士（似为"作册"之官，亦史官之流，盖掌典故策命之大官？），观此文则太宰文公为王子虎无疑，是彼时周室卿士之长仍掌太宰之官也。战国时之书《周官》首列"天官冢宰"，其僚之首为"太宰卿一人"，下曰："太宰之职，掌建邦之六典，以佐王治邦国。"则太宰即相职，其说自有所受。隐十一年《传》："羽父请杀桓公，将以求太宰。"是鲁在春秋初年亦以太宰为高官也。桓二年《传》宋"（华）督为太宰"，杀殇公及司马孔父嘉，是春秋初年宋之太宰亦重要之执政官也。《齐语》："桓公自莒反于齐，使鲍叔为宰。"《注》："宰，太宰也。"是春秋初年齐之实际执政者亦有宰官也。然成十年《传》："晋侯使籴茷如楚，报太宰子商之使也。"成十六年："楚子登巢车以望晋军，子重使大宰伯州犁侍于王后。"昭元年："楚灵王即位，蔿罢为令尹，蔿启彊为太宰。"二十一年："楚蔿越帅师，将逆华氏，太宰犯谏。"据此楚太宰之官次于令尹、司马等，地位非甚重要。昭元年《传》：赵孟私于子产曰："武请于冢宰矣。"冢宰谓郑子皮，是时子皮为郑正卿，然襄十一年"郑人使良霄、太宰石㚟如楚，告将服于晋"，石㚟为良霄之介，则太宰之官非是时郑之所重，"冢宰"之名袭旧称耳。楚伯州犁之孙嚭奔吴为太宰，观左氏等记载，太宰嚭在吴国之地位甚为重要，则以吴为后进之国也。大致观察，太宰之官在西周时盖甚重要，实掌相职，在春秋初年亦尚重要，而春秋中叶以后此官地位渐降，是盖王室公室之地位下降之故，以太宰本王室公室之家宰，非邦国之官也。

邦国之官最重要者为司徒、司马、司空，其次为司寇。司徒掌民事，司马掌军事，司空掌工事，司寇则司法官也。昭四年杜泄谓季孙曰："夫子（叔孙）受命于朝而聘于王，王思旧勋而赐之路，复命而致之君，君不敢逆王命而复赐之，使三官书之。吾子为司徒，实书名。夫子为司马，与工正书服。孟孙为司空以书勋。"是鲁三家实掌司徒、司马、司空三要职。襄二十一年，季孙谓臧武仲曰："子为司寇，将盗是务去。"是臧氏为司寇，其职次于"三官"。后臧氏衰，孔子亦尝为鲁司寇，盖地位仅次于三家，故能相鲁定公会齐景公于夹谷也。其他各国如宋，文七年载其"六卿""公子成为右师，公孙友为左师，乐豫为司马，鳞瞜为司徒，公子荡为司城（即司空），华御事为司寇"。哀二十六年"皇缓为右师，皇非我为大司马（大司马之下盖有少司马），皇怀为司徒，灵不缓为左师，乐茷为司城，乐朱钼为大司寇"（大司寇之下盖有少司寇）。"右师""左师"疑即右、左二卿士若右、左二相（然成十五年华元曰"我为右师，君臣之训，师所司也"），故僖九年"宋襄公即位，以公子目夷为仁，使为左师以听政"。其后华元执政，右师也（见成十五年）。向戌亦曾以左师听政。及春秋后期，则乐氏以司城执政（襄九年、哀二十六年），是执政者之官职可以更换。郑亦有六卿，襄二年"子罕当国，子驷为政，子国为司马"。十年"子驷当国，子国为司马，子耳为司空，子孔为司徒。"乱后"子孔当国"，子孔（称为"司徒孔"）死后"子展当国，子西听政，立子产为卿"

（襄十九年）。襄三十年"子皮授子产政"，曰："虎帅以听，谁敢犯子。"盖是时子皮当国而子产为政也。襄十九年，立子产为卿，而襄二十二年《传》书"少正公孙侨"，杜《注》："少正，郑卿官也。"是郑六卿之官盖即"当国""为政""司马""司空""司徒"及"少正"也。以上为当时普通之国执政之官亦即卿官之大概，其制盖承自西周，而至春秋时渐有变更也。

（78）齐左右"相"

崔杼立（景公）而相之，庆封为左相。（襄二十五年）

案：《史记·齐世家》"景公立，以崔杼为右相，庆封为左相"，史说是也。中原尚右，故右相即正相，而左相为副相。此二相之制为一时特制抑为常制？其与国、高"二守"之职为一事抑为二事？尚待考证。同年《传》曰"齐崔、庆新得政"，则崔、庆二氏是时执政，似犹郑之"当国"与"当政"也。然次年《传》载"齐侯、郑伯为卫侯故如晋，晋侯兼享之。晋侯赋《嘉乐》，国景子相齐侯，赋《蓼萧》"，下又载"国子使晏平仲私于叔向"云云，则国氏仍为齐卿。又次年《经》："齐侯使庆封来聘。"宋之盟书"叔孙豹、齐庆封、陈须无、卫石恶至"，是庆氏果犹郑之"为政"（如子产）矣。同年《传》庆封灭崔氏，"庆封当国"，则右相果犹"当国"（如子皮），据此齐之二相似为特制非常制，与国、高"二守"之制亦非一事。考诸其朔，崔杼（姜姓）本为宠臣，然《经》早已书之，则崔氏已为齐国一要人矣，盖近于后来阑止之属。成十七年"齐庆克通于声孟子"，国子谪之，夫人乘国子外出，谮之，并逐高氏，则庆氏本亦宠臣（亦姜姓）。《传》书："齐侯使崔杼为大夫，使庆克佐之。"帅师围高弱所据之卢，国佐"如卢师，杀庆克，以谷叛"。次年齐侯杀国佐，于是"庆封为大夫，庆佐为司寇"。然则崔、庆二氏原非大夫，而齐司寇之职尚在大夫之下，是可考见四司等官本低职也。既而齐侯复立国、高二氏，则"二守"之制似本为"王制"，故不可废。襄元年《经》书："仲孙蔑会齐崔杼、曹人、邾人、杞人次于鄑。"次年又书仲孙蔑会齐崔杼，是时崔杼似已为卿，或当于卿矣。襄六年《传》书："迁莱于郳，高厚崔杼定其田。"则崔杼地位仅次于高氏。襄十年又书："齐高厚相大子光以先会诸侯于钟离。"同年书："齐崔杼使大子光先至于师。"可见崔氏地位已渐与"二守"相近而实握大权，故齐灵公卒，崔杼能立庄公而杀高厚（襄十九年），齐庄公"使庆佐为大夫"（襄二十一年），盖是时庆封地位亦已当于卿，或已为卿矣。襄二十四年《经》书："齐崔杼帅师伐莒。"同年《经》书："齐崔杼帅师伐我北鄙。"崔氏已有"当国"之势。是年崔杼遂杀齐庄公而立景公，为右相。及崔氏灭，庆封当国，次年（襄二十八年）庆氏内乱，公族近亲栾、高氏及异姓陈、鲍氏攻庆氏，庆封出奔，庆氏亡，于是栾、高氏执政，盖犹二相也。栾氏亦逐高氏，仍立其后（襄二十九年）。陈、鲍氏又乘栾、高之不和灭之（昭十年）。是后陈氏虽"始大"，然犹未得政，观是后《经》《传》，齐政又入国、高氏之手，盖"二守""二相"之制复合矣（其故似由于陈、鲍皆异姓，故一时不能取得政权）。春秋末年以前，齐卿大夫执政者除桓公时之管、鲍外，皆为同姓。

（79）晋将佐

于是乎蒐于被庐，作三军，谋元帅……乃使郤縠将中军，郤溱佐之；使狐偃将上军，让于狐毛而佐之……使栾枝将下军，先轸佐之。（僖二十七年）

案：是为晋作三军、立"元帅"之始，元帅即最高执政也。闵元年"晋侯作二军，公将上军，太子申生将下军"，是犹君卿（太子申生当于卿，故士蒍曰"分之都城而位以卿"）分掌军师之制，与春秋初年列国相同。至文公作三军，始有所谓"元帅"者为中军将，犹旧日之公也，中军将即最高执政官，读《左传》等书者皆知之，无待详证。僖三十三年"晋原轸曰：'秦违蹇叔而以贪勤民，天奉我也。奉不可失，敌不可纵。纵敌患生，违天不祥，必伐秦师。'……遂发命。"晋襄公释秦俘三帅，先轸朝，问秦囚，怒曰："武夫力而拘诸原，妇人暂而免诸国，堕军实而长寇仇，亡无日矣。"不顾而唾。箕之战，先轸死之，"襄公以三命命先且居将中军，以再命命先茅之县赏胥臣……以一命命郤缺为卿，复与之冀，亦未有军行"。文六年，赵盾将中军，"始为国政"。是皆晋中军将即执政为卿之首之证也。晋三军将佐皆卿，僖二十七年"命赵衰为卿，让于栾枝、先轸，使栾枝将下军，先轸佐之"可证，是为"六卿"。文十三年"六卿相见于诸浮"是也。盖掌军职而地位较高者皆为"卿"，"六卿"盖卿之长，而中军将则为卿长之首执政者也。成三年"晋作六军，韩厥、赵括、巩朔、韩穿、荀骓、赵旃皆为卿"，是时晋有十二掌军之卿，此春秋时晋卿帅之职之极盛也。《左氏会笺》："此时之晋地为从来帝王未有之地，军为从来帝王未有之军，故卿制亦为从来帝王未有之卿制也。"其说近是。

（80）楚令尹司马　附论秦官制

王与二卿士皆五百人当之，则可矣。（哀十六年）

案：此楚二卿士之制也。盖春秋初年楚武之时，楚之执政者为莫敖（"莫敖"之义未详，楚人谓未成君曰"敖"）。桓十一年，"楚屈瑕将盟贰轸……莫敖（屈瑕）患之"，十二年，"楚伐绞……莫敖屈瑕曰……"云云，十三年，楚屈瑕伐罗，邓曼曰："大夫其非众之谓，其谓君抚小民以信，训诸司以德，而威莫敖以刑也。""及罗，罗与卢戎两军之，大败之，莫敖缢于荒谷，群帅囚于冶父，以听刑。"是则似莫敖为执政官也。然庄四年"令尹斗祁、莫敖屈重"，令尹已次莫敖之上，为二卿矣。庄二十八年："楚令尹子元欲蛊文夫人……子元以车六百乘伐郑。"庄三十年，"申公斗班杀子元，斗谷於菟为令尹，自毁其家，以纾楚国之难。"僖二十三年，子文使子玉为令尹。僖二十七年载："楚令尹子玉、司马子西帅师伐宋。"是又令尹、司马并重矣。僖二十七年，蒍贾谓子文曰："子之传政于子玉曰，以靖国也。"城濮之战"子玉以若敖之六卒将中军"，"子西将左，子上将右"，是令尹即执政也。邲之战，楚王亲在行间，则"沈尹

（'寝尹'——太宰，亦即令尹孙叔敖，同年《传》'茹敖为宰'可证）将中军，子重（据上年《传》为左尹）将左，子反（司马？）将右"。鄢陵之战"司马将中军，令尹将左，右尹子辛将右"，及败，令尹子重谓司马子反曰："初陨师徒者，而亦闻之矣，盍图之。"子反遂自杀。其后令尹子重执政，因伐吴不利，"遇心疾而卒"（襄三年）。柏举之战，令尹子常为政，史皇谓子常"楚人恶子而好司马"，则仍是令尹、司马为二卿。及春秋之末，子西谓白公："我死，令尹、司马非胜而谁。"是时子西为令尹，子期为司马，及白公之乱，二卿士死，"沈诸梁兼二事，国宁，乃使宁为令尹，使宽为司马，而老于叶"（哀十六年）。楚人尚左，有左、右尹，左尹似本即令尹（？），然有时另有"左尹"，见昭十八年、二十七年《传》。亦有左、右司马，左司马似本即司马，然有时又有"大司马"，在二司马上，见襄十五年《传》。春秋中叶以后莫敖降列令尹、右尹及大左右司马之下（见同年《传》）。此盖亦反映社会制度之渐变。楚令尹见《传》者二十八人，唯彭仲爽为申俘，以贤进用，余皆王族也。

春秋时秦之执政官不甚可考。春秋初年秦有"三帅"，盖中军帅孟明执政（见文元年《传》），略同晋制。其后《传》又见"庶长"（见襄十一年、十二年），"不更"（见成十三年）等官，似不止一人，盖已开战国之制。然春秋时情况难知矣。前人谓秦自穆公时即好用异国异姓人，故商鞅变法能成，此或为秦本后进之国，"宗法封建"之包袱较轻，又欲与先进国家及戎狄竞争，不得不然也。（春秋时晋国亦喜用异姓，除抑制公族之作用外，其故似与秦略同。）

在齐、晋、楚等国，虽亦有司徒、司马、司空、司寇（楚谓之"司败"）一类官，然除楚之"司马"外，比较不重要，是可见当时大国官制之异矣。

（81）"国"与"都邑"

都城过百雉，国之害也。先王之制，大都不过参国之一，中五之一小九之一。（隐元年）

案：此言"国"与"都邑"之制也。春秋时所谓"国"皆指国都，"国人"即国都中之人，此"国"指国之城，其制如何乎？《考工记》："匠人营国，方九里，旁三门。国中九经九纬，经涂九轨，左祖右社，面朝后市，市朝一夫。"（"一夫"者一夫之地百亩。）所谓"里"者，《孟子》曰："方里而井，井九百亩。"则所谓"方九里"殆为七万二千九百亩，或"井九百亩"仅指田地，尚有庐舍隙地等，总之恐不能出十万亩地区以上。古一亩约当今三分之一亩，则仅当今三万亩左右也，此盖最大之"国"，或指西周时之王都（东都），左氏本文杜《注》云："方丈曰堵，三堵曰雉……侯、伯之城方五里，径三百雉，故其大都不得过百雉也。"此说似相当可信。然《公羊》《韩诗》说皆曰"五堵为雉"，则雉长五丈。《孟子》曰"三里之城，七里之郭"（《公孙丑下》）。以里计之，三里实九百步，九百步为五百四十丈，是百雉之城近三里，盖当时之大都也。二说不同，列以存参。在各国国都中，主要为国君及大夫士等之宫室宗庙及朝廷官司与外宾所居之旅馆等，此外即工肆与商市，所以居工、商者，此则据左氏等书可以考知者。据战国时人言，古时（春秋以上）"城虽大，无过三百丈者。人虽众，无过三千家者"（《战国策·赵策三》），与左氏说略合。春秋时有所谓"千室之邑"与"百乘之家"对举（《论语·公冶长》），则"大都不过参国之一"者。又有所谓"百室之邑"（成十七年《传》），自为小邑，有无城待考。至所谓"十室之邑"，则未必有城，仅为里居耳。至春秋末年大国始有"万家之邑"，则城市与人口发展之征象也。

春秋时人口甚少，城市未发展，故废墟甚多（若干"国""邑"被破灭后即成废墟）。闵二年，狄大败卫于荧泽，君死师燔，"国人"夜出，狄入卫，从之，又败诸河。宋桓公逆卫亡国臣民，宵济，"卫（国都）之遗民男女七百有三十人，益之以共、滕（二大邑）之民，为五千人，立戴公，以庐于曹"。"卫文公大布之衣，大帛之冠，务材训农，通商惠工，敬教劝学，授方任能，元年，革车三十乘（案：仅当一小大夫）；季年，乃三百乘（案：当一小国之君）"。越二十五年，卫灭邢，合邢、卫二国，卫遂复次等侯封矣（然春秋初年大国之地位终不能复，盖此后虽尚有发展，而削于齐、晋等大国也）。东迁之初，郑所迁之地为邻近周东都之区域，然郑君与商人"庸次比耦以艾杀此地，斩之蓬蒿藜藋而共处之"（昭十六年）。春秋初年，秦、晋逼迁戎于晋之"南鄙"，亦近周畿之地，然其地为"狐狸所居，豺狼所嗥"，诸戎"除翦其荆棘，驱其狐狸豺狼"，始能居人。至春秋之末，"宋、郑之间有隙地焉"，共六邑，子产与宋人为成曰："勿有是。"其后郑人在此筑邑，发生争战，郑终"以六邑为虚"（哀十二年、十三年）。是等皆可证春秋时人口之稀少，虽中原中心之地亦然。至楚人初兴时之"筚路蓝缕以启山林"（地在今河南西南部、湖北西北部一带），更无庸多言。故彼时有贡人口者（定十三年），灭国时有尽俘人口者（昭十八年、哀四年）。至战国时思想家及统治者尚有欲众民者（见《墨子》《孟子》等书。秦诱三晋之民开垦，为一最显著之事）。足见春秋时人口之稀少矣。

（82）"都""邑"之别　附论"乡""遂"

凡邑有宗庙先君之主曰都，无曰邑。邑曰筑，都曰城。（庄二十八年）

案：春秋时各国以"国"——都城为主，"国"外有郊，又有所谓"郭"或"郭"为外城，《孟子》所谓"三里之城，七里之郭"是也。凡大邑必有城，邑之城盖不如"国"，故春秋时常见屡修邑城之举。"有宗庙先君之主"者，属于诸侯大夫之大邑，皆有正式之城，谓之"都"。"都"者美盛之意。《史记·春申君传》太史公曰："吾适楚，观春申君故城宫室，盛矣哉。"此即大都也。邑者本人民聚居之处，民居有多少，故邑有大小，或有城或无城。然虽小邑，亦必筑有卫墙，即所谓"保"（郑玄云"小城曰保"），以防邻国邻邑人之侵者。襄八年《传》"焚我郊保，冯陵我城郭"，似"郭"之内外皆有"郊"，"郊"之小邑筑墙以保则曰"保"。鲁三家之有城大邑曰"三都"，必有"宗庙先君之主"。《论语》载子路欲使子羔为费宰，曰"有民人焉，有社稷焉"（《先进》），则大邑若三家之"三都"者不唯有"宗庙先君之主"，且有"社稷"，已等于小"国"矣。都及大邑皆有大夫或邑宰以及更小之地方官治之（观《左传》《论语》《檀弓》等可知）。

又有所谓"乡""遂"之别。《书·费誓》"鲁人三郊三遂，峙乃桢干"，"鲁人三郊三遂，峙乃刍茭，无敢不多"。此"郊"与"遂"即"乡"与"遂"，其制若何乎？战国时人所为《周官》以天子之王畿分为"国"与"野"两大区域，"郊"为其分界线，"郊"以内为"国中及四郊"，"郊"以外为"野"，"郊"即"乡"，"野"即"遂"也。在"国"城以外及"郊"以内分设为"乡"，合"郊""乡"及都城可以总称为"国"。"郊"以外之"野"分设为"遂"，而直属"国"之大城及卿大夫之采邑称为"都鄙"，就"野"之广义以言，实包"遂"及"都鄙"在内。《墨子·尚贤上》篇："国中之众，四鄙之萌人，闻之皆竞为义。""国中之众"即"国人"，"四鄙之萌人"即"野人"也。焦循云："隐公五年《传》：郑人伐宋入其郛，公闻……问于使者曰：师何及？对曰：未及国。公怒，乃止。按公闻其入郛而使者对以未及国，公以其绐己而怒，则当时谓郛内为国也。"又云："盖合天下言之，则每一封为一国；而就一国言之，则郊以内为国，外为野；就郊以内言之，则城内为国，城外为郊。"其说至少与春秋时情况合。"乡""遂"之地亦皆有官治之，古代文献虽有记载，然其详难知矣。

（83）小邑

公与免余邑六十，辞曰：唯卿备百邑，臣六十矣，下有上禄，乱也。（襄二十七年）

案："邑"通大小而言，"卿备百邑"亦因时俗。大概言之，小邑多统属于大邑，大邑亦谓之"都"，小邑或谓之"鄙"。《传》云：齐与晏子邶殿，其鄙六十。邶殿其大邑之名，而六十则所属之小邑也（上说略据《左氏会笺》）。春秋时除周、秦、吴、越等国之都邑制未详外，晋、楚之邑皆大（亦或有小邑），或称为"县"。中原诸国若齐、鲁、郑、宋、卫皆有大小邑之制,小邑亦或称"县"。如齐《叔夷钟铭》载灵公赐叔夷莱邑,"其县三百",则三百邑矣,此大国赏功之邑。齐器铭又有载赐邑"二百有九十有九邑"者(齵镈铭),则与"其县三百"相同。《论语·宪问》谓管仲"夺伯氏骈邑三百","三百"盖亦指此类之邑。襄二十八年《传》"与北郭佐邑六十",是皆齐之小邑也。《论语》载有"十室之邑",昭四年《传》"竖牛取东鄙三十邑以与南遗",是鲁之小邑也。襄二十六年《传》"郑伯赏入陈之功……享子展……先八邑,赐子产……先六邑",是郑之小邑也。襄二十七年《传》"宋左师请赏……公与之邑六十",是宋之小邑也。卫小邑见上本文,襄二十六年"取卫西鄙懿氏六十以与孙氏"(西周时已有此类小邑如《鬲从盨铭》"复付鬲从田十又三邑"),是等小邑盖与"书社""井田"相近,一二十家村聚耳,故谓之"鄙"。"惟卿备百邑",如以"十室之邑"(近于"井田")计,不过千室耳,正与"千室之邑"(《易·讼卦》:"不克讼,归而逋其邑人三百户",此盖亦大邑)、"百乘之家"相比。此等"邑"盖有长老如"三老""啬夫""里正"等治之,"三老""啬夫"皆见左氏(昭三年、昭十七年),"里正"即"里君"。"国""野"中似皆有之,金文《尚书》并见"里君"之名(《令彝铭》《史颂簋铭》《酒诰》《逸周书·商誓》等,但书文"君"讹作"居")。《墨子·尚同》上中篇所载统治者上自天子下至"里长",亦可证"里长"(包括"国""野"之里)及"三老""啬夫"等盖皆起源于原始社会之氏族及公社长老,而至阶级社会时则变为国家最基层之官吏,然贵族固又设"田畯"等农官及"工正""贾正"等官以督察生产与交换矣。

(84)"县鄙"及"关"

县鄙之人,入从其政。逼介之关,暴征其私。(昭二十年)
案:此列国之县鄙制及关制也。《左氏会笺》:"《周礼·遂人》:'五酇为鄙,五鄙为县。'据《聘礼》及《司关》《注》,则境上有关耳,自境至国更无关,古之制也。齐欲征行人,更复置关于近都之地，以介隔内外，故称为逼介之关也。"案此说近是，而尚有可辨者，以其所据皆较晚出之书也。据左氏昭四年："山人取之，县人传之，舆人纳之，隶人藏之。"杜《注》："山人，虞官。县人，遂属。""舆、隶皆贱官也。"《正义》："五县为遂"，此皆以《周礼》等晚出书释《左传》耳。其实山人者掌山林之人。县人者，掌相对于"国""郊"之"县""鄙"之人，即"遂人"也。"舆人""隶人"似为掌官府奴隶之总管，其本身亦贱隶也。"舆人""隶人"皆在"国"内。"山人""县人"则在郊外。然则所谓"县鄙之人，入从其政"者，谓掌遂野之人入"国"从政，犹《诗·大东》言："舟人之子，熊罴是裘；私人之子，百僚是试。"与左氏本文下言"外宠之臣，僭令于鄙"对看，则齐景公是时颇有"外宠"，即"县鄙之人"而使之从事国政，晏子以为"僭越礼制"，故谏之。然据此可见当时"国"之外遂、野亦有理事之贱官，而其上似尚有较大之官。邑有邑宰或邑大夫（左氏《正义》"公邑称大夫，私邑称宰"，然其称亦可相通，顾栋高《春秋大事表》曾举例明之是也）。更有"封人"之官，职权似较高。隐元年："颍考叔为颍谷封人。"《正义》引郑康成说："畿上有封，若今时界也。天子封人职典封疆，知诸侯封人亦然。"其说近是。桓十一年，"祭封人仲足有宠于庄公，庄公使为卿，为公娶邓曼，生昭公，故祭仲立之"。祭仲为郑执政之卿，本为封人，则封人为较大之官矣。文十四年："宋高哀为萧封人以为卿，不义宋公而出，遂来奔。书曰：'宋子哀来奔。'贵之也。"萧为大邑，其官为封人，殆近于晋、楚之县公县大夫，故可以为卿。

至于"关"之制，则至少春秋列国已普遍有之，如《诗·卫风·氓》篇有"复关"，左氏文二年有"废六关"，然《孟子》述古制谓"关讥而不征"（《公孙丑下》），孟子云："古之为关也，将以御暴；今之为关也，将以为暴"（《尽心下》）。赵岐《注》："关以讥难非常，不征税也。"盖远古商业不发达，征商所得无几，反以阻货物交通，故不征商。自西周后期以来，商业日渐发展，故征商之制兴，关卡亦日趋复杂矣。主关者自亦有专官专人，然其制难详矣。

（85）楚之县制　附论秦齐吴之"县""郡"

使改事君，夷于九县，君之惠也。（宣十二年）

杜《注》："楚灭九国以为县，愿得比之。"《会笺》："夷于九县，言服事恭谨，如其县邑耳，不必以楚灭国计数。……书传凡称九者，皆极言之也。"案《笺》说是也。楚文王立申俘彭仲爽为令尹，并申、息二国为县（哀十七年《传》）。申、息之灭在鲁庄公时，疑楚之县制当始于春秋初年。宣十一年，楚庄王入陈，欲以陈为县，因大夫申叔时之谏而罢。当庄王责申叔时不贺入陈，云"诸侯、县公皆庆寡人"，是楚之县等于小国，楚君称王，故其县令称公。成六年，楚伐郑，晋救郑、侵蔡，楚公子申公子成以申、息二县之师救蔡，御诸桑隧，晋人曰，"成师以出，而败楚之二县，何荣之有焉。"楚申、息二县之师足与大霸国作战，可见其实力之强。城濮之战，楚军之主力似亦为申、息二县之师，故曰："大夫若入，其若申、息之老何！"襄二十六年，楚、秦联军侵郑，楚大夫穿封戌俘郑将皇颉，王子围与争功，正于伯州犁，伯州犁上其手曰："夫子为王子围，寡君之贵介弟也。"下其手曰："此子为穿封戌，方城外之县尹也。"是楚之县令亦称"尹"（"尹"即"君"，亦即"公"也）。昭八年，楚人灭陈为县，使穿封戌为陈公。十一年，楚人又灭蔡，使公子弃疾为蔡公。次年，楚灵王曰："今我大城陈、蔡、不羹，赋皆千乘，诸侯其畏我乎？"则楚大县有等于千乘之国者。

又案：春秋时有较正式之县制者，似唯晋、楚，其他各国虽在记载中有"县""郡"等记载，似皆尚有问题。如《史记·秦本纪》谓秦武公十年（当鲁庄公六年）"伐邽、冀戎，初县之"，十一年："初县杜、郑。"鲁僖九年，秦纳晋惠公，《晋语二》载惠公对秦使曰："君实有郡县。"春秋时楚未闻有"郡"，晋"郡"则在县之下，《晋语》之言似为战国时人口头术语，记其事者趁笔书之，未必可信。《秦本纪》载武公所立县，或即"县鄙"之意，以春秋时秦国尚甚落后，未必能有县制。《史记·秦本纪》及《商君传》载商鞅变法，始"并诸小乡聚，集为大县"，在此以前，似未有真正之县制也。

《晏子春秋》载齐桓公赐管仲狐与谷十七县之地,《说苑》又载景公赐晏子以千家之县,然此皆晚出之书,未必便信。

《史记·吴世家》载"王余祭三年,齐相庆封有罪自齐来奔吴,吴予庆封朱方之县,以为奉邑。以女妻之,富于在齐。"似吴县亦不小。《仲尼弟子传》载"吴王乃遂发九郡兵伐齐",是吴亦有"县"制与"郡"制。然此等史料亦惟见于汉人之书,未敢即信为实。

(86) 晋之县郡制

克敌者,上大夫受县,下大夫受郡……(哀二年)

案:春秋时晋之"县"制,史料较多。如僖三十三年,晋人败狄于箕,郤缺获白狄子,晋襄公赐荐郤缺之胥臣以"先茅(人名)之县"。是为晋县最早之记载。在此以前晋当已有县制。宣十五年,晋荀林父灭赤狄潞氏,晋景公赐保奏荀林父之士贞子以"瓜衍之县"。成十三年,晋侯使吕相绝秦,曰:"入我河县。"此河县是否县名,抑近河"县鄙"之地,尚待考证。襄二十六年,蔡声子谓楚令尹子木曰:伍举在晋,"晋人将与之县,以比叔向"。是晋人之县甚多,且可以之赐他国来奔之臣。襄三十年,晋悼夫人食舆人之城杞者。"绛县人或年长矣,无子而往,与于食。"赵武问于绛县大夫,遂命老人"为绛县师"。据此,是晋之国都亦立为县,且有"县大夫""县师"之官。昭三年,晋侯以州县赐郑臣伯石,州县本栾氏邑,栾氏亡,范、赵、韩三氏皆欲之。赵氏曰,州本属温,而"温,吾县也"。范、韩二氏云:"自郤称以别,三传矣,晋之别县不唯州。"及赵氏为政,或劝之收回州县,赵武曰:"余不能治余县,又焉用州。"是时韩氏遂乘赵氏之放弃,为伯石请州县之赏,"为其复取之之故"。昭七年,郑子产为伯石后人归州县于晋,晋侯以与韩氏,韩氏病其初言,"以易原县于乐大心"。在此种记载中,可见晋县多为大夫封邑。初为守其地,后即以之为其封邑。小县有从大县分出者,谓之"别县"。昭五年,楚灵王欲刑辱送女来楚之晋卿韩起及其大夫叔向,蓬启疆曰:"韩赋七邑,皆成县也。"晋人若丧韩起、叔向，二氏将尽起其"十家九县"之"长毂九百"以来，且"其余四十县，遗守四千"，此文可见大宗族若韩氏者，可以有七邑之赋，其邑皆"成县"（能出百乘之车）。是时晋之成县约有五十左右。昭二十八年，晋灭祁氏、羊舌氏，分祁氏之田为七县，羊舌氏之田为三县，各立县大夫。是县大夫即统治县而有县之人。又观上左氏本文，则晋已有"郡"，下县一等，似"郡"为边聚或较小之地也。《战国策》记知过劝知伯破赵之后封韩、魏之"相"各以"万家之县"一，则春秋战国之间，晋县已有甚大者矣。

（87）书社

昔晋人伐卫，齐为卫故，伐晋冠氏，丧车五百。因与卫地，自济以西，禚、媚、杏以南，书社五百。（哀十五年）

杜《注》："二十五家为一社，籍书而致之。"《会笺》非其说，以为"里社其制始于秦，古未之有也。一里二十五家，即得立社，是民自立社也。……今引秦里社以解古之置社，未免混乱……凡言书社几百者，皆几百户也，……若以二十五家为一社，五百社计一万二千五百户，齐与卫地未必如此之大也。"案此说未是。定九年："齐侯致禚、媚、杏于卫。"春秋末年已有"万家之邑"（或作"万家之县"），知氏且有人劝知伯克赵氏后以"万家之县"各一赏韩魏之相，则"自济以西"禚、媚、杏三邑何以不能有一万二千五百户乎？知氏与韩、魏谋臣尚且可有"万家之县"各一，何以齐国与卫之邑不能有一万二千五百户乎？此皆拘于礼书等不甚可靠之文献以曲解原始史料，经师之蔽也。然后世之里社亦未必尽合春秋时制度。"一社"盖犹一"井"一"邑"，《论语》有"十室之邑"，则最小者不过十家耳，较大者自可过于二十五家，二十五家未必尽是定数也。鄙意"书社"者即"井田"，亦即村社。《鲁语下》载孔子曰："其岁收：田一井，出稷禾、秉刍、缶米，不是过也。"可见古时田确以"井"计。襄二十五年《传》：楚司马蒍掩"书土田、度山林、鸠薮泽、辨京陵、表淳卤、数疆潦、规偃猪、町原防、牧隰皋、井衍沃"。盖惟"衍沃"之地施行"井田"制，故以之为统计法。所以然者，以有水利灌溉之平原地带当时为真正可耕之地也。其他山林薮泽等地则另有规划管理，惜乎其制难于尽知耳。古代之"井田"盖本须定期分配，故有一定之疆界区划，即所谓"田之封疆"或"封洫"。襄十年，郑子驷为田洫。襄三十年，子产使"田有封洫，庐井（即宅及田）有伍"。昭六年晋叔向诒子产书曰："今吾子相郑国，作封洫，……"杜《注》："洫，田畔沟也。子驷为田洫以正封疆，而侵四族田也。"《会笺》："子产为政，田有封洫，亦因子驷之故而修之。"其说皆近是。古"井田"制详细内容虽难尽考，然必不能太划一。悬猜之，可以有大有小。以置社书户言，谓之"书社"；以聚居互保言，则谓之"邑"。凡春秋时小邑及书社，大体上与"井田"相当，古之村社制也。昭二十五年，"齐侯曰：自莒疆以西，请致千社"，千社则又倍于五百矣。"书社"又见他书，如《吕氏春秋》："武王胜殷……诸大夫赏以书社。"（《慎大览》）"（齐桓公死时）卫公子启方以书社四十下卫。（《注》：下，降也。……以降归于卫。）"（《知接》）"（越王）谓公上过曰：子之师（墨子）苟肯至越，请以故吴之地，阴江之浦，书社三百，以封夫子。"（《高义》）《荀子》："与之（管仲）书社三百，而富人莫之敢距也。（《注》：书社，谓以社之户口书于版图。）"（《仲尼》）至较晚出之书如《大戴礼记》，亦言"通其四疆，教其书社"。越王将以地封墨子事，《墨子》本书《鲁问》篇云："请裂故吴之地方五百里以封子墨子。""三百"、"五百"，其数相近，据此可见一"书社"大致相当于一"里"。《孟子·滕文公上》："方里而井，井九百亩，其中为公田，八家皆私百亩，同养公田。"其说或尚近于事实，然其未必有如此整齐划一之制度，则可推而知之矣。

（88）税制及其变革

初税亩，非礼也，谷出不过藉，以丰财也。（宣十五年）

《公羊传》："初税亩。初者何？始也。税亩者何？履亩而税也。

初税亩何以书？讥。何讥尔？讥始履亩而税也。何讥乎始履亩而税？古者什一而藉，……"《穀梁传》："初税亩。初者，始也。古者什一，藉而不税。初税亩，非正也，……初税亩者，非公之去公田而履亩十取一也。以公之与民为已悉矣……"案：三《传》所言，惟左氏为最谨慎。藉者助也，即"助"制——收田税不过"九一"或"什一"之"助"制，鲁"初税亩"，盖收田税超过"助"制矣。《公羊传》之说以为"履亩而税"，亦近是。惟"什一而藉"之制尚欠详细说明。《穀梁传》言"古者什一，藉而不税"，亦是。然言"初税亩"为"非公之去公田而履亩十取一"，出于猜测，尚有可疑耳。左氏杜《注》云："公田之法，十取其一，今又履其余亩，复十收其一，故哀公曰：二，吾犹不足。遂以为常，故曰初。"其说似亦有理。又云："周法，民耕百亩，公田十亩，借民力而治之，税不过此也。"其说虽少确据，然亦近理。《会笺》："鲁之税亩，变彻法而别为一法，故有若请仍用彻也。今曰税亩，则是不复以粟多寡为程，而但计亩之多寡为粟之程也，……盖助彻之法，民隶于君而计民以授田，税亩则田隶于君而计田以征赋，是以三桓得乘其隙而私其民为已有，但计应纳之赋以贡于公，而公遂不之问也。"又云："春秋之时，王制已废，井疆已紊，但计田以取粟，而不复计夫以授田矣。"案《会笺》之说有是者，亦有非者。孟子之言"井田"曰："所以别野人也。"则"井田"之制似仅行于"遂""野"，"国"及"郊"中盖另有其制，即所谓"国中什一使自赋"。然其制难详，或"国中"无"公田"之制，虽"分田制禄"亦行"授田"制，恐此种土地私有性较强，但收什一贡赋而已。"初税亩"者，或推"国中"之制于"遂""野"，开始"履亩而税"，此则为"井田"制开始崩溃，土地私有制逐渐发展之征。

又案，"九一""什一"之制，只是法定之田税，其实西周至春秋时，贵族取于民者甚多。《诗·七月》等篇言之详矣。在"井田"中，其初或所有耕地上之收入，悉由"井田"中之长老若"三老"等者收敛，而按一定比例分之于农民，其属于"隶农"

性质之农夫所得甚少，或仅食陈粟，所谓"我取其陈，食我农人"（《诗·甫田》）是也。其后随生产力之发展，村社制发展之结果，乃有近似《孟子》等书所言之"井田"制，所谓"九一而助"，"八家皆私百亩，同养公田，公事毕然后敢治私事"。（然《诗·大田》"雨我公田，遂及我私"，此是否即孟子所言之"公田""私田"？此"公田"或指公室之田，而"私田"则指贵族之田乎？尚待研究。）《鲁语下》载孔子云："先王制土，籍田以力而砥其远迩。"此亦言"助"制，但有远迩之分，其制难详。此时定期分配更换土地之制盖已渐泯，农民对土地已渐有占有权矣。再其后，村社制中私有性愈发展，土地占有权逐渐向土地所有权转变，"公田"之耕作渐废弛而变成形式，于是乃始行"履亩而税"之制（此时尚有"公田"否尚待考证），私有土地逐渐产生，甚至出现侵占兼并等现象，故郑国有正"封疆"为"田洫"之举，以抑制侵占与兼并。然此土地私有化之过程，经过之时间似甚长，各国间制度之变化亦不可能一律。土地完全私有化（即可以买卖、抵押等），盖最早萌芽于东方各国。《韩非子·外储说左上》始载：（赵中牟令）王登一日而见二中大夫（于赵襄子），予之田宅，"中牟之人弃其田耘、卖宅圃，而随文学者邑之半"。此时当春秋与战国之际，盖耕地犹未可买卖，故曰"弃其田耘"，所"卖"者只"宅圃"。观《诗·七月》等篇，似宅圃之私有性本较强，故先可买卖也。在古文献中，战国末年以前，除秦之商鞅变法外，他国未见买卖耕地之明文。《孟子》书言"明君制民之产"，又言"今也制民之产"（《梁惠王上》）。许行自楚至滕，告文公曰："愿受一廛而为氓。"陈相与其弟辛负耒耜而自宋之滕，曰："愿为圣人氓。"（《滕文公上》）是等皆当时东方各国"授田"制度尚存之明证。然《孟子》言"今也制民之产"已"仰不足以事父母，俯不足以畜妻子，乐岁终身苦，凶年不免于死亡"，且有"终岁勤动不得以养其父母，又称贷而益之，使老稚转乎沟壑"之情况，则证明"授田"制已难维持，土地问题已开始严重，"井田"制已趋于总崩溃之阶段。至战国末年，《荀子》及《吕氏春秋》中已有"无立锥之地"之术语,《韩非子》中亦言贫民有"嫁妻卖子"者,秦、汉景象已出现矣。

(89)赋制及其改革

为齐难故,作丘甲。(成元年)

季孙欲以田赋,使冉有访诸仲尼。仲尼曰:"丘不识也。"三发,卒曰:"子为国老,待子而行,若之何子之不言也?"仲尼不对,而私于冉有曰:"君子之行也,度于礼,施取其厚,事举其中,敛从其薄。如是,则以丘亦足矣。若不度于礼而贪冒无厌,则虽以田赋,将又不足。且子季孙若欲行而法,则有周公之典在;若欲苟而行,又何访焉。"弗听。(哀十一年)

用田赋。(哀十二年)

案:昭四年,"郑子产作丘赋,国人谤之曰:'其父死于路,己为虿尾,以令于国,国将若之何!'子宽以告子产,子产曰:'何害?苟利社稷,死生以之。且吾闻为善者不改其度,故能有济也。民不可逞,度不可改。《诗》曰:礼义不愆,何恤于人言?吾不迁矣。'浑罕曰:'国氏其先亡乎,君子作法于凉,其敝犹贪。作法于贪,敝将若之何!……郑先卫亡,逼而无法,政不率法而制于心,民各有心,何上之有!'"昭六年,叔向使诒子产书曰:"今吾子相郑国,……立谤政,……将以靖民,不亦难乎?"复书曰:"若吾子之言,侨不才,不能及子孙,吾以救世也。既不承命,敢忘大惠。"综观诸文,"作丘甲"及"用田赋"者,皆增军赋也。西周军赋何若,今已难详。春秋中叶社会政治制度皆有变化,盖各国皆有增军赋之举,唯鲁、郑差可考。"作丘甲"者,杜《注》:"周礼:九夫为井,四井为邑,四邑为丘。丘十六井,出戎马一匹,牛三头。四丘为甸,甸六十四井,出长毂一乘,戎马四匹,牛十二头,甲士三人,步卒七十二人。此甸所赋,今鲁使丘出之,讥重敛,故书。"《会笺》非之曰:"今观《左传》诸言战处,虽云车驰卒奔,而车上甲士被伤,未闻车下七十二人为之力救。遇险犹待御者下而推车,似车徒各自为战，而徒亦不甚多。《鲁颂》极言车徒之盛，'公车千乘，公徒三万'耳。其为兵车之会，如昭十三年会于平丘，晋甲车四千乘，倘如司马法并重车百人之数，则晋已有四十万人。其余大小十二国，一国又当有数百乘，通计不下百万人，又有数千车，平丘之地岂能容乎？其误明矣。"案《会笺》之说近是。后儒多举战国以后之书以解释古文献，故多不可信。"作丘甲"，疑为按"丘"出兵"甲"，犹晋之"作州兵"，亦按"州"出"兵"甲也。每丘每州究有若何大、若干家，出甲兵几许，其制已难详。杜《注》谓使一丘出一甸之赋，鲁本二军，今使丘出甸赋，则三倍其旧，是二军为八军矣。《会笺》非其说，甚是。《公羊传》："作丘甲何以书？讥。何讥尔？讥始丘使也。"《穀梁传》："作丘甲。作，为也，丘为甲也。丘甲，国之事也。丘作甲，非正也。丘作甲之为非正何也？古者立国家，百官具，农工皆有职以事上。古者有四民，有士民，有商民，有农民，有工民，夫甲非人人之所能为也。丘作甲，非正也。"《公羊传》之说尚谨慎，《穀梁传》之说则释"作"为"为"，以为使"丘为甲"。丘甲乃"国"之事，盖以为甲必"国工"始能为之，使丘作甲，则是强人人能为甲也，故曰"非正"。以晋"作州兵"例之，再观郑人等对"作丘赋"之批评，《穀梁》之说显然非是。昭四年，"郑子产作丘赋"，杜《注》云："丘十六井，当出马一匹，牛三头。今子产别赋其田，如鲁之田赋。"《会笺》以为"赋，谓兵赋也。……时四方多事，国用又多端，故遍赋丘邑，交番征发之，无事则征之，亦势不得已而行之也。""赋谓兵赋"，诚是，其他所云则嫌缺乏证据。窃谓"作丘甲"与"作丘赋"盖一事之异名，或"丘赋"赋物较多，较"丘甲"之赋益重，故以子产之得人心，"国人"犹谤之也。僖十五年："朝国人而以君命赏，……晋于是乎作爰田。吕甥曰：'君亡之不恤，而群臣是忧，惠之至也，将若君何？'众曰：'何为而可？'对曰：'征缮以辅孺子……群臣辑睦，甲兵益多，好我者劝，恶我者惧，庶有益乎？'众说，晋于是乎作州兵。"杜《注》"爰田"曰："分公田之税应入公者，爰之于所赏之众也。"《会笺》:"爰田之制,因赏而作,非赏以爰田也,……作爰田者,开其阡陌以换井田之法也。故《汉书》云,秦孝公用商君,制辕田,……晋既以田赏众,公田不足,故开阡陌以益之,名之为爰田耳。"《笺》说近是。《晋语三》:"且赏以悦众,众皆哭焉,作辕田。""辕田"盖为一种赐田之制,秦"制辕田"者,盖亦谓以军功赐田也。至其制如何,文献不足征,不必强为之说,以昭慎重可也。杜《注》"州兵"曰:"五党为州,州二千五百家也,因此又使州长各缮甲兵。"《会笺》:"甲兵藏于公府,今欲益多之,故又使每州作之。上云甲兵益多,非仅修缮兵甲而已。"《笺》说驳杜是矣,然其自说亦与《穀梁》同误。"作州兵"者,按"州"出兵甲之赋耳,与"作丘甲""作丘赋"之制大体相同,皆增益甲兵之举。晋先"作爰田"以"赏众",然后"作州兵"以增赋,故众说而未闻谤言也。《晋语三》:"吕甥曰,以韩之病,兵甲尽矣,若征缮以辅孺子,以为君援,……庶有益乎。众皆说焉,作州兵。"其文尤显。

"用田赋"者,《鲁语下》云:"季康子欲以田赋,使冉有访诸仲尼,仲尼不对,私于冉有曰:求来!女不闻乎?先王制土,籍田以力而砥其远迩。赋里以入而量其有无,任力以夫而议其老幼。于是乎有鳏寡孤疾,有军旅之出则征之,无则已。其岁收田一井出稯禾、秉刍、缶米,不是过也,……"韦《注》:"田赋,以田出赋也。""其岁",有军旅之岁也。缶,庾也。《聘礼》曰:"十六斗曰庾,十庾曰秉,秉二百四十斗也。四秉曰筥,十筥曰稯,稯,六百四十斛也。"按:"用田赋"为"以田出赋",甚是。然解"其岁"为"有军旅之岁"则未是。岂无军旅之岁即无军赋乎?必不然矣。襄二十五年,"楚蒍掩为司马,子木使庀赋,数甲兵。甲午,蒍掩书土田,……量入修赋,赋车籍马,赋车兵、徒卒、甲楯之数,既成,以授子木。"《会笺》:"徒卒,《石经》作徒兵,……上文甲兵并言,则车兵、徒兵皆兵器,非甲士、步卒也,故此亦与甲楯并言。"按《笺》说是。此亦"用田赋"之类,故"量入修赋",先"书土田"也。据此,古之军赋取之于"民"者,有车、马、兵、甲等。"季孙欲以田赋",

杜《注》云:"丘赋之法,因其田财,通出马一匹,牛三头。今欲别其田及家财各为一赋,故言田赋。"《会笺》:"曰用田赋,则知古不赋田也。"又云:"盖田止供粟而人以赋兵,至于春秋之世,……田溢于夫家之旧额者多矣,宣公税亩,已无不税之田,而兵制未改,犹据旧籍之夫家以为率。至于此则用田亩起赋,不问人之众寡,但有田若干亩而即赋一兵。其赋之多少虽无可考,要之尽废夫家之籍,惟田是役。"按《笺》说近是,然有可推说者。《传》载孔子曰:"如是则以丘亦足矣,若不度于礼而贪冒无厌,则虽以田赋,将又不足。"可见用田赋是进一步增重军赋也。

或曰,古车马兵甲等不赋于民,由上给之,引《传》"授兵""争车""受甲"等文以为证。《会笺》:"兵车之马牛自官所畜牧,非取之于民。""兵车制极精好,非民间所能为。"其说似是。然有可补论者,上之所给抑"百工"所为其原料何自来乎?统治者不劳动,何能出生产物,此必赋物或原料于民而上使工为之,使牧围等畜殖之耳。惟作战之车、马、兵、甲等确皆掌握于大贵族(君、大夫等)之手,藏之府库,畜之牧围。自士以下,即使有武器等,亦必不多而未精也。至于战士,则以"士"为主力,亦即"国人"中之核心分子,庶人、工、商、皂、隶、牧、围等虽亦参军役,惟为辅助兵力或事杂役也。且军队中主力之主力又为"王族""公族"若"卿族"等,一般武士又为其辅助矣。军赋之赋于民者,似主要为物或原料耳。

(90)力役及暴征

民参其力,二入于公,而衣食其一,公聚朽蠹而三老冻馁。(昭三年)

《会笺》:"此三老即乡三老,耆年有爵者也,举其贵者则贱者可知。"按:此言春秋后期贵族暴敛,人民总负担之重也。《孟子》云:"有布缕之征,粟米之征,力役之征。君子用其一,缓其二。用其二而民有殍,用其三而父子离。"(《尽心下》)孟子之言乃其理想化之"王政",其实古时赋税三者并用,且有其他杂税及军赋，观《诗·七月》等篇可知。贵族既不生产，然必须衣、必须食、必须住，又需要一切奢侈品以及镇压人民与兼并战争用之武装，则不取诸民，将焉取之。故所谓"君子用其一，缓其二"，乃古代阶级社会形成后所从来未有之事，特战国时代宗法贵族阶级处于崩溃阶段，加以兼并战争盛行，人民受剥削益重，阶级斗争形势尖锐化，故孟子思以理想之"王政"缓和阶级矛盾耳。然当时名义上之田税粟米之征，不过"什一""什二"。《论语·颜渊》篇："哀公问于有若曰：年饥，用不足，如之何？有若对曰：盍彻乎。曰：二，吾犹不足，如之何其彻也？""彻"即所谓"什一之税"。布缕之征在当时似尚未形成最严重之问题，最重者实为力役之征。《鲁语下》载孔子云："任力以夫而议其老幼。"当时贵族对人民之剥削，主要是工程及农、矿等业上之无偿劳动，其次始为农业、手工业生产品及商品之掠夺。吾人观春秋、战国间思想家屡以"使民以时""不夺农时"等作为缓和阶级矛盾之口号，可以知矣。合布缕之征、粟米之征、力役之征以及军赋种种，至少春秋后期齐国之人民已受到三分之二之剥削。盖生产力逐步发展，贵族之贪欲亦愈来愈高，以至"公聚朽蠹而三老冻馁"。以此之故，远在西周末或春秋前期，《诗经》中已见"掺掺女手，可以缝裳，要之襋之，好人服之"。"好人提提，……维是褊心，是以为刺"（《葛屦》。按此刺贵族剥削织女之诗）。"不稼不穑，胡取禾三百廛兮！不狩不猎，胡瞻尔庭有县貆兮！彼君子兮，不素餐兮"（《伐檀》。按此刺贵族剥削农民之诗）。农民又有"硕鼠硕鼠，无食我黍，三岁贯女，莫我肯顾。逝将去女，适彼乐土。乐土乐土，爰得我所"（《硕鼠》）之叹。或呼"王事靡盬，不能艺稷黍"（《鸨羽》），此类语多见于晋国之诗（《魏风》《唐风》），盖晋国在西周末至春秋前期，内乱及兼并战争特甚，人民所受剥削盖最烈。至春秋后期，叔向亦言"虽吾公室，今亦季世也。……庶民罢敝而宫室滋侈，道殣相望而女富溢尤。民闻公命，如逃寇仇"（昭三年）。则齐、晋情况相近，度他国亦少不同也。

（91）军制

故春蒐、夏苗、秋狝、冬狩，皆于农隙以讲事也。三年而治兵，入而振旅，归而饮至，以数军实。（隐五年）

案：古所谓"国"，本指国都之城及其四郊，其所谓"民"，包括贵族最下层之"士"及"庶人""工""商"等，至少"士"与"庶人"须应军役。"士"即武士，为主力军（车上甲士及车下甲士），"庶人"则为徒卒或供杂役。《齐语》："制国以为二十一乡，工商之乡六，士乡十五。公帅五乡焉，国子帅五乡焉，高子帅五乡焉。""三军：故有中军之鼓，有国子之鼓，有高子之鼓。春以蒐振旅，秋以狝治兵。"《周语上》则曰"三时务农而一时讲武"。与左氏本文相应。韦《注》："唐尚书云'士与农共十五乡'，昭谓此士，军士也，十五乡合三万人，是为三军。"案：《管子·小匡》篇："商、工之乡六，士、农之乡十五。公帅十一乡，高子帅五乡，国子帅五乡，参国故为三军。"校以左氏宣十二年："荆尸而举，商、农、工、贾不败其业。"宣十五年："筑室反耕者，宋必听命。"哀二年："克敌者……士田十万，庶人、工、商遂，人臣、隶、圉免。"则《管子》之文似较可信。盖"士"为主力军，"农"（庶人）为辅助军，"工"、"商"、奴隶或亦从军役也。于此始可明上左氏本文"农隙讲事"之意义。《诗·七月》之农民至苦矣，然《诗》文亦云："二之日其同，载缵武功。"《论语》："善人教民七年，亦可以即戎矣。""以不教民战，是谓弃之。"（《子路》）前人或谓春秋以上农民、工、商等不任军役，或谓"古兵、农已分离"，其说非也。然江永《群经补义》所谓"管仲参国伍鄙之法，……是齐之三军悉出近国都之十五乡，而野鄙之农不与也。"其说则大致近是。

（92）甲士

卫懿公好鹤，鹤有乘轩者。将战，国人受甲者皆曰：使鹤，鹤实有禄位，余焉能战。（闵二年）

案:"国人受甲者",指"甲士"也。"甲士"大致言之即"士","士"可以进仕,故曰"鹤实有禄位,余焉能战"。古车马兵甲等武装皆藏之贵族府库及厩,战时则出之以授士民之应军役者。如隐十一年:"郑伯将伐许,五月甲辰,授兵于大宫。公孙阏与颍考叔争车……"襄十:"子驷与尉止有争,将御诸侯之师而飐其车……子驷抑尉止,曰:尔车,非礼也。"合上左氏本文,可见古时国军之车马兵甲皆藏之国库,战时始授战士也。襄十年:"子西闻盗,不儆而出,尸而追盗,盗入于北宫,乃归授甲,臣妾多逃,器用多丧。子产闻盗……完守备,成列而后出,兵车十七乘,尸而攻盗于北宫。"昭二十七:"郤宛直而和,国人说之,……无极曰:令尹好甲兵,子出之,吾择焉。取五甲五兵。曰,'寘诸门,令尹至,必观之,而从以酬之。'及飨日,帷诸门左,无极谓令尹曰:'吾几祸子,子恶将为子不利,甲在门矣。'"此类文左氏中甚多,皆可见卿大夫家中亦有车马甲兵,亦至战时始授与其属也。卿大夫之私属亦有甲士,春秋之末,季氏之甲且至"七千"。(哀十一年)

又案,成十六年:"伯州犁以公卒告王,苗贲皇在晋侯之侧,亦以王卒告,皆曰:国士在,且厚,不可当也。苗贲皇言于晋侯曰:'楚之良在其中军,王族而已。请分良以击其左右,而三军萃于王卒,必大败之。'""栾、范以其族夹公行",远在西周时《班毁铭》即云:"以乃族从父征。"是可见族军之制,且可见君卿之族皆"国士"所在,所谓"厚,不可当也"。

又案,春秋初年各国之军大致皆唯"国人",鄙邑之人似不与焉。如桓十三年楚屈瑕伐罗,斗伯比恐其因骄而败,入见楚子曰:"必济师。"楚子辞焉。夫人邓曼曰:"夫岂不知楚师之尽行也。""楚子使赖人追之,不及。"所谓"楚师"即"国人","赖人"则鄙邑之人也。至春秋中期以后,县鄙之人亦渐列入国军之中,晋楚之军遂至数千乘,甚至万乘(?)矣。

(93) 车战

齐侯使公子无亏帅车三百乘、甲士三千人,以戍曹。(闵二年)

杜《注》："车甲之赋异于常，故《传》别见之。"《会笺》："甲士三千，当是车甲之外。杜以为狄方炽，故甲士每车十人，异于常制，亦据司马法而谬耳。"案古兵车卒乘之制难于详考，每乘兵车究用若干人，颇有争论。据较古史料，《诗·鲁颂·閟宫》："公车千乘，……公徒三万。"《齐语》："君有此士也三万人"，"有革车八百乘"。"千乘"与"八百乘"数目大致相近，八百乘或为出征最盛之车。鲁、齐在春秋初年皆"千乘之国"，故有国军三万人左右。《司马法》载一说曰："革车一乘，士十人，徒二十人。"《吕氏春秋》："齐桓公良车三百乘，教卒万人，以为兵首，横行海内。"（《简选》）说皆相应。定十年："齐师出竟而不以甲车三百乘从我者，有如此盟。"盖亦以甲车三百乘、战士万人（其中甲士盖三千人）为出征常率。据此则车一乘为战士三十人左右耳。然《孟子》云："武王之伐殷也，革车三百两，虎贲三千人。"（《尽心下》）《吕氏春秋》亦载："武王虎贲三千人，简车三百乘，以要甲子之事于牧野。"（同上）"三百两"即三百乘，"虎贲"即甲士，此亦车三百乘，甲士三千人也。综合上文，似一车之甲士大致为十人左右，此为主力军。哀十一年艾陵之战，吴获齐"革车八百乘，甲首三千"，盖亦一乘为甲士十人，八百乘当有八千人，然被"获"者三千人而已。在车上者似只有三人，多者四人，所谓"驷乘"是也。有关西周春秋时兵车卒乘之数，目前只能考证得此。

（94）军数

因其十家九县，长毂九百，其余四十县，遗守四千。（昭五年）

杜《注》："计遗守国者尚有四千乘。"《会笺》："四十县亦以成县言之。晋称数圻，岂唯方百里者四十而已哉。遗守四千，与平丘之会甲车四千乘应，此公车也，除五卿八大夫而数之也。五卿八大夫所因者九百，而其所亲率之车固不数及焉。"案《会笺》说未必是。昭十三年平丘之会，晋甲车四千乘，叔向曰："寡君有甲车四千乘在，虽以无道行之，必可畏也。""鲜虞人闻晋师之悉起也，而不警边，且不修备。晋荀吴自著雍以上军侵鲜虞，及中人，驱冲竞，大获而归。"则在此时晋车四千乘已为倾国之师，其守国者度不过千乘左右，以晋之大而守车仅千乘，故鲜虞人以为"晋师悉起"也。四千乘不得尽为"公车"，否则昭三年叔向所云"戎马不驾，卿无军行，公乘无人，卒列无长"之语不可解矣。盖一"成县"犹一小国，"成县"之军即古小国之军，"国"及"成县"（晋之大县在是时盖包括绛都在内，为四十九，或五十左右，以"四十县"或为举约数）之军共约五千乘也。然鄙野之人能参军役者当不在内，其数甚难知，仅知城邑之军为五千乘耳。至春秋之末，晋之全国军力必逾于此，以春秋后期之晋为数千乘或"万乘"之国，推测当不甚远。昭十二年楚灵王曰："今我大城陈、蔡、不羹，赋皆千乘，诸侯其畏我乎？"右尹子革曰："畏君王哉。是四国者，专足畏也，又加之以楚，敢不畏君王哉。"杜《注》："四国，陈、蔡、二不羹。"《会笺》刘炫曰："《楚语》，灵王城陈、蔡、不羹，使仆夫子晰问于范无宇曰：今吾城三国，赋皆千乘，亦足当晋矣，诸侯其来乎？对曰：是三城者岂不使诸侯之心惕惕焉。彼再言三城，无四国也。古四字积画，四当为三。"此说是也。案即以"四国"为"三国"，则亦三千乘矣。楚县甚多，且有大者（如申、息等），即以每县百乘至数百乘计之，盖亦有数千乘之多。楚本国仅以千乘计，则是时楚全国兵力至少有数千乘，或近万乘矣，故晋人亦惧之。"求诸侯而麇至，求昏而荐女"。至楚城陈、蔡、不羹后，灵王"围徐以惧吴"，以为"诸侯其畏我乎"，是为春秋时楚之极强。其后陈、蔡复封，吴入郢，楚当有削弱，然数千乘之兵力则终春秋之世当有之。总之，当春秋后期，晋、楚全国兵力盖已接近战国时"万乘之国"，此为当时最大之国矣。

春秋初期城濮之战，晋兵车只七百乘，楚军较多，确数未详。稍后，晋于三军外别作步军"三行"，后又改为五军，更后舍二军。鞌之战，晋车八百乘，春秋中叶晋景公时，晋作六军，其后又迭有损益，至鲁昭公时，晋兵车已达五千乘左右。

齐在春秋初年桓公时，兵力约为千乘，三万人左右。春秋后期，齐景公欲"与君（晋）代兴"（昭十二年），盖兵力亦渐强矣。然昭十三年平丘之会，晋车四千乘，齐人惧，听命，则其兵力决不及晋。定九年，齐伐晋冠氏，"丧车五百"。哀十一年，艾陵之战，齐丧兵车八百乘。一战所损如此之多，则其全国兵力当亦在二三千乘左右。

秦在春秋初年，韩之战时，晋使韩简视秦师，复曰："师少于我，斗士倍我。"则秦在是时之军力似至多为千乘。其后以秦穆公之强，尚数为晋所败，其军必少于晋。春秋后期鲁昭公时，秦后子奔晋，其车千乘，此虽非尽兵车，然秦之兵车亦不可能在二千乘以下。惟定五年秦救楚故吴，仅用兵车五百乘耳。

楚在春秋初年虽已开始发展，然犹数为小国所困所败（如楚武王不敢伐随，郧人将与随、绞、州、蓼伐楚师，"楚师尽行"而为罗与卢戎所大败。楚文王之末，巴人伐楚、文王御之，大败等等。昭二十三年："若敖、蚡冒至于武、文，土不过同。"此虽有夸饰，然成王以前，楚尚不甚强大可知）。庄二十八年，令尹子元以六百乘伐郑，此为楚军始众之证。城濮战时：楚军盖众于晋。至灵王时，楚之兵力似亦超过晋。至平王以后，武力始稍弱。楚在鲁桓公时，似尚只有二军。桓八年："季梁曰：楚人尚左，君必左，无与王遇，且攻其右，右无良焉，必败。偏败，众乃携矣。"可证此后始有三军及其他属军。

鲁在春秋初年为"千乘之国"，至春秋后期，鲁人大蒐于红，仍是"革车千乘"。

宋在春秋初年，盖亦"千乘之国"，故陈桓公曰："宋、卫实难。"至春秋中叶（鲁宣公时）大棘之战，郑人获宋兵车四百六十乘，宋人又以兵车百乘向郑赎取华元，宋之兵力盖亦较大，故宋襄公时敢于争霸。

卫在春秋初年盖亦千乘大国，自狄入卫后，卫文公元年，革车仅三十乘，其末年亦仅至三百乘。春秋之末，齐卫伐晋，卫车五百乘，盖已恢复"千乘之国"矣。

郑在春秋初年为小国，兵数当较少。郑庄公克"如二君"之叔段，用兵车仅二百乘，故陈桓公曰："郑何能为。"然国力则甚强。至春秋后期襄二十五年，郑子展、子产帅车七百乘伐陈，等于"城濮之赋"。哀二年铁之战，晋以郑为大敌，卫太子蒯聩在晋师，登铁丘上望郑军甚众，"太子惧，自投于车下"。在春秋时以至战国初，郑始终为二等国中之最强者，其军力当陆续有增加。

吴在春秋后期足以入楚、败齐。艾陵之战，吴有四军，众于齐军，其实力亦约当中原大国二、三千乘之谱。越军数量至少在春秋末期与吴略当，然吴、越军数皆难确考。

周室在西周时为最强大之国家，武王时周尚为"小邦"，武王伐纣之主力军仅三百乘。至西周后期，其出征之车，诗称"其车三千"。"三"为多数，未必真三千乘。然是时周室之兵力至少略当于春秋后期之秦国，较当时千乘大国兵力约大一倍以上，盖有二三千乘。春秋之世，周日以衰而弱小，春秋初年，其武力已不堪郑人一击，况更后之时乎。

综合以观，大致西周时周室武力独盛，诸侯皆弱小，故周室尚能控制诸侯。至春秋之初，周、齐、鲁、宋、卫等盖皆所谓"千乘之国"，其后齐、晋、秦、楚、吴、越迭兴，兵力至少皆达数千乘之谱。（吴与越皆以水师为主力军，不可以车计，此特就中原各国兵车实力例之耳。）

（95）郑之"徒兵"

诸侯之师败郑徒兵，取其禾而还。（隐四年）

案：襄元年，"晋韩厥、荀偃帅诸侯之师伐郑，入其郛，败其徒兵于洧上"。昭二十年"（大叔）兴徒兵以攻萑苻之盗，尽杀之"。郑徒兵三见于《传》。其他各国除晋及"蛮夷戎狄"外，罕见用徒兵者。隐九年："北戎侵郑，郑伯御之，患戎师，曰：'彼徒我车，惧其侵轶我也。'"则郑师亦以车战为主。盖郑小国而务竞于诸侯，其近处又有戎狄，故为徒兵以御之，或亦以徒兵之少胜诸侯车兵之众耳。春秋初年，郑为中原诸侯中最强之国，而独用徒兵，此亦可表示车战废而马步兴之渐。

（96）晋之"徒兵" 附论吴越之舟战及步战

晋侯作三行以御狄。（僖二十八年）

《会笺》："左行共华、右行贾华之名已见于惠公时，则以前本有左、右二行，而今增中行。"

案：殷、周以降，除强大之戎狄如鬼方外，其他"蛮夷"，盖多用步兵。周初金文载周与鬼方作战，获车至百乘之多。其后戎狄之定居夏化者，或亦有车战，惟文献难考耳。"晋居深山，戎狄之与邻"（昭十五年），与强大之戎狄作战，且兼并甚广，故用徒兵亦多。或谓此后晋徒兵曾废，未必然。昭元年："晋中行穆子败无终及群狄于大原，崇卒也。将战，魏舒曰：'彼徒我车，所遇又阨，以什共车，必克。（《会笺》："什者，步卒之称也。"）困诸厄，又克。请皆卒，自我始。'乃毁车以为行，五乘为三伍。"（以车上甲士言）此为尽去车战改用步卒之始，然似非尽去车战，亦非以前晋之徒兵中绝也。

又案：南方吴、越等国虽已始用车战，然以地形关系，仍用步卒与水军为多，楚人御吴亦多用步卒与水军。成七年，晋使巫臣如吴，"以两之一卒适吴，舍偏两之一焉，与其射御，教吴乘车，教之战阵"。《会笺》："质言之，以三十乘适吴，留其半耳。"然此后吴用车战仍较少。哀十一年艾陵之战，吴获齐车八百乘，皆归之于鲁，此为吴不甚需要车乘之证。《越语上》子胥谏夫差曰："夫上党之国，我攻而胜之，吾不能居其地，不能乘其车；夫越国，吾攻而胜之，吾能居其地，吾能乘其舟。"此为吴、越人皆利舟战及步战之证。

（97）刑法

郑人铸刑书。叔向使诒子产书曰："……昔先王议事以制，不为刑辟，惧民之有争心也。……民知有辟，则不忌于上，并有争心，以征于书，而徼幸以成之，弗可为矣。夏有乱政而作《禹刑》，商有乱政而作《汤刑》，周有乱政而作《九刑》。三辟之兴，皆叔世也……民知争端矣，将弃礼而征于书。锥刀之末，将尽争之，乱狱

滋丰，贿赂并行，终子之世，郑其败乎……"复书曰："若吾子之言，侨不才，不能及子孙，吾以救世也。"（昭六年）

晋赵鞅、荀寅帅师城汝滨，遂赋晋国一鼓铁，以铸刑鼎，著范宣子所为刑书焉。仲尼曰："晋其亡乎，失其度矣。夫晋国将守唐叔之所受法度，以经纬其民，卿、大夫以序守之，民是以能尊其贵，贵是以能守其业，贵贱不愆，所谓度也。文公是以作执秩之官，为被庐之法，以为盟主。今弃是度也而为刑鼎，民在鼎矣，何以尊贵，贵何业之守。贵贱无序，何以为国。且夫宣子之刑，夷之蒐也，晋国之乱制也，若之何以为法？"（昭二十九年）

昭六年《传》《杜》《注》："临事制刑，不豫设法也，法豫设则民知争端也。"

案：据此，则古代自有刑法（《尚书》有《吕刑》篇，曰："五刑之属三千。"昭七年《传》亦载有"周文王之法"及楚文王"仆区之法"，皆奴隶法之类），但皆设于社会政治矛盾尖锐之时。惟春秋前制刑，盖藏之于官府，贵族守之，用以镇压人民。至此郑、晋始明布刑律，即"成文法"之公布也。郑、晋所以为此，盖由于春秋后期社会制度逐渐转化，社会政治矛盾尖锐化，彼时所谓"盗贼"者甚多，公布"刑书"之意，要在禁止所谓"盗贼"，即子产所谓"救世"（春秋时"盗贼"一名包含甚广，人民反抗贵族者，下层贵族反抗上层贵族者，"杀人越货"者，皆谓之"盗贼"。作"法"对象之所谓"盗贼"，盖多指"杀人越货"及"犯上作乱"者）。战国初李悝所为《法经》，必承之春秋时"刑书"。《经》共六篇，"盗""贼""囚""捕"居其四，其保护私有财产及封建统治之意甚显。但公布"成文法"有一定进步意义，盖至少在客观效果上为抑制贵族之过度专横。此种措施触犯贵族利益，故叔向、孔子等以旧贵族之立场，反对公布"刑书"。叔向所谓"民知有辟，则不忌于上"，孔子所谓"民在鼎矣，何以尊贵，贵何业之守"等语，皆足征也。

又案：定九年，"郑驷歂杀邓析而用其竹刑，君子谓子然于是不忠，苟有可以加于国家者，弃其邪可也。"杜《注》："邓析，郑大夫也。欲改郑所铸旧制，不受君命而私造刑法，书之于竹简，故言竹刑也。"如其说是，则春秋时已有私家所造刑法，且为公家所用，可能因郑国社会政治矛盾特别尖锐化，贵族阶级无繁刑不能统治，故私人刑法家开始出现，其所造之"刑"且为是时贵族统治者予以一定之肯定矣。

（98）学校

郑人游于乡校，以论执政。（襄三十一年）

杜《注》："乡之学校。"案：西周金文《大盂鼎铭》："余隹即朕小学。"又有辟雍之名，《麦尊铭》："在辟雍，王乘于舟，为大丰，王射大龚禽。"又有"学宫"之名，《静簋铭》："王令静司射学宫，小子衆服衆小臣衆尸仆学射……静学无敓、王易静鞞刹。""辟雍""学宫"盖即"大学"。观金文诸证，是时贵族之"大学""小学"，至少"大学"为学习射、御等军事技术之所，彼时所谓"礼、乐"或亦常于此肆习之。观春秋时各级贵族，武则"射御"，文则"礼乐"也。至于"乡校"，盖"士"以下"国人"之学校，亦所以习射御礼乐等事者，"校"即较艺之义，孟子云："设为庠序学校以教之。庠者养也，校者教也，序者射也。"（《滕文公上》）此盖亦指教"国人"之学校，其所习者盖亦本为射、御、礼、乐等而已。古学校在平时盖又可为"国人"论政之所，故"郑人游于乡校以论执政"。

（99）婚制

初，卫宣公烝于夷姜，生急子，属诸右公子。为之娶于齐而美，公取之，生寿及朔。属寿于左公子，夷姜缢。（桓十六年）

杜《注》："夷姜，宣公之庶母也。上淫曰烝。"《会笺》："此春秋前事也，庄公卒在春秋前十三年。夷姜生急子、公子黔牟、公子顽。""沈谦曰：宣公，桓公弟，桓之即位系周平王三十七年，立十三年而入春秋，又三年而见弑。晋之生急，或在桓绍位一十六年之内，如公子顽故事，亦未可定。"案：此非淫也，古代家长制家庭之婚姻形态也。庄二十八年："晋献公娶于贾，无子，烝于齐姜，生秦穆夫人及太子申生。"杜《注》："齐姜，武公妾也。"闵二年："初，惠公之即位也少，齐人使昭伯烝于宣姜，不可，强之，生齐子、戴公、文公、宋桓夫人、许穆夫人。"杜《注》："昭伯，惠公庶兄宣公子顽也。"僖十五年，"晋侯之入也，秦穆姬属贾君焉……晋侯烝于贾君。"杜《注》："贾君，晋献公次妃贾女也。"《会笺》："唐固以贾君为申生妃，得之……申生，穆姬同母弟，故属其妃也。"文十六年："公子鲍美而艳，襄夫人欲通之，而不可，乃助之施。昭公无道，国人奉公子鲍以因夫人。"杜《注》："鲍适祖母也。"《会笺》："宋襄卒而二十七年矣……襄夫人年盖进六十矣。"宣三年："文公报郑子之妃曰陈妫，生子华、子臧。"杜《注》："郑子，文公叔父子仪也。汉律，淫季父之妻曰报。"成二年："楚之讨陈夏氏也，庄王欲纳夏姬……王以予连尹襄老。襄老死于邲，不获其尸，其子黑要烝焉。"哀十一年，卫太叔疾出奔宋，"卫人立遗，使室孔姞"。杜《注》："遗，疾之弟也。孔姞，孔文子女，疾子妻也。"《公羊传》昭三十一年，邾娄颜被人所杀，"颜夫人者，妪盈女也，国色也，其言曰：'有能为我杀杀颜者，吾为其妻。'叔术为之杀杀颜者而以为妻"。叔术者，颜之弟也。以上为子弟上淫父兄妻妾之事。弟娶兄妻即今俗所谓之"叔接嫂"，至长辈下淫子侄妻妾事，则卫宣公是一例。此外如僖二十三年，"秦伯纳女五人，怀嬴与焉"。杜《注》："怀嬴，子圉妻也。"《晋语四》："秦伯见公子曰，寡人之适此为才，子圉之辱，备嫔嫱焉，欲以成婚，而惧离其恶名，非此则无故，不敢以礼致之，欢之故也。""乃归女而纳币，且逆之。"此为伯叔父娶侄妇事。昭十九年："费无极……曰：建可室矣。王为之聘于秦，无极与逆，劝王娶之。正月，楚夫人嬴氏至自秦。"此与卫宣公事同例。又闵二年，"成风闻成季之繇，乃事之，而属僖公焉，故成季立之。"杜《注》："成风，庄公之妾，僖公之母也。"此事盖由于《左传》编作者与鲁有关系，所据亦多鲁国史料，故为僖公成季等讳。（以春秋后期家庭制度及婚姻制度已渐有改变，故此类婚姻关系记录者有直书，有隐笔。）观成季繇辞："同复于父，敬如君所。"《会笺》"此季氏自君出而敬如君之义也",则成季几等于"皇父摄政王"矣。文十八年:"文公二妃敬嬴生宣公,敬嬴嬖而私事襄仲(案襄仲为庄公子,文公之叔父),宣公长而属诸襄仲,襄仲欲立之,……仲杀恶及视而立宣公。"《会笺》:"成风之故智。""若敬嬴则曰私事襄仲,私事之为言,有微词矣。"其说近是。此事左氏亦以隐笔见之。《史记·鲁世家》:"初,惠公适夫人无子,公贱妾声子生子息。息长,为娶于宋,宋女至而好,惠公夺而自妻之,生子允,登宋女为夫人,以允为太子。"此事左氏全讳之,则隐公之"摄政"或亦有"皇父摄政王"之性质乎?是难详矣。

此类故事说明数点:(一)子、姪、弟可以上烝父、伯、叔、兄之妻妾(除生母外),甚至孙辈亦可上烝非直系之祖母。其所烝之人,在无正夫人或正夫人无子时,等于夫人之地位,故其所生之子可以立为太子,继承君位,其女可以嫁为大国夫人。(二)国君另娶夫人,则所烝之人即失去夫人之地位,其子亦易失去太子之地位,故有自杀者。(三)长辈似本亦可下淫幼辈之妻妾(此为家长制家庭所常有之事),然在春秋时此类事已有"非礼"之嫌,故秦穆公谓晋文公:"欲以成婚,而惧离其恶名","不敢以礼致之。"卫宣、楚平之事,盖已为当时人所讥。左氏载子产评蔡景侯曰:"若不免,必由其子。其为君也,淫而不父。侨闻之,如是者恒有子祸。"(襄二十八年)越二年《传》书"蔡景侯为大子般娶于楚,通焉。大子弑景侯"。案突厥法,"父、兄、伯、叔死者,子、弟及姪等妻其后母、世叔母、嫂,唯尊者不得下淫。"(《北史·突厥传》)此盖家长制家庭已向个体家庭转化时一种情况,幼辈可以上淫长辈妻妾者,家长继承制也。"尊者不得下淫"者,恐触犯家长制家庭内已在发展之个体家庭利益也。此外,春秋时叔公"通"姪媳(如晋赵婴通于赵庄姬),父"通"儿媳(如蔡景侯事),弟通兄妻(如"共仲通于哀姜")等事常见,其他贵族阶级中男女关系较乱之现象,似皆与家长制家庭(即"宗法"制氏族之基础)之存在有关。

氏族制禁此族内通婚,故自远古以来已有"同姓(姓之来源即氏族）不婚"之制，周人尤为强调此点。但此制至少在春秋时贵族阶级中已见初步破坏（但后世仍保存其形式）。事实上，当时贵族阶级多娶同姓之女，虽见讥而不改。又当时有所谓"媵"之制度，则为群婚制残余片面保存于男子方面者。而当时常盛行氏族"还门亲"（后世亦保存其残余），女婿常为外甥、儿媳常为甥女，故公婆呼为"舅姑"，岳父母呼为外"舅姑"。而"姪从姑嫁"之制则又说明母系时代舅权之残余，妻之姪女即己之甥女也。春秋时尚有明娶甥女为妻妾者（如怀嬴为晋文公侄媳，亦其甥女也）。汉惠帝之张皇后，为其姊之女，似亦此类婚姻制之残余。

据《诗经》以观，是时中下阶层之男女（上层贵族亦有之，但较少见耳），常有自由求爱之事（如《野有死麕》《静女》《桑中》《山有扶苏》《溱洧》等篇），然"父母之命，媒妁之言"之约束已逐渐出现（如《将仲子》《鄘风·柏舟》《南山》等篇）。通过自由恋爱而结婚者亦有之（如《击鼓》《氓》等篇），此等似皆对偶婚制向个体家庭过渡之征象。此外尚有所谓"巫儿"（长女不得嫁，名曰"巫儿"，为家主祠，见《汉书·地理志》）、"赘婿"等习俗。"赘婿"以后世边僻地区之习俗例之，则变相之奴隶也。是类制度亦为较原始之形态。至当时"美"之标准，则似以健康为主，男子尤以有力能武为"美"，（参照元年《传》徐吾犯妹事，《诗·叔于田》《硕人》《泽陂》等篇，郑国有名美男子子都即为一勇士。）是亦时代较为原始之征。

（100）卜筮

初，晋献公欲以骊姬为夫人，卜之不吉，筮之吉。公曰："从筮。"卜人曰："筮短龟长，不如从长。"（僖四年）

杜《注》："物生而后有象，象而后有滋，滋而后有数，龟象筮数，故象长数短也。"案：杜说盖后世相传之说，实为宗教哲理化后之理论，非其初意。盖龟为动物，且出于南方，中原难得，故以为灵物，占卜之上选。殷虚卜辞以龟甲为主，可征卜于龟甲、兽骨，殷人所尚。周人起于西方小部落，虽亦有所谓

"宝龟"，盖其始以筮草为占，后遂常用之。然与龟卜相较，则以为筮占草率，不如龟卜之郑重，故重卜轻筮，所谓"筮短龟长"是也。《会笺》："筮人职，凡国之大事，先筮而后卜，今卜不吉而徼幸于筮，是渎筮也。……"其说近是。《会笺》又引杨慎说，以为"卜人曰筮之辞所言理短，龟之辞所言理长，故下文遂引龟辞，盖即立骊姬一事而言，非谓筮龟有长短也。"其说恐非。

（101）重人轻天思想

子产曰：天道远，人道迩，非所及也，何以知之。（昭十八年）

案：此种重人轻天思想周初已有萌芽，如《书·君奭》周公曰："天命不易，天难谌，乃其坠命。""天不可信，我道惟宁（文）王德延。"西周后期及东周初期诗《节南山》："昊天不佣，降此鞠讻。昊天不惠，降此大戾。""不吊昊天，乱靡有定。"《正月》："民今方殆，视天梦梦。"《十月》："万民之孽，匪降自天。"《雨无正》："浩浩昊天，不骏其德。"等等皆可征。此盖周代统治者监于殷代统治者之迷信昏乱，因以亡国，故引以为戒，逐步产生重人轻天思想。至春秋时，此种思想益为发展，遂开后世学者怀疑鬼神甚至否定鬼神思想之先河。然春秋时此类思想尚在渐变时期，左氏所载当时开明士大夫之论，虽或出左氏文饰，然大致尚可代表此时期思想之一部分，其特点为在天人问题上，对于天鬼往往介于信与不信之间，子产之思想即是如此。最典型者为僖十六年周内史叔兴（古"史""巫"不分，"史""巫"皆所谓"知天道"者）之言。是年《传》载："陨石于宋五，陨星也。六鹢退飞过宋都，风也。周内史叔兴聘于宋，宋襄公问焉，曰：'是何祥也？吉凶焉在？'对曰：'今兹鲁多大丧，明年齐有乱，君将得诸侯而不终。'退而告人曰：'君失问，是阴阳之事，非吉凶所生也。吉凶由人，吾不敢逆君故也。'"既曰"是阴阳之事"，"吉凶由人"，又告宋襄以预言。预言既中，则非仅自然之事（即所谓"阴阳之事"），而吉凶亦由天也。此其中杂有预言，自非真内史叔兴之言，然是类记载大致可以代表春秋时人之天道观念，盖以为天道虽确有吉凶征兆（此为过去之宗教迷信），然人应尽人事而不必预测天道之吉凶，是即所谓"尽人事而听天命"之思想也。后世儒家思想往往近此，然亦有直言"无鬼神"不信天道之论。总之，此类思想已肇基于春秋时人之思想中矣。

又案：殷代已有"上帝"，周人承之，然往往称之为"天"。则"上帝"已有开始自然化之倾向。人世间既有王公、大夫、士各级贵族，故天上亦有"上帝"及各级各种神祇，此亦社会政治制度之反映。殷人最崇拜祖先，而以"上帝"为祖先所自出，则"上帝"本由部落神转化而来可知。周人自亦承殷人之祖先崇拜，然上帝之崇拜较突出，则以周代国家规模更完整，故称"天"而治为更有需要也。"天子"被认为天之子，即为继承"天帝"之"大宗"，故有统治全"天下"之资格，此亦宗法制度在宗教上之反映。至于司土地之"社"神及司百谷之"稷"神合称"社稷"，成为国家之代名词，则农业生活之反映于宗教者。"社""稷"等神亦往往与贵族"国人"之祖先相混，此亦中国古代宗教宗法性较强之征。战国初年之墨家，往往连称"天""鬼"，"天""鬼"即"神""鬼"，既为"神""鬼"，亦为祖先也。中国古代较原始之宗教，至春秋战国间而崩溃转化，此与原始之宗法制度之崩溃转化相互联系。至于所谓"妖怪"，则一般为物之灵，似为原始时代拜物宗教之残留。

又案，春秋时人尚言"国之大事，在祀与戎"。可见宗教生活在春秋时尚甚重要，至后世虽怀疑鬼神，然仍重视祭祀，祭祀逐渐由宗教而礼而文化矣。

（102）原始民主主义思想

所谓道，忠于民而信于神也。上思利民，忠也。祝史正辞，信也。（桓六年）

案：此重民轻神思想之始见，（西周时已有所谓"敬天保民"之思想，盖亦鉴于殷代统治者因残暴以致亡国而发生者。）与重人轻天思想相联系。所谓"民"者实指"国人"，非泛指一般人民。彼时之人盖以为"夫民，神之主也，是以圣王先成民而后致力于神"（然此类言论未必为春秋初年季梁之思想）。此即《论语》所谓"务民之义，敬鬼神而远之"思想之先河。春秋时所以发生此种思想之故，其基础在古代军事民主制残迹之遗留，及"国人"地位之日渐重要，且自西周末"国人"大起义后，春秋时屡有国人与执政贵族抗争之事，国人既为贵族统治者实力之支柱（以治"野人"，敌他国他族），贵族统治者不得不重视之，且不得不畏之。执政贵族中之较开明分子为缓和阶级矛盾及贵族阶级内部之矛盾，故高唱所谓"重民""民本"之论。以为迷信鬼神无用，唯有得国人之支持，依仗"国人"以生存，并发展自己之势力，是即春秋时代所谓"重民轻神""重民轻天"等思想之本质。昭三年，齐晏子曰："公弃其民而归于陈氏……民人痛疾而或燠休之，其爱之如父母而归之如流水，欲无获民，将焉辟之。"昭三十二年，晋史墨曰："鲁君世从其失，季氏世修其勤，民忘君矣，虽死于外，其谁矜之！社稷无常奉，君臣无常位，自古以然。"此等语虽或出于战国初期人之手笔，然至少可反映春秋后期人思想之一部分。读此二节文，则"重民"思想之来历已明确可见。上层贵族之逐渐没落，下层贵族及一部分富裕"庶民"之逐渐抬头，即为此种思想发生及发展之主要原因。旧宗教思想之衰落，则其次要之因素也。左氏等书中反映此类思想之记载甚多，无用赘举。

（103）孔子之学

孟僖子病不能相礼，乃讲学之，苟能礼者从之。及其将死也，召其大夫曰："礼，人之干也，无礼无以立。吾闻将有达者曰孔丘，圣人之后也，……我若获没，必属说与何忌于夫子，使事之而学礼焉，以定其位。"故孟懿子与南宫敬叔师事仲尼。（昭七年）

案：春秋以来，随原始宗法制逐渐解体，贵族多不习礼文，"王官之学"之典章制度逐渐有失传之势，故大贵族如孟僖子竟至不能相礼。礼文等典章制度既逐渐失传，当时贵族阶级中自有人在宗法思想支配之下，思收拾遗散，发扬所谓"礼"学。孔子生当其时，出身下层之"士"，自幼好学，欲借此进身当政，故博问广学，以"礼"为主，集合西周以来之文籍及典章制度与道德伦理等，遂成一家之学，以之传授，开私家讲学之风，儒家于是创立。于此可见"礼"学实为儒学之骨干。《墨子·公孟》篇载儒家公孟子曰："今孔子博于《诗》《书》，察于《礼》《乐》，详于万物，若使孔子当圣王，则岂不以孔子为天子哉。"此可见当时士大夫所以贵重孔子之故，实在于《诗》《书》《礼》《乐》等学也。

孔子重"礼"之思想，亦见于《论语》，如云："礼之用，和为贵，先王之道斯为美，小大由之。有所不行，知和而和，不以礼节之，亦不可行也。"（《学而》）"恭而无礼则劳，慎而无礼则葸，勇而无礼则乱，直而无礼则绞。"（《泰伯》）则"礼"者，节文也。"克己复礼为仁"，"非礼勿视，非礼勿听，非礼勿言，非礼勿动"。（《颜渊》）则"礼"在道德上又为"仁"之具体内容及标准，合乎"礼"亦即合乎所谓"中庸"。《论语》云："中庸之为德也，其至矣乎，民鲜（能）久矣。"（《雍也》）"中"即无过无不及，"庸"即是常，"中庸"亦即所谓"中行"（《子路》）。"中行"者，行"中庸"之道。"过犹不及"（《先进》），则"中庸"亦即"礼"之准则，故《礼记》有《中庸》篇。

孔子自言："述而不作，信而好古。"（《述而》）此即指学习《诗》《书》《礼》《乐》之学也。所谓"文武之道未坠于地，在人。贤者识其大者，不贤者识其小者，莫不有文武之道焉。夫子焉不学，而亦何常师之有"（《子张》）。孔子自言："文王既没，文不在兹乎！"（《子罕》）而以制礼作乐之象征人物周公为师法之主要对象，故曰："甚矣吾衰也，久矣吾不复梦见周公。"（《述而》）墨子反质儒家曰："子法周而未法夏也，子之古非古也。"（《公孟》）其说在《论语》中亦有征："周监于二代，郁郁乎文哉，吾从周。"（《八佾》）则孔子固为"从周"而述周之《诗》《书》《礼》《乐》之人。

所谓《诗》《书》《礼》《乐》，本皆"王官之学"，为"王官"所守者。至春秋时，"王官"之学逐渐失坠，孔子收拾残遗，加以一定改造，构成系统，遂为儒家之学之骨干。故早期儒家之学确为贵族改良派之学。必须确认"礼"学为早期儒学之骨干，始能确定早期儒学之阶级性。

然孔子确为改良派，除以"礼""乐"等为其学之骨干外，彼又强调伦理，使伦理之学成为儒学之较新一面（其中亦有吸收西周以来之旧道德处）。孔子所言道德甚多，而以"仁"为伦理之中心。"仁"之基本义为"爱人"。行"仁"之方为"忠""恕"。"己欲立而立人，己欲达而达人"（《雍也》），"忠"也。"己所不欲，勿施于人"（《卫灵公》），"恕"也。"忠"即积极之"仁"，而"恕"为消极之"仁"，乃一事之两面。"忠"者必"信"，故孔子屡言"忠信"，且曰"主忠信"（《学而》），"忠信"即诚实之意，为道德之本。故"子以四教：文、行、忠、信"（《述而》），"文"即《诗》《书》《礼》《乐》，"行"者品行，"忠"者诚心，"信"者实言。此为孔子教人之基本科目，此类伦理为春秋时代新兴之伦理思想，实际反映原始宗法制之解体，个人与个人之间关系之日益密切也。

孔子为政之方，主要者为"德化"及"礼治"。所谓"其身正，不令而行，其身不正，虽令不从"（《子路》），即所谓"德化"也。礼治则首在"正名"，即使君臣、父子各如其名以行事，所谓"君君臣臣、父父子子"（《颜渊》）是也。其行政之具体措施，则为"敬事而信，节用而爱人，使民以时"（《学而》）。是则以"敬""信"治事而着重在缓和阶级矛盾。又孔子在维持宗法等级制度及世官制度外，亦主张适当"举贤才"，此则为其较新之政治思想。

孔子以为"性相近，习相远"（《阳货》），故"有教无类"（《卫灵公》）。然才质有上下，故教育之方须因人施教，不能固定，主要是用"不愤不启，不悱不发"之启发方法。而为学之方，则须"学""思"并重，先"多学而识"，然后"一以贯之"（《卫灵公》），即所谓"下学而上达"（《宪问》）也。

至孔子之宗教思想，与春秋时一般贵族开明派相近，对于上帝、鬼神介于信与不信之间。然彼深信春秋时新兴之泛神论式之

"命"，以为一切均由"命"定，是则显然为贵族统治者服务之新宗教理论，所以维持其阶级统治者也。

孔子之整个思想皆为春秋时代所谓士君子之思想，具有极大之保守性，亦有比较开明之改良思想，然其非"庶人"之思想则无疑，故为战国时新兴富裕"庶人"之代表墨家所攻击。

孔子在政治上企图实行改良性之"变法"，结果失败，而在教育方面则客观上打破"王官"之学，开启后世私家讲学之风，实已否定"礼不下庶人"之传统。"儒"本为掌教育之"王官"，孔子则以私人为"儒"，"儒"之意义始变。又古代之"士"本为武士，孔子虽未尽废射御等之武事教育，然主要以"文、行、忠、信"等为教，此则随社会制度之转化，武士亦逐渐转化为文士矣。

孔子其实亦只为春秋时所谓"贤士大夫"之一员，然以其知识之广泛，遂集"王官"之学之大成，而加以改造，又尽力教育，为贵族统治者培养治理人才。在新兴"士夫"阶层形成之后，官僚教师多由私人讲学培养而成。孔子为春秋末年新兴"士夫"阶层中一中心人物，亦为最大之教师，故后世封建社会遂奉之为"大成至圣先师"矣。

春秋地理之部

（104）春秋时人之"天下"观念

君处北海，寡人处南海，唯是风马牛不相及也。（僖四年）

案：齐在山东北部，楚在湖北省及河南南部，而有"北海""南海"之别，"风马牛不相及"，足证其时"天下"之观念甚小，与战国以后绝不相同。春秋时所谓"中国"，似较西周之势力范围稍狭，唯各地区较西周时益开发耳。根据考古资料及文献资料观察，西周时周人势力所及，北面似已越出今长城以北，或至今长城附近。南面则至今江陵附近及江南区域，"于疆于理，至于南海"。东至海隅，西至今甘肃境内，前人所谓西周"疆域"较春秋时"中国"为大，亦有一定之理由也。(《山海经·五藏山经》所记之路线，以西方为最长，《楚辞·招魂》亦云：西方"彷徉无所倚，广大无所极"，皆足证古人对于西方之想象最远，此殆由中西通商甚早之故。)

（105）"九州"

四岳、三塗、阳城、大室、荆山、中南，九州之险也，是不一姓。（昭四年）

杜《注》："（三塗）在河南陆浑县南。""（阳城）在河南阳城县东北。""（大室）在河南阳城县西南。""（荆山）在新城沶乡县南。"（案此"荆山"当在今河南省境内，杜说非。）"（中南）在始平武功县南。"是三塗、阳城、大室、荆山、中南，皆在今河南、陕西、湖北三省错壤境内，则"四岳"决非指后世之东南西北四岳，而"九州"亦非《禹贡》之九州也。案《诗·崧高》："崧高维岳，骏极于天。维岳降神，生甫及申。"是姜姓吕、申二国皆自认为岳神之后。《周语下》谓："祚四岳国，命以侯伯，赐姓曰姜，氏曰有吕。""申、吕虽衰，齐、许犹在。"是周代齐、许、申、吕四姜姓国皆所谓"四岳"之后。襄十四年《传》谓姜戎氏为"四岳之裔胄"，则姜戎亦为四岳之后。四岳又称"大岳"，隐十一年："夫许，大岳之胤也。"庄二十二年："姜，大岳之后也。"《山海经·海内经》："伯夷父生西岳，西岳生先龙，先龙是始生氐羌。"《大荒西经》："南岳娶州山女。"《北山经》："又北二百里曰北岳之山。"此等四岳，吾人过去定为西方岐沔附近萃聚之四山，（《周礼·职方氏》："正西曰雍州，其山镇曰岳山。"《尔雅·释山》："河西岳。"似即此"四岳"之"岳"。）姜族居于四岳之地，即以四岳之神为其祖先。"九州"者，昭二十二年、哀四年并有"九州之戎"之名，过去学者以为此"九州"（"瓜州"为其中之一）在陕西、河南二省境内，为一连绵之戎区，"九州之戎"盖即此戎族之一部而东迁者也。古代可能无后世具体之九州说。至《禹贡》之"九州"，盖出于古代"九有"(《诗·玄鸟》《长发》)、"九围"(《长发》)、"九隅"(《逸周书·尝麦》)等泛指方位之称,其后逐渐具体化。《叔夷钟铭》:"宋宋成唐(汤),……咸有九州,处禹之堵。"此"九州"指汤之"天下",但是否即为后世具体之"九州",则尚待证明。至战国时,《禹贡》等书出,乃见具体之"九州"疆域。然观《吕氏春秋·有始览》,知"九州"之区划实来自春秋时周、晋、卫、齐、鲁、越、楚、秦、燕等国。越为扬州,燕为幽州,乃字之声转。楚为荆州,乃沿用旧名。秦为雍州,因雍为秦都。齐为青州,因齐在东方,东方色青。《禹贡》之梁州,指秦、楚等新启之陕南及川蜀地。《职方》之并州,盖来自北方戎狄之一地名。[《史记·匈奴传》:"赵襄子逾句注(在雁门)而破并、代,以临胡貉。"]并州或指中山国等地。《尔雅》有营州,其名盖来自齐都营丘,则营州即青州也。

(106)"成周"与"王城"

昔成王合诸侯城成周,以为东都。(昭三十二年)

王应麟《通鉴地理通释》卷四"周都"条注引吕氏云:"孔子序《洛诰》曰:周公往营成周。财成周乃东都总名,河南,成周之王城也;洛阳,成周之下都也。王城非天子时会诸侯则虚之,下都则保厘大臣所居治事之地,周人朝夕受事,习见既久,遂独指以为成周矣……洛阳虽有二城,而成周则其总名。杜预、孔颖达皆以下都为成周,谓'敬王避子朝之乱,自王城徙都之',其说不然。大可以包小,小不可以包大,苟成周信为下都之名,则凡书之言洛皆谓之成周,是以下都之名而包王城,其不可信一也。左氏未尝有敬王自王城迁成周之明文,第言子朝既逐,王入于成周而已。敬王请城成周之辞,亦谓:'成王合诸侯城成周,以为东都。'则成周者洛邑之总名明矣,其不可信二也。"案吕氏之说大致近是。然战国以前之书,未有单称雒邑之一部(雒阳)为成周者。以雒阳为成周,与王城分而为二,乃秦、汉之际人习见战国时事而发之误说耳。程廷祚《春秋地名辨异》卷上:"案班孟坚、郑康成皆以汉之河南为王城,雒阳为成周，盖本公羊氏王城为西周，成周为东周之误，……"案程说本吕说，甚是。周敬王迁都之事不见于《春秋经》《左氏传》《国语》，且不见于《史记·周本纪》等，实为一种流传之讹说。后人以战国初周都已不在王城，又知东周君之治所在雒阳，遂以为王都亦在于此。更见春秋"敬王入成周"及"城成周"之文，遂以为敬王始迁都城，于是成周与雒阳合并为一，成周与王城分析为二。考昭二十六年："召伯逆王于尸，及刘子、单子盟，……癸酉，王入于成周。甲戌，盟于襄宫……十二月癸未，王入于庄宫。"观左氏上文，庄宫在王城（昭二十二年、二十三年），则敬王已入于王城也。综观此次周室内乱，双方所争之焦点皆在王城，王子朝既奔楚，敬王自当复归王城，而《经》《传》皆云"王入于成周"，自举东都大名而言，其实已入于王城矣。昭三十二年，敬王请晋城周，其辞曰："昔成王合诸侯城成周，以为东都，崇文德焉。今我欲徼福假灵于成王，修成周之城"云云。既曰"欲徼福假灵于成王"，则成周即成王合诸侯所筑之东都，此不过增修耳。最明确之证据为定七年之记载，是时敬王出居姑蕕避乱，而"单子、刘子逆王于庆氏，晋籍秦逆王。丁巳，王入于王城，馆于公族党氏，而后朝于庄宫"。可见庄宫确在王城之内，而是时敬王仍都于王城也。再考之最古文献，《尚书·康诰》《召诰》《雒诰》《多士》《多方》等篇，但言"新大邑"，"新雒邑"，"雒邑"等，商民所迁，四方所宾，均在一雒邑，初无二地。《书序》言成王"欲宅雒邑"，"周公往营成周"，"成周既成"等等，亦与尚书相合。金文中常见"成周"之名（令彝铭、融卣铭、厚趠鼏铭、臣辰盉铭、盂爵铭、泉夌卣铭、史颂殷铭、颂鼎铭、格伯殷铭、舀壶铭、敔殷铭、虤殷铭、虢仲盨铭、小克鼎铭、兮甲盘铭等），观诸铭所载成周，乃发号施令之所，又为王宫太庙所在，驻有"八师"，周王及大臣屡次前往，又有"冢司徒"之官，其即东都毫无可疑。且所谓"成周"者，乃表周业之成，自当为大都之名而不得为下都之称，故僖二十四年《传》云："召穆公思周德之不类，故纠合宗族于成周而作诗"，此亦可见成周即东都。《郑语》："当成周者，南有荆蛮……北有卫、燕……西有虞、虢……东有齐、鲁……。……君若以成周之众奉辞伐罪，无不克矣。"此"成周"明亦指东都也。（参看汉人记载《尚书大传》《史记·刘敬传》《汉书·娄敬传》《法言·渊骞》篇等，亦可证成周即东都。）如以《左氏》与《国语》对校，僖二十五年"（襄）王入于王城"，《晋语四》作"（襄）王入于成周"，下文云"遂定之于郏"，"郏"即王城，在成周之中，是王城即在成周中之确证。《逸周书·作雒》："周公……将致政，乃作大邑成周于土中，立城方千七百二十丈，郭方七百（十）里，南系于洛水，北因于郏山，以为天下之大凑。"此"城"即王城也，故孔晁注"大邑成周"云："王城也。"又《王会》篇"成周之会"，孔《注》亦云："王城既成，大会诸侯与四夷也。"总之，分王城与成周为二地，乃战国时周分东西后所逐渐形成之讹说，以前原无此分别观念也。

（107）春秋晋"绛都"

分唐叔以大路……命以《唐诰》而封于夏虚，启以夏政，疆以戎索。（定四年）

案：昭元年："迁实沈于大夏，主参，唐人是因，以服事夏、商……及成王灭唐而封大叔焉，故参为晋星。"与上文参证，则唐叔所封者为"夏虚"，亦称"大夏"，即唐故国所在。其地果在今何处乎？顾炎武《左传杜解补正》主要据《史记·晋世家》"成王封叔虞于唐，唐在河汾之东，方百里"之文，以为"翼城正在二水之东……唐叔之封以至侯缗之灭并在于翼"。顾氏辨晋始封不在晋阳，其说甚是，唯谓晋之始封在翼城则非。《秦策四》："魏伐邯郸，因退为逢泽之遇，乘夏车，称夏王。""乘夏车，称夏王"者，盖以其国都安邑在故夏虚也。魏故都古安邑，在今夏县附近，盖即唐叔所封之夏虚（大夏）矣。

《史记·晋世家》："唐叔子燮是为晋侯。"《正义》："《宗国都城记》，唐叔虞之子燮父徙居晋水旁。"是为一迁。《毛诗谱》："成侯南徙居曲沃。"是为二迁。又云："穆侯又徙于绛。"是为三迁。

《晋世家》又云:"翼晋君都邑也。"《索隐》:"翼本晋都,自孝侯巳下一号翼侯。"考桓二年《传》:"惠之四十五年,曲沃庄伯伐翼,弑孝侯。"此为"翼"之始见(以其文为追叙春秋前事),同年《传》:"惠之三十年,晋潘父弑昭侯而立桓叔,不克,晋人立孝侯。"似迁翼确在孝侯时,或避曲沃之逼乎?"翼"之地旧谓在今翼城,有可疑处。桓二年:"哀侯侵陉庭之田,陉庭南鄙启曲沃伐翼。"是翼当在曲沃之北。春秋曲沃在今闻喜县,则翼疑在新绛、汾城一带。三年《传》:"曲沃武公伐翼,次于陉庭,……逐翼侯于汾隰。"是翼应在汾水边,若在翼城,则曲沃之兵自西来,已至翼之南鄙,何以翼侯不东奔,反西走汾隰乎?若翼在新绛附近,则曲沃之兵自南来,翼侯御战,败走汾隰,正合情理。《晋语四》载晋文公返国,"丙午,入于曲沃,丁未,入于绛"。此绛至少与翼相近,自闻喜至翼城达今一百数十里以上,似难一日而至。定十三年《传》:"锐师伐河内,传必数日而后及绛。""河内"为今河南省北部汲县一带地,时晋已迁新田,在今曲沃县,自河内至新田不过今五百里左右,驿传当需数日,则计当时每日行程大致不过今百里,自闻喜至新绛,正合一日行程也。成六年《传》载"晋人谋去故绛……(韩献子)对曰:'不可,郇瑕氏土薄水浅,其恶易觏……于是乎有沈溺重腿之疾,不如新田,土厚水深,居之不疾,有汾、浍以流其恶'。……公说,从之。"新田在今曲沃县,居汾、浍二水间,地处翼城下流,翼城较新田似更"土厚水深",何必迁都?新绛在汾水平原旁,又处于曲沃下流,自新绛迁曲沃,正就"土厚水深"之所也。《檀弓》:"赵文子与叔誉观乎九原,文子曰,死者如可作也,吾谁与归?""九原"盖晋贵族旧公共墓地(来自氏族合葬之制),其地或离今新绛县不远。庄二十六年《传》:"士蒍城绛以深其宫。"是盖增修旧都,此绛即旧都翼(穆侯所徙是否另一绛都,待考,因古代都城常袭旧名也),或少有移动耳。《史记·十二诸侯年表》:晋献公九年:"始城绛,都之。"《晋世家》:"(献公)八年……城聚都之。命曰绛,始都绛。"考之左氏庄二十五年、二十六年未可信也。

又隐六年："翼九宗五正顷父之子嘉父，逆晋侯于随，纳诸鄂，晋人谓之鄂侯。"《史记集解》引《世本》宋忠《注》："鄂地今在大夏。"《正义》："《括地志》云：'故鄂城在慈州昌宁县东二里。'按与绛州夏县相近，禹都安邑，故城在县东北十五里，故云在大夏也。"盖唐叔受封时所随之大族怀姓九宗职官五正之后，纳晋君于唐叔旧都也。

（108）春秋秦"雍都"

秦于是乎输粟于晋，自雍及绛相继，命之曰"泛舟之役"。（僖十三年）

杜《注》："从渭水运入河汾。"案昭元年："后子享晋侯，造舟于河，十里舍车，自雍及绛，归取酬币，终事八反。"杜《注》："每十里以八乘车，各以次载币相受而还，不径至，故言八反。千里用车八百乘。"春秋初年晋之绛都在今山西新绛县或翼城县附近，春秋后期，晋之新绛在今山西曲沃县附近，如彼时秦之雍都仍在今凤翔县，则自凤翔至新绛翼城及曲沃，约达今千里左右，以彼时之交通及戎狄杂居情形推测，"自雍及绛相继"，"十里舍车，终事八反"等等，明是可疑。僖二十四年："吕、郤畏偪，将焚公宫而弑晋侯，寺人披……以难告，三月，晋侯潜会秦伯于王城。"《晋语四》则作："乘驲自下，脱会秦伯于王城。"晋侯在新绛或翼城，知有急难，而使人告秦伯于凤翔，然后潜出相会于河上之秦境，此亦甚可疑之事。彼时每日行程即用驲传，亦至多不过今一百数十里，计晋侯知难至与秦伯相会，至少亦须十日左右，消息似无不泄漏之理。根据此等文字推测，彼时秦都恐不能远在今凤翔，秦穆公时雍都所在，疑离所谓"王城"（在今陕西朝邑县境）不甚远。《晋语三》："穆公归，至于王城，合大夫而谋……"足见王城乃秦经营东方之重地，君及大夫时至于此，必离国都不甚悬远。《史记·秦本纪》："德公……卜居雍，后子孙饮马于河。"穆公之时盖已"饮马于河"矣。文十三年"（魏寿余）履士会之足于朝，秦伯师于河西，魏人在东"，察其文意，似秦都离河不甚远，此亦一旁证也。

如春秋时穆公以后之雍都不在今凤翔，则其地果在何处？是颇难详。据《左传》及《诗经》测之，当在渭水之南、今西安附近一带。成十三年："晋师以诸侯之师及秦师战于麻隧，秦师败绩，……师遂济泾，及侯丽而还。"侯丽在今泾阳县境，其地或已邻近秦都。又襄十四年："诸侯之大夫从晋侯伐秦，……晋侯待于竟，使六卿帅诸侯之师以进，……济泾而次，秦人毒泾上流，师人多死。郑司马子蟜帅郑师以进，师皆从之，至于棫林，不获成焉，……乃命大还，晋人谓之迁延之役。"棫林不知在何处，当为泾水西岸附近之地，秦人下毒于泾水上流，盖以诸侯之师已迫近其国都，故为此绝计也。《诗·秦风·终南》："终南何有？有条有梅。君子至止，锦衣狐裘。颜如渥丹，其君也哉！"毛《传》："终南，周之名山中南也。"陈奂《诗毛氏传疏》："襄公赐封仅有岐西，尚无岐东，至丰镐之南山，必非秦履……然则诗何以咏终南也？终南为周西都地，其时故宗庙宫室尽为禾黍，而襄公来朝，受命东都，终南道所由经，故秦大夫偶以终南起兴。秦无终南而终南名篇，魏无汾而汾沮洳名篇，正是一例。"案《魏风》实为晋风之一，《汾沮洳》篇"公行"等称可证，不得谓"无汾"。此终南亦在秦境，其诗未必为襄公时作，作诗时之秦都殆离终南不远。（其诗列于《黄鸟》篇前，亦可证其时代。）又《秦风·渭阳》："我送舅氏，曰至渭阳，何以赠之，路车乘黄。"郑《笺》："秦是时都雍，至渭阳者，盖东行送舅氏于咸阳之地。"案晋在秦东北，如由凤翔往，似无缘至"渭阳"，（若云取水路，则何以言"路车乘黄"。）此亦彼时秦都在渭南之证，由渭南西安附近向晋境则必至"渭阳"也。《渭阳》之诗，旧说为穆公时作，殆近之。秦之雍都盖随地迁名，犹晋之"绛"，楚之"郢"，不指一地。如穆公以后之"雍"仍在凤翔，则其后迁泾阳，复返雍，再由雍迁临潼，更迁咸阳，奔走往复于数百里之间，果何故耶？

（109）春秋初楚都

昔我先王熊绎辟在荆山。（昭十二年）

案：是指楚国之最早根据地，或亦其最早封国所在。荆山在今湖北南漳县西，此所谓"荆山"盖指荆山附近一带荒僻之地。《史记》谓熊绎居丹阳，据宋翔凤考证，在今河南西南部丹、淅二水间。古文献所谓"荆蛮"，所指区域似较广，丹阳之地亦离荆山不甚远。《史记·楚世家》言文王"始都郢"，然左氏桓二年《正义》引《世本》："楚鬻熊居丹阳，武王徙郢。"考桓九年《传》："巴子使韩服告于楚，请与邓为好。楚子（武王）使道朔将巴客以聘于邓，邓南鄙鄾人攻而夺之币，杀道朔及巴行人。楚子使薳章让于邓，邓人弗受。夏，楚使斗廉帅师及巴师围鄾，……邓师大败，鄾人宵溃。"巴欲与邓为好而求介于楚，则是时之楚当在巴、邓二国之间。邓在今河南邓县，春秋时巴国据吾人考证，当在汉水上游，此时楚国尚小，则楚都似尚未离丹阳，或离丹阳不远，故能为邓、巴二国之介绍。桓十一年："楚屈瑕将盟贰、轸，郧人军于蒲骚，将与随、绞、州、蓼伐楚师，莫敖患之。斗廉曰：……君次于郊郢以御四邑，我以锐师宵加于郧，……若败郧师，四邑必离。"郧在今湖北安陆县附近，蒲骚在郧郊，随、绞、州、蓼亦皆偏北之国（随在今湖北随县，绞旧说在今湖北郧县，蓼旧说在今河南泌源县，州旧说在今湖北监利县，州之地望疑误，亦当偏北）。贰在今应山县境，轸在今应城县境，贰、轸二国皆与郧不远，故郧人欲伐楚师以解其盟。四邑在北，郧在南，则郊郢亦当在郧北。郊郢或指郢都郊外之地，则似武王时楚都已在汉水中游一带。桓十二年及十三年"伐绞之役，楚师分涉于彭，罗人欲伐之"，"楚屈瑕伐罗，……及鄢，乱次以济，……及罗，罗与卢戎两军之，大败之"。彭水旧说即今湖北南河，在房县附近。（哀十七年："彭仲爽，申俘也，文王以为令尹，实县申、息。"彭之所在，当离申不远，申在今南阳，彭地当亦较靠北，与绞相近。）此时楚都可能已稍南移，伐绞涉彭，或已为由南而北，罗旧说在宜城西山中，卢戎旧说在南漳县，（"罗""卢"音近，或为一族。）卢当在罗北，鄢水旧说在南漳、宜城二县间。综观形势，楚伐罗之役，似为自北而南，则此时楚都应在宜城之北，或武王时确已迁郢乎。庄四年载楚武王伐随而卒，"莫敖以王命入盟随侯，且请为会于汉汭而还，济汉而后发丧"。"汉汭"为汉水之曲，当在汉水由东西改向南北处，地在随国之北，观"济汉而后发丧"语，楚都自在汉之西，此亦武王时可能已迁郢之证。

（110）春秋楚"郢都" 附论"郢都"筑城问题

及文王即位，与巴人伐申而惊其师，巴人叛楚而伐那处，取之，遂门于楚。（庄十八年）

案：那处所在虽不能确知，但看楚"与巴人伐申而惊其师，巴人叛楚而伐那处"语，其地必离申、巴不甚远。再看巴人取那处"遂门于楚"事，楚都离那处亦当不远。《史记·十二诸侯年表》："楚文王赀元年，始都郢。"则是时楚迁郢已久，足见春秋时楚之郢都应在汉水中游一带，郢与丹阳亦尚相近。庄十九年，楚子御巴师，"大败于津，还，鬻拳弗纳，遂伐黄，败黄师于踖陵"。楚文王与巴战而大败，还不得入，即以败军伐黄而胜。若其时楚都果在江陵，则以战败之师往复转折，远离根据地而伐人，且能致胜，殊不近情。若其时楚都偏北，奔走尚少，则较近情理。僖四年："楚国方城以为城，汉水以为池。"亦是时楚都偏北之证。（《礼记·祭统》篇引卫孔悝鼎铭"成公乃命庄叔随难于汉阳"，指成公奔楚事，"汉阳"一词亦甚可注意。）僖十二年载黄人曰："自郢及我九百里，焉能害我。"黄在今河南潢川县，若郢都在江陵，以古人计里之法计之，当在千里以外，不止九百里矣。文十六年："楚大饥，戎伐其西南，至于阜山，师于大林。……庸人帅群蛮以叛楚……楚子……遂灭庸。"阜山在今湖北房县南，大林在湖北当阳县，其地已为楚之西南界，则是时楚都不在江陵又可见也。再，是时戎伐楚之西南、东南，楚之后方甚紧，庸国在北方（今竹山县东南），离江陵甚远，若郢在江陵，楚国此时岂能劳师远伐庸国，似郢都离庸不远。宣三年："（郑）公子士朝于楚，楚人酖之，及叶而死。"叶在今河南叶县，若楚都果在江陵，自江陵至叶县千里之遥，服毒于江陵而死于叶县，亦殊可疑。再，吴、楚之争，常在淮水流域（似长江路线为云梦泽所阻，而楚都又偏北之故）。柏举之战，吴师亦来自"淮汭"，进至淮南江北之"豫章"，与楚师夹汉相持，楚沿汉西为陈以阻吴师前进，分兵以袭吴后，子常济汉而为吴人所乘，交战之地"小别""大别"，盖皆沿汉水之山脉，柏举当亦近汉水之地。楚师既败绩，"吴从楚师，及清发"，"清发"似为济汉之津。自柏举至郢，凡五战，郢都自在汉西。楚昭王出郢，先涉睢水，然后涉江，盖向西南奔走。自郢向西至江，中尚隔一大川，则郢似不在江陵。如在江陵，则向南即可济江，以缓吴师之追击，何必西涉沮水，反易遭险？吴之入郢，其先一战在雍澨，则雍澨似近郢都。"左司马戌及息而还，败吴师于雍澨"。其后吴师又败楚师于雍澨，接言秦师又败吴师，秦师自西北来，则雍澨之地偏北可知，此亦郢都不在南之证。

又案：旧说楚郢都在平王前未筑城（见《汉书·地理志》，左氏襄十四年、昭二十三年杜《注》），其说实由误读左氏之文而来。文十四年："二子作乱，城郢。"襄十四年："楚子囊……遗言谓子庚必城郢。"昭二十三年："楚囊瓦为令尹，城郢。"等等，皆谓修缮郢城，非始筑也。沈尹戌谓"若敖蚡冒至于武、文，犹不城郢"，亦言不增修之意。楚在武、文、成三王时已渐强盛，且有相当文化，安有国都尚无城郭之理。其时诸小国若大夫封邑皆有城，而谓称霸一时之大国楚反不在国都筑城乎？古文献所谓"城"，多指增修城郭，如隐元年《传》，鲁人"城郎"，九年，又书"城郎"。庄二十九年，鲁人"城诸及防"，文十二年又书"城诸及郓"，襄十三年又书"城防"，皆可证。春秋末年，晋合诸侯城成周，岂周亦本无城乎？昭二十三年孔《疏》："国而无城，不可以治，楚自文王都郢，城郭未固。"其说近是。庄十八年，巴人"遂门于楚"，杜《注》："攻楚城门。"十九年，楚文王御巴，"大败于津。还，鬻拳弗纳。"亦谓不得入城。鬻拳自刖，"楚人以为大阍"。杜《注》："若今城门校尉官。"是楚之有城，杜氏已自破其说矣。春秋时郢都本有城，其后曾屡次增修之，非本无城而至春秋后期始筑城也。

（111）春秋楚"郡都"

于是乎迁郡于都，而改纪其政，以定楚国。（定六年）

案："郡"地旧说在今湖北宜城县境，说尚近理，唯亦有可能在汉水上游近秦国处。僖二十五年："秦、晋伐郡，楚斗克、屈御寇以申、息之师戍商密。"文五年："郡叛楚即秦，又贰于楚。夏，秦人入郡。"杜预谓"郡本在商密，秦、楚界上小国，其后迁于南郡郡县。"杜说确否尚未可定。楚昭王所迁之"郡"可能仍在商密一带，盖楚故都本在丹阳，旧郡国与之相近，是时为吴所败，自新都复还故地，亦远吴而就秦耳。若南郡之郡正当入郢之役吴师来路，迁都于此尚有可疑处。此或因郢都被说在江陵，故郡都亦因之而南移，是说虽尚乏确证，尚可供讨论。或谓旧郢残破，故迁新都，并非避寇，说亦可通。若然，则楚昭王所迁之"郡"或确在宜城，与旧郢当不远，自郢迁郡所以就近，如昭王初迁之郡在商密附近，则亦可能不久即迁宜城，移"郡"名于此，亦称"鄢郢"，以与旧郢相别。哀四年"吴将泝江入郢"，此"郢"以说在宜城为宜。今湖北省地，古时多水，云梦泽方八九百里，跨江南北，其时"江"之路线及支脉或与今有不同。文十年："使（子西）为商公，沿汉诉江，将入郢。"商在今陕西商县附近，自商县至江陵，或襄阳、宜城间之"郢"，皆无泝长江之必要，此"江"或非今之江路乎？哀元年："蔡人男女以辨，使疆于江、汝之间而还。"今长江与汝水相去甚远，"疆于江、汝之间"语甚可疑，此"江"似亦非今之长江，（服虔知说为长江有困难，因说为江国，说更难通。）又《诗·江汉》上言"江汉浮浮"，下言"淮夷来求"，又云："江汉之浒，王命召虎，式辟四方，彻我疆土……于疆于理，至于南海。""南海"疑指云梦泽，若此"江汉"之"江"非今长江，则二《南》等诗中所谓"江"似皆与今之长江异道矣。

又案：《楚王酓章钟铭》："佳王五十又六祀，返自西膓，楚王酓章作曾侯乙宗彝，奠之于西膓。"薛尚功《钟鼎款识》云："右二钟皆得之安陆。"楚唯惠王在位五十七年，又其名为章，此钟为惠王时作无疑。阮元《积古斋钟鼎彝器款识》云："徙自西阳者，当即自都还郢之时。"其说近是，唯"还"字应改作"迁"字耳。至阮氏谓西阳即汉志江夏郡之西阳，则有问题。江夏郡之西阳离都郢极远，铭文"西𤾒"放𤾒似非此西阳，窃谓"西𤾒"即鄀郢也。《史记·秦本纪》载白起攻楚，"取鄢、邓"。《楚世家》："秦将白起拔我西陵。"《六国表》："秦拔鄢、西陵。"《白起传》："攻楚拔鄢、邓五城。"《战国策·秦策四》："秦白起拔楚西陵，或拔鄢郢、夷陵。"综观各文，"西陵"似即"邓"。"邓"者，《史记正义》："鄢、邓二城并在襄州。"今襄阳东北二十里有邓城，即其地（非古邓国）。"西陵"盖以山名，其所包范围或甚广，今襄阳、宜城间一带山地皆谓之"西陵"。鄢在"西陵"之南，故曰"西阳"。西陵近鄢，观史书以"鄢、西陵"与"郢、夷陵"并举，似无问题。而西阳与西陵，《汉书·地理志》江夏郡又并有之。江夏之西阳、西陵地极邻近，此必地名之同迁者。观江夏之西阳与西陵地望甚近，则襄阳、宜城间之西陵亦必与西阳相近也。鄢者，与宜城之郢相近之邑。桓十三年《传》："及鄢，乱次以济。"杜《注》："鄢水在襄阳、宜城县入汉。"昭十三年："（灵）王沿夏将欲入鄢。"《汉书·地理志》："宜城，故鄢。"可见鄢与郢俱在宜城县，或昭王迁都，惠王又迁鄢（《渚官旧事》说）。"鄢郢"盖包鄢、郢二邑而言，钟铭所谓"西𤾒"，指鄢郢都也。至惠王自"西𤾒"所迁之都是否江陵，尚待考索。

（112）吴越最初所在及其迁都　附论春申君江东都邑

楚为众舒叛故，伐舒、蓼，灭之。楚子疆之，及滑汭。盟吴、越而还。（宣八年）

案：舒、蓼当在今安徽中部庐江舒城一带地，此时吴、越或尚均在淮南江北安徽、江苏两省间。余初曾假定吴之王族或为楚王室之支裔，后又觉吴或本为"汉阳诸姬"之一，受楚之压力而东南迁者，其故以：一、吴人自称为周后，而春秋时人一无反对者。二、吴子寿梦卒，鲁国为"临于周庙"。三、鲁昭公娶于吴，谓之"吴孟子"，陈司败讥为不知礼。四、春秋时晋、吴颇相亲善，与楚、越相结类似，似皆有同姓之关系。五、《史记·吴世家》谓太伯、仲雍"奔荆蛮"。此说虽不可信，然或有史影存乎其间，盖太伯、虞仲所建之虞国支族之吴国，本与楚相邻近，建于所谓"荆蛮"之地，乃虞裔封吴，非吴裔封虞。汾水流域附近之国名、地名常出现于江、淮、汉水之间，如江、淮、汉水间有随、鄂、沈、黄、唐等国，汾水流域附近亦有之。（"随"见隐五年《传》，"鄂"见隐六年《传》，"沈""黄"见昭元年《传》，而晋本名"唐"）。唐、虞两国有密切关系。汉水附近既有唐国，亦应有虞国。此"虞国"当即吴之初封乎？考《西清续鉴》甲编十六载："乾隆二十有六年，临江民耕地得古钟十一，大吏具奏以进。"此"古钟"即者减钟，为春秋初年吴器。临江盖指今安徽和县地，亦属广义之"豫章"，则春秋初年吴人或尝居"豫章"，此与宣八年《传》略合，（"临江"如为江西之临江，古亦为越族居地。）益可证吴自"汉阳"或"荆蛮"东迁。春秋吴国铜器铭文中吴人自称其国或为"攻吴"，或为"攻敔"，或为"工𫷷"，当为一名之变，即古文献中所谓"句吴"。近年出土之"邗王壶"，又称"邗"（另有"邗王"一器，时代未能定），或者"攻""工""句""邗"本为一名，即古干国之称，"干吴"犹言"干"地之"吴"。吴在古文献中或称"干"（见《庄子·刻意》《荀子·劝学》《淮南子·原道》《尸子·劝学》等），或称"吴干"（见《战国策·赵策三》《吕氏春秋·疑似》等），窃谓"吴干"者，犹言吴人之干。"干"本古国名，一作"邗"，《说文》邑部："邗，国也，今属临淮。"《管子·小问》篇："昔者吴、干战，未龀不得入军门，国子擿其齿，遂入，为干国多。"盖干为吴所灭，吴迁于此，故称"干吴"或"吴干"。"干"当本为一大族之名，似与"百越"有关，其支族盖分布于大江南北。《汉书·货殖传》《注》："孟康曰：干越，南方越名也。"（参《太平御览》州郡部引韦昭说，《越绝书》卷二，江西之"赣"名或亦由此来。）

《史记正义》："太伯居梅里，在常州无锡县东南六十里，至十九世孙寿梦居之，号句吴。寿梦卒，诸樊南徙吴，至二十一代孙光，使子胥筑阖庐城，都之。今苏州也。"《索隐》："《系本》曰，吴孰哉居藩篱。宋忠曰：孰哉，仲雍字。藩篱，今吴之余暨也。"《系本》曰：吴孰姑徙句吴。宋忠曰：孰姑，寿梦也。"《集解》："《系本》曰：诸樊徙吴也。"案居梅里者当是寿梦，藩篱、余暨（似非今浙江萧山县西之余暨）等地虽难考，要之吴人曾屡次迁徙，似为事实。越国可能为熊渠少子越章王执疵之后。"越章"即"豫章"，在淮南江北。其后盖与吴国共向东方迁徙。至春秋后期吴、越相争时越国所在，观哀元年《传》，吴败越于太湖中椒山之"夫椒"，（《越语》战于五湖。五湖即太湖。）"遂入越"。可能太湖一带即吴、越之交界。越败于夫椒而吴遂得攻入越都，则越都似离太湖不远。考秦会稽郡治吴，则所谓"会稽"当本近苏州。《越语上》："夫吴之与越也，仇雠敌战之国也，三江环之，民无所移。有吴则无越，有越则无吴。"《越语下》"与我争三江五湖之利者非吴邪？"《越绝书》卷七："吴、越为邻，同俗并土，西州大江，东绝大海，两邦同城，相亚门户。"然则春秋后期越之故都与江南之吴为邻，越器出今浙江省之武康，武康或为古越都所在乎？（楚灭越后，越裔东南迁，故有越都今浙江绍兴之说。）

又案：至少吴阖庐时，都城在今苏州，其后越自琅玡南还，亦都于此，故苏州成为大名邑。战国后期，春申君封地"江东"之首府，当亦在此。古文献中记春申君封邑，多谓在无锡（《汉书·地理志》"会稽郡"，《续汉书·郡国志》"吴郡无锡，侯国"《注》等），然考较早文献，《史记》则云"考烈王以左徒为令尹，封以吴，号春申君"（《楚世家》）。"春申君因城故吴墟，以自为都邑。"（《春申君传》）。《正义》曰："墟音虚，阖闾，今苏州也，于城内小城西北别筑城居之，今圮毁也。"《史记会注考证》本《正义》文作："墟音虚，今苏州也。阖闾于城内小城西北筑别城居之，今圮毁也。"《考证》云："馆本考证云：《正义》句有误，当作阖闾所都。"《史记·春申君传》《赞》："太史公曰：吾适楚，观春申君故城宫室，盛矣哉。"则司马迁时春申君之故城尚完整存在，其记载似不至大误，是春申君之封邑（首府）

在今苏州，不在无锡也。然无锡可能有春申君别邑（春申君本封淮北地十二县，徙封江东后，不应只有一城）。盖无锡本吴国较早之旧都，其遗迹当有存者。《越绝书》载春申君祠无锡历山，立无锡塘，治无锡湖为陂，造无锡西龙尾陵道（卷二）。然《越绝书》亦言春申君封于吴，又言"南越官在长乐里，东到春申君府。秋冬治城中，春夏治姑胥（姑苏）之台"（同上）。春申君府既在苏州，则苏州吴虚自为其首府矣。至于上海所以被认为春申君封邑，则以其地或本在春申君封土之内，且黄浦江被认为春申君所浚之故。考上海在南宋时始设镇，元时始设县，若战国时春申君封邑已在此，则其地早已繁盛，何秦、汉以来渺无所闻，直至宋、元时始设镇县耶？至"春申"之地名，或本指黄歇始封淮北之地，其后随黄歇封土之南移而南移，《三国志·吴书·孙亮传》："有大鸟五见于春申。"此春申固为地名，但地在何处，是否在江东，则待考。

（113）春秋末吴都

吴城邗，沟通江、淮。（哀九年）

案：余读《春秋左传》，常疑吴、楚交兵多在淮域而不在江域。（说为江域之地多有疑问。）盖如旧说，楚都在今江陵，吴都在今苏州附近，则两国当沿长江而战，不当循淮水而争。及详考当时之交通情况，始知长江在春秋时尚未开发，又西阻于云梦泽，楚都亦或不在江陵，故吴、楚交通不得不赖淮水。吴人势力之西北上，淮南实为唯一力争之地，此吴王夫差所以有"城邗，沟通江、淮"之举也。然左氏未言吴王夫差迁都江北邗城，吾人设想当夫差北上争霸时，旧都苏州之地形颇感不便，似可以有如越王勾践北上经营时迁都琅玡一类举动。余读《吴语》，对于春秋末夫差之国都地点颇有怀疑。《吴语》载越王勾践袭吴之役云："吴王夫差……会晋公午于黄池，于是越王勾践乃命范蠡、舌庸率师沿海溯淮以绝吴路，败王子友于姑熊夷。越王勾践乃率中军溯江以袭吴，入其郭，焚其姑苏，徙其大舟。"谓"溯淮以绝吴路"，"溯江以袭吴"，察其辞意，似吴都在淮南长江之附近，不然，何以用师辽远如此？《吴语》又载吴、越之战云："吴王起师，军于江北，越王军于江南……明日，将舟战于江。及昏，乃令左军衔枚泝江五里以须，亦令右军衔枚逾江五里以须，夜中乃令左军、右军涉江鸣鼓中水以须……越王乃令其中军衔枚潜涉，不鼓不噪，以袭攻之，吴师大北。越之左军、右军乃遂涉而从之，又大败之于没，又郊败之。三战三北，乃至于吴。越师遂至吴国，围王官。"《吴语》所谓"江"，韦注以为"吴江"，"松江"，然读上引文先"泝淮"而后"泝江"，则此"江"当指长江无疑。《史记·越世家》："勾践已平吴，乃以兵北渡淮，与齐晋诸侯会于徐州。"平吴后即以兵渡淮，未言渡江，亦可证此时吴都在江北，东汉时书《吴越春秋》即改"北渡淮"为"北渡江淮"（卷十）矣。《吴语》称越王"泝江以袭吴"，水行自下逆上谓之"泝"，是越在此时之吴之东，故《史记·仲尼弟子传》载子贡为鲁说吴王云："臣请东见越王。"《吴语》又载子胥自杀时云："以悬吾目于东门，以见越之入，吴国之亡也。"（《史记·伍子胥传》略同）若其时吴都苏州，越都绍兴，则吴、越为南北之国，自吴至越安得云"东"？越师伐吴，越钱塘江而来，或如夫椒之战，由太湖来，当自吴之西南侵入，安得悬目东门以见越师之入吴？《吴越春秋》正改"东门"为"南门"矣。（卷十，但下又言"越如欲入，更从东门，"则仍依旧说。）若以越是时都武康附近，则更在苏州之西南，如假定春秋末吴都江北扬州附近，越尚在太湖流域，则吴、越始得为东西之国，与《吴语》《史记》等书合。近年河南辉县附近有古器二壶出土，其铭云："禺（遇）邗王于黄沱（池），为赵孟庎，邗王之惕金，台为祠器。"所载为吴、晋黄池之会故事，而吴王夫差称"邗王"，盖夫差城邗后徙都之，以事北略也。《淮南子·道应》篇："此夫差之所以自到于干遂也。"《史记·苏秦传》亦言越王勾践"禽夫差于干遂"。《春申君传》："吴见伐齐之便而不知干隧之败。""隧"犹"沟"也，此"干隧"当即"邗沟"耳。吴王徙邗后称"邗王"，犹韩哀侯灭郑徙都之称"郑哀侯"，魏惠王徙都大梁后遂称"梁惠王"也。（汉吴国都广陵，或即因邗为吴王夫差故都，有城邑基础之故。）

（114）春秋时巴国所在

巴子使韩服告于楚，请与邓为好。楚子使道朔将巴客以聘于邓，邓南鄙鄾人攻而夺之币，杀道朔及巴行人……楚使斗廉帅师及巴师围鄾……（桓九年）

案：古巴国旧说在今巴县，其说甚可疑。《书·牧誓》"庸、蜀、羌、髳、微、卢、彭，濮人"为从武王伐纣之"八国"，皆所谓"西土之人"。庸在今湖北竹山县附近，彭在今湖北房县附近，卢在今湖北南漳县附近，濮据近人顾颉刚《史林杂识》考证约在今湖北西部。羌为姜族，约在今甘、陕错壤处，蜀之北境本达汉中，髳当即"苗"，近人解在南阳一带，微近人释为陕西郿县（晋代在今竹山县西置微阳县，微或在此）。是周初在西土之势力已达今陕西南部、湖北西部、河南西部及陕甘边境。昭九年周人曰："魏、骀、芮、岐、毕，吾西土也。及武王克商……巴、濮、楚、邓，吾南土也……"。西周春秋时之楚盖在丹阳荆山附近之地，邓在今河南邓县，濮亦在今湖北西部，巴地亦当与之邻近。巴者，姬姓之国，昭十三年《传》"共王无冢适……既乃与巴姬密埋璧于大室之庭"可证。是巴可能为"汉阳诸姬"之一而邻近羌戎者。其所统治之人民或为氐族，故中原人亦"夷狄"视之，不与中原之会盟，终春秋之世仅与楚、邓、申等国有交涉。上左氏文，巴欲与邓为好而以楚为介，则似巴在楚西，邓在楚东，巴国当近汉水上游。庄十八年："及文王即位，与巴人伐申而惊其师，巴人叛楚而伐那处，取之，遂门于楚。"申在今南阳，楚与巴人伐申，可见巴离南阳不甚远。那处或云在今南漳县附近，春秋初楚都亦可能在汉水中游，是巴国当在楚之西北。文十六年："秦人、巴人从楚师……遂灭庸。"盖巴与秦相近，与庸亦不相远。哀十八年："巴人伐楚围鄾。"可见直至春秋末年，巴国仍在楚之西北一带。是年，楚"败巴师于鄾"，"封子国于析"。封子国于析者，盖使据楚之故封以西拒巴人也。《战国策·燕策二》："（秦）正告楚曰……汉中之甲乘舟出于巴，乘夏水而下汉，四日而至五渚。"（《史记·苏秦传》文略同）《史记》《索隐》："巴，水名，与汉水相近。"此"巴"自甚可能为古巴国所在,是古巴国在汉水流域之明证也。今陕南川、陕间有大巴山脉,并有巴水,当为古巴族活动之地。或巴、蜀等国族本均在汉水上游,其后为秦、楚所迫而南迁者乎。

(115) 春秋时北燕国所在

齐侯次于虢,燕人行成,……盟于濡上。(昭七年)

案:春秋前期所谓"燕",见于《春秋左传》者皆为姞姓之燕国,旧称"南燕"(隐五年《传》,桓十二年、十三年《经》,十八年《传》,庄十九年、二十年《传》,三十年《经》《传》、宣三年《传》等)。初附于宋、卫,及齐强,又附于齐。所谓齐桓伐山戎以救燕之"燕",亦即南燕。晚出之《齐语》似以为北燕,非是。旧说以为山戎在东北,故以山戎所病之"燕"为北燕,其实山戎或在太行山脉中,或在今山东境内。《春秋》《经》《传》称北燕,皆明指为"北燕",单称燕者多为南燕,南燕在今河南汲县附近。春秋中叶以后,南燕不见而出现北燕,此南北燕是否一国之分支,尚待考索。《史记·燕世家》:"召公奭与周同姓,姓姬氏,周武王之灭纣,封召公于北燕……自召公已下九世至惠侯,燕惠侯当周厉王奔彘共和之时。"史籍所记燕世系及事多缺误,未可尽信。北燕来历迄今难考。《诗·韩奕》:"溥彼韩城,燕师所完。"此"燕"旧亦谓北燕,在今河北北部。然考韩旧说在今陕西韩城县,新说以为即春秋时秦晋交兵之韩原(据清人考证,实在河东,盖汾水下游之国)。韩侯所取之妻曰"韩姞",则此"燕师"之燕似为南燕。或谓《竹书纪年》有"燕京之戎",今山西管涔山旧名燕京山,汾水所出,"燕京之戎"当为燕京山地之部族,此"燕京之戎"或与南、北二燕有关,其说亦待详考。或又据召陵即郾城,金文燕作"匽",旧说燕为召公之后,以为召公所封之燕国本在召陵之郾城,其说亦乏确证。(昭九年,周人曰:"及武王克商……肃慎、燕、亳,吾北土也。"此燕或为南燕,肃慎亦不在今东北,亳地未详,盖与燕相近,然此"燕"亦或指"燕京之戎",或为左氏所载战国人语,"燕"指北燕。)

北燕始见于襄二十八年《传》,与齐、杞、白狄等国朝于晋,谓"宋之盟故也",或北燕本为齐属,随齐朝于晋乎?襄二十九年《经》:"齐高止出奔北燕。"昭三年《传》:"子雅放卢蒲嫳于北燕。"同年《经》:"北燕伯款出奔齐。"六年《经》:"齐侯伐北燕。"《传》:"将纳简公。"十二年《经》:"齐高偃帅师纳北燕伯于阳。"上引昭七年《传》文"虢"之所在地未详。濡上,旧说在今河北任丘县,另有南濡水在今河北满城县,北易水亦称"北濡水"。齐、燕所盟疑为南濡。齐纳北燕君于阳,《传》作"唐",旧谓即今河北唐县,其地固近满城。濡上与唐当与春秋时之北燕国都不甚远,故一为城下之盟于此,一纳燕君于此以逼燕也。春秋时北燕国都当在今河北省西部近易水处,《史记·燕世家》《集解》:"《世本》曰:桓侯徙临易。宋忠曰:今河间易县是也。"今河北易县南有"燕城",近人谓之"燕下都",当即其地。

至北燕姬姓,明见于《传》(昭七年"燕人归燕姬")。何以南、北燕同称"燕"而一为姞姓,一为姬姓?疑未能明。又何以南燕只见于春秋前期,北燕只见于春秋后期,似前后相承接?或北燕为南燕之余支北迁者,故在春秋时均附于齐。然文献无征,惟有存疑。

(116)狐骀　附论墨台氏

邾人、莒人伐鄫,臧纥救鄫侵邾,败于狐骀。(襄四年)

杜《注》:"狐骀,邾地,鲁国蕃县东南有目台亭。"案《路史·国名纪》商氏后有目夷国条下记云:"今徐之滕东有目夷亭。"此盖据《史记·殷本纪》"契为子姓,其后分封,以国为姓,有……目夷氏"之文。"台""夷"字同音通假。古鲁国蕃县即宋之滕县,唯左氏明言"狐骀",杜《注》所举证明地点则作"目台",何也。案今滕县之东南有狐台山,并无目台山,则"目台"或为"狐台"之误。《檀弓》:"鲁妇人之髽而吊也,自败于臺鲐始也。"郑《注》:"臺当为壶字之误也,《春秋传》作狐鲐。"其说近是。至《史记》之目夷氏,盖本古国名或邑名,宋公子目夷之名疑即取此地名（说见梁玉绳《汉书人表考》卷三）。目夷之名或作"墨夷""墨台"，《广韵》六脂及《姓氏急就篇》引《世本》："宋襄公时墨夷须为大司马，其后有墨夷皋。""子"当作"兄子"。《风俗通义》："宋大夫有墨夷须、墨夷鸿、墨夷皋。"公子目夷即为宋襄公时之大司马（僖十九年"司马子鱼曰……"可证）。《通志·氏族略》："墨台氏子姓，宋成公子墨台之后。"此或亦本《世本》等书。《潜夫论·志氏姓》篇以目夷氏为微子之后。《广韵》六脂："宋子目夷之后，以目夷为氏。"《通志·氏族略》引《元和姓纂》："墨氏，孤竹君之后，本墨台氏，后改为墨氏，……战国时宋人墨翟著书号墨子。"以墨翟为孤竹君之后。案左氏及《说苑·立节》篇所载公子目夷与宋襄公（太子兹父）互让君位事，与伯夷、叔齐让国故事颇相似，墨子或为公子目夷之后（公子目夷之后，盖有鱼氏、目夷氏二支，或目夷氏即鱼氏），故曾为宋大夫，后讹传为孤竹国伯夷之后。总之，殷宋之后盖有目夷氏或墨台（夷）氏，墨翟即其后也，此"目夷氏"与"狐骀""目台"之地名有无关系，尚待详考。

（117）"孟津"

周武有孟津之誓。（昭四年）

《释文》："孟，本又作盟。"案作"盟"者是也。《史记·夏本纪》，《汉书·地理志》、《沟洫志》并作"盟津"。隐十一年《传》："与郑人苏忿生之田……盟……"杜《注》："今盟津也。"其地本在大河之北，后始移河之南。前人多以"孟"为本字，"盟"为假借字，乃狃于《禹贡》之文，以《禹贡》已有孟津也。其实"盟津"之名本由周武王盟誓于此而得，《水经·河水注》即有此说。案《逸周书》中最古之篇《商誓》云："昔我盟津，帝休，辨商其有何国。"是为"孟津"原作"盟津"之确证。以此处之"盟"字系动词，决不能说为"孟"之借字，汉初之伪《泰誓》亦作"盟津"，至今本伪《泰誓》则作"孟津"矣。《诗·大明》："凉彼武王，肆伐大商，会朝清明。"《天问》："会量争盟，何践吾期？"此最古之训诂，可见武王伐商确有会盟诸侯之事，"盟津"之名即由此来，则《禹贡》非周以前书审矣。

（118）鸟夷

或叫于宋大庙曰："嘻嘻！出出！"鸟鸣于亳社，如曰"嘻嘻。"甲午，宋大灾。（襄三十年）

案：此种神话传说表现宋人与鸟图腾之关系，"鸟鸣于亳社"后，宋即"大灾"，鸟与宋之关系可见。《鲁语上》："海鸟曰爰居，止于鲁东门之外三日，臧文仲使国人祭之。"即此可见东方人之习俗。定四年载周封鲁以"殷民六族"，"使之职事于鲁"，"因商奄之民，命以伯禽而封于少皞之虚"。六年，"阳虎又盟公及三桓于周社，盟国人于亳社"。是则鲁之"国人"盖主要为"殷人"，故盟于亳社。祭鸟盖为殷及其他东方人之习俗，故臧文仲因殷俗"使国人祭之"也。殷人原有其先祖为玄鸟降生之神话，见《诗·玄鸟》等。甲骨卜辞中有"高祖夒"，"夒"字或作鸟首人身形，殷祖王亥又有"两手操鸟，方食其头"之传说（见于《山海经·大荒东经》），此等皆鸟图腾之遗迹，殷人曾以鸟为图腾盖无疑问。与殷人极有关系者为淮夷（奄即淮夷一族），"淮"字从"水"从"隹"，甲骨卜辞有"隹夷"，当即"淮夷"。"隹夷"之"隹"，《说文》云："鸟之短尾总名也。"又潍水之潍亦从"隹"，疑即"淮"字之分化。古潍水流域盖亦以鸟为图腾之族之居地。"淮夷"之大者曰"熊盈族"，《逸周书·作雒》："三叔及殷东徐、奄及熊盈以略（畔？），周公、召公内弭父兄，外抚诸侯……凡所征熊盈族十有七国，俘淮九邑。"证以《史记·鲁世家》"管、蔡、武庚等果率淮夷而反"，《书序》"武王崩，三监及淮夷叛"等文，则徐、庵、熊盈等皆为淮夷之族。所谓"熊盈"者，盖指盈姓熊氏之族，"盈"当即"嬴"，徐、奄、秦、赵、郯等国皆嬴姓。（《路史·国名记》引《世本》："淮夷嬴姓。"）楚国王室则以"熊"为氏，是此类国姓皆"熊盈"之族也。秦之先祖亦谓出自玄鸟，与殷人同（见《史记·秦本纪》）。秦祖柏翳即益，实为玄鸟化身（"益"即

"燕"——"玄鸟"),其长子大廉为鸟俗氏,大廉玄孙孟戏、中衍传说"鸟身人言",中衍之后曰蜚廉,亦作"飞廉"。飞廉善走,疑由善飞传说之扩大,实亦鸟图腾之遗迹。赵为秦之支族,少皞氏之鸟官中有"伯赵氏",则"赵"或亦鸟名也。春秋时郯子叙其世系,云"我高祖少皞挚之立也,凤鸟适至,故纪于鸟,为鸟师而鸟名"(昭十七年)。少皞挚可能即殷祖契之化身,凤鸟即玄鸟之神话化(参《楚辞·离骚》《天问》)。楚之先祖为祝融,近人多以为即驩兜,亦即丹朱,本为日神,即"日中之踆乌","驩兜"与"丹朱"亦鸟名,则楚人似本亦以鸟为图腾之族。且秦、楚同以颛顼为远祖,其本出一族而分为二氏族甚明,故春秋时二国颇相亲近。与少皞名号相类者有太皞,似即帝喾,帝喾正与玄鸟、凤鸟有关。左氏载任、宿、须句、颛臾等国皆"风姓","实司太皞与有济之祀"(僖二十一年)。"风"即"凤"(参甲骨卜辞、《淮南子·本经》)。太皞之族东方之国以凤为姓,亦即以凤鸟(玄鸟)为图腾。又少皞氏之鸟官爽鸠氏本居齐地,其后"蒲姑氏因之"(昭二十年《传》),"蒲姑"亦鸟中之鸠类也。《禹贡》冀州"鸟夷皮服",扬州"鸟夷卉服"(今本俱作"岛夷",非),盖北自渤海湾,南至东海沿海一带,皆居有所谓"鸟夷"。郑玄释冀州者云:"东方之民搏食鸟兽者。"颜师古释冀州者云;"一说居在海曲,被服容止皆象鸟也。"释扬州者云:"东南之夷善捕鸟者。"盖"鸟夷"本指以鸟为图腾之部族。广言之,古代中国东部居民多以鸟为图腾,亦可称为"广义之鸟夷",甚至东北部族亦有以鸟为图腾之遗迹(参见《论衡·吉验》篇,《魏书·高句丽传》等)。

但所奉图腾相类,未必即为一民族,因各族之宗教神话传说等本可相互影响,特别是相互杂居之族,吾人所考只能证明古代中国东方及东北各族有相互杂居及文化交流之史实耳。

(119)姬姓之"戎"

晋伐骊戎,骊戎男女以骊姬。(庄二十八年)

案:《晋语四》:"(文)公说,乃行赂于草中之戎与丽土之狄，以启东道。"则郦戎或在晋之东也。《庄子·齐物论》称骊姬为"艾封人之子"，则郦戎男盖为晋之附庸，犹大戎之于晋。庄二十八年《传》："大戎狐姬生重耳，"《晋语四》："狐氏出自唐叔，狐姬，伯行之子也，实生重耳。"则大戎之君为唐叔之后，与晋同祖，故其后为晋大夫，亦犹郦戎男之为"艾封人"也。"戎"之中何以有姬姓之族？是盖姬族支裔入居戎区，为其君长耳。然有可以补论者，周代所谓"诸夏"之族，实以"姬""姜""子"三大姓为中心。"子"为东族殷人之姓，"姬""姜"皆西族之姓，"姬""姜"尤世通婚姻，似本为一部落或一胞族中之二氏族，古人常连称"姬姜"，亦连称"氐羌"，二称呼之间似有关系。"姜"即"羌"，章炳麟等论之已详。或谓"羌""姜"本一字，地望从人为"羌"，女子从女为"姜"，犹卜辞"鬼方"之"鬼"或从人、或从女。周代姜姓诸国及姜戎与氐羌均为伯夷——四岳（大岳）之后。（参《山海经·海内经》《周语》《郑语》，左氏隐十一年、庄二十二年、襄十四年《传》。）"氐"与"氏"通，"氏"亦作"坻"，或作"阺"，《石门颂》："高祖受命……以汉诋焉。""诋"即"氐"字。《史记·大宛传》"大月氏……遂都妫水北……其余小众不能去者保南山羌，号小月氏"，似"月氏"亦与羌有关。"月氏"之"氏"当即"氐"，音"支"，古音与"姬"相近，疑"姬"字出于"氐"，犹"姜"字之出于"羌"（但月氏非氐羌之族，周人亦非氐羌之族，只与氐羌之族有关系而已）。姬姓与"氐"之称似均起源于岐山，"岐"字从"支"，音亦近"姬"。《晋语四》："黄帝以姬水成，炎帝以姜水成。"姜水在岐山下，姬水疑亦岐山下之水，所谓"以姬水成"，即谓黄帝之族以姬水为姓也。又"姬""姒"二字古本音同通用，义亦相通。姒姓出于大禹，而传说禹兴于西羌（《史记·六国表》《后汉书·戴良传》《新语·术事》篇等），则姬姓与氐羌有关系又可证明。巴、蜀一带曾为氐族活动之地，春秋时之巴国虽不在后世之巴地，然固与后世巴地之族有关，巴国即为姬姓。案古"巴""且"音通，《集韵》"妑""姐"同字，音"紫"，故《史记·张仪传》"苴蜀相攻击"，《索隐》："苴音巴。""苴"之音亦与"姬"相近。氏族实羌族之一支，《逸周书·王会》："氐羌鸾鸟。"孔晁《注》："氐，羌地羌不同，故谓之氐羌，今谓之氐矣。"盖"羌"其大名，"氐"其小别。姬姓之族，如从母系言，亦为姜姓之分支，故以姜嫄为女性始祖（姜嫄在原始传说中本"无夫"，实为周人之母系始祖）。"氐""羌"之名，周人文献中少见，如周金文、《周易》、《周书》（指较可靠之篇）、《周诗》、《春秋左传》、《国语》、《论语》等书，几乎未见"氐""羌"之称。惟甲骨文中特多，《诗·商颂·殷武》亦云："昔有成汤，自彼氐羌，莫敢不来享，莫敢不来王，曰商是常。"似周人讳"氐""羌"之名（"羌"字曾见于较晚出之书《牧誓》，"氐"字则周人文书中更难见），惟称"姬""姜"。《史记·周本纪》"古公乃贬戎狄之俗"，可见周人原杂有戎狄之俗，或原即戎狄之一而进化较早者。此倘即"姬""姜"之名源于"氐""羌"之名之故乎？

周人自称为"夏"，且较早进于农业，以农神后稷为始祖，似与氐、羌原非一族。与姬周通婚之姜姓各族，应与姬周原为一大族之分支，亦未必真出自羌戎。观晋地姬姓大戎、郦戎之例，及与周通婚之申戎（西申）等，似为夏族西迁之二大支，入居戎地，与戎族杂处，习俗文化相互交流，其族长又有入居戎地为其君长者，故取"氐""羌"之名化之为"姬""姜"。是犹夏余之杞之即东夷而《春秋》遂谓"杞，夷也"（僖二十三年），"用夷礼故曰子"（僖二十七年）；夏余之缯之即西戎，《郑语》遂谓"申、缯、西戎方强"，等之于西戎；殷余子姓之"亳"迁入西戎，《史记·秦本纪》亦等之于"西戎"，岂能谓杞、郦即夷戎，子姓之"亳"亦戎族耶？后儒所谓"孔子之作《春秋》也，诸侯用夷礼则夷之（案如杞、郦、亳等），进于中国则中国之"（按如春秋中叶以后之南夷楚、吴、越等国，及赤狄潞氏、白狄、鲜虞等，皆已与华夏无甚差别），确为春秋时人之观念。故吾人不能据其名及其传说之祖先定其族之血统，否则匈奴称为"夏后"，鲜卑各族亦多自称为中原古帝王之后，岂可谓此等少数族即汉族乎？左氏载姜戎氏自谓"我诸戎饮食衣服不与华同，赞币不通，言语不达"（襄十四年）。是华与戎实有区别。又如戎狄"被发左衽"，吴越之人"断发文身"，与"诸夏"之束发冠裳风俗大异，岂得因戎狄中有姬、姜、子等姓，吴、越之君自称周、夏之后，遂混淆各族之民族界限乎？

（120）"四裔"

先王居梼杌于四裔，以御螭魅。（昭九年）

案：春秋时所谓"诸夏"及"蛮夷戎狄"等族之界限，实不甚清晰。有"诸夏"而即"夷狄"者，亦有"夷狄"而进为"诸夏"者，更有居于二者之间者。近人常以近代之民族观念观察之，使之现代化，遂致民族与部族之界限趋于混乱。其实西周、春秋时所谓"诸夏"与"蛮夷"往往以经济文化之差异为别，未必尽是血缘之名词，欲考其真正种族之界限，实属不易。且当时各族往往杂处交往，以至通婚，故纯粹之种族甚难言。春秋、战国间由于兼并、会盟、朝聘往来以及通商等原因，中原地区各族各国已渐混化为一体，真正之"华夏族"于以出现，亦即后世汉族之前身形成。其居于四周边疆地区而经济文化较为落后者，遂被看成所谓"四裔"之"蛮族"，且以旧日杂居中原及边区之夷蛮戎狄等族之名分被之东南西北四方，而有所谓"东夷""南蛮""西戎""北狄"之称，其说盖始见于战国中期书。《礼记·王制》等书沿之，遂成所谓"常识"。案之原始文献，其说实有问题。"夷"即"人"字，见于甲骨卜辞，有"王征夷方"（即人方）等记载。卜辞中又有"隹夷"（淮夷），"归夷"等称号，其所在地点未详。周金文中有"东夷"（《小臣谏𣪘铭》等）、"南夷"（《宗周宝钟铭》等），又有在宗周附近之"西门夷""熊夷""𩰫夷""京夷""畀刀夷"等（《师酉𣪘铭》）。《诗经》中有"混夷""串夷"皆在西方。"蛮"字见于周金文，有称"蛮方"者（《虢季子白盘铭》），似指西北部族"猃狁"等而言。有单称"蛮"者，西北国家鬼方可以称"蛮"（《梁伯戈铭》），晋国附近亦有所谓"百蛮"（《晋邦盦铭》），秦之附近亦有"蛮"（秦公钟、秦公毁铭），《诗经》中亦有"蛮方"之名，似均指西北之族（《抑》）。韩国（在河东？）附近亦有"百蛮"（《韩奕》），东方鲁国附近亦有所谓"蛮貊"（《鲁颂》及《论语》），《史记·匈奴传》且有所谓"北蛮"矣。《诗经》中又有"蛮荆"之称（《采芑》），指楚国（左氏亦谓楚之附近有"群蛮"），左氏载"陆浑蛮氏"（成六年）、"戎蛮子"（昭十六年），此为居于中原戎蛮之族。"戎"字亦见于甲骨卜辞，如"征戎"，而云"在东"，又有"东戎"之名。周金文中有"东国痟戎"（《班毁铭》），《书·费誓》称徐为"戎"，《春秋经》及《左氏传》中以"戎"名之国族甚多，有鲁、曹等国附近之"戎"（隐二年、庄二十年、二十四年），盖在今山东曹县附近。有楚国附近南方之"卢戎"（桓十三年），盖在今南漳县附近，楚国之南亦有所谓"戎"（文十六年）。有"北戎"（隐九年、桓六年、僖十年，亦见《竹书纪年》等书），所居盖近晋、郑、齐、许诸国，似为居大河以北而邻近"诸夏"之戎。有"山戎"（庄三十年），盖居"北戎"邻近之山地中，或谓在山东境内，曾与齐及南燕诸国发生交涉。有无终氏等"诸戎"（襄四年、昭六年），盖居河北山西二省境内。又有"郿戎""犬戎"等，皆姬姓，在晋国附近，曾与晋通婚姻，且似为晋之附庸。此外周金文中猃狁亦称"戎"（《不毁毁铭》），《诗经》《左》《国》等书中皆有"西戎"之称。又有"犬戎"，亦居西北，曾亡周室（"犬戎"亦称"畎夷"）。中原亦多戎族，如"扬、拒、泉、皋、伊雒之戎"，"陆浑之戎"，"九州之戎"，"戎蛮氏"等。"狄"字亦见于周金文，有所谓"戥狄"（《戥狄钟铭》）。鬼方亦称"狄"（《竹书纪年》周王季伐西落鬼戎俘"二十翟王"）。又有所谓"西翟"（见《吕氏春秋》），似即西戎。春秋时赤狄、白狄纵横于陕西、山西、河北等省间，盖本为西族，后为北族，势力且达山东、河南境内。长狄则侵扰齐、鲁、宋、卫诸国（参文十一年《传》），是西北东三方皆有狄族。哀四年《传》"（楚）司马起丰、析与狄戎以临上雒"，是南方之楚国亦有附属之狄族也。清人崔述作《丰镐考信别录》（卷三）已云："盖蛮夷乃四方之总称，而戎狄则蛮夷种类部落之号，非以四者分四方也"，其说近是。在《左传》中，尚未有以"夷""蛮""戎""狄"分配东南西北四方之概念，但已有"四裔"之称，且以为先王居"梼杌"之地。其说已开后世四方四族之说之先声，是则《左传》写作时，中原之地已渐趋统一之故乎。

第 二 卷

（1）仲子问题

惠公元妃孟子。孟子卒，继室以声子，生隐公。宋武公生仲子，仲子生而有文在其手，曰："为鲁夫人。"故仲子归于我，生桓公而惠公薨，是以隐公立而奉之。（隐元年《经》《传》前文）

案：鲁夫人皆有谥，如桓公夫人曰文姜，庄公夫人曰哀姜，僖公夫人曰声姜，文公夫人曰出姜（亦称"哀姜"），宣公夫人曰穆姜，成公夫人曰齐（齐，敬也）姜，襄公夫人（？）子野之母曰敬归，定公夫人（？）曰定姒，惟哀公在春秋之末，夫人之谥未闻；昭公娶于吴，谓之"吴孟子"，因昭公被逐，故无谥。君之母虽原非夫人亦有谥，如隐公之母曰声子，僖公之母曰成风，宣公之母曰敬嬴，昭公之母曰齐归。唯身为惠公夫人，有赫赫武功之鲁桓公之母无谥，但称"仲子"，殊为可疑！考仲子之死盖在隐二年，《经》载："夫人子氏薨。"称夫人者，以其为未立之太子之母，无谥者，则桓公未即位之故。然则仲子未必为惠公之嫡夫人也。有关仲子记载，诸书多异说。《公羊传》虽谓："桓何以贵？母贵也。"然又云："仲子者何？桓之母也。何以不称夫人，桓未君也。……何以不言及仲子，仲子微也。"可见仲子本非惠公夫人，仅较隐公之母稍贵耳。《榖梁传》，则更立异说："仲子者何？惠公之母，孝公之妾也。"其说无据。《史记·鲁世家》则云："初，惠公适夫人无子，公贱妾声子生子息。

息长，为娶于宋，宋女至而好，惠公夺而自妻之，生子允，登宋女为夫人，以允为太子。"此说合乎春秋时家长制婚姻形态，或尚可信。然此类所谓"夫人"，当时人或不视为嫡，如楚平王纳其太子建聘妻为妻，《传》书："楚夫人嬴氏至自秦。"及平王卒，令尹子常欲立子西，曰："太子壬弱，其母非适也，王子建实聘之。"仲子既是夫人，而又非夫人，或亦犹是。然吾人有进者：较可靠之史料为《春秋经》，观《经》书仲子事，"天王使宰咺来归惠公、仲子之赗"（隐元年），则仲子地位确乎较高。"夫人子氏薨"（隐二年），如此"夫人子氏"确指仲子，则仲子虽称"夫人"而无谥，地位仍低一级。"考仲子之宫，初献六羽"（隐五年），此亦可证仲子之地位较高。或仲子之事确近于《史记》所载也。然则左氏何故特尊仲子，而记"仲子生而有文在其手曰为鲁夫人"之神话？此观闵二年《传》所载季友神话，可窥见消息之一斑："及生，有文在其手曰友，遂以命之。"祖母与孙儿之神话相同。盖尊仲子者尊桓公，尊桓公者尊季氏也：此可见《左传》原作者与季氏之关系。

（2）《左传》尊季氏其他证据

天生季氏，以贰鲁侯，为日久矣。民之服焉，不亦宜乎！鲁君世从其失，季氏世修其勤，民忘君矣，虽死于外，其谁矜之？社稷无常奉，君臣无常位，自古以然。……昔成季友，桓之季也，文姜之爱子也……既而有大功于鲁，受费以为上卿。至于文子、武子，世增其业，不废旧绩。鲁文公薨，而东门遂杀适立庶，鲁君于是乎失国。政在季氏，于此君也，四公矣，民不知君，何以得国？……（昭三十二年）

公患三桓之侈也，欲以诸侯去之；三桓亦患公之妄也，故君臣多间。公游于陵阪，遇孟武伯于孟氏之衢，曰：请有问于子，余及死乎？对曰：臣无由知之。三问，卒辞不对。公欲以越伐鲁，而去三桓。秋八月甲戌，公如公孙有陉氏，因孙于邾，乃遂如越。国人施公孙有山氏。（哀二十七年）

案:《左传》中袒季氏及三桓之言不胜枚举,此举显者二条,以见一斑。左氏固亦有贬季氏等语,然不代表其主要思想(或所据史料如此),而袒季氏之立场,则非常明显。上引左氏文以鲁君失国蔽罪东门氏,亦袒季氏之说。季氏取得政权实在通成风立僖公时,然其后国柄似一度为东门氏所有。东门氏与季氏斗争失败,季氏从此掌握鲁国全权,成为实际之鲁君矣。"社稷无常奉,君臣无常位"语,似在三家分晋、田氏代齐等事实之后,乃此类事实在思想上之反映。哀二十七年《传》语,以《史记》校之,颇有出入。《鲁世家》云:"哀公患三桓,将欲因诸侯以劫之;三桓亦患公作难,故君臣多间。……公欲以越伐三桓。八月,哀公如陉氏,三桓攻公,公奔于卫,去如邹,遂如越,国人迎哀公复归,卒于有山氏。"左氏不载"三桓攻公"及哀公复归死于有山氏等事,一若终于越者,此为季氏讳也。公孙有山氏为季氏党(参哀二十四年《传》),受季氏命暗杀哀公,完全可能。观上引《传》末云:"国人施公孙有山氏。"苟无弑君之罪,恐不得有此事。哀公谥为"哀",不谥为"出",亦可证其被弑。

(3)鲁东门氏夺政及失政事

文公二妃敬嬴生宣公,敬嬴嬖而私事襄仲,宣公长而属诸襄仲,襄仲欲立之。……仲杀恶及视,而立宣公。(文十八年)

公孙归父以襄仲之立公也,有宠,欲去三桓以张公室,与公谋而聘于晋,欲以晋人去之。冬,公薨,季文子言于朝曰:使我杀适立庶,以失大援者,仲也夫。臧宣叔怒曰:当其时不能治也,后之人何罪,子欲去之,许请去之,遂逐东门氏。子家还……遂奔齐。书曰:"归父还自晋。"善之也。(宣十八年)

案:东门襄仲与敬嬴之事,盖袭季友与成风之故智,以此东门氏暂时取得国柄。终宣公之世,东门氏甚有权,如,元年《经》:"公子遂如齐逆女。"八年《经》:"公子遂如齐,至黄,乃复。"九年《经》:"公孙归父如齐。""公孙归父帅师伐邾,取绎。""冬,公孙归父如齐……"十一年《经》:"公孙归父会齐人伐莒。"十四年《经》："冬，公孙归父会齐侯于谷。"十五年《经》："公孙归父会楚子于宋。"可见是时东门氏结交齐国，拥立宣公，专擅国政，三桓在此时几不甚露头角。最后东门氏乃欲去三桓，终为季氏主谋所逐。自此以后，季氏之政权乃始巩固。又鲁宣八年，东门襄仲卒，不久"夫人嬴氏"即薨，而"葬我小君敬嬴，雨不克葬"，"有事于大庙，襄仲卒而绎，非礼也"，"葬敬嬴，旱无麻，始用葛茀"等记载皆有问题，似可表征季氏与东门氏之矛盾、斗争。在外交上，季氏与东门氏似亦有斗争，但痕迹不甚显。

（4）季氏之"亡"

成季之将生也，桓公使卜楚丘之父卜之，曰：男也！其名曰友，在公之右，间于两社，为公室辅。季氏亡，则鲁不昌。（闵二年）

案：左氏多预言，此亦为预言。《左传》作者当及见季氏之亡，故云然。《左传》成书年代，据多数学者考证，约在公元前四世纪，季氏之亡当在其前（孟孙氏在孔子最幼小弟子曾子死时尚未亡，《论语》载孟敬子在曾子死时问其病，可证。《史记·田齐世家》及《六国表》均载齐宣公四十八年齐取鲁郕，"郕"即"成"，为孟氏封邑，孟氏之亡或在此时——公元前四〇八年，其后孟子似即孟孙氏之后）。《论语·季氏》篇载孔子曰："吾恐季孙之忧不在颛臾，而在萧墙之内也。"此盖亦预言（《季氏》篇在《论语》后五篇）。《韩非子·外储说左下》："季孙好士……而不能长为也，故客以为厌易己，相与怨之，遂杀季孙。"是即所谓"季孙之忧……在萧墙之内。"《韩非子》载南宫敬子问颜涿聚季孙遇难之故，此颜涿聚为孔子弟子（与《左传》颜涿聚非一人，见《吕氏春秋·尊师》篇），则季孙遇贼之事必在孔子死后不久。然悼公时"三桓胜"，三桓盖亦如晋三家思夺君位，三分鲁国，君臣矛盾当更甚，悼公在位三十七年而谥为"悼"，春秋时以"悼"为谥之君主多不得善终，悼公甚有可能被三桓所杀。故《韩非子·说林上》云："鲁季孙新弑其君，吴超仕焉。或谓起曰：夫死者始死而血，已血而衄，已衄而灰，已灰而土，及其土也，无可为者矣。今季孙乃始血，其卅乃未可知也。吴起乃去之晋。"可见季孙弑君之结果不善。《史记·吴起传》谓："吴起于是闻魏文侯贤，欲事之。"魏文侯元年当鲁悼公二十二年，魏文侯在位五十年，吴起至晋，当在悼公死时。《檀弓》亦载孟敬子讥讽季昭子问悼公之丧"为君何食"之语。春秋以上"昭"非善谥，以"昭"为谥者多不得令终，季昭子盖为"季氏亡"时之主，非被杀即被逐。《墨子·耕柱》篇亦载季、孟二氏不和事，可见是时季氏内部既有问题，三家又不相睦，故鲁元公学其祖哀公之法，借此时称霸东方之越兵伐季氏，《孟子·离娄下》载"曾子居武城，有越寇"故事，与《说苑·尊贤》篇所载"鲁人攻鄪"故事大同小异，曾子盖为季氏所尊师，故《檀弓》载其临死时易箦故事犹言系季孙之赐。《史记·仲尼弟子传》曾参少孔子四十六岁，至元公时年已八十以上，以其年之老寿，故为季氏所尊师。《孟子》焦循《正义》已引或说谓："越寇季氏，非寇鲁。"是盖亦犹卫出公以公徒合越师伐其反对派之臣也（参哀二十五、二十六年《传》）。季氏盖即亡于此时，其大宗或其支庶、臣属不得不离鲁守鄪，成为"小国之君"（《孟子·万章下》）。季氏既亡，叔、孟二氏自不足为患，鲁君乃得收回政权，进行中央集权之改制。观元公之后穆公时："公仪子为政，子柳、子思为臣。"（《孟子·告子下》）鲁平公时又"欲使乐正子为政"，"慎子为将军"（同上），文武分职，明是战国政治体制。由乐正子之介，平公将见孟子，嬖人臧仓沮之（《孟子·梁惠王下》）。则是时三桓之衰息可知矣。至费国，则据《水经注》卷二十五引《鲁连子》及《史记·楚地家》《吕氏春秋·慎势》篇等记载，似存在甚久，可能与鲁国同亡。

（5）《左传》记事之下限

卫迁于帝丘，卜曰三百年。（僖三十一年）

案：此为左氏所载最晚之预言。鲁僖三十一年下数三百年当魏惠王后元六年，据《史记·六国表》为卫平侯四年（公元前三二九年？），《史记·卫世家》："声公十一年卒，子成侯遬立。

成侯十一年，公孙鞅入秦。十六年，卫更贬号曰侯。二十九年，成侯卒，子平侯立。平侯八年卒，子嗣君立。嗣君五年，更贬号曰君，独有濮阳。"则卫当平侯时已衰弱近一小封君。然《史记》在彼时无卫亡或迁离帝丘之明文，故前人多谓左氏此段预言不中，且有以此证《左传》为左丘明作或秦以后人作者。考之先秦古文献，卫在魏惠王时曾有臣下夺位之事，左氏之预言盖指此。《韩非子·说疑》篇云："以今时之所闻，田成子取齐，司城子罕取宋，太宰欣取郑，单氏取周，易牙之取卫，韩、赵、魏三子分晋。"考《说疑》篇上文言："若夫齐田恒、宋子罕、鲁季孙意如、晋侨如（？）、卫子南劲、郑太宰欣、楚白公、周单荼、燕子之，此九人者之为其臣也……上逼君，下乱治，援外以挠内，亲下以谋上，不难为也。"则取卫者为子南劲。子南劲取卫事，明见《史记·周本纪》《集解》所引汲冢古文："卫将军文子为子南弥牟，其后有子南劲，朝于魏。后惠成王如卫，命子南为侯。"子南弥牟者为春秋战国间一有名人物，常见古书，其人为公子郢字子南者之后。左氏哀二年载卫灵公欲立子南为太子，子南辞，灵公卒，乃立出公。其后出公为吴所执，"归，效夷言，子之尚幼，曰：君必不免，其死于夷乎……"（哀十二年）。于之即子南弥牟，此言弥牟之幼慧。出公返国时曾"夺南氏邑"，鲁哀二十五年，褚师比、公孙弥牟等遂"因三匠与拳弥以作乱"，出公奔城钼，勾越师伐卫，文子（子南弥牟）伪欲纳之，众不可；文子又伪请亡，众勿许。乃重赂越人，"申开守陴而纳公，公不敢入。师还，立悼公，南氏相之"（哀二十六年）。卫之政权盖自此入子南氏之手，至子南劲遂夺位。此后卫盖不称姬姓而称"公孙氏"，如《史记·商君传》称："商君者，卫之诸庶孽公子也，名鞅，称公孙氏，其祖本姬姓也。"（关于卫在战国中期以后改姓公孙氏，《战国策·卫策》中亦有证据，如"卫嗣君病……自今以往者，公孙氏必不血食矣"。）盖商鞅亦子南氏之后也。所谓子南劲殆即平侯，史以为成侯子，非也！《史记·卫世家》自平侯以后除亡国之君角外，皆不著其名，盖自子南劲取卫后，卫即完全成为魏之附庸，等于一小封君矣。

《荀子·王制》篇云："成侯、嗣君，聚敛计数之君也……聚敛者亡。"嗣君时卫益削弱，亦可谓"亡"，成侯之"亡"当即指被子南劲夺位之事。

又案：据《世本》《史记》，公子郢为灵公之子，或据左氏载灵公言："余无子，将立女。"谓子南为灵公庶弟。然左氏下文明言："郢异于他子。"则以子南为灵公子者为是，盖其母贱，不应嗣位，灵公所谓"余无子"者，言无嫡子也。

又案：《史记·周本纪》："汉兴九十有余载……求周苗裔，封其后嘉三十里地，号曰周子南君。"《集解》："秦并六国，卫最为后，疑嘉是卫后，故氏子南而称君也。"则子南氏之后不特代为卫后，且尝代为周后矣。

（6）单氏取周

王叔陈生与伯舆争政……晋侯使士匄平王室，王叔与伯舆讼焉。……单靖公为卿士，以相王室。（襄十年）

案：此为单氏得政之始。单氏为周疏族，亦姬姓也。其后单、刘二氏并执周政（参照二十二年、定七年等《传》）。刘氏为王近族，故地位高于单氏。然刘氏与晋范氏为婚，至范、中行亡时，周人与范氏，晋赵鞅以为讨，周人杀刘氏谋臣苌弘以谢晋（哀三年《传》），盖自此刘氏渐失势。《说苑·权谋》篇载叔向诈书曰："苌弘谓叔向曰：子起晋国之兵以攻周，吾废刘氏而立单氏。"此事不知有可信处否？若然，则苌弘死有道矣。于此亦可见刘氏之地位高于单氏。单、刘争政之结果，胜利归于单氏。《周语下》："及定王（贞定王），刘氏亡。"《周语下》又载晋叔向曰："吾闻之曰：一姓不再兴，今周其兴乎？其有单子也。"此盖单氏后人所造为其祖文饰之语。《韩非子·说疑》篇谓："以今时之所闻……单氏取周。"观其上文，取周之单氏名荼。至如何取周，其详难考。要之，周之政权盖曾一度落入单氏手中也。

（7）司城子罕取宋、太宰欣取郑

郑子展卒，子皮即位，于是郑饥而未及麦，民病。子皮以子展之命饩国人粟，户一钟，是以得郑国之民，故罕氏常掌国政，以为上卿。宋司城子罕闻之曰：邻于善，民之望也。宋亦饥，请于平公，出公粟以贷，使大夫皆贷，司城氏贷而不书，为大夫之无者贷，宋无饥人。叔向闻之曰：郑之罕、宋之乐，其后亡者也。二者其皆得国乎？民之归也。施而不德，乐氏加焉，其以宋升降乎！（襄二十九年）

案：此段文字虽杂预言，然甚重要，可以考见战国时宋、郑二国二重要史事。宋桓族之乱，戴族华元灭桓族之大部分，仅使桓族向戌为左师（成十五年传），自此戴族大盛。至春秋后期，戴族中乐氏独强，乐喜（司城子罕）"为司城以为政"（襄九年）。向戌虽有贤名，亦听政，成宋之盟，然地位似仍在乐喜之下（襄二十七年"左师请赏"，子罕"削而投之"，向戌勿敢争）。上引《传》载乐喜贷粟使"宋无饥人"，从此益得人心。鲁昭二十年，宋元公攻逐戴族华氏及桓族向氏，任乐喜孙乐祁为司城，乐氏益强。定六年，宋公强使乐祁如晋，被执而死。是时宋景公宠桓族向魋，盖以制戴族乐氏。桓魋专横，又为景公所讨，向氏亡。于是戴族独盛。宋景公末年，戴族三皇氏为三卿，乐氏仅二族为卿，皇氏势力已渐兴。及景公卒，司城乐筏逐景公宠臣"大尹"，"司城为上卿，盟曰：三族（乐、皇、灵）共政，无相害也"（哀二十六年《传》）。盖至是宋之政权始真正下移入卿族之手。《韩非子·内储说下》："戴驩（乐氏？）为宋太宰，皇喜重于君，二人争事而相害也，皇喜遂杀宋君而夺其政。"此即战国时司城子罕篡宋之事。乐氏盖与公室同亡，倘即所谓"以宋升降"乎？

又案：《韩非子·说疑》："郑子阳身杀，国分为三。"疑子阳为罕氏之后，世掌郑政，亦几于有国。所谓"太宰欣取郑"（亦见《说疑》），太宰欣疑亦罕氏之后，或即"郑子阳"，或为子阳之党。"太宰"似为执政之官通称，非实职。昭元年《传》晋赵孟称郑子皮为"冢宰","冢宰"即"太宰",此与春秋前期以前之太宰不同。子皮之实职为所谓"当国",郑六卿之首也。

(8) 滕、卫之亡

浑罕曰:……姬在列者,蔡及曹、滕,其先亡乎,逼而无礼。郑先卫亡,逼而无法……(昭四年)

案:此亦预言。蔡、曹之亡可以考定其年,确为先亡。至滕,则孟子时犹在,何谓"先亡"?岂《左传》之作在孟子之后乎?又所谓"郑先卫亡"语亦有可疑处,郑固先亡,至卫之亡,在秦二世时,岂《左传》为秦以后之书乎?此皆昔人所曾致疑者。考《史记·越世家》《索隐》引《纪年》:"于粤子朱勾三十四年,灭滕。"越朱勾三十四年为公元前四一四年,此固可谓"先亡"矣。"卫亡"盖指"子南劲取卫"降为魏附庸事,《荀子》固以卫成侯为"亡"。孟子时之滕国,盖为越人南还后复建之滕,然其国"绝长补短将五十里",犹不及季氏支裔或臣属所立之费国(滕、费并称,见《吕氏春秋》;有费无滕,见《史记·楚世家》),故不被左氏所注意,遂以为滕国已亡乎?

(9)《左传》记秦国势

君子曰:秦穆之不为盟主也,宜哉!死而弃民……君子是以知秦之不复东征也。(文六年)

案:此文末一句似亦有预言性质。《左传》记秦国势,唯穆公时甚强,此固为事实。然其后秦之国势即渐弱,固不待"厉、躁、简公、出子之不宁"也。秦在战国时之大强,实在惠文王时,为公元前三三〇年左右,亦即左氏所记预言之下限。《左传》非一时所成之书(约为公元前四世纪作品),盖在其大部分著作时间内,秦犹未大强,故其所载"君子曰"之语中有"秦之不复东征"语。观文十二年《传》:"秦伯使西乞术来聘,……襄仲曰:不有君子,其能国乎?国无陋矣。"可见春秋时东方人以秦为"陋"国,此观念直延至战国,及孝公、惠文王时,东方人对秦之观念始渐变,《左传》所保存者,尚多战国前期以前东方人对秦之观念。然春秋穆公之后,秦确较弱,如春秋末吴人大举攻楚,入楚郢都,楚昭王出奔,乞援于秦,秦为昭王外家,出大师救楚,亦仅五百乘而已。楚之复国,实主要依靠楚人自力及越之袭吴,吴王内乱,秦师之力,其次要者也。

(10)左氏古文经载孔子之死

夏四月己丑,孔丘卒。(哀十六年《经》)

案:旧以《春秋经》为孔子所作,则安得自记其死?左氏古文《经》直至哀十六年孔子死为止,明是孔子门徒或后学特尊孔子,以孔子之死为春秋之终,彼等固无"孔子作春秋"之观念也。左氏古文《经》不载"孔子生",盖所据者鲁史记旧籍。而《公羊》《穀梁》二《经》皆于襄二十一年《经》书:"孔子生。"岂有孔子作《春秋》而自书其诞辰之理乎?则最初传公、谷《经》者亦未必以《春秋经》为孔子所作也。

(11)春秋时农业为一季收成抑二季收成

四月,郑祭足帅师取温之麦。秋,又取成周之禾。(隐三年)

案:先秦文献所载西周、春秋时农业情况,似皆为一季收成,如《诗·七月》"三之日于耜,四之日举趾";"八月其获";"十月获稻";"九月筑场圃,十月纳禾稼,黍稷重穋,禾麻菽麦。嗟我农夫,我稼既同,上入执宫功"。其可疑者,唯华北地区不宜种春小麦,小麦明是冬季所种,则似可有二季收成。观上引《传》文,亦可证有麦、禾二季收成。然温与成周是二地,或温地多种麦,成周多种禾,仅只一季耳。至少西周、春秋时华北地区基本上仅一季收成也(二季收成如有之,亦为例外之事)。僖三年《传》:"三年,春,不雨;夏,六月,雨。自十月不雨,至于五月,不曰旱,不为灾也。"麦固无需多雨水,然自前年冬十月不雨,至次年五月,亦可谓"旱既太甚"矣,所以"不为灾",盖上古沟洫之制度较备,水利较讲究之故。僖二十一年《经》《传》"夏,大旱";"是岁也,饥而不害",盖夏日亟需雨水也。此外春秋《经》《传》中记旱灾甚多(文十年、十三年,宣七年,襄五年、八年、二十八年,昭三年、六年、十六年、二十四年、二十五年,定七年),既有连续之旱灾,旱灾次数当不止此,或史籍缺记或脱误也。《经》《传》记水灾则不甚多(桓元年,庄十一年、二十四年、二十五年,宣十年,成五年,襄二十三年,昭十九年)。要之,是时华北已至少略有苦旱之情况矣。结合彼时生产力状况,亦只能有一季收成也。襄十三年《传》:"于是将早城(防),臧武仲请俟毕农事,礼也。"十七年《传》:"宋皇国父为太宰,为平公筑台,妨于农功,子罕请俟农功之毕,公弗许。"则所谓"三时务农而一时讲武"(《周语上》)及"及寒,击菜(枯草)除田,以待时耕"(《齐语》)等记载,皆大致可信矣。《论语·阳货》篇亦云"旧谷既没,新谷既升……",亦彼时华北农业仅一季收成之旁证也。

(12)春秋时阶级矛盾及阶级斗争

盗憎主人,民恶其上。(成十五年)

民参其力,二入于公,而衣食其一;公聚朽蠹,而三老冻馁;国之诸市,屦贱踊贵;民人痛疾……(昭三年)

民人苦病,夫妇皆诅,……聊、摄以东,姑、尤以西,其为人也多矣,虽其善祝,岂能胜亿兆人之诅?(昭二十年)

案:西周、春秋时最突出之阶级矛盾及阶级斗争,主要为"国人"与贵族阶级间之矛盾及斗争。西周时《诗经》中文句,如:"民(主要指"国人")亦劳止,汔可小息。"(《民劳》)"民之罔极,职凉善背……民之回遹,职竞用力;民之未戾,职盗为寇。"(《桑柔》)皆记阶级斗争之情况也。国风中之《伐檀》《硕鼠》《葛屦》等篇,更明显说明"国人"之反抗统治者。因自西周后期至春秋时,阶级矛盾已相当尖锐,故"国人"起义之事亦屡见不鲜,除众所周知周厉王时之"国人"大起义外,春秋时"国人"逐君、逐大贵族,杀君、杀大贵族,对贵族统治者之叛变等等事，前曾列举（僖二十八年，文十六年、十八年，襄十七年、二十年、三十一年，昭二十三年，哀十一年、十七年、二十五年……等《传》）。"国人"中虽亦有"士"，然其基层群众仍为近郊农民及城市中之"工、商"。此外当时所谓"盗贼"，亦有不少为破产人民起而反抗统治阶级者，最突出之一例，为："郑国多盗，取人于萑苻之泽"，郑国统治者子太叔"兴徒兵以攻萑苻之盗，尽杀之，盗少止"（昭二十年《传》）。可见当时阶级斗争之尖锐矣。

（13）春秋时与后世不同之伦理观念

所谓道，忠于民而信于神也。上思利民，忠也；祝史正辞，信也。（桓六年）

人尽夫也，父一而已，胡可比也！（桓十五年）

案：在西周、春秋时，"孝"之道德最为重要，"庶人"之孝固以孝事父母为主，然贵族之"孝"则最重要者为"尊祖敬宗""保族宜家"，仅孝事父母，则不以为大孝。如孔子云："有事弟子服其劳，有酒食先生馔，曾是以为孝乎？""今之孝者，是为能养，至于犬马皆能有养，不敬，何以别乎？"（《论语·为政》）则后世所谓"王祥卧冰""郭巨埋儿"等"孝"之故事，必不为孔子所赞同可知。"忠"之道德（似起于春秋时）最原始之义似为尽力公家之事。"以私害公"，即为"非忠"（文六年《传》）。"贼民之主"，谓之"不忠"；"弃君之命"，仅为"不信"（宣二年《传》）。无私为"忠"，尊君为"敬"（成九年《传》）。至春秋后期，"忠"之意义渐狭隘化，孔子所谓"与人忠""忠信""忠恕"等之"忠"，仍为积极诚恳待人之意。在"原始宗法制"时代，后世之所谓"忠"（忠君之忠）实包括于"孝"之内，如《墨子》书中较早之一篇《兼爱上》篇云："臣子之不孝君父，所谓乱也……虽父之不慈子，兄之不慈弟，君之不慈臣，此亦天下之所谓乱也。……君臣父子皆能孝慈，若此则天下治。"臣对君亦称"孝"，君对臣亦称"慈"，以在"原始宗法制"时代，一国以至所谓"天下"可合成一家，所谓"圣人能以天下为一家"也。故"忠"可包于"孝"之内，无需专提"忠"之道德。然至春秋时，臣与君未必属于一族或一"家"，异国、异族之君臣关系逐渐代替同国、同族间之君臣关系，于是所谓"忠"遂不得不与"孝"分离。盖首先在异国、异族之君臣关系上产生接近后世所谓"忠君"之"忠"（参僖二十三年，宣十二年，成二年、十七年，襄五年、十四年、二十五年等《传》）。孔子为宋公族之后而仕于鲁者，故亦规定"君使臣以礼，臣事君以忠"（《论语·八佾》）之对待性道德。然在春秋、战国间，君臣关系犹与朋友关系相近，故孔子曰："事君数，斯辱矣；朋友数，斯疏矣。"（《里仁》）答子贡问友云："忠告而善道之，不可则止，毋自辱焉。"（《颜渊》）对君亦大致如此："所谓大臣者，以道事君，不可则止。"（《先进》）在孔子心目中，似唯宗法贵戚大臣如王子比干"谏而死"始为合理。故孔子事鲁定公及季桓子，君、卿不听其言，即离鲁而游说列国，"干七十二君"。彼时盖无"忠臣不事二主"之观念。豫让谓范、中行氏"众人遇我，我故众人报之"；范、中行氏之敌派智伯"国士遇我，我故国士报之"（《史记·豫让传》）。后世"忠君"之观念盖萌芽于墨家（《经上》《尚贤中》《鲁问》等篇），而大成于韩非（《忠孝》等篇）：此尚非春秋、战国之间之人所及知也。

春秋时缺乏妇女守节观念，如所谓"烝""报"等制度，皆与世界各较原始之国家相同，并无妇女守节及所谓"烈女不事二夫"之观念。在全部《论语》中，未有规定夫妇之伦之道德及提倡"贞节"语句，岂非甚可惊异之事！故《诗经》中所谓"桑间、濮上之意"及所谓"郑声淫"之《郑风》，仍为孔子及其后学所保存、传习。如此类诗由战国中期以后人删定，则所谓"淫风"之诗，必尽被删除或大部被删除，以《诗经》乃所谓"圣经"，非普通诗集也。妇女守节观念，至战国中期始渐出现，然其时儒家所定《礼经》，犹规定："夫死、妻稚、子幼，子无大功之亲，与之适人。"（《仪礼·丧服传》）故有所谓"为继父"之丧礼。韩非始揭出所谓"三纲"之说。至秦始皇始有"有子而嫁，倍死不贞"等规定（见会稽刻石，参泰山刻石）。夫妇之伦之道德，至此始初步确立矣。

左氏书在"忠""节"二德上，大体尚合春秋及战国初期人之观念。如"弑君"之赵盾，左氏引孔子语竟评为"古之良大夫"（宣二年），又称之为"忠"（成八年）。春秋初年，周、郑交质，左氏载"君子曰"仅谓："信不由中，质无益也……君子结二国之信，行之以礼，又焉用质？"于"挟天子以令诸侯"、抗击王师、"射王中肩"之郑庄公，则赞扬备至。陈大夫洩冶因谏陈灵公"宣淫"而被杀，左氏引孔子评之曰："《诗》云：民之多辟，无自立辟。其洩冶之谓乎！"（宣九年《传》）反以为洩冶多事当死。此皆春秋时人之伦理观念与后世大有不同者。左氏"凡例"竟言："凡弑君称君，君无道也；称臣，臣之罪也。"（宣四年）"郑公子归生弑其君夷"，书法曰："权不足也。"并引君子曰："仁而不武，……""宋人弑其君杵臼"，书法曰："君无道也"（文十六年）。此类思想皆属早期儒家之思想，孟子以后即基本上不可见，近人谓刘歆伪造《左传》解《经》等语，实不可信，曾谓西汉末之刘歆而能为此乎？

附录　春秋经、传考异

隐公

元年春，王正月。(《左经》)

元年春，王周正月，不书即位，摄也。(《左传》)

元年春，王正月。元年者何？君之始年也。春者何？岁之始也。王者孰谓？谓文王也。……何言乎王正月？大一统也。公何以不言即位？成公意也。何成乎公之意？公将平国而反之桓。……(《公羊》)

元年春，王正月，虽无事，必举正月，谨始也。公何以不书即位？成公志也。焉成之？言君之不取为公也。君之不取为公何也？将以让桓也。……(《穀梁》)

案:《左传》解《经》语较《经》多一"周"字。或《经》《传》本异，或后人所改。《左传》文甚简括，较《公》《穀》为长。《公》《穀》则互有短长。

三月，公及邾仪父盟于蔑。(《左经》)

……未王命，故不书爵；曰仪父，贵之也。(《左传》)

三月，公及邾娄仪父盟于昧。……仪父者何？邾娄之君也。何以名？字也。曷为称字？褒之也。……此其为可褒奈何？渐进也。昧者何？地期也。(《公羊》)

三月，公及邾仪父盟于昧。……其不言邾子何也？邾之上古微，

未爵命于周也。不日，其盟渝也。眛，地名也。（《穀梁》）

案：《左》《穀》皆称"邾"，似为鲁语。唯《公羊》称"邾娄"，齐语也。"邾娄"者，邾之复音，邹者，邾之转也。传世邾彝铭皆自称"邾"，则《左》《穀》当矣。"蒇""眛"，音之转也。《左传》文简括，似可信。《公》《穀》之说，似涉附会。

夏五月，郑伯克段于鄢。（《左经》）

夏四月，费伯帅师城郎，不书，非公命也。

五月辛丑，大叔出奔共。书曰：郑伯克段于鄢，段不弟，故不言弟；如二君，故曰克；称郑伯，讥失教也。谓之郑志。

不言出奔，难之也。（《左传》）

夏五月，郑伯克段于鄢。克之者何？杀之也。杀之则曷为谓克？大郑伯之恶也。……何以不称弟？当国也。其地何？当国也。（《公羊》）

夏五月，郑伯克段于鄢。克者何？能也。何能也？能杀也。何以不言杀？见段之有徒众也……贱段而甚郑伯也。……于鄢，远也。（《穀梁》）

案：左氏有无《经》之《传》，如费伯一条是也。此必有据，伪此何为乎？且"费伯"之称亦甚古。《经》不曰杀，《左传》亦不云杀，当有所据。共者，卫地，奔共即奔卫也。《左传》无甚可疑。《公羊》始称"杀"，不知何据？"大郑伯之恶"云云，迂语！《穀梁》之说解"克"为"能"，然后增字解《经》，解为"能杀"，直可斥为不通文法。他语亦迂。

秋七月，天王使宰咺来归惠公、仲子之赗。（《左经》）

……缓，且子氏未薨，故名。……豫凶事，非礼也！

八月，纪人伐夷，夷不告，故不书。

有蜚，不为灾，亦不书。（《左传》）

……宰者何？官也。咺者何？名也。曷为以官氏？宰士也……隐为桓立，故以桓母之丧告于诸侯。……何以不言及仲子？仲子微也。（《公羊》）

……母以子氏，仲子者何？惠公之母，孝公之妾也。（《穀梁》）

案：此条三《传》之说孰是，尚待考证。此处左氏又有无《经》之《传》二条，疑鲁《春秋》原有之也。《公羊》"宰士"之说无据。"仲子微"之说当近事实。左氏仲子为"鲁夫人"之说，疑出季氏属僚之手，尊桓公即所以尊季氏也。《穀梁》之说则未知所据。仲子事疑当以《史记·鲁世家》所言者为近真，其说盖本之古传记。

九月，及宋人盟于宿。（《左经》）

……始通也。

冬十月庚申，改葬惠公，公弗临，故不书。

卫侯来会葬，不见公，亦不书。

……邾子使私于公子豫，豫请往，公弗许，遂行，及邾人、郑人盟于翼。不书，非公命也。

新作南门，不书，亦非公命也。（《左传》）

案：左氏此处无《经》之《传》特多，未见可疑处，盖据鲁史而记也。

冬十有二月，祭伯来。（《左经》）

……非王命也。（《左传》）

……祭伯者何？天子之大夫也。何以不称使？奔也。奔则曷为不言奔？王者无外，言奔，则有外之辞也。（《公羊》）

……来者，来朝也。……寰内诸侯非有天子之命，不得出会诸侯。不正其外交，故弗与朝也。……（《穀梁》）

案：左氏之说未见可疑。《公羊》之说为汉师之见，非春秋以上人之观念。《穀梁》之说更为迂儒所为，直不知春秋史事者之陋言矣！

公子益师卒。（《左经》）

众父卒，公不与小敛，故不书日。（《左传》）

公子益师卒。何以不日？远也。所见异辞，所闻异辞，所传闻疑辞。（《公羊》）

公子益师卒。大夫日卒，正也；不日卒，恶也。（《穀梁》）

案：左氏之说，未知是否？或有所据。《公羊》之说尚谨严可取。《穀梁》则迁说。

（以上元年）

十有二月乙卯，夫人子氏薨。（《左经》）（无《传》）

夫人子氏者何？隐公之母也。……（《公羊》）

夫人者，隐之妻也。（《穀梁》）

案："夫人子氏薨"，左氏无《传》。《公羊》以为隐之母，《穀梁》以为隐之妻，皆逆忆。左氏为严。

（以上二年）

三月庚戌，天王崩。（《左经》）

王三月壬戌，平王崩。赴以庚戌，故书之。（《左传》）

案：左氏独记异说，当有所据。《公》《穀》皆言义。

夏四月辛卯，君氏卒。（《左经》）

夏，君氏卒，声子也……为公故曰君氏。（《左传》）

夏四月辛卯，尹氏卒。尹氏者何？天子之大夫也。其称尹氏何？贬。曷为贬？讥世卿。世卿，非礼也。（《公羊》）

夏四月辛卯，尹氏卒。尹氏者何也？天子之大夫也。（《穀梁》）

案：疑左氏《经》《传》得之。《公羊》讥世卿之说，非原始儒家义。且周之大夫卒者多矣，岂皆书于鲁《春秋》乎？二《传》之说多臆造，不值一驳。

（以上三年）

桓公

蔡侯、郑伯会于邓。（《左经》）

……始惧楚也。（《左传》）

案：是时郑庄公之强尚驾于楚上，安得"惧楚"？此或左氏张楚之言，或所谓"惧楚"者指蔡与邓，二国欲恃郑为援耳。

（以上二年）

齐人、卫人、郑人盟于恶曹。（《左经》）

齐、卫、郑、宋盟于恶曹。（《左传》）

案：《左传》较经多宋一国，度是时形势，颇为可能，当有所据。

（以上十一年）

庄公

夏，单伯送王姬。（《左经》）

夏，单伯逆王姬。（《公羊》）

案：王姬为齐夫人，故书"送"是。《公羊》作"逆"，且以单伯为鲁大夫，大误！于此亦可见《左经》之古。

（以上元年）

冬十月己未，子般卒。公子庆父如齐。（《左经》）

冬十月己未，共仲使圉人荦贼子般于党氏，成季奔陈，立闵公。（《左传》）

案：共仲杀子般事，观左氏《经》《传》，当为事实，所以详记之，责孟氏而贵季氏也。《公》《穀》皆不详其事，或言而不悉，则世远又无贵季氏之需要，故使此一事几不可详考。

（以上三十二年）

闵公

冬，齐仲孙来。（《左经》）

冬，齐仲孙湫来省难，书曰仲孙，亦嘉之也。仲孙归曰：不去庆父，鲁难未已。（《左传》）

冬，齐仲孙来。齐仲孙者何？公子庆父也。公子庆父则曷谓之齐仲孙？系之齐也。曷为系之齐？外之也。……子女子曰：以春秋为春秋，齐无仲孙，其诸吾仲孙与？（《公羊》）。

冬，齐仲孙来。其曰齐仲孙，外之也。其不目而曰仲孙，疏之也。（《穀梁》）

案：左氏所载入情入理，当有史料依据。《公》《穀》以为齐无仲孙，而以此仲孙为孟孙氏始祖公子庆父，并以迂论发挥之，适见其妄及时代之晚。在春秋时，"仲孙"之称各国皆有也。

（以上元年）

僖公

十二月戊申，（世子申生）缢于新城。（《左传》）

（以上四年）

五年春，晋侯杀其世子申生。（《左经》）

晋侯使以杀大子申生之故来告。（《左传》）

案：左氏《经》《传》载晋杀申生之年月不符，盖《经》据鲁史，《传》据晋史，其不强同，古人"慎言"之旨也。

（以上五年）

十年春，王正月……晋里克弑其君及其大夫荀息。（《左经》）

案：《传》里克杀奚齐在上年十月，杀卓及荀息于十一月，相差二月，旧以三正不同解之，亦或所据史料不同也。于此可见左氏所载史料之可信。作伪书者必整齐划一之。

（以上十年）

九月，晋惠公卒。（《左传》）（二十三年）

冬，……晋侯夷吾卒。（《左经》）（二十四年）

案：左氏《经》《传》载晋惠公之死，大有分歧，盖所据史料有异，其错综未加划一，可见左氏之谨严。

宋杀其大夫。（《左经》）（二十五年）

案：《经》盖有脱文。《公》《穀》两传于此均曲为之说，唯左氏无文，盖其慎也。

天王狩于河阳。（《左经》）

是会也，晋侯召王，以诸侯见，且使王狩。仲尼曰：以臣召君，不可以训，故书曰：天王狩于河阳，言非其地也，且明德也。（《左传》）

案：据此《春秋经》似确经孔子修定。然其门人等述先师之训，亦可如此云云。此或亦汉师加改之辞。《论语》不涉及孔子修春秋事，此最为可疑！

（以上二十八年）

文公

齐人定懿公，使来告难，故书以九月。(《左传》)（十四年）

> 案:《经》书懿公杀舍于九月，而左氏所据史料为七月，故释
> 《经》语调停之。此亦可见左氏所据之史料未经大更动。

宣公

秋九月乙丑，晋赵盾弑其君夷皋。(《左经》)

乙丑，赵穿攻灵公于桃园，宣子未出山而复，大史书曰："赵盾
弑其君。"以示于朝。宣子曰："不然! "对曰："子为正卿，亡不越
竟，反不讨贼，非子而谁? "宣子曰："呜呼! 我之怀矣，自诒伊慼，
其我之谓矣。"孔子曰："董狐，古之良史也，书法不隐。赵宣子，
古之良大夫也，为法受恶。惜也，越竟乃免。"(《左传》)

> 案: 左氏竭力为赵氏讳其先恶，为晋三家讳也。所引孔子之言，
> 亦甚难信。然此等记事及言则反映战国前期君臣观念犹不若后
> 世之严格。谓为刘歆辈伪为，则缺乏历史观念者之武断，决不
> 可信!

（以上二年）
陈杀其大夫泄冶。(《左经》)

陈灵公与孔宁、仪行父通于夏姬……泄冶谏曰：……遂杀泄冶。
孔子曰："《诗》云:'民之多辟，无自立辟。'其泄冶之谓乎! "(《左传》)
陈杀其大夫泄冶，称国以杀其大夫，杀无罪也……君愧于泄冶，不
能用其言而杀之。(《穀梁》)

> 案:《左》《穀》之不同，历史时代之不同也。泄冶为后世之所谓
> 忠臣，然在孔子时，则"所谓大臣者，以道事君，不可则止"，
> 泄冶违此义，故孔子讥之。此春秋时人之君臣观念也。《穀梁》
> 完成于战国、秦汉间，故其君臣观念与后世同。此正左氏早出
> 之证，而后人顾谓"左氏谬于圣人"，"刘歆之辞"，岂非误乎!

（以上宣九年）
初税亩，非礼也；谷出不过藉，以丰财也。(《左传》)

初税亩。初者何? 始也。税亩者何? 履亩而税也。……何讥乎

始履亩而税？古者什一而藉。……（《公羊》）

古者什一，藉而不税，初税亩，非正也。……初税亩者，非公之去公田，而履亩十取一也，以公之与民为已悉矣。（《穀梁》）

案：《穀梁》说最不可信，如其说可信，则似增税不多，仅改助为彻耳。则何以书于《经》而招后儒之非议乎？以左氏与《公羊》合校，殆自此始为什二之税也。故《论语·颜渊》篇："哀公问于有若曰：年饥，用不足，如之何？有若对曰：盍彻乎？曰：二，吾犹不足，如之何其彻也？"可见是时所行为什二之税，然其详如何？三《传》皆略，甚难征信矣。

（以上宣十五年）

成公

春，……宋公使华元来聘。夏，宋公使公孙寿来纳币。……冬，……卫人来媵。（《左经》）

宋华元来聘，聘共姬也。夏，宋公使公孙寿来纳币，礼也。……卫人来媵共姬，礼也。……（《友传》）

夏，宋公使公孙寿来纳币，纳币不书，此何以书？录伯姬也。……卫人来媵，媵不书，此何以书？录伯姬也。（《公羊》）（八年）

二月，伯姬归于宋。夏，季孙行父如宋致女。晋人来媵。（《左经》）夏，季孙行父如宋致女，未有言致女者，此其言致女何？录伯姬也。晋人来媵，媵不书，此何以书？录伯姬也。（《公羊》）

夏，季孙行父如宋致女，……贤伯姬也。（《穀梁》）（九年）

案：春秋之初，鲁、宋常通婚姻。及鲁、宋绝好用兵，桓公以下多娶于齐，以齐已开始强盛矣。此后鲁、宋通婚较少，唯伯姬之归宋，始之以华元来聘，继之以公孙寿来纳币，其事甚郑重。盖鲁、宋交好从此有恢复之机，而伯姬又不得善终于宋，鲁人哀之，故于其嫁及卒均详书之，未必因其守贞节之故。《公》《穀》之说，皆战国、秦、汉间妇女守贞已被重视之观念也。观伯姬死事，左氏与二《传》之说大为违异，左古而《公》《穀》观念晚出，即可知矣。

齐人来滕。(《左经》)

案：八年《传》云："凡诸侯嫁女，同姓滕之，异姓则否。"此或为古礼（因符合古制）。春秋时违此礼制者多矣。十年《经》即书："齐人来滕。"《左传》无解，盖以为非礼也。《公羊》于此又云："录伯姬也。"此可见《公羊》作时妇女守贞之观念已如何深入社会，吾人于此等处不可不注意。

冬十月。(《左经》)

案：《穀经》同。唯《公羊》无之，以《春秋经》前后义例校之，自为脱文。

（以上十年）

襄公

公会晋侯、宋公、卫侯、郑伯、曹伯、齐世子光救陈。(《左经》)（五年）

案：《公》《穀》《经》"曹伯"下皆有"莒子、邾子（《公》作'邾娄子'）、滕子，薛伯"，疑《左经》有脱失也。《经》上言："公会晋侯、宋公、陈侯、卫侯、郑伯、曹伯、莒子、邾子、滕子、薛伯、齐世子光、吴人、鄫人于戚。"《传》云："九月丙午，盟于戚，会吴，且命戍陈也。……冬，诸侯戍陈。子囊伐陈，十一月甲午，会于城棣以救之。"莒、邾、滕、薛皆小国，既会于戚，戍陈矣，焉得不与救陈之役？且齐是时为诸国宗主，齐既与师，诸国必相从也。

十有七年春，王二月庚午，邾子牼卒。(《左经》)

十有七年春，王二月庚午，邾娄子瞷卒。(《公羊》)

十有七年春，王二月庚午，邾子瞷卒。(《穀梁》)

案：出土有邾公牼编钟，与左氏合。《公》《谷》作"瞷"乃假借字。足见《左经》有本，非杜撰。

十有一月，庚了，孔子生。(《公羊》)

庚子，孔子生。(《穀梁》)（二十一年）

案：左氏无此条，古经也。鲁史《春秋》或孔子所修《春秋》决无书"孔子生"之理。此后师所记，《公》《穀》文字亦不同，益见其为晚出之文矣。

冬，公会晋侯、齐侯、宋公、卫侯、郑伯、曹伯、莒子、邾子、薛伯、杞伯、小邾子于沙随。（《左经》）（二十二年）

案：《公》《穀》于薛伯上皆有"滕子"，滕、薛并举，有薛似不应无滕，疑《左经》有脱误。

五月甲午，宋灾。宋伯姬卒。……秋七月，叔弓如宋，葬宋共姬。（《左经》）

甲午，宋大灾，宋伯姬卒，待姆也。君子谓宋共姬女而不妇，女待人，妇义事也。……秋七月，叔弓如宋，葬共姬也。（《左传》）

秋七月，叔弓如宋，葬宋共姬，外夫人不书葬，此何以书？隐之也。何隐尔？宋灾伯姬卒焉。其称谥何？贤也。……宋灾故者何？诸侯会于澶渊，凡为宋灾故也……此言所为何？录伯姬也。（《公羊》）

妇人以贞为行者也，伯姬之妇道尽矣，详其事，贤伯姬也。（《穀梁》）

案：《左传》所载为春秋战国间早期儒家之观念，故为先出。《公》《穀》皆贞节观念兴起后晚出之文也。至春秋数书共姬事，则悯其出嫁遭灾而卒，前已言之。

（以上三十年）

十有一月，莒人弑其君密州。（《左经》）

书曰："莒人弑其君买朱钼。"言罪之在也。（《左传》）（三十一年）

案：《经》作"密州"，《传》作"买朱钼"，《传》用夷言，似较古。《经》或后儒据《公》《穀》而改。于此可见左氏书法并不晚也。

昭公

齐高偃帅师纳北燕伯于阳。（《左经》）

齐高偃纳北燕伯款于唐，因其众也。（《左传》）

伯于阳者何？公子阳生也。……（《公羊》）

案：左氏之说明白可据，自属可信。《公羊》之说，迂曲不中事理，可笑孰甚！且托为孔子之言以掩护其曲说，其妄实出人意外。（以上十二年）

冬十月，天王入于成周，尹氏、召伯、毛伯以王子朝奔楚。（《左经》）

召伯盈逐王子朝，王子朝及召氏之族、毛氏得、尹氏固、南宫嚚奉周之典籍以奔楚。（《左传》）（二十六年）

案：此文《经》《传》违异。《经》以为召伯与王子朝奔楚，《传》以为召伯逐王子朝而逆王，与王子朝奔楚者，仅为召氏之族。疑《经》《传》各有所据，《传》所据者似更可信，以其言之甚详，似所据者为晋、楚之史，晋、楚近周也。

哀公

十有二年春，用田赋。（《左传》）

古者公田什一，用田赋，非正也。（《穀梁》）（十二年）

案：《穀梁》盖确以"初税亩"仍为什取一，故以"用田赋"为加乎什一，其说误也！

十有四年春，西狩获麟。（《左经》）（十四年）

案：左氏于此素朴无饰说。《公羊》则谓："西狩获麟，孔子曰：吾道穷矣。……何以终乎哀十四年？曰：备矣……"云云，已有"神圣"之义。《穀梁》更不知所云，不值一辨。

夏四月己丑，孔丘卒。（《左经》）（十六年）

案：左氏经较《公》《穀》多二年，至孔子死为止，明《经》为鲁史而传自孔氏也。孔子死后仍有鲁史记，则《左传》后文所据史料之一。《传》终于哀公末，明有始终也。左氏为史而非经，于此可见矣。

悼之四年，晋荀瑶帅师围郑……赵襄子由是甚知伯，遂丧之；知伯贪而愎，故韩、魏反而丧之。（《左传》）（二十七年）

案：左氏终于三家灭智亦即分晋之始，盖与魏史有关也。左氏盖多本晋、楚之史，其作者颇可猜测。

附录　春秋左传考证后记

　　《春秋左传考证》一书，为一九六五年时余以患肺病休养在家，遵照领导意图，于休养期内，将昔日考证先秦史之所获，经过别择，去芜存精，总结成一书。余思昔日所为先秦史之考证，皆发源《左传》，几无出左氏一书之范围者，乃决计为"春秋左传考证"。原拟分为若干卷：其一九六一年以前所为者，悉总结入第一卷，以后再续为之。然以问题所涉，为存真订误计，不能不猎及一九六一年以后之研究。盖第一卷中所考者，问题皆提出于一九六一年前，而内容则有涉及一九六一年后之研究者。第一卷既成，举凡古史传说、西周史事、春秋大事、西周春秋之经济、政治制度及文化形态之大概，皆大致完备，并附以若干古代地理之考证，几包括春秋历史之全部。其第二卷以下，除少数新提出之问题外，几无其他，内容甚简。第一卷完成于本年春节后三日，即付抄录。第二卷以下，则先搜集史料，重阅金文、《易》、《书》、《诗》、《春秋左传》、《公羊传》、《榖梁传》、《仪礼》、《周礼》、二戴《礼记》、《孝经》、《逸周书》、《战国策》、《古本竹书纪年》、《世本》、《论语》、《孟子》、《荀子》、《墨子》、《韩非子》、《吕氏春秋》、《孙子》、《楚辞》、《春秋战国异辞》等书，摘出有关史料，为《春秋史料集》五册。然在史料翻检中，新问题发现殊不多。闻"文化大革命"将起，此后史学方向如何，尚未可知，因将一九六一年以后所发现新问题写成《春秋左传考证》第二卷，仅十六条，万言左右。故当以第一卷为《春秋左传考证》之正录，而以第二卷为附编，即告结束。此后工作如何，现尚未能定也。

在《考证》本书中未揭出而应在此处一言者，即为《春秋左传》之著作时代及作者问题，以此问题犹未能得较可信据之结论，未便录入正文，故附记于此。

昔人已有吴起传《左传》之说，清人姚鼐则谓左氏书"盖吴起为之者为尤多"。郭沫若同志作《述吴起》，亦证成《左传》原书出于吴起之说。除郭同志已列之证据外，吾人可综录吾人之证据如下：

（一）由生产技术（青铜器后期，初有铁器。未见确切可靠之牛耕史料。农业收成基本尚为一季。所谓"井田"仅开辟于"衍沃"之地，赖沟洫制度以维持水利，筑堤尚甚少。以土地犹大部未辟，人口甚少，劳动力不足等等情况）、生产关系（土地尚基本为国有，划为"井田"，由隶属于贵族之农民耕种，田税基本为十分之一至十分之二，军赋不甚详悉，最重者为力役。农民为贵族所奴役，生活甚苦，故阶级矛盾已相当尖锐。此外似尚有几于完全为贵族所有、附属于土地之农民。工、商主要为贵族服务，由官府掌握，原则上"工、商食官"。然春秋时已有自由手工业者及自由商人之兴起，商人尤易致富，有下层贵族亦为之者，至春秋末期，已有大富商出现。然货币经济在《左传》中几无痕迹，足见商业尚在初兴阶段。工、商一般犹未脱贵族之控制。奴隶人数不多，盖有从事农、工、畜牧者，为贵族家庭执役，为其主要工作之一。奴隶生活更苦，且随时有生命危险，故一遇机会，即有逃亡等事发生。此时失业、破产之贫民，盖日见其多，许多被称为"盗贼"，因反抗统治者，常被贵族所镇压。租佃制、雇佣制、债务奴隶等，未明见于《左传》）、政治制度（主要为宗法贵族联合统治，以宗法定"封建"之等级，并以"宗法封建制"为骨干制定一系列适应此根本制度之政治、社会制度——官制、地方制、赋税制、军制、教育制及家庭、婚姻形态等，但自春秋前期至后期，各项制度有合乎情理之变化）、文化形态（原始宗教已被怀疑，但势力仍大；文化知识水平不高；有原始民主主义及人本思想，伦理、仪文渐被重视。但"忠""节"之伦理仍与后世大不相同。所谓旧日之"王官之学"已渐告失坠。至孔子乃总结旧文化，并适应新形势略有创造，广收弟子，形成"儒家"之学），凡此等等，皆基本符合春秋时之情况，必有春秋史料之根据，至少原作者离开春秋时代尚不远。

（二）就各方面观察，至少原作者为儒家后学，有少量早期法家思想，于军事特别感兴趣，似长于兵家之学。

（三）原作者似与鲁国及季孙氏特别有关。记鲁事较详而可信，称鲁皆曰"我"，又常有尊季氏及祖护季氏之记载（如仲子事及成季、成风故事皆被隐晦及曲解）。于列国中扬晋、楚而抑齐、秦（叙晋、楚事特详悉，于齐桓霸业则描写极有逊色，崔述已谓观《经》则齐桓霸业盛于晋文，观《传》则晋文霸业盛于齐桓）。于列国内政，则在鲁，尊季氏而抑鲁君；在齐，扬陈氏而抑有"显"名之齐景；在晋，亦扬臣抑君，"于魏氏造饰尤多"；在楚，则比较尊君抑臣（如弑父之穆王，丧师之共王，骄侈之灵王，昏庸之平王，曾失国之昭王，皆褒多于贬，或应贬而少贬；于屈瑕、子玉、子反、子重、囊瓦、白公等，皆几于有贬少褒。城濮之败，以成王为有先见，蔽罪子玉；鄢陵之败，以共王为有为，蔽罪子反；柏举之败，不责昭王，蔽罪囊瓦，反引孔子言以为昭王"知大道"等等）。

（四）《左传》中多预言，其下限为公元前三三〇年左右。

（五）孔子为公臣，不得不祖护公室，如陈恒弑齐君，孔子请讨之，曰："以吾从大夫之后，不敢不告也。"言下似有不从大夫之后即可不告之意。孔子弟子冉有、季路等皆为季氏家臣，即祖季氏。《左传》载齐人之语："家臣而欲张公室，罪莫大焉。"（昭十四年）又载叔孙氏家臣语："我家臣也，不敢知国。"（昭二十五年）曾子曾为季氏所尊师，鲁越合兵伐季氏私邑费，曾子虽不敢抗公室而助季氏，然固处中立之态度，"寇罢复来"，一若为抗公室之季氏所尊师不为"反君臣之义"焉。

根据上述考证，益以旧日学者之证据，则《左传》之主要作者似为吴起。吴起为卫左氏人而先仕于鲁，学于曾子（曾参或其子曾申），且曾为季氏家臣。其后去鲁为魏文侯臣，立有功绩。后为人所谮，去魏之楚，为楚悼王相，实行"变法"，中央集权，打击贵族，主要目的为"富国强兵"，亦尚有一定效果。吴起之学出于儒学，有法家色彩，而特长兵家之学：以上皆合于《左传》作者身份。然旧说谓《左传》为曾申传吴起，起传其子期，故记鲁事翔实可信，而略有较晚之记载。可能《春秋经》为曾氏父子所为，《左传》原本以解《经》语及记鲁事为主，吴起受之而之晋、楚，益以"晋之《乘》""楚之《祷杌》"等史籍之记载，其后人又有增饰。吴起在魏似又受子夏文学之学之影响，故《左传》文字唯记鲁事及解《经》语等稍涩，而记晋、楚等事，文词皆颇富艳，所谓"左氏浮夸"是也。

至于《国语》，则吾人认为与《左传》毫无关系，盖本先秦、秦汉间旧史籍之残余，刘向父子合而成此书，故不完不备，所载文字亦显非一时一人之手笔，与左氏书首尾一贯而完整者绝异。《国语》中每多与《左传》相同之记载，且或有违异，《左传》作者何故为此不完不备、杂乱无章之书，反乱己书之体例邪？必不然矣！

童书业

一九六六年五月四日

十二月廿九日修定初稿

春秋左传札记

说　明

（1）本书为总结本人六十岁以前全部之先秦史考证性研究。包括本人过去所研究古史传说之全部、西周春秋史之全部。少康以后之夏史及商史，以素乏研究，故从略。

（2）史料除金文考古材料外，以《易经》《尚书》《诗经》《春秋左传》《国语》《论语》《檀弓》七书为基础，晚出史料与上述七书相合者酌取之，其相违异者，概不敢用。

（3）史料只举典型者若干条，其他史料只注明书名、篇、卷等。因另有史料集，可供参考。

（4）本札记以简明为主，不取繁琐考据，所举史料均为必要者，晚出或非必要者一概从略。

（5）凡左氏书中材料只注明某公某年传，或注明某公某年，非必要者外，概不引原文，以有《春秋左传》原书可覆按也。

（6）本书力求精核，其不能作为定说或尚有问题者，或加注明，或从略，宁缺毋滥。

（7）有数处引用史料较多，乃必须列举，始能证明所说者。一般引用史料均简。

（8）无独得体会处，或用简单语句联系，或从略。一般成说罕引。

例　言

余既为《春秋左传考证》，觉尚伤于繁富，其中尚多属常识，本无烦考证者。因为此札记，简括考证《春秋左传》中太古传说、西周史事及春秋史事，只取本人心得，其属常识范围者，概从简略。初意至少须写数万言，然写作完毕，仅得三万字左右，实出意料之外。兹述其凡例如下：

（1）保存太古传说、西周春秋史事之完整体系，但只重点叙述本人考证之心得，常识从略。

（2）在史料上，除必须者外，一般只引原始的典型史料，其他史料只在各处注明出处、篇卷等，而不引原文。

（3）非重要史事概从简略，以构成一完整之体系。

（4）若干处所虽为本人文字，实有所据，如一般人了解者，概不引原文或注明出处。

（5）若干章节过短，乃窘于原来史料之贫乏，只能从简。

（1）黄帝

昭十七年《传》："黄帝氏以云纪，故为云师而云名。"云从龙，《墨子·贵义》："帝以甲乙杀青龙于东方，以丙丁杀赤龙于南方，以庚辛杀白龙于西方，以壬癸杀黑龙于北方。"孙诒让《间诂》："此即古五龙之说。《鬼谷子》盛神法五龙，陶弘景《注》云：五龙，五行之龙也。"《孙子·行军》："黄帝之所以胜四帝也。"则五帝即五龙，黄帝胜四帝即帝杀四龙。黄帝亦即上帝。

僖二十五年《传》："遇黄帝战于阪泉之兆。"据《史记·五帝本纪》黄帝"与炎帝战于阪泉之野"，"与蚩尤战于涿鹿之野"，《正义》："《晋太康地理志》云：涿鹿城东一里有阪泉。"则二战殆为一传说之分化。《吕刑》："蚩尤惟始作乱……苗民弗用灵，制以刑，惟作五虐之刑曰法。……虐威庶戮，方告无辜于上。……皇帝哀矜庶戮之不辜，报虐以威，遏绝苗民，无世在下。……乃命三后，恤功于民：伯夷降典，折民惟刑，禹平水土，主名山川；稷降播种，农殖嘉谷，三后成功，惟殷于民。"此即黄帝杀蚩尤传说较早之形象。皇帝即上帝，亦即黄帝。黄帝胜炎帝与蚩尤，亦即黄帝杀四龙传说之变相。此传说中似反映一"夏族"与"苗族"（非今苗族）斗争之故事，然其详不可得闻矣。

（2）尧、舜禅让

文十八年《传》："尧崩而天下如一，同心戴舜，以为天子。"尧、舜禅让传说盖本为部落氏族酋长推选制之反映，古时当本有此类传说，然系之尧、舜或出偶然。

尧、舜故事常与天帝故事相联系、混淆，尧、舜或为古部落酋长神化后扩大而成天帝，故其疆域皆广被当时所谓"中国"之全部，旁及四裔，与黄帝等人传说同。亦或为部落神之扩大，此在目前尚难悬断。

宣传尧、舜禅让故事者，据目前传世较可靠之史料，最早似为墨子书，宣传此传说者当为墨家。墨家主张尚贤、尚同，故宣传、夸饰尧、舜禅让之故事，使之当代化，以为其尚贤、尚同主张之根据，此则为情理之所可有者。若谓此类传说之原本即为墨家所创造，尚难凭信。

墨家以为："尧举舜于服泽之阳，授之政，天下平"（《尚贤上》）。"古者舜耕历山，陶河滨，渔雷泽，尧得之服泽之阳，举以为天子"（《尚贤中》）。用以证明其"虽在农与工肆之人，有能则举之"（《尚贤上》），"选天下之贤可者，立以为天子"（《尚同上》）等说也。

然在墨子时似尚只有尧、舜禅让传说，而无舜、禹禅让故事。故墨家书以为：禹本百里诸侯（《鲁问》），受命于天，征有苗而有天下（《非攻下》，《太平御览》等书引《随巢子》）。则禹之为天子，非舜所禅也。儒家始盛传舜、禹禅让之说，或为其所增饰。崔述据《尧典》等书亦以为舜、禹禅让故事晚出。（《论语·尧曰》篇晚出。）

哀六年《传》引《夏书》："惟彼陶唐，帅彼天常，有此冀方，今失其行，乱其纪纲，乃灭而亡。"似陶唐氏至夏始灭亡者，因此引起尧与陶唐氏有无关系之问题。案金文、《尚书》、《诗经》、《论语》、《孟子》中常言"三代"，而罕言唐、虞（《论》《孟》中言"唐、虞"二条略有问题）。《墨子》及先秦其他书始言虞、夏、商、周四代（《墨子》中称"三代圣王：尧舜、禹、汤、文、武"，亦以尧、舜入"三代"中），至有以尧、舜、夏、商、周为"四代王"者。秦汉际之书始常称"唐、虞"，至汉、魏之际，乃有称"五代"者矣（《孔子家语》等）。此亦证尧、舜为"帝"，有禅让事，而三代之王，则皆由征诛也。

（3）鲧、禹治水

僖三十三年《传》："舜之罪也殛鲧，其举也兴禹。"昭元年《传》："刘子曰：美哉禹功，明德远矣！微禹，吾其鱼乎？"鲧、禹本为人或神，现难悬断。然鲧为鱼类，禹为龙类，其故事附有甚浓厚之神话色彩。

鲧、禹治水传说或为古代中国劳动人民开垦土地、兴修水利事实之反映，而涂上一层神话、传说之色彩。

鲧、禹治水之术本皆为填塞（《山海经》《天问》《淮南子》等书，《史记·河渠书》引《夏书》"禹抑鸿水"，《汉书·沟洫志》作"禹湮洪水"。《孟子·滕文公下》《荀子·成相》亦称禹"抑洪水"，"抑下鸿"。《史记·河渠书》《索隐》："湮、抑，皆塞也。"），后渐分歧：鲧堙塞洪水，而禹疏导之。盖古代土广民稀，不与水争地，水害较少。其后人口增加，土地开辟，不得不与水争地，乃有堤防之法。其后人口益增，土地益辟，与水争地之害渐著，乃有所谓疏导之法以补救之。观战国时筑堤防与开河渠之事并举，而以开河渠之利为尤大，是即鲧、禹父子异功之说之背景也。昭二十九年《传》："共工氏有子曰句龙，为后土。……后土为社。"《鲁语上》："共工氏之伯九有也，其子曰后土，能平九土，故祀以为社。"共工与鲧同为水官，其名前者为缓声，后者为急音，且同为罪人，其为一人传说之分化甚显。禹属龙类，为鲧子，皆与后土句龙合。《淮南子·氾论》："禹劳天下而死为社。"则禹亦为社神，其与句龙为一人传说之分化亦甚显也。

（4）夏启故事　附五观

昭四年《传》："夏启有钧台之享。"钧台者，钧天之台也（《吕氏春秋·有始》"中央曰钧天"）。《山海经》《楚辞》皆言：夏后启上宾于天，窃九辩、九歌以下。"钧台之享"盖由此神话转变而出。《墨子·非乐上》："于武观曰：启乃淫溢康乐，……湛浊于酒，渝食于野，万舞翼翼，章闻于天，天用弗式。"《天问》《竹书纪年》《战国策》等书皆言益、启相互夺位之事，与儒说异。在儒说中，启乃贤王；在他家说中，启又为一夺位、淫溢康乐之主，盖古传说本有分歧也。

昭元年《传》："夏有观扈。"《楚语上》："启有五观。"一为敌国，一为奸子，传说亦互异。观扈实五观之倒文（"武观"亦即"五观"），《逸周书·尝麦》："五子忘伯禹之命……胥兴作乱，遂凶厥国。"盖奸子之作乱者，势同敌国也。

《楚语上》："启有五观"，韦《注》："五观，启子太康昆弟也。"《书序》："太康失邦，昆弟五人须于洛汭，作五子之歌。"王符《潜夫论》亦以太康列五子中。案《离骚》："启九辩与九歌兮，夏康娱以自纵；不顾难以图后兮，五子用失乎家巷。""夏"王引之读为"下"，戴震谓康娱即康乐。与《书序》参看，则五子为启子，太康在其中。至仲康、少康是否亦为五子之二，无确证不敢言。

或谓启即太康，以康娱自纵，故号太康，可备一说。

（5）羿、浞代夏与少康中兴

襄四年《传》言羿、浞代夏事，然首尾横决，前人已有所疑。案：此节文确为插入，以《晋语七》同事记载校之，魏绛所言唯有三利，非五利，无"鉴于后羿，而用德度，远至迩安"一利。

哀元年《传》言少康中兴事，亦有插入痕迹，以《吴语》《越语上》《史记·伍子胥传》《越世家》等校之，均无少康中兴事，唯《吴世家》有之。

《史记·夏本纪》直言："帝相卒，子帝少康立。"无羿、浞代夏、少康中兴事。《鲁语上》："杼能帅禹者也，夏后氏报焉。"不提少康，此等确甚可疑。成八年《传》言："三代之令王，皆数百年保天之禄，夫岂无辟王，赖前哲以免也。"《周语下》："一姓不再兴。"公孙述等言："一姓不得再受命。"光武曰："吾自继祖而兴，不称受命。"东汉初年人皆若不知有羿、浞代夏、少康中兴事者。此亦甚可异。先秦、西汉之书言及夏事者，皆称兴王禹，亡王桀，罕有言夏中绝、中兴事者。杨雄《宗正卿箴》且言："昔在夏时，少康不恭；有仍二女，五子家哄。"（据宋本《古文苑》）唯左氏襄四年《传》、哀元年《传》及《史记·吴世家》（录《左氏》语）及《楚辞》有羿、浞代夏及少康中兴等事。甚疑此本为楚地传说，作《左传》者取而文饰之，插入魏绛、子胥语中。《左氏》书西汉不甚流行，故至东汉初年人尚不甚知有夏代中绝、中兴事。至东汉中叶以后，《左氏》书渐流行，学人渐知此事。魏高贵乡公为"托古改制"以倒司马氏计，遂昌言少康之事，俾群臣讨论矣。

传说自五帝至幽、厉时皆有羿，前人因谓羿为世官之名。其实羿盖一善射部落之徽号。在传说中，羿有善有恶：帝喾等时之羿称为"仁羿"，有为民除害之大功。夏时之羿则为篡位、好田、淫游之恶人。要之，传说之分歧或由于部族之不同，然其详不可得考矣。

（6）周人先世

昭七年《传》周王追命卫襄公曰："余敢忘高圉、亚圉。"《鲁语上》："高圉、大王，能帅稷者也，周人报焉。"高圉据《史记·周本纪》为后稷后十世，亚圉为十一世。自后稷至文王仅十五世。《周语下》亦曰："自后稷之始基靖民，十五王而文始平之。"则后稷之时代甚晚（或以世官释之，非是）。昭二十九年《传》："有烈山氏之子曰柱，为稷，自夏以上祀之。周弃亦为稷，自商以来祀之。"（参看《鲁语上》《礼记·祭法》）则后稷或为夏、商间人。高圉、亚圉，则周先世中差可考者也。

后稷者，农神也。《周语上》："昔我先王世后稷，以服事虞夏，及夏之衰也，弃稷不务，我先王不窋用失其官，而自窜于戎狄之间。"此以农神为农官，"夏衰"当为夏末，非指太康时。

后稷以后之世代，至太王而止，实不甚可考，不必细求。至周人之托于夏裔，亦不知可信与否。（《康诰》：文王"用肇造我区夏。"《君奭》："惟文王尚克修和我有夏。"《立政》："乃伻我有夏，式商受命。"）或为夏族一支窜入戎狄，同化于氐、羌等族，而其族长遂为异族之酋长者（此等事历史上常有），至太王始建国立都，"贬戎狄之俗"（《周本纪》）。《鲁颂·閟宫》："后稷之孙，实维大王；居岐之阳，实始翦商。至于文、武，缵大王之绪。"故至太王周始建国东侵，为文、武克商奠定基础也。

太王是否即古公亶父，昔尝致疑，以证据不足，尚难得出结论。

（7）文、武之兴

桓十一年《传》："商、周之不敌，君之所闻也。"周人常自居"小邦"，称殷为"大邦"，殷大而周小，所谓"不敌"也。周建国自太王，王季继之，力未完足，为殷文丁所杀（《古本竹书纪年》）。文王力征经营，周乃强大。然虽曰"三分天下有其二"（势力范围），其本邦固仍为小邑。殷已入青铜器全盛时代，周则文王以上之青铜彝器迄未有明确发现，周在彼时之野蛮落后，从可知矣。

克殷之业，实始于文王，《康诰》："天乃大命文王，殪戎殷，诞受厥命。"金文中亦言："不显玟王，受天有大令（命）。"（大盂鼎）《墨子·非攻下》："赤乌衔珪降周之岐社，曰：天命周文王伐殷有国。"《太平御览》八十三引《竹书纪年》："（帝乙）二年，周人伐商。"帝乙时王季已死，此周人明指文王之师。则文王既翦商之羽翼，复进而伐商，商几不支，故"西伯既戡黎，祖伊恐，奔告于王"（《西伯戡黎》）也。

文王克殷之志未集而死，其子武王遂率西方诸部落东征，牧野一战，克灭殷邦。然殷邦以东之地犹未能克定，即殷本邦亦尚需立纣子武庚为殷后，而使三叔监之。此犹春秋时郑庄公克许后使许叔居许东偏，利用之以抚柔许人，复使公孙获处许西偏以监之也。

周人言开国之君恒连称"文、武"，后世仍然，可见克殷之事，武王不过继文王旧业而完成之而已。

（8）周公东征 附摄政

定四年《传》："管、蔡启商，惎间王室，王于是乎杀管叔而蔡蔡叔。"此周初之内乱。《大诰》:"殷小腆,诞敢纪其叙,天降威,知我国有疵,民不康,曰:予复,反鄙我周邦。""民不静,亦惟在王宫、邦君室。"则殷人休养生息后,意图复辟,乘周邦内乱而联合周之叛人以反周。周公毅然东征,《大诰》所谓"予惟以尔庶邦,于伐殷逋播臣","肆朕诞以尔东征"是也。

周公东征胜利后,"吊二叔之不咸,故封建亲戚,以蕃屏周"(僖二十四年《传》)。又迁殷"顽民"于雒邑,建立东都,于是周之"王业"告成。

关于周公摄政故事,多见先秦古籍,然前人每有所疑,其实此特狃于后世所谓"君臣之义",故不信周公有摄政之事耳。当武王之"崩"也,成王幼弱,《召诰》所谓:"有王虽小,元子哉!"《洛诰》所谓"孺子其朋","汝惟冲子"是也。其时周朝新建,内外多患,不能以幼主当国,故由王叔摄政,践天子之位,此亦自然之事,无可疑也!

(9)成、康、昭、穆

昭二十六年《传》:王子朝告诸侯曰:"昔武王克商,成王靖四方,康王息民。"《周颂·执竞》:"自彼成、康,奄有四方,斤斤其明。"观金文及先秦古籍,成、康时非无战争之事,成王时实为周人势力发展之时,所谓"践奄"等,即包括定齐、鲁之地,周之势力直达海滨,《孟子》所谓"周公相武王,诛纣伐奄,三年讨其君,驱飞廉于海隅而戮之,灭国者五十"(《滕文公下》),兼武王、周公、成王三时期之战绩而言之也。康王时盖周稍安定,康之为言安也。

僖四年《传》管仲曰:"昭王南征而不复。"楚人对曰:"昭王之不复,君其问诸水滨。"旧说昭王伐楚,涉汉而死。《史记·周本纪》:"昭王之时,王道微缺,昭王南巡狩,不返,卒于江上。"似昭王时已为周人全盛后之中衰时期。穆王则更周游天下,所谓:"昔穆王欲肆其心,周行天下,将皆必有车辙马迹焉,祭公谋父作《祈招》之诗,以止王心,王是以获没于祗宫。"(昭十二年《传》)似穆王亦

非盛世之主。然"穆有涂山之会"（昭四年《传》），尝伐犬戎，传说
又谓穆王使楚人伐方兴之徐戎（徐偃王），大破之。《齐语》管仲曰：
"昔吾先王昭王、穆王，世法文、武远绩以成名。"则昭、穆犹当周
之盛世也。

（10）共和行政　附"国人"起义

昭二十六年《传》："至于厉王，王心戾虐，万民弗忍，居王于
彘，诸侯释位，以间王政。"据《周语上》：厉王虐而好利，"国人"
谤王，王使卫巫监谤，告则杀之，"国人莫敢言，道路以目……三
年，乃流王于彘"。《国语》之"国人"，即《左传》之"万民"，谓
国都中之居人也。此为见于记载之"国人"起义之始。此次起义能
"流王"，可见"国人"势力已抬头，为王政崩倒之始。

所谓"共和行政"，前人及近人已考定为卫武公摄政。周初封国
中卫本大国，又为方伯，《康诰》称卫祖康叔为"孟侯"。卫君后居于
共，卫伯遂为"共伯"。康叔尝为王官司寇，《毛诗序》谓卫武公"入
相于周"，又云："《抑》，卫武公刺厉王，亦以自警也。"西周末至东周
初，外诸侯常掌握王室之政权（如郑、虢等），非特卫武公也。

卫武公"入相于周"，加原在周室执政之周、召二公，则为三公
矣（此或为三公制度所由起）。《汉书·地理志》《注》孟康曰："共
伯人为三公。"《古本竹书纪年》："共伯和干王位。"《鲁连子》："诸
侯奉和以行天子事。"其后"共伯使诸侯奉王子靖为宣王，而共伯复
归国于卫"。《史记·卫世家》：卫大子共伯余之弟名和，实为卫武
公，此"共和行政"即卫武公摄行周政之明证。武公殁后，获"睿
圣武公"之美谥，当即缘彼曾行王政之故。《诗经》之《周南》《召
南》后即为卫国之诗《邶》《鄘》《卫风》，而继之以《王风》，似亦
非偶然之事也。

"共和行政"开诸侯摄行王政之始，从此王政渐转为贵族政治，
此亦历史上一大关键，不可不知。

（11）宣王"中兴"

昭二十六年《传》："宣王有志而后效官。"宣王能用周、召二相，东南伐徐戎、淮夷，"蛮荆来威"，《诗·江汉》："王命召虎，式辟四方，彻我疆土……于疆于理，至于南海。"是即所谓"昔先王受命，有如召公，日辟国百里"（《诗·召旻》）也。

然宣王于西北已守多于攻，常为戎人所败，如"王师败绩于姜氏之戎"（《周语上》）是。又曾"丧南国之师"，"料民于太原"（同上）。此外如"不藉千亩"；违反宗法旧制，为鲁择君，废长立幼，引起鲁国内乱，"诸侯从是而不睦"（同上）等。《周语下》载王子晋言"自我先王厉、宣、幽、平而贪天祸"，则宣王亦衰乱之主，故越代即亡国也。

（12）西周之亡 附周之东迁

昭二十六年《传》："至于幽王，天不吊周，王昏不若，用愆厥位。携王奸命，诸侯替之，而建王嗣，用迁郏鄏。"合观《周诗·大雅》及《郑语》等较可靠史料，西周之亡，盖由于天灾、人祸、戎狄交侵（《诗·召旻》"今也日蹙国百里"），而幽王又昏乱，信用谗妇、佞臣，内乱、外患并生，以致速亡。

《古本竹书纪年》"先是申侯、鲁侯及许文公立平王于申"，"幽王既死，而虢公翰又立王子余臣于携。周二王并立。（晋文侯）二十一年，携王为晋文侯所杀"（左氏本年《正义》引）。是西周亡后，周曾分裂为二，及晋人杀携王，周始复归于一。然平王以避戎难，遂定都于雒邑，以依晋、郑，周东迁之局乃定。

（13）西周官制

定四年《传》："武王之母弟八人：周公为太宰，康叔为司寇，聃季为司空。"此所言官制大致合乎春秋前期，似尚未尽合西周旧制。

今存史料述西周官制之较详者，首推《书·立政》，其文首称："王左右常伯、常任、准人、缀衣、虎贲。"后谓："立政：任人、准夫、牧（下文亦作准人、牧夫），作三事。虎贲、缀衣、趣马、小尹、左右携仆、百司、庶府、大都小伯、艺人、表臣、百司、太史、尹伯、庶常吉士、司徒、司马、司空、亚旅、夷、微、卢、烝、三亳阪尹。"最后复有"司寇苏公"之文。案"三事"之官盖要职，其中"牧夫"职掌狱事，所谓"其勿误于庶狱，惟有司之牧夫"，与"司寇"（疑即"准夫"）同为司刑法之官（盖周初甚重刑狱，以镇压人民，尝以康叔为司寇，而《康诰》诸篇亦屡言刑狱事也）。"常伯""常任"盖王左右之官（汉侍中之属？）。自"虎贲、缀衣、趣马"以下多为近官。自"大都小伯"以下似为地方官。"太史"以下又为近官。"司徒、司马、司空"为司民事、军事、工程之官。"亚旅"盖亦为武臣。"三亳阪尹"等为地方官。

《立政》所言官职虽详，然颠倒紊乱，不易一一考定。欲求较明确之史料，则唯《诗经》。从《节南山》《十月之交》《云汉》《常武》数诗看，王官之相职为卿士，所谓"皇父卿士"。卿士之要官为"师尹"，师尹者，"尹氏大师"也，《节南山》言："尹氏大师，维周之氏，秉国之均，四方是维。""卿士"之首亦称冢宰，其下有"司徒""宰""膳夫""内史""趣马""师氏"（《十月之交》）。司徒为司民之官，此时地位已渐重要。"宰"以下仍为左右侍卫之官。其中"膳夫"一职见于西周金文，地位甚高，至春秋前期地位仍高，如庄十九年《传》伐王立子颓之"五大夫"中即有膳夫石速。冢宰即太宰，在春秋前期亦尚重要，如隐十一年《传》：羽父请杀桓公，将以求大宰。桓二年《传》：杀宋殇公及司马孔父、相庄公者为太宰华督。王室亦以太宰、内史为赐命侯伯之高官（僖九年、十一年、二十八年等《传》。《周语上》"襄王使太宰文公及内史兴赐晋文公命"）。

西周之官制尚待继续研究，现时尚有许多问题不能清楚。但知卿士冢宰下有要官"三事大夫"（《诗·雨无正》）而已。

（14）西周地方制度

隐元年《传》："都城过百雉，国之害也。先王之制，大都不过参国之一，中五之一，小九之一。"据目前所有可靠史料，西周时代县鄙（边邑）制度似尚未普遍，至于县、郡或郡、县制度更未产生。

西周之地方制度，大概分国、都、邑三级：国即国都，都为大邑，邑为小邑，国、都、邑之外为"野"，无明确之国界。

西周地方制度，亦甚难详知。此据春秋史料上推，虽不中亦不远矣。

（15）西周税制　附人口

宣十五年《传》："谷出不过藉，以丰财也。"杜《注》："周法：民耕百亩，公田十亩，借民力而治之，税不过此也。"此即所谓"什一之税"，杜说近是。又《鲁语下》述西周税法谓："先王制土，藉田以力，而砥（平）其远迩；赋里以入，而量其有无；任力以夫，而议其老幼，于是乎有鳏、寡、孤、疾，有军旅之出则征之，无则已。其岁收：田一井，出稷（六百四十斛）禾、秉（三百四十斗）刍、缶（十六斗）米，不是过也。"其中虽间杂理想成分，然当存旧制梗概。所谓"岁收"似指军赋，名为"什一"，益以如许杂税，亦已重矣。

"井田"之制，其有无久已纷纭，然左氏有"井衍沃"（襄二十五年《传》）之文，可证井田实有。在衍沃之平原，划棋盘式方块田，较易实现。"井田"为农村公社，近讨论者已稍趋一致。"井田"之制虽不必若孟子所言之整齐，然要相接近也。

助制用于井田，二者不可偏废，有助制即有井田矣。

西周时人口较春秋为少。武王伐商，"革车三百两，虎贲三千人"（《孟子·尽心下》），以甲骨文用兵不过万人校之，"商、周之不敌"，则周军自不过数千人，虽尚有留守本土者，即以五倍计，亦不过一万五千人，以一家五口出一兵计，则周邦人口不能过十万，彼时全"中国"人口，扫数计之恐亦不过一二百万而已。西周时经济发展，至末年，人口当有增加，然"宣王既丧南国之师，乃料民于太原"，民而可料，则周"国人"之数尚不能过多也。

（16）西周兵制

西周兵制，亦甚难详考。唯车战之制，大致与春秋时相近。据金文，其时戎狄中亦有车战者（如鬼方）。大致"国人"中每家出一人。一乘兵车，甲士十人（步卒若干未详），周初以来即如此。《孟子·尽心下》："武王之伐殷也，革车三百两，虎贲三千人。""虎贲"即甲士也。《逸周书·克殷》："周车三百五十乘，陈于牧野。"《战国策》苏秦说魏王："武王卒三千人，革车三百乘，斩纣于牧。"又说赵："武王之卒不过三千人，车不过三百乘，而为天子。"《吕氏春秋·简选》："武王虎贲三千人，简车三百乘，以要甲子之事于牧野，而纣为禽。"则周伐纣乏大战役用兵仅三千人，留守者或数千，至多不过万余人（以左氏昭五年《传》："长毂九百"，"遗守四千"例之）。则周初兵数尚不及殷人（甲骨文记载殷用兵有多至万人者），徒以野蛮部落习于战事，以临腐朽之殷邦，故势如破竹耳。

西周后期《诗·采芑》："方叔涖止，其车三千。"如非夸大，则兵数已达周初之十倍矣。

（17）西周刑制

昭六年《传》："周有乱政，而作九刑。"据叔向言："昔先王议事以制，不为刑辟。"杜《注》："临事制刑，不豫设法也。"则西周本无固定之刑法，临事以统治者之意志断之而已。至西周后期，乃有所谓"九刑"之制，然似不公布之于民，故叔向非郑之"铸刑书"也。

《吕刑》为春秋、战国间作品，此或春秋后期各国公布刑法之反映，然亦略可考知其前之刑制，最重要者，为所谓"赎刑"之制。

（18）西周学制

襄三十一年《传》："郑人游于乡校，以论执政。"杜《注》："乡之学校。"此盖西周学校旧制之遗。西周时尚武，所谓"学校"，主要为学习射御等武艺之所。《大盂鼎》："余隹即朕小学。"《麦尊》："王客葊京酌祀……才（在）璧（辟）雝（雍），王乘于舟，为大丰，王射大龚，禽。"《静殷》："王令静司射学宫，小子衆服衆小臣衆夷仆学射。……静射无罘。"此西周小、大学之制及大学之作用最可信据之史料。

（19）西周农业

昭元年《传》："譬如农夫，是穮是蓘，虽有饥馑，必有丰年。"杜《注》："穮，耘也；壅苗为蓘也。"西周农业生产已有所谓"耘"（除草）、"耔"（附根）之术，即"穮"与"蓘"也。

西周时农具最通行者为耒（曲柄下歧头之木耕具，木叉之上贯一小横木，耕时足踏）、耜（曲柄之铲）、钱（木制或带有金属锋刃之耜）、镈（用曲枝所制或带有金属锋刃之小锄）、铚（木石制或有金属锋刃之收获器）。《诗·周颂·载芟》："有略（利）其耜。"《良耜》："畟畟（利）良耜。""其镈斯赵，以薅荼蓼。"《臣工》："庤乃钱镈，奄观铚艾。"出土物有石铲、蚌铲、骨铲等。

耕种方法首先为垦耕，不外"推"（将锋刃刺人土中向前推）与"发"（把柄向外挑拨以发土），二人合作，谓之"耦耕"。《诗·豳风·七月》："三之日于耜，四之日举趾（足踏耒耜，举足而'推''发'，即'耕'）。"《周颂·噫嘻》："亦服尔耕，十千维耦。"《书·大诰》："厥父菑（除草垦耕），厥子乃弗肯播（播种），矧肯获（收获）。"《梓材》："为厥疆畎（疆陌上沟洫）。"《诗·小雅·大田》："去其螟螣，及其蟊贼……秉畀炎火。"此为除虫。

垦田有所谓"菑田"（初垦之田）、"新田"（能种植之新田）、"畬田"（旧田）。《周颂·臣工》："如何新畬。"《小雅·采芑》："于彼新田，于此菑亩。""于彼新田，于此中乡。"田有"南亩"（行列向南）、"东亩"（行列向东）之别，亦称"衡""从"之亩。《小雅·信南山》："我疆我理，南东其亩。"《齐风·南山》："艺麻如之何？衡从其亩。"作物种类，据《诗经》等书，重要者有"黍""稷""麦""麻""菽（豆）""稻""粱"等。

西周农业生产之发展已有一定水平，春秋农业则继此而续有发展者。

（20）西周工业

僖十八年《传》："郑伯始朝于楚，楚子赐之金，既而悔之，与之盟曰：无以铸兵。故以铸三钟。"可见春秋初期铜尚甚缺乏。然以手工业品言，于西周仍首推青铜器（有无铁器，尚不能定）。出土物之铸作技术与花纹装饰，均甚精美，多为用具、礼器及武器等，生产工具少见。手工业工具或多用铜制。

西周时之手工业，据文献及出土物，有金属工、木工、玉石工、陶工、纺织工、皮革工、营造工、武器工等。与农业相结合之家庭纺织业当居主要地位。《大雅·瞻印》："妇无公事，休其蚕织。"则蚕织已以妇女任之。当时有葛布、麻布、蚕丝、皮裘等之纺织。

西周手工业之原始史料，除出土物外甚少，姑从略。

（21）西周商业

昭十六年《传》郑子产曰："昔我先君桓公与商人皆出自周。"则西周时有专业之官府商人。西周商业尚未大发展，中叶以后略有进步。农村间在周初已有少量交换，如《酒诰》："肇牵车牛远服贾，用孝养厥父母。"《郑语》载宣王时有制造"檿弧箕服"以自行出卖之贩夫贩妇。

以商业未盛，故货币行使不广。贵族等用贝为货币，见金文、《诗经》。贵族锡贝者，自"五朋"至"五十朋"、"百朋"不等（金文中多见）。《小雅·菁菁者莪》："既见君子，锡我百朋。"《笺》："古者货贝，五贝为朋。"金文中常见"锡金（铜）"若干"寽"之记载，金属或已以重量为单位，作为高级货币行用，足见商业已有初步发展。

西周商业之原始史料亦不多，姑从略。

（22）宗法、封建之制

隐八年《传》："天子建德，因生以赐姓，胙之土而命之氏，诸侯以字为谥，因以为族。官有世功，则有官族；邑亦如之。"桓二年《传》："天子建国，诸侯立家，卿置侧室，大夫有贰宗，士有隶子弟。"此封建制，亦即宗法制也。天子以嫡长子继位，众子封为诸侯；诸侯以嫡长子继位，众子封为大夫；大夫亦似嫡长子继位，众子为士。士为小宗，以大夫为大宗。大夫亦为小宗，以诸侯为大宗。诸侯亦为小宗，以天子为大宗。故封建系统即宗法系统，宗法为"封建"之本也。

《大雅·公刘》："君之宗之。"毛《传》："为之君，为之大宗也。"则君即宗也。《板》："大宗维翰。"毛《传》："王者，天下之大宗。"周天子称同姓诸侯为"伯父""叔父"，称异姓诸侯曰"伯舅""叔舅"，是即宗法关系。诸侯称同姓、异姓之大夫亦然（隐五年《传》、庄十四年《传》、《楚语上》、《礼记·祭统》引《孔悝鼎铭》等）。《晋语八》："栾书实覆宗，弑厉公以厚其家。"则不特诸侯与天子间有宗法关系，大夫与诸侯间亦有宗法关系也。金文《善鼎》："余其用各（格）我宗子零百生（姓）。"《陈逆殷》："陈氏裔孙逆作为皇祖大宗殷。"《陈逆簠》："余陈桓子之裔孙，余寅事齐侯，欢恤宗家。"桓十一年《传》："雍氏宗有宠于宋庄公。"昭二十八年《传》："梗阳人有狱……其大宗赂以女乐。"战国时器《䣑羌钟》："䣑羌作戎，厥辟韩宗彻，率征秦迳齐……赏于韩宗，命于晋公，昭于天子。"旧籍中常以宗法限于大夫以下，士与大夫间有宗法关系，原无问题也。文二年《传》："宋祖帝乙，郑祖厉王，犹上祖也。"哀二年《传》：卫太子祷曰："曾孙蒯聩，敢昭告皇祖文王、烈祖康叔、文祖襄公。"是诸侯祖天子之证。鲁有"三桓"，郑有"七穆"，宋有戴、庄、桓等族，是卿大夫亦认所自出之君为祖也。

桓二年《传》："庶人、工、商，各有分亲，皆有等衰。"则庶人、工、商亦有宗法，然其详不可得考矣。

襄十五年《传》："王及公、侯、伯、子、男、甸、采、卫、大夫，各居其列。"周初及盾世皆有"封建"，封建之贵族等级为天子、诸侯、大夫、士，所应注意者，为诸侯中之等级名称。旧谓周代诸侯有公、侯、伯、子、男五等，其名次已见《春秋经》。然观金文、《周书》、《诗》、《春秋经》等，所谓五等爵或不见，或有而紊乱。考《书·康诰》："侯、甸、男、邦、采、卫。"《酒诰》："越在外服：侯、甸、男、卫、邦伯。"《召诰》："周公乃朝用书，命庶殷侯、甸、男、邦伯。"《顾命》："庶邦：侯、甸、男、卫。"则所谓"诸侯"，指侯、甸、男、采、卫等爵位，是即所谓"周爵五等"也。然侯、甸、男爵位较高，而采、卫一若后世之所谓"附庸"者，地位较低。《令彝》："诸侯：侯、甸、男。"《郑语》："妘姓：邬、邻、路、偪阳，曹姓：邹、莒，皆为采、卫，或在王室，或在夷狄，莫之数也。"则采、卫为附庸小邦之君信矣。

（23）天子、诸侯、大夫、士

桓二年《传》："卿置侧室，大夫有二宗，士有隶子弟。"西周宗法封建系统中，贵族分为天子、诸侯、大夫、士四级，诸侯以下又各分等级。天子全"中国"之大宗也。诸侯有侯、甸、男、采、卫五等（别详上条）。卿、大夫、士皆一族之宗，亦有上、中、下之别（僖十二年、成六年、昭七年等《传》，《孟子·万章下》）。卿即天子之卿士，盖本为掌军事之长。襄二十五年《传》："郑子产献捷于晋，戎服将事……晋人问曰：何故戎服？对曰：我先君武、庄为平、桓卿士，城濮之役，文公布命曰，各复旧职。命我文公，戎服辅王，以授楚捷。"又齐国、高二氏与齐侯为齐三军之帅，晋六卿本六军之长等，皆可证。

"侧室"次卿，或为大夫，由卿之家分出（文十二年《传》、《鲁语上》仲孙它、《鲁语下》季康子问于公父文伯之母、公父文伯退朝等条）。"贰宗"次大夫或士，由大夫之家分出（"贰宗"非即小宗，本传中大夫分出之支族甚多，不备举）。"隶子弟"者，杜《注》："士卑，自以其子弟为仆隶也。"大致近是。

自天子至士皆贵族阶级，或以士为平民，尚待研究。

（24）庶人、工、商

襄九年传："其庶人力于农穑，商、工、皂隶，不知迁业。""庶人"为隶属农民，"商"为官府商人，"工"为官府手工业者，皆低于贵族、高于奴隶之阶级。"皂隶"则为官府奴隶。《晋语四》（"庶人食力，工、商食官，皂隶食职"）、桓二年传（"庶人、工、商，各有分亲"）、哀二年传（"庶人、工、商遂"《注》："遂得进仕。""人臣隶圉免"，《注》"去厮役"）、襄十四年《传》等文，均可证也（西周金文如《师酉殷》《伊殷》"百工"与"仆驭""牧""臣妾"等并举，地位似较低，但仍非奴隶）。

工、商主要居于城中，隶属官府而作业，生活尚不甚痛苦（商人尤其如此。《诗·大雅·瞻卬》："如贾三倍，君子是识"，商人之致富，即贵族亦已羡慕之）。庶人主要居于田野，西周金文载一部分庶人随土地分赐（《大盂鼎》《矢殷》等），观《诗·七月》等篇之记载，农民受剥削、压迫甚重，生活至为痛苦也。

（25）奴隶

僖十七年《传》："男为人臣，女为人妾。""臣""妾"即西周以来男女奴隶之称也。西周时有关奴隶之史料甚少，名称则甚多（若干恐非真性奴隶）。大致言之：西周时奴隶皆隶属贵族、官府，大贵族以之分赐属下，奴隶所执似多为家内仆役等事，或有用于农、工、畜牧等业者，要之，在生产上无甚足称也。

（26）宗教

昭元年《传》："山川之神，则水旱疠疫之灾，于是乎禜之，日、月、星辰之神，则雪霜风雨之不时，于是乎禜之。"西周宗教为多神教，一部分为氏族图腾所转化者，然已有最上之神上帝，下有社、稷、日、月、星辰、山川等神，观《山海经》等书记载，不特人神混杂，人兽亦混杂，此种宗教尚甚原始也。

《鲁语上》："凡禘、郊、宗、祖、报，此五者，国之典祀也。加之以社、稷、山川之神，皆有功烈于民者也，及前哲令德之人，所以为明质也；及天之三辰，民所以瞻仰也；及地之五行，所以生殖也；及九州名山川泽，所以出财用也。非是，不在祀典。"此祀典除上帝外，诸神略备，语虽不文，记载亦或有误，然节取之，西周时宗教大略可知矣。

（27）郑庄小霸　附春秋时郑国之强

春秋初年，郑为小霸，人多知之；然其成霸之曲折，治春秋史者尚不尽清晰。盖郑为新兴之国，商业又较盛，经济富裕。当春秋之初，周室已衰，齐、晋、秦、楚未兴，郑庄雄桀，处挟天子以令诸侯之地位，又结交大齐、强鲁，近攻宋、卫、陈、蔡，甚至击败周王所率之联军，纵横一时，几于霸主，兹择要述之。

隐元年，郑庄克平其弟叔段内乱，统一郑国，使郑不致出现若晋翼、曲沃分裂之局。以卫人助叔段，郑庄遂以周、虢之师伐卫，又与鲁、邾为盟。次年，再伐卫。三年，取周麦禾，与齐寻盟：小霸之势初成。

陈桓公曰："宋、卫实难，郑何能为。"（隐六年《传》）春秋初宋、卫为大国，郑虽强然小，为诸侯所不服，故郑庄于挟天子外，又挟号为"小伯"之齐僖（所谓"齐僖小伯"，实郑庄小伯），结当时兵力甚强之鲁国，以临宋、卫。郑、宋之争遂不可免。

隐四年，宋、卫、陈、蔡四国再伐郑，复结鲁国之兵，其势甚盛，此盖宋乘周衰之图霸也（其与国最大而重要者为卫）。五年，郑庄败卫所用之燕（南燕）师，郑、宋再交兵，未见胜负。六年，郑庄乃始通鲁，对鲁让步以取鲁之助。郑、齐、鲁之交始舍，而宋、卫乃困。郑庄伐宋之与国陈，大获。次年，陈人服于郑，与郑联姻。八年，齐僖平宋、卫于郑，郑庄伪许之而不与盟，且敷衍齐国，"以齐人朝王"。九年，郑人假王命伐宋，复合齐、鲁以谋伐宋。是年，郑大败北戎之师，兵威益盛。十年，郑、齐、鲁伐宋，鲁败宋师，取二邑。宋、卫、蔡伐郑，郑伐取其师，又入宋。至此，郑胜宋败之势成矣。十一年，郑、齐、鲁入许，以许与郑，郑益强（许盖本属鲁，故"齐侯以许让公"，郑庄先期以祊易许田，故三国之师伐许，以许与郑）。是年，郑又大败息师及宋师。

鲁桓即位，郑庄巩固鲁交，卒易祊、许之田。桓二年，宋内乱，郑、齐、鲁、陈结会，以成宋乱，宋人亦服于郑，郑庄小霸之业于以告成。是年，郑、蔡结会以备方兴之楚。五年，郑庄欲助齐袭纪，纪人知之，不克。是年，郑庄大败周王所帅周、虢、卫、陈、蔡五国之师，郑之强于此可见。六年，北戎伐齐，郑庄使太子忽帅师救之，大败戎师。七年，郑庄又合齐、卫之师伐周邑盟、向，王迁二邑之民，郑盖取其地。是时郑庄小霸之业早成，乃因小故与鲁交兵。桓十年，郑合齐、卫之师伐鲁，战于郎，不能服鲁。十一年，郑、齐、卫、宋盟于恶曹，是为郑庄小霸之顶点，亦即所谓"齐僖小伯"之顶点。是年，郑庄公卒。十三年，鲁、郑、纪大败齐、宋、卫、燕之师，于是郑、齐小霸之局皆告终矣。

不特郑庄小霸，郑庄死后，终春秋之世，郑之强亦常超过其他二等国。宣二年，郑公子归生大败宋师，囚宋二主帅，获甲车四百六十乘。成三年，诸侯伐郑，郑人袭败之。成七年，郑囚楚郧公钟仪。楚申公巫臣曰，如以申、吕为赏田，"晋、郑必至于汉"，是楚人亦畏郑矣。成十五年，郑子罕侵楚，取新石，楚迁许以避郑。次年，又"以汝阴之田求成于郑"。晋于鄢陵大捷后，再合诸侯以伐郑，诸侯之师次于郑西，鲁师不敢过郑，诸侯迁于颍上，"郑子罕宵军之，宋、齐、卫皆失军"。次年，郑子驷侵晋虚、滑。襄十年，楚、郑联军伐宋，郑师侵卫，又与楚侵鲁，克萧，郑师再侵宋，所谓"师竟已甚"也。襄二十五年，郑子展、子产帅车七百乘伐陈，入之。定六年，郑助王子朝之徒伐冯、滑、胥靡、负黍、狐人、阙外，晋阎没戍周，且城胥靡。哀二年铁之战，晋虽败郑，然固以郑为大敌也。卫太子"登铁上，望见郑师众，大子惧，自投于车下"，郑人且击赵简子中肩矣。观上列举之史实，春秋时郑之强几及晋、楚，从可知矣。

（28）晋之分裂与统一、强大

隐六年《传》周桓公曰："我周之东迁，晋、郑焉依。"盖东周邻近晋、郑二国，晋大而郑强。西方赖虢而南凭申、吕。及楚强而申、吕弱，晋又分裂，郑庄叛周自雄，于是周乃益衰。

晋之分裂凡六十余年，"曲沃邑大于翼"（《史记·晋世家》），盖亦春秋初一强国。入春秋前一年曲沃庄伯伐翼，杀孝侯。桓三年，曲沃武公伐翼，获哀侯。桓七年，又杀小子侯。次年，灭翼。王命虢仲立晋侯缗。次年，虢、芮、梁、荀、贾五国伐曲沃。庄十六年，周王迫于既成之势，卒"使虢公命曲沃伯以一军为晋侯"。

曲沃武公并晋不久即卒，子献公灭桓、庄之族，统一内部，国力充实而对外发展，胜骊戎，作二军，灭耿、霍、魏（闵元年），伐东山皋落氏（闵二年），灭虞、虢（僖五年），败狄于采桑。盖晋献时灭国甚多，晋始强大。至献公卒，晋发生内乱，为秦人所干涉。及秦败晋惠公，怀公为质于秦而晋中衰。至文公始复振。

（29）秦之东征

东周之初，秦始建国，周王以西土畀之，秦乃积极对外发展。据《史记·秦本纪》，秦襄公十二年，伐戎至岐。文公十六年，伐戎，戎败走，遂收周余民有之。宁公二年，伐荡社。三年，灭之。十二年，伐取荡氏。武公元年，伐彭戏氏，至华山下。十年，灭邽、冀戎。十一年，灭杜、郑、小虢。宣公四年，胜晋于河阳。穆公元年，伐茅津。五年，伐晋，战于河曲。盖秦至穆公时已并国甚多，蔚为大邦矣。

左氏载春秋初年秦事甚略，惟有桓四年《传》，秦师侵芮，败焉；王师、秦师围魏，执芮伯以归。十年《传》，秦人纳芮伯万于芮。然亦可见秦东进之势。晋献公死后，秦穆纳晋惠公，既又战于韩，获惠公而质其子怀公，"始征晋河东，置官司焉"。其后又归晋河东而以女妻怀公。惠公死，怀公立，晋国内不靖，秦穆复纳文公。《史记·秦本纪》载孝公令曰："昔我穆公自岐、雍之间，修德行武，东平晋乱，以河为界。"可见秦至穆公时确已甚雄强。

（30）楚之兴起

昭二十三年《传》："若敖、蚡冒，至于武、文，土不过同。"二十七年《传》："平王之温惠共俭，有过成、庄，无不及焉，所以不获诸侯，迩无极也。"则楚之强大始于成王，其前犹"土不过同"之小邦也。

楚本蛮夷，昭十二年《传》："昔我先王熊绎，辟在荆山，筚路蓝缕，以处草莽，跋涉山林，以事天子。"至周衰而兴，《史记·楚世家》熊渠当周夷王时，兴兵伐庸、杨粤，至于鄂。立其长子为句亶王，中子为鄂王，少子为越章王。周宣王南征，于疆于理，至于南海，楚盖被侵而中衰。西周亡后，楚人复兴，侵略申、吕，周王遣师戍守，而申、吕终为楚灭。申、吕亡而周南方之屏障彻，若非齐、晋之兴，周之亡指日可待矣。

考之左氏，桓二年始书："蔡侯、郑伯会于邓，始惧楚也。"盖是时楚已开始北略。六年，楚武王侵随，不克。八年，楚合诸侯于沈鹿，黄、随不会，使蓬章让黄，楚武王伐随，战于速杞，随师败绩，随及楚平。其时汉东诸国随为大，败随而楚威立矣。九年，楚及巴师伐邓，大败邓师。十一年，楚莫敖屈瑕将盟贰、轸，郧人欲与随、绞、州、蓼伐楚师，楚败郧师于蒲骚，卒盟而还。十二年，楚大败绞师。十三年，以伐绞之役，楚师分涉于彭，罗人欲伐之，故屈瑕伐罗，罗与卢戎两军之，楚大败。庄四年，楚武王为荆尸，伐随而卒，令尹斗祁、莫敖屈重营军临随，随人惧，行成。六年，楚文王伐申。次年，伐邓。十年，楚败蔡师于莘，以蔡侯献舞归，继又灭息。十四年，楚入蔡。十六年，楚灭邓，伐郑，及栎。十九年，巴人伐楚，楚文王御之，大败于津，还，鬻拳弗纳，遂伐黄，败黄师于踖陵，还师而卒。此外春秋初楚所灭小国盖尚多，所谓"汉阳诸姬，楚实尽之"也。

楚在成王前，虽灭小国甚多，然随敢与楚抗，楚亦以随为大敌，罗欲伐楚师，楚伐罗乃大败，巴伐楚，文王帅师亲御之，亦大败，则其时楚之强未必逾于郑庄也。至齐桓称霸、楚成即位后，楚始强大至能侵陵中原诸侯矣。

（31）戎、狄迁徙

戎狄本多西北部落，随周衰而东南侵。春秋之初，最强者为狄，盖已形成部落联盟。戎之种类，盖尚多为部落、氏族组织，其势稍弱于狄。

《后汉书·西羌传》引《竹书纪年》："晋人败北戎于汾隰。"此为北戎始见，尚在西周之末。"（曲沃庄伯）二年，翟人伐翼，至于晋郊"（《太平御览》八七九引《史记》），此为狄之始见，尚在春秋之前。盖戎、狄之东迁，在西、东周间也。

隐九年《传》，北戎侵郑，郑人大败戎师。桓六年，北戎伐齐，郑太子忽帅师救齐，又大败戎师，获其二帅，甲首三百。于是诸侯之大夫戍齐。以齐之强大，尚受北戎之侵，至劳诸侯之师戍救，非强郑抑之，北戎将大为患于春秋初矣。

至齐桓称霸时，戎狄复侵陵中原，齐桓"攘"之，中原乃得安宁。

又是时晋、秦强，兼并戎狄，故戎狄多东南迁，如僖十一年《传》：扬、拒、泉、皋、伊雒之戎同伐京师，入王城，焚东门，秦、晋伐戎以救周。二十二年《传》：秦、晋迁陆浑之戎于伊川。襄十四年《传》，晋范宣子谓姜戎曰："昔秦人迫逐乃祖吾离于瓜州，乃祖吾离被苫盖，蒙荆棘，以来归我先君。我先君惠公有不腆之田，与女剖分而食之。"姜戎对曰："昔秦人负恃其众，贪于土地，逐我诸戎。"等等，皆是也。

（32）齐、鲁争衡

鲁为春秋初年强国。隐十年，鲁与郑、齐伐宋，鲁独败宋师，取二邑。桓十三年，鲁、郑、纪三国之师大败齐、宋、卫、燕四国联军。齐桓之时，庄十年，鲁败齐师于长勺，复侵宋，齐师、宋师次于郎，鲁大败宋师于乘丘，齐师乃还。十一年，鲁复败宋师于鄑。直至齐桓称霸后，《鲁颂》称僖公战绩，尚曰："既克淮夷，孔淑不逆。""憬彼淮夷，来献其琛。"（《鲁颂·泮水》）。"保有凫绎，遂荒徐宅，至于海邦，淮夷蛮貊，及彼南夷，莫不率从。""居常与许，复周公之宇。"（《鲁颂·閟宫》）《尚书》中《费誓》一篇，或谓亦鲁僖时所作，则鲁僖确有征淮夷、徐戎之战绩矣。春秋之初，鲁常侵犯小国，小国如邾、曹、纪、滕、薛、杞等亦常来朝鲁，纪更为鲁之保护国，于此等处，可见春秋初鲁国之强。

春秋初齐欲灭纪，而鲁保护之，由此友生争端。桓六年：鲁、纪会于成，纪来谘谋齐难也。冬，纪侯来朝，请王命以求成于齐，公告不能。桓十三年鲁、郑、纪大败齐、宋、卫、燕之役，盖亦包含齐、纪之问题在内。齐襄继位，为并纪而阴谋图鲁。桓十七年，鲁为会欲平齐、纪，不克。及齐师战于奚。十八年，桓公与夫人文姜如齐，桓公为齐所害。未几，齐遂灭纪。齐桓继位图霸，与鲁战，齐灭遂，逼近鲁都，鲁始为齐所服。

（33）齐桓霸业

齐桓霸业可分三期：第一期自鲁庄九年至十五年，为创霸时期。齐桓首结宋、陈、蔡等国，以服鲁、郑，中原诸侯于以团结。庄九年，齐败鲁。十年，齐、宋伐鲁，不克。十三年，齐合宋、陈、蔡、邾为北杏之会，灭遂，鲁及齐平。十四年，齐假王命合陈、曹伐宋。齐、宋、卫、郑会于鄄，郑亦服齐。次年，复会，齐始霸。

第二期自鲁庄十五年至僖四年，主要为"攘夷"时期，伐戎、狄与楚，以安诸夏。庄二十年，齐人伐戎。二十六年，齐、鲁、宋伐徐。二十八年，楚伐郑，齐、鲁、宋救郑，楚师夜遁。三十年，齐伐山戎以救燕。狄伐邢、入卫。闵元年，齐救邢，二年，救卫。僖元、二年，齐迁邢、封卫（僖十八年，宋伐齐，鲁、狄皆救齐。二十年，齐、狄盟于邢，为邢谋卫难，则狄似亦服于齐矣）。楚屡伐郑。四年，齐遂合八国之师侵蔡、伐楚，与楚盟于召陵。第三期自僖四年至十七年，主要为"尊王"，为齐桓霸业顶峰时期。僖五年，齐为首止之会，会王世子，以安周室。八年，齐为洮之盟，以定襄王之位。九年，遂为葵丘之会，周王赐胙，王子带被逐。僖十三年，齐为鹹之会，以谋王室。为戎难故，诸侯戍周。十六年，王以戎难告于齐，齐征诸侯而戍周（在此时期内齐尚有"东略"之事，从略）。十七年，齐桓公卒，齐之霸业告终。

召陵之盟，据《左氏》记载若齐为楚所屈者，殊非事实，崔述既言之矣（观《春秋经》，则齐桓霸业甚盛，远过晋文，观《传》则晋文胜于齐桓，《左氏》有曲笔矣）。昭四年《传》，椒举谓楚灵王曰："夏启有钧台之享，商汤有景亳之命，周武有孟津之誓，成有岐阳之蒐，康有酆宫之朝，穆有涂山之会，齐桓有召陵之师，晋文有践土之盟，君其何用？"王曰："吾用齐桓。"可见齐桓召陵之师，固为赫赫之功。僖十九年《经》："会陈人、蔡人、楚人、郑人盟于齐。"《传》："陈穆公请修好于诸侯，以无忘齐桓之德，冬，盟于齐，修桓公之好也。"僖四年《传》屈完曰："君惠徼福于敝邑之社稷，辱收寡君，寡君之愿也。"屈完及诸侯盟。则召陵之师，楚已屈服于齐，加入齐之联盟，故齐桓卒后，楚成欲利用召陵之盟，为盟于齐，以与宋襄争霸，陈穆公之言即楚人之意也。

（34）宋襄图霸

齐桓既卒，与齐甚亲善之宋襄公乃欲乘机图霸，然不度德量力，卒为楚人所败。

僖十八年，宋以卫、曹、邾之师伐齐，齐诸公子争立内乱，为宋所败，宋立孝公而还。次年：宋执滕子。宋、曹、邾为曹南之盟，用鄫子于次睢之社。宋人围曹，盖诸侯不服也。楚合陈、蔡、鲁、郑盟于齐，以与宋争霸，盖此时楚在名义上仍推齐为盟主也。二十一年，宋、齐、楚盟于鹿上，此为宋襄霸业之顶点。同年宋、楚、郑、陈、蔡、许、曹会于盂，楚执宋公以伐宋。同年诸侯盟于薄，释宋公。二十二年，宋、卫、许、滕伐郑，楚人伐宋以救郑，大败宋师于泓，宋襄伤股，次年卒。宋襄霸业之结局如此。

是时宋襄图霸未成，楚人之势大张，伐宋，侵齐，中原之鲁、郑、宋、卫诸国皆服于楚。狄人亦以其时伐郑、取栎，进伐周室，大败周师，襄王奔郑，处于氾，太叔以狄后隗氏居于温，周几分裂。是时真所谓"南夷与北狄交，中国不绝若线"矣。

（35）晋文、襄霸业

晋文公历游诸国，备尝艰难，故返国后知"励精图治"以求霸。僖二十七年《传》："晋侯始入而教其民，二年欲用之。子犯曰：民未知义，未安其居。于是乎出定襄王，入务利民，民怀生矣。将用之。子犯曰：民未知信，未宣其用。于是乎伐原以示之信，民易资者，不求丰焉，明征其辞。公曰：可矣乎？子犯曰：民未知礼，未生其共。于是乎大蒐以示之礼，作执秩以正其官，民听不惑，而后用之，出谷戍，释宋围，一战而霸，文之教也。"是时宋叛楚即晋，楚成合郑、陈、蔡、许四国之师围宋，宋告急于晋，晋蒐于被庐，作三军。僖二十八年，晋侵曹、伐卫，楚人救卫，不克。晋入曹，执曹伯，分曹、卫之田以畀宋人。晋楚战于城濮，楚师败绩。于是晋文为践土之会，周王策命晋侯为侯伯，晋文霸业告成。

城濮之战，《春秋经》书："晋侯、齐师、宋师、秦师及楚人战于城濮。"一若晋方师众而楚方兵寡者，其实不然。此时楚已成大国，晋则方兴，从楚者有陈、蔡，而晋实独力应战，《左氏传》言之详矣，实楚众晋寡也。《韩非子·难一》《吕氏春秋·义赏》并言城濮之战楚众晋寡。观《左氏》所载，晋文在此战中退三舍，于战事颇有顾虑，亦可证楚众晋寡之说。

践土会后，僖二十九年，晋又合周、齐、宋、秦、陈、蔡等国盟于翟泉。次年：晋、秦围郑，郑说秦退师，秦使杞子等戍郑，晋师亦还。三十二年，晋文公卒。

晋襄继位之初，即伐败袭郑之秦师，获其三帅，旋释之。僖三十三年，晋人败狄于箕，获白狄子。文二年，秦人伐晋报怨，晋御之于彭衙，秦师败绩。晋合宋、郑、陈人伐秦。三年，秦复伐晋，晋师不出，秦取王官及郊而还。楚师围江，晋伐楚以救江，门于方城。四年，晋伐秦，报王官之役。六年，晋襄公卒。

晋文返国后，未久即死，襄公继之，称霸先后凡十二年，远不及齐桓称霸之年数。晋襄卒后，晋国内乱，卿族赵氏日渐专横，晋霸入于中衰时期。

（36）秦穆霸西戎

文三年《传》："秦伯伐晋……晋人不出……封崤尸而还，遂霸西戎。"《史记·秦本纪》："秦用由余谋，伐戎王，益国十二，开地千里，遂霸西戎，天子使召公过贺穆公以金鼓。"所谓秦穆霸西戎之较可靠史料，仅此而已。盖秦之东征，为晋所阻，乃向西发展，灭戎狄而"霸西戎"也。

（37）楚庄霸业

晋襄公卒后曾发生狐、赵等氏内乱，文九年《传》："范山言于楚子（穆王）曰：晋君少，不在诸侯，北方可图也。"文十四年，楚庄王立，有公子燮之乱。十六年，楚大饥，戎、蛮交侵。宣四年，有斗越椒之乱，庄王皆克定之。庄王北上与晋争霸。宣三年，伐陆浑之戎，遂至于雒，观兵于周疆，问周鼎之大小轻重，有代周之志。宣八年，灭舒、蓼。宣十一年，入陈。十二年，入郑，郑服于楚。晋师救郑，晋楚战于邲，晋师败绩。宣十四年，楚庄围宋，晋不敢救，宋及楚平，鲁亦服于楚。宣十八年，楚庄王卒，其时齐屡伐鲁，鲁欲用楚师，庄王卒，楚师不出，遂用晋师。楚共王即位，成二年，侵卫，遂侵鲁，师于蜀，侵及阳桥，鲁及楚平，楚合齐、鲁、宋、卫、郑、陈、蔡、许、秦、曹、邾、薛、鄫十四国盟于蜀。此为楚霸之顶点，过此以往，晋又复霸矣。

（38）晋厉、悼复霸

邲战之后，晋虽暂时丧失霸权，然晋景公亦甚雄桀，图复霸业。宣十五年，灭赤狄潞氏（其前已乘狄内乱，为横函之会以服众狄，见宣十一年《传》），复败秦师于辅氏。次年，灭赤狄甲氏、留吁、铎辰。十八年，合卫师伐齐（其时齐屡侵鲁、卫）。成二年，复合鲁、卫、曹之师大败齐师于鞍，齐乞盟。三年，又合卫师伐廧咎如，讨赤狄之余，至是赤狄尽为晋人所灭（白狄之在西者盖并于秦，其在东者，肥鼓亦为晋所灭，仅存一鲜虞，至战国为中山。长狄于鲁文公时侵齐、鲁、宋、卫诸国，为诸国所歼。至三《传》所载长狄神话，自不可信）。六年，晋景迁绛都于新田。是年楚伐郑，晋救之，楚师还；晋师遂侵蔡，楚救之，晋师亦还。是时吴始兴，晋使巫臣通吴以制楚，楚遂疲于奔命。八年，晋侵蔡，遂侵楚，败申、息之师于桑隧（见襄二十六年《传》），获申骊，楚师还，晋又侵沈，获沈子揖。十年，晋景公卒。晋景末年，盖已开始复霸矣。

晋厉即位之初，成十二年，宋华元合晋、楚之成，晋、楚盟于宋（或以《春秋经》不书此晋楚第一次盟于宋，疑实无其事，为襄二十七年第二次晋楚盟于宋之《传》讹；然《周语》中记载鄢陵战后郤至数"楚有五败"，"背宋之盟"即居其首，此"背宋之盟"明指成十二年事而言，则恐仍有其事）。是年晋败狄于交刚。十三年，晋合齐、鲁、宋、卫、郑、曹、邾、滕八国之师伐秦，大败秦师于麻隧。十六年，晋侯及楚子、郑伯战于鄢陵，楚师败绩，楚共王伤目。是役晋范文子曰："吾先君之亟战也有故，秦、狄、齐、楚皆强，不尽力，子孙将弱。今三强服矣，敌楚而已。"则是时秦、齐、狄皆已服晋，晋三面无忧，尽力敌楚，故获大捷。此后晋屡伐郑，郑未服，晋内乱起，厉公被杀。

悼公即位，先宁内部，任用贤能。襄元年，晋合诸侯围彭城，执宋叛人鱼石等。此后晋屡伐郑，数为盟会，重振霸业。复北和戎狄，以贸狄土。襄九年《传》载晋知武子曰："吾三分四军与诸侯之锐，以逆来者，于我未病，楚不能矣。"悼公从之，又施舍息民，三驾而楚不能与争。十一年，晋悼复合诸侯悉师伐郑，郑乃服。然是时晋卿族之内忧方兴，对外虽竞，弱势已形。是年秦伐晋，战于栎，晋师败绩。十四年，诸侯伐秦，无功而还。齐人亦贰。十五年，晋悼公卒。

平公即位，襄十六年，合鲁、宋、卫、郑、曹、莒、邾、薛、杞、小邾等国于溴梁。晋师伐许，又伐楚，战于湛阪，楚师败绩，晋师遂侵方城之外，复伐许而还。是为晋霸业之顶点，过此以往，晋霸渐衰矣。

（39）楚灵争霸

晋势已衰，吴尚未能败楚，晋、楚皆有后顾之忧，于是为第二次宋之盟以弭兵（襄二十七年），"晋楚之从交相见"，属楚诸小国虽当朝于晋，从晋诸国除齐、秦外（秦本楚与国）亦当朝于楚；楚纾北顾之忧，得专力应付吴人，其庸多矣。昭元年，晋、楚及诸侯复寻盟于虢，弭兵之局乃定。

昭四年，楚灵王使椒举如晋求诸侯，晋许之，复许婚于楚。楚灵王合诸侯于申，以诸侯之师伐吴，克朱方。此时楚已不虑晋，争霸盖以吴为主要对象，吴、楚屡战。五年：楚合蔡、陈、许、顿、沈、徐、越诸国伐吴，无功而还。昭八年，楚灭陈。十一年，灭蔡，大城陈、蔡、不羹，以威诸侯。十二年，楚灵王狩于州来，次于颍尾，使荡侯等帅师围徐以惧吴，灵王次于乾谿，以为之援。次年，楚蓮氏等族启越大夫常寿过作乱，楚公子弃疾等帅陈、蔡、不羹、许、叶之师"因四族之徒以入楚"，灵王之师及訾梁而溃，灵王自杀，霸业告终。

（40）吴、越之兴

吴、越本楚属小国，宣八年：楚伐舒、蓼，灭之，楚子疆之，"及滑汭，盟吴、越而还"，此为吴、越见《左氏传》之始。成七年《传》："吴伐郯，郯成。"此兆吴之将兴。是年《传》："巫臣请使于吴，晋侯许之。吴子寿梦说之，乃通吴于晋，以两之一卒适吴，舍偏两之一焉，与其射御，教吴乘车，教之战陈，教之叛楚，寘其子狐庸焉，使为行人于吴。吴始伐楚、伐巢、伐徐，子重奔命。马陵之会，吴入州来，子重自郑奔命，子重、子反于是乎一岁七奔命。蛮夷之属于楚者，吴尽取之，是以始大，通吴于上国。"吴兴过程略详于此。然吴之兴，主要仍由其内部社会经济之发展，巫臣知吴有可兴之道，乃加助力耳。

此后吴、楚屡交兵（成十七年，襄三年、十三年、十四年、十五年、二十四年、二十五年、二十六年，昭四年、五年、六年、十二年），互有胜负。及楚灵之死，楚师还自徐，吴人败诸豫章，获其五帅。自此以后，楚逐渐为吴困，终成入郢之祸。

昭五年《传》："楚子以诸侯及东夷伐吴……越大夫常寿过帅师会楚子于琐。"此盖表示越之始兴，列于诸侯矣。昭二十四年，楚为舟师以略吴疆，越公子及大夫会师助楚攻吴。越自此渐强矣。

（41）柏举之战

昭十三年，楚平王即位，吴灭州来。十七年，吴伐楚，楚先败吴师，以无备终为吴人所败。二十年，楚杀太子建傅伍奢，奢子伍员奔吴。二十三年，吴伐州来，楚合诸侯之师救之，吴人大败诸侯之师，获胡、沈之君及陈大夫，楚师大溃。吴复入郢，取楚夫人与其宝器以归。二十四年，楚子为舟师以略吴疆，吴人踵楚，灭巢及钟离而还。二十六年，楚平王卒，昭王即位，幼弱，令尹囊瓦执政而贪，陵暴小国。楚势益衰。二十七年，吴师伐楚围潜，阖庐乘间杀王僚即位。三十年，吴灭徐。阖庐用伍员之谋，为三师更番出以疲楚。囊瓦拘蔡、唐二国之君三年以索赂，于是蔡先求晋援，晋为十九国召陵之师，无功而罢。蔡侯遂以其子及大夫之子为质于吴，吴、蔡、唐三国伐楚，遂有柏举之役。

定四年柏举之战实在汉水附近，吴、楚夹汉而军，囊瓦无谋，济汉而陈，自小别至于大别，三战不利，二师大战于柏举，楚师败绩，五战及郢，吴师入郢，昭王出奔，赖越人入吴，吴又内乱，申包胥乞秦师至，数战然后击退吴师。是役楚几亡国。定六年，吴太子终累败楚舟师，楚子期又以陵师败于繁阳。令尹子西乃迁郢于鄀，而改纪其政，以定楚国。

（42）携李、夫椒之战

襄二十九年《传》："吴人伐越，获俘焉，以为阍，使守舟。吴子余祭观舟，阍以刀弑之。"伐越之役当在此前，此为吴、越兵争之始。此后越常助楚攻吴，为吴后方之患。昭三十二年《传》："吴伐越，始用师于越也。"盖前此只是交绥，至此始大举攻伐矣。柏举之役，越人入吴。定十四年，吴阖庐乘越王允常新死，起师伐越，越王勾践御之，战于携李，吴师败绩，阖庐伤而死，子夫差立。哀元年，越王勾践复起师伐吴（见《越语下》），夫差败越于夫椒，遂入越，越及吴平。此后吴人北略，服鲁、邾、卫，大败齐师于艾陵。又城邗，沟通江淮。哀十三年，会晋定公于黄池，自居霸主。于是越乘其后，黄池会时，勾践伐吴，大败吴师，获其太子友，再入吴。夫差遄归，吴及越平。哀十七年，勾践又起师伐吴，大败吴师于笠泽。二十年，越遂围吴。二十二年，灭吴。

吴、越交兵，吴只一胜，一入越，而越则数胜，三入吴，卒灭吴国。越强于吴，于此可见。

（43）越王勾践称霸

哀二十一年《传》："越人始来。"二十二年《传》又载越干涉邾之内政，是时吴尚未亡，盖越围吴，得越、吴境而至鲁、邾也。吴亡后，哀二十三年，鲁叔青始使越，越诸鞅报聘。二十四年，越又干涉邾之内政。是年鲁哀公如越，得太子适郢，将妻公而多与之地，季孙使因吴旧臣太宰嚭纳赂，乃止。二十六年，越合鲁、宋之师伐卫，将纳出公，卫人重赂越人，以城钼与越以处出公。二十七年，越使后庸聘鲁，且言邾田，封于骀上，盟于平阳。鲁哀公欲以越师去三桓而不克，乃遂如越，《左氏》记载终于此。是可证此时越王勾践已称霸，经营东方，东方诸侯皆附属之，所谓"越新得诸侯"（哀二十五年《传》）也。

《史记·越世家》："勾践已平吴，乃以兵北渡淮，与齐、晋诸侯会于徐州，致贡于周，周元王使人赐勾践胙，命为伯。勾践已去渡淮南，以淮上地与楚，归吴所侵宋地于宋，与鲁泗东方百里。当是的，越兵横行于江淮，东诸侯毕贺，号称霸王。"是可补《左氏》之阙。

（44）晋诸卿兴亡

晋以三军或六军之帅为卿，卿族多为异姓、异氏，强横殊甚，晋之失霸及终于分裂，职此之故。僖二十七年，晋始作三军，以郤縠将中军，此为郤氏始兴。二十八年，郤縠卒，以先轸代之，此为先氏始兴。三十三年，先轸战死，子先且居代将中军。文五年，先且居死。六年，阳处父"易中军"，赵盾为政（将中军），此为赵氏始兴。赵盾专政，逐狐氏，逼晋君，力政甚酷（所谓"夏日之日"），灵公欲杀之，不克，反为所杀，赵盾立成公。宣二年传："初，骊姬之乱，诅无畜群公子，自是晋无公族。及成公即位，乃宦卿之适子而为之田，以为公族；又宦其余子，亦为余子；其庶子为公行。晋于是有公族、余子、公行。"此直以异姓、异氏代公族，晋公室之卑始此。宣八年，郤缺代赵盾为政。十二年，荀林父代郤缺为政，此为荀氏（中行氏）始兴。次年，晋杀先縠，先氏亡。宣十六年，士会代荀林父为政，此为范氏（士氏）始兴。次年，士会请老，郤克为政。成四年，栾书代郤克为政，此为栾氏始兴。十七年，晋厉杀三郤，郤氏亡，栾书、中行偃遂执杀厉公。十八年，韩厥代栾书为政，此为韩氏始兴。襄七年，韩厥请老，知�为政，此为知氏（中行氏之别支）始兴。十三年，荀偃代知䓨为政。十九年，荀偃死，士匄为政，范、栾二氏不和，二十一年，士匄逐栾盈，晋内乱，越二年，栾氏亡。二十五年，赵武代士匄为政，此为赵氏再兴。昭元年，赵武死，韩起为政。二十八年，韩起死，魏舒为政，此为魏氏始兴。自此晋有六大卿族，即所谓六卿（赵、韩、魏、范、中行、知）。定元年，魏舒死，范鞅为政。十三年，赵鞅代范鞅为政。赵鞅与范、中行氏不和，范、中行氏入于朝歌以叛。哀五年，荀寅、士吉射奔齐，范、中行氏亡。二十年，知瑶代赵鞅为政。自此晋强卿唯余知、赵、韩、魏四家，及知伯与赵氏为敌，韩、魏反而丧之，乃成三家分晋之局。

（45）齐国、高、崔、庆、陈诸氏兴亡

齐之大卿族本只国、高二氏（管仲、鲍叔牙虽执政，然非正卿）。成十七年，齐灵公使宠臣崔杼为大夫，庆克佐之，此为崔、庆二氏预政之始。十八年，庆封为大夫，庆佐为司寇。襄十九年，崔杼立齐庄公，始得政。二十五年，崔杼杀庄公，立灵公而相之，庆封为左相。二十七年，庆封灭崔氏当国。次年，陈、鲍二氏合公族栾、高氏（皆惠公后，非"高、国"之高）共灭庆氏，栾、高二氏执政，亦甚专横，二氏互争，昭十年，陈、鲍氏灭之。《传》书："齐惠栾、高氏皆耆酒信内，多怨，强于陈、鲍氏而恶之。"可见栾、高强于陈、鲍。二氏亡，陈、鲍分其室，穆孟姬为陈氏请高唐，"陈氏始大"（此时陈氏为陈桓子）。然此后政权仍在国、高二氏之手，如昭十二年齐高偃帅师纳北燕伯于阳。定七年，齐国夏帅师伐鲁西鄙。八年，齐国夏、高张伐鲁西鄙。九年《传》："敝无存之父将室之，辞，以与其弟，曰：此役也不死，反必取于高、国。"可见高、国二氏之地位仍高。哀五年，齐景公死，"使国惠子（夏）、高昭子（张）立荼"。六年，陈僖子以诈谋逐国夏、高张，而二氏仍未亡。僖子立悼公，朱毛曰："君大访于陈子，而图其小可也。"盖至此时陈氏始暂时窃得政权。然哀十一年艾陵之战，国书将中军，高

无丕将上军。僖子谓其弟书："尔死，我必得志。"则陈氏犹未取得军、政大权也。哀十四年，陈成子杀简公（《传》谓"齐简公之在鲁也；阚止有宠焉"，复谓"陈、阚不可并"，则陈与阚并是宠臣，尚非国卿），始得齐政。唯哀十七年赵鞅围卫，齐国观、陈瓘救卫，瓘尚谓晋人曰："国子实执齐柄。"哀二十三年，晋荀瑶伐齐，高无丕帅师御之。则国、高二氏尚在名义上执齐柄，且确拥有一部分军、政大权也。至春秋之末，陈成子始渐握齐柄，其后尽灭诸氏，统一齐国政权，而代姜氏为齐君。凡《左氏》所载陈氏将兴诸预言，皆不可信。

（46）鲁三家兴衰

鲁三家季氏首先得势，季友号为"贤臣"，然观闵二年《传》："成风闻成季之繇，乃事之，而属僖公焉，故成季立之。"例以春秋时婚姻制度，则季友直是"皇父摄政王"也。僖元年《传》：季友败莒师，"公赐季友汶阳之田及费"。汶阳之田边齐，后为齐人所取，费则僻在东南，故长为季氏所有，季氏以此为根据地而执鲁政。其他二家孟氏有成，叔氏有郈，亦皆边于齐，其势不固。

僖公时季友已执鲁政，与孟、叔并为"三家"。僖十六年：季友卒，东门氏公子遂（庄公之子）执政。"文公二妃敬嬴生宣公，敬嬴嬖而私事襄仲（公子遂），宣公长而属诸襄仲"（文十八年《传》），"鲁文公薨，而东门遂杀适立庶，鲁君于是乎失国"（昭三十二年《传》）。则鲁政下逮始于宣公时也。宣八年，公子遂卒，盖季文子复当政。顾栋高谓："行父（季文子）当仲遂世未尝执政，即遂死而其子归父专权，宣公特以上卿之名尊季，而征伐会盟大柄悉归父操之，季固未尝与竞也。"其说近是。宣十八年《传》："公孙归父以襄仲之立公也，有宠，欲去三桓以张公室。"宣公卒，季氏遂逐东门氏，自此季氏专国大柄。襄五年，季文子卒，盖仲孙蔑（孟孙氏）执政。襄九年，叔孙豹代仲孙蔑执政。十一年，三家作三军，三分公室而各有其一。十二年，季武子执政，自此大权悉归季氏。昭五年，舍中军，四分公室，季氏择二，二子各一，皆尽征之而贡于公。七年，季武子卒，盖叔孙昭子为政（昭二十一年《传》"晋士鞅来聘，叔孙为政，季孙欲恶诸晋"可证）。十二年，季氏家臣南蒯作乱。十四年，费人叛南氏，南蒯奔齐。二十五年，公伐季氏，三家合力逐之，自此盖季氏代行君权，至昭三十二年凡八年。定五年，阳虎囚季桓子，此即"陪臣执国命"之事。八年，阳虎作乱，九年，不克奔晋。十年，叔孙氏之臣侯犯又作乱，不克奔齐。阳虎既败，季桓子复执国政。十二年，将堕三都以去家臣之根柢，季氏家臣公山不狃、叔孙辄帅费人袭鲁，不克奔齐。于是堕费、堕郈，以绝家臣据邑叛变之祸。孟孙氏不欲堕成，定公围成，不克。哀四年，季康子继位。十五年，孟氏家臣公孙成据孟氏私邑成叛，降于齐，既而齐人归成。二十七年，季康子卒，其后事不详。

（47）郑七穆兴衰

郑国政权下移，始自七穆之族，七穆更迭执政。宣七年，穆族子良始执政。成九年，子罕执政。襄四年，子驷执政。十年，子孔执政。十九年，子展执政。二十九年，伯有执政，郑内乱，伯有死，子皮执政，授权子产，郑国小康。昭二十年，子产死，子太叔执政。定五年，驷歂执政。十五年，罕达执政。哀十八年，驷弘执政。其后事未详。

（48）宋公族兴衰　附墨氏起源

宋大夫多公族，中叶以后，政权亦稍下移。先是华元执政甚久，其后则为司城子罕，更后则为向戌，向戌之后为华亥，华亥之后为乐大心，乐大心之后为皇瑗，皇瑗之后为皇缓，至春秋之末为乐茷。昭二十一年《传》楚太宰犯曰："诸侯唯宋事其君。"哀二十六年《传》："于是皇缓为右师，皇非我为大司马，皇怀为司徒，灵不缓为左师，乐茷为司城，乐朱鉏为大司寇，六卿三族降听政，因大尹以达，大尹常不告而以其欲称君命以令，国人恶之。"司城因国人以去大尹，改立国君，于是"司城为上卿，盟曰：三族共政，无相害也。"杜《注》："大尹，近官有宠者。"盖至春秋之末，宋政乃完全下移，启战国时"戴氏篡宋"之渐矣。

《史记·孟、荀列传》："墨翟为宋大夫。"知墨子当为宋之公族。《广韵》"夷"字注："宋公子目夷之后，以目夷为氏。"（张澍以此为《世本》之文，《史记·殷本纪》谓殷后有目夷氏，《潜夫论·志氏姓》以目夷氏为微子之后，盖本此。）"目夷"又作"墨夷"，《世本》"宋襄公子（当作兄子）墨夷须为大司马，其后有墨夷皋"（《广韵》及《姓氏急就篇》引）可证。而墨子有为孤竹看子伯夷后裔之说，《通志·氏族略》引《元和姓纂》："墨氏，孤竹君之后，本墨台氏，后改为墨氏，……战国时宋人墨翟著书号墨子。"《史记·伯夷列传》《索隐》亦引应劭说："（孤竹，）伯夷之国也，君姓墨胎氏。""墨胎""墨台"当读作"墨怡"（据《北周书·怡峰传》），即"墨夷"或"目夷"也。《史记》述孤竹夷、齐事多不经，所谓伯夷让国者，盖宋公子目夷让国事之传讹，墨子实目夷后裔，以墨夷为氏，省为墨氏也。否则，何其巧合至斯邪？

（49）卫卿族兴衰

卫在春秋初为大国，然闵二年狄入卫后，降及春秋中叶，齐、晋交侵，已成小国，其内部政局变化，无详考必要。兹略述之：春秋中叶，孙、宁二氏皆为逼君之大族，卫君且被逐出国。其后二氏夷灭。至春秋末，南氏（公子郢之后）执政，大权悉在其手，至战国时，遂有"子南劲取卫"之事。

（50）周卿族兴衰

春秋时代，周之为国尚不及宋、卫，以其为王室所在，诸侯所资以为号召者，故亦略述其卿族兴衰。

春秋初年掌周政者为郑、虢之君，其后郑强独立，虢为晋所灭，则多以王族为卿士，如周公、王子虎、王孙苏、召伯、毛伯等。至定王时，单、刘二氏执政，世袭其官，亦与列国相同。王子朝之乱，微单、刘二氏不克平难，然自此大权悉入二氏之手，与鲁三家、郑七穆等相类矣。至战国时，乃有所谓"单氏取周"之事。

（51）楚、秦、吴、越公室之强

楚、秦、吴、越在边陲，独不闻卿族专擅侵陵公室之事，盖其社会发展阶段尚较为原始也。

城濮之战，子玉自杀；鄢陵之战，子反自杀。柏举之战，囊瓦奔郑；与晋荀林父及列国诸臣战败后少见处罪者迥不相同。春秋之末，虽王族子西、叶公等执掌大权，然未闻抗王命也。

秦国亦未闻卿族专擅之事，孟明败而不处罪，盖穆公励之以立功。其后秦盾子以车多奔晋，不敢与秦君抗也。

吴国之臣如伍员、太宰嚭等，地位虽高，一切均尚听王命。越臣如范蠡、大夫种亦然；或避难他适，或为王所杀，未有敢恃功专权者：此皆与中原诸国异也。

吴、越后皆衰亡，楚、秦则入战国时较易行中央集权之制，与其卿族夙无专擅之事关系绝大也。

（52）附论季氏之亡、戴氏篡宋、子南劲取卫、单氏取周

闵二年《传》："成季之将生也，桓公使卜楚丘之父卜之，曰：男也，其名曰友，在公之右，间于两社，为公室辅。季氏亡，则鲁不昌。"《左氏》多预言，此其一也。据一般意见，《左氏》书为公元前四世纪时物，则季氏亡尚在此前。《论语·季氏》篇载孔子曰："吾恐季孙之忧，不在颛臾，而在萧墙之内也。"此盖亦预言。《韩非子·外储说左下》谓季孙为客所杀，即所谓"萧墙之祸"。韩子此条复记南宫敬子问颜涿聚季孙遇弑之故，此颜涿聚为孔子弟子（与另一同名者是两人），见《吕氏春秋·尊师》篇，则季孙被杀必在孔子卒后不久。鲁悼公在位三十七年而谥"悼"，盖甚有见杀于三桓之可能，故《韩非子·说林上》："鲁季孙新弑其君，吴起仕焉。"此

所"弑"之君必悼公也。《墨子·耕柱》篇载季、孟二氏不和事，可见三家之间亦有问题。《孟子·离娄下》"曾子居武城有越寇"故事，与《说苑·尊贤》篇所载"鲁人攻鄷"故事大同小异，焦循《正义》引或说："越寇季氏，非寇鲁。"盖鲁、越合兵以伐季氏，犹卫出公之假越买以伐其叛臣也。季氏盖即亡于此时，其大宗或支庶、臣属则据费独立，为"小国之君"（《孟子·万章下》）。观《孟子》所载鲁事，三家已不可见，鲁君盖已集权矣。

戴氏篡宋之事，前人及近人言之详矣，唯尚有可以补论者。《左氏》载郑子皮饩国人粟，宋司城子罕请于平公出公粟以贷，使大夫皆贷，司城氏贷而不书，为大夫之无者贷，晋叔向闻之曰："郑之罕、宋之乐，其后亡者也，二者其皆得国乎？……乐氏加焉，其以宋升降乎？"（襄二十九年）春秋末年，乐氏已得政，皇氏为卿者尤多，《韩非子·内储说下》："戴驩（乐氏？）为宋太宰，皇喜重于君，二人争事而相害也，皇喜遂杀宋君而夺其政。"乐、皇二氏皆戴族，此即所谓"戴氏篡宋"也。

僖三十一年《传》："卫迁于帝丘，卜曰三百年。"此亦预言，读者皆不得其解。鲁僖公三十一年下数三百年当魏惠王后元六年。《韩非子·说疑》："以今时之所闻：田成子取齐，司城子罕取宋，太宰欣取郑，单氏取周，易牙之（？）取卫，韩、魏、赵三子分晋。"案其上文云："若夫齐田恒、宋子罕、鲁季孙意如、晋侨如（？）、卫子南劲、郑太宰欣、楚白公、周单荼、燕子之，此九人者之为其臣也，……上逼君，下乱治，援外以挠内，亲下以谋上，不难为也。"则取卫者为子南劲。《史记·周本纪》《集解》引《汲冢古文》："卫将军文子为子南弥牟，其后有子南劲，朝于魏。后惠成王如卫，命子南为侯。"此其明证矣。此后卫盖不称姬姓而称"公孙氏"，如《史记·商君列传》："商君者，卫之诸庶孽公子也，名鞅，姓公孙氏，其祖本姬姓也。"（是犹言"戴氏夺子氏于宋"，戴氏亦子姓也。）《战国策·卫策》："卫嗣君病，……自今以往者，公孙氏必不血食矣。"此卫在战国申期以后改姓公孙之明证。《荀子·王制》："成侯、嗣君，聚敛计数之君也。……聚敛者亡。"则所谓成侯乃旧卫最后之君，所谓成侯子平侯者，实子南劲也。

单氏为周疏族，与刘氏并执周政。《说苑·权谋》篇载叔向诈书云："苌弘谓叔向曰：子起晋国之兵以攻周，吾废刘氏而立单氏。"《周语下》："及定王，刘氏亡。"又载晋叔向之言："吾闻之曰：一姓不再兴，今周其兴乎，其有单子也。"《韩非子》谓"单氏取周"，又称"单荼"。至如何"取周"，不可得闻矣。

（53）春秋地理问题

春秋地理问题甚多。如东周之王城，即在东都成周之内，为周王所居之城。僖十一年《传》："扬、拒、泉、皋、伊雒之戎同伐京师，入王城，焚东门。""京师"者成周，"王城"者，成周中王所居内城也。东都大名原称"成周"，昭三十二年《传》："昔成王合诸侯城成周，以为东都。"以故在《左传》中王城、成周二名常可混称，如昭二十三年《传》："王子朝入于王城，次于左巷。秋七月戊申，郭罗纳诸庄宫。"二十六年《传》："王入于成周……王入于庄宫。"定七年《传》："王入于王城，馆于公族党氏，而后朝于庄宫。"庄宫在王城，即在成周也。僖二十五《传》："王入于王城。"《晋语四》作："王入于成周，遂定之于郏。"韦《注》："成周，周东都；郏，王城。"得之矣。其他证据尚多。凡以王城、成周为二地，谓周敬王自王城迁都成周者，皆非也。

此外晋、秦、楚、吴、越国都皆有问题，苦于史料不足，尚难论定，兹姑从略。

"九州"之说实起春秋、战国间，其前只有"九方""九隅""九有"等称，未有实际区划也。《吕氏春秋·有始览》："河、汉之间为豫州，周也；两河之间为冀州，晋也；河、济之间为兖州，卫也；东方为青州，齐也；泗上为徐州，鲁也；东南为扬州，越也；南方为荆州，楚也；西方为雍州，秦也；北方为幽州，燕也。"越为扬州，燕为幽州，皆字之声转；楚为荆州，乃沿用旧名；秦为雍州，因雍为秦都；齐为青州，因齐在东方，东方色青：则此类"九州"之说之历史背景，从可知矣。

至畿服之说，则益不近情理，乃沿袭旧文（《康诰》《酒诰》《召诰》等）而误会者，不值深辨。

（54）春秋官制之变

春秋官制之变，一言以蔽之，乃由王官大臣及臣仆式之官吏向司民、司军、司政官吏之转变。最突出之表现为司徒、司马、司空"三司"之官之被逐渐重视。马克思指出："亚洲自从有史以来只存在过三个管理部门：财政司，或称抢掠本国人民的机关；军务司，或称抢掠邻国人民的机关；最后就是公务司。"实至当不易！

春秋前期，王官之长太宰尚颇重要（如僖九年宰周公、隐十一年鲁太宰，桓二年宋太宰等），至春秋中叶，太宰（冢宰）仅为尊称，其实际地位已降低（成十年楚太宰子商，成十五年、襄十七年宋太宰，襄十一年郑太宰，唯吴国后进，太宰之官尚较重要）。

"三司"之官，鲁以三家任之（昭四年）。楚以司马为次于令尹之大官。宋、郑"六卿"中皆有"三司"（文七年、哀二十六年宋六卿，襄十年郑六卿）。唯宋六卿为：右师、左师、司马、司徒、司城、司寇；郑六卿为：当国、为政、司马、司空、司徒、少正（子产为卿，襄二十二年"少正公孙侨"）。

"三司"之外尚有司寇，为司法之官，一般地位略低于"三司"，如鲁三家为"三司"，孔子曾为司寇。

至列国官制较特殊者，如晋以六将军为六卿，齐曾置右、左相（襄二十五年，《史记·齐世家》），楚有莫敖（似本为最高官职，其后令尹、司马上升，莫敖之职下降），秦有庶长、不更等。

（55）春秋时县、郡之制

春秋时地方制度之最大变化，为近似后世之县、郡制度之建立。据可靠史料，晋之国都亦设县，称绛县（襄三十年），另有成县（大县，昭五年）、别县（支分之县，昭三年）。《史记·秦本纪》载秦灭小国，已设为县。楚县多为灭国所置，中有较大者（宣十二年、哀

十七年）。吴有郡制（《史记·吴世家》）。晋亦有郡制，哀二年《传》
铁之战，晋赵简子誓曰："克敌者，上大夫受县，下大夫受郡。"又
《逸周书·作雒》："县有四郡。"则县大而郡小，未知可信与否？

（56）春秋时税制之变　附人口

春秋时税制之变，有明文者为鲁"初税亩"（宣十五年）、"作丘
甲"（成元年，又昭四年郑"作丘赋"）、"用田赋"（哀十二年），晋
"作爰田"、"作州兵"（僖十五年），楚"量入修赋"（襄二十五年），
其详如何，与其悬想，不如阙疑。唯知"初税亩"之税高于什一之
"藉"制。《论语·颜渊》篇"二吾犹不足"，或为什二之税。观《硕
鼠》《伐檀》《七月》之诗，剥削可谓甚重。昭三年《传》晏子谓其
时齐国"民参其力，二入于公，而衣食其一"，盖并军赋、力役及其
他杂税言之，叔向亦谓晋国"庶民疲敝，而宫室滋侈，道殣相望，
而女富溢尤，民闻公命，如逃寇仇"。当时贵族剥削庶民之苛至此！
齐、晋如斯，他国可知。

春秋时人口仍不甚多，有所谓"十室之邑""百室之邑"者，
若"千室之邑"已为大邑，即一般国都亦未必过三千家也。闵二年
《传》：狄入卫后，"卫之遗民男女七百有三十人，益之似共、滕之
民，为五千人，立戴公以庐于曹"。至春秋末年孔子适卫，云："庶
矣哉！"然即较狄入卫后增加至十倍，亦不过五万人。于此可见春
秋时人口尚甚寡少，故中原土地之荒芜未开辟者仍甚多也。

（57）春秋时兵制之变

春秋时中原诸国仍盛行车战。车战之制，旧说一乘甲士十人，
案之闵二年《传》"齐侯使公子无亏帅车三百乘、甲士三千人以戍
曹"等记载，大致可信。益以徒卒，如《鲁颂·閟宫》所谓"公车
千乘……公徒三万"，则一乘得三十人，此盖其足数。《齐语》"有革
车八百乘"，"君有此士也三万人，以方行于天下"。《吕氏春秋·简
选》："齐桓公良车三百乘，散卒万人，以为兵首。"说均相近。

车兵以外复有专用步卒以成军者，曰"徒兵"，郑盖最著（隐四年、襄元年、昭二十年）。戎狄多用徒兵。昭元年《传》："晋中行穆子败无终及群狄于大原，崇卒也。……毁车以为行，五乘为三伍。"此晋始改车为徒，乃军制上一变化。前此僖二十八年《传》："晋侯作三行以御狄。"亦徒兵也，此晋用徒兵之始，唯未全军改车为徒耳。

吴、越用舟师，亦用徒卒，似少用车战。

春秋初年各国范围小，人口寡，故兵数无多。最强如郑庄，克其"如二君"之弟段，仅用车二百乘（隐元年），段如"二君"，一度有二百乘，则郑是时或有兵车五百乘左右。齐桓称霸时齐、鲁盖皆车千乘。城濮之役晋用车亦仅七百乘，楚车度有千乘以上，故晋侯畏之。迨春秋后期，昭五年《传》，晋"长毂九百，遗守四千"，则有五千乘左右。故平丘之会，晋人用车四千乘以威诸侯（昭十三年）。楚灵王曰："今我大城陈、蔡、不羹，赋皆千乘。"子革曰："是四国者，专足畏也。"或据《楚语上》谓"四"字乃"三"字之讹，即是三国，已三千乘，加之以楚及他县，可能至万乘左右，是春秋时以楚兵为最多矣。齐、秦至春秋后期度亦有数千乘（秦后子奔晋，"其车千乘"，见昭元年《传》）。即子展、子产入陈之役郑车亦已七百乘（襄二十五年），与晋城濮之赋等，则郑亦至少千乘以上矣。吴、越大国兵亦不至甚少，黄池之会，吴"为带甲三万"（《吴语》）。《史记·越世家》，越"发习流（罪人）二千，教士四万人，君子六千人，诸御千人，伐吴"，用师至五万人左右。

（58）春秋时刑制之变

春秋时贵族滥刑以逞，甚多非刑。然迫于社会经济发展之趋势，若干国家乃公布刑法：此为刑制上一大变革，故守旧者（如叔向、孔子）皆非之。昭六年，郑人铸刑书。定九年，郑驷歂杀邓析，而用其竹刑，此为私家所作刑为国家采用者。昭二十九年，晋赵鞅、荀寅帅师城汝滨，遂赋晋国一鼓铁，以铸刑鼎，著范宣子所为刑书焉。自此以还，降及战国，各国皆公布刑法。

（59）春秋时学制之变

春秋时旧日王官之学逐渐失坠，有关学校之史料几于无有。盖私人讲学之风于此时渐兴。襄二十四年《传》，鲁叔孙豹曰："鲁有先大夫曰臧文仲，既没，其言立。"似臧文仲辈已有讲学之事。至孔子"学无常师"，子贡曰："文武之道，未坠于地，在人，贤者识其大者，不贤者识其小者。"此语盖反映其时私人传艺，学者之多，孔子特其中突出之人物耳。

（60）春秋时农业之兴

据昭二十九年《传》赋铁铸刑鼎之事，知春秋时已有铁及铁器。据《晋语九》"宗庙之牺为畎亩之勤"，知其时已有牛耕。沟洫之外，其时已知筑堤（襄二十六年）。唯此等技术均尚在初兴阶段，对生产所起作用不甚显著。观其时人口之寡及土地之未大开发（昭十六年《传》载郑东迁时"庸次比耦，以艾杀此地，斩之蓬蒿藜藋而共处之"，襄十四年《传》载姜戎氏初迁时"除翦其荆棘，驱其狐狸豺狼"，哀十三年《传》："以六邑为虚"等），可见农业之发展尚有限。襄十年《传》："子驷为田洫，司氏、堵氏、侯氏、子师氏皆丧田焉。"襄三十年《传》："子产使……田有封洫，庐井有伍。"从政一年，舆人诵之曰："取我田畴而伍之。"此等记载似反映私田有新开垦者，故须"为田洫""田有封洫"以正之。襄二十五年《传》："芋掩书土田：度山林，鸠薮泽，辨京陵，表淳卤，数疆潦，规偃猪，町原防，牧隰皋，井衍沃。"此为整理各种土地之工作，亦土地开发后应有之现象也。

（61）春秋时工业之兴

春秋时虽属铜器时代末期，然制作转见玲珑精巧，花纹工细，超越其前。时代较晚之书《考工记》载："凡攻木之工七，攻金之工六，攻皮之工五，设色之工五，刮摩之工五，抟埴之工二。"《论语·子张》篇："百工居肆以成其事。"春秋时自由小手工业虽似已渐兴起，然史料缺乏，不能详言。

（62）春秋时商业之兴　附官私借贷

春秋时代商业，大致至后期始渐兴起。其时郑国商业最为发达，《左传》所载商人三事，皆属郑国可证。僖二十三年《传》晋重耳谓楚王曰："子女玉帛，则君有之；羽毛齿革，则君地生焉，其波及晋国者，君之余也。"襄二十六年《传》："如杞梓皮革，自楚往也。"可知其时物资交流已稍盛。《晋语八》："夫绛之富商，……能金玉其车，文错其服，能行诸侯之贿。"此大商人自由化之征。子贡、陶朱公皆经商致富，均属新兴之自由大商人也。

商业发展而有借贷。官私借贷春秋时已出现，唯尚不甚显著。官家借贷如襄九年，晋"魏绛请施舍，输积聚以贷"（此外公家"已责"，见成二年、十八年、昭二十年）。昭三年，陈氏"以家量贷而以公量收之"，则私贷也。至战国时，商业高利贷遂横行矣。

（63）宗法、封建之变

春秋为一过渡时代，一切社会经济、政治制度、学术文化均开始发生变化。而为其时社会、政治之本之"宗法""封建"制度亦有转化趋势。

首先为宗法系统之扩大，卿、大夫之"宗法"性宗族、家族均渐发展。列国大世族，如鲁之展氏、臧孙氏、郈氏等出自孝公，三桓出自桓公，东门氏出自庄公。齐之管氏、鲍氏、崔氏、庆氏等，亦强大于春秋前、中期。郑之七穆出自穆公。宋之戴、庄、桓等大族皆形成于春秋前期。卫之孙、宁亦然。周之单、刘二大族始强于春秋中叶。晋之六卿等强族亦形成于春秋前期。此等大族均兴于春秋前、中期，时势使然也。

卿、大夫世族内部亦按宗法行分封之制，是即所谓"侧室""贰宗""小宗"等。此等宗法世袭大小封主皆有土地、人民。卿、大夫宗族中有朝廷、群臣，更有所谓"属大夫""邑宰"等，与诸侯无异。

一般卿大夫宗族中有"家""室"二级，大者有"宗""家""室"三级（见昭五年《传》）。"室"者，家长制大家庭，为一"共财"制家族（其主要财产为土地，见《晋语六》）。"家"则为一政治单位，乃诸"室"所结合而以一室之长为首者。"宗"，为数"家"联合之大"家"。大"宗"所出兵力至数百乘，大"家"亦能出数十乘至百乘以上，故有所谓"百乘之家"之说。晋韩氏有七百乘，而韩宣子"忧贫"（《晋语八》），此非忧其"宗""家"之贫，乃忧其"室"之贫也。

春秋之末，"宗法""封建"之制开始解体，新国家已在形成过程中。如孔子及其弟子，为鲁大夫、邑宰与季氏家宰，无封土而以实物为俸禄（《史记·孔子世家》《论语·雍也》等），随时可以撤换，与宗法君臣关系不同：此为社会、政治一大变化。

（64）天子、诸侯、卿、大夫、士地位之变迁

《论语·季氏》：孔子曰："天下有道，则礼乐征伐自天子出；天下无道，则礼乐征伐自诸侯出。自诸侯出，盖十世希不失矣；自大夫出，五世希不失矣；陪臣执国命，三世希不失矣。天下有道，则政不在大夫；天下有道，则庶人不议。"孔子此言略可代表春秋时代天子、诸侯、大夫、士地位之变迁，盖逐层倒塌，而最后士兴，以贵族下层与庶人上层合成新兴之"士夫"，为后世官僚集团之前身；而一部分诸侯、大夫亦集中权力，转化成专制君主，战国时代中央集权之封建国家在形成中矣。

（65）庶人、工、商地位之变迁及"国人"起义

所谓"国人"中之庶人、工、商，其地位亦在春秋时渐起变化。孔子曰："天下有道，则庶人不议。"知其时已有庶人议政之事。哀二年《传》："庶人、工、商遂。""遂"者，得进仕，是庶人、工、商可由军功升为官吏矣。

定八年《传》，卫侯欲叛晋，大夫王孙贾曰："苟卫国有难，工、商未尝不（以）为患。……"于是激怒"国人"，使赞同叛晋，此亦可见工、商地位已渐上升。卫国手工业者两次起义（哀十七年《传》、二十五年《传》），一次国君失败见杀，一次国君失败见逐。足见手工业者已有相当力量，亦证明工官制度正在崩溃、转化中。

"国人"系国都中（包括近郊）士、农、工、商四种人，大致为下层贵族及上层庶民。春秋时"国人"起义频繁，多与大贵族作乱相结合，此其局限性。亦有"国人"单独起义者，唯多非正式起义，且规模较小。盖春秋时贵族以"国人"为统治基础，"国人"叛离，国将不国，故竭力敷衍之。"国人"与鄙野中贫苦人民之身份尚不相同，"国人"地位略高，且中有下层统治阶级也。春秋时有关"国人"起义史料，见《左氏》桓二年，僖二十八年，文十六年、十八年，襄十一年、二十年、二十三年、三十一年，昭十三年、二十三年，哀十一年等《传》。

（66）奴隶地位之变迁

春秋时奴隶多属官府及贵族宗族所有，姑以"官奴隶"名之，其时私人有无畜奴之事，尚难考知（唯奴隶似已可买卖，见昭元年《传》）。此等奴隶在生产上不占重要地位，主要供家内劳役。《晋语一》："其犹隶农也，虽获沃田而勤易之，将弗克飨，为人而已。"此农业奴隶仅有之一条史料。成二年《传》鲁国赂楚之手工业者、《晋语七》郑国赂晋之"女工妾"及僖二十三年《传》所谓"蚕妾"之类，盖皆手工业奴隶。《费誓》："臣妾逋逃。"文六年《传》晋赵盾立法"董逋逃"。襄十年《传》："臣妾多逃。"昭七年《传》楚芋尹无宇执亡臣于王宫：则皆奴隶反抗之史迹也。奴隶苟非受严重压迫剥削，即不至逃亡如斯之频。奴隶既多逃亡，一部分奴隶之地位当有变迁，或解放为自由人，或转为私人奴隶（观《檀弓上》"请粥庶弟之母"语，当时奴隶买卖似已较通行）。

昭七年《传》："士臣皂，皂臣舆，舆臣隶，隶臣僚，僚臣仆，仆臣台。马有圉，牛有牧。"则其时奴隶之种类及等级甚伙，然其详不可得闻矣。

（67）春秋婚制、家庭

周人"同姓不婚"，此为氏族制残余，并遗留后世。春秋时贵族家庭犹保有甚浓重之家长制色影，故男女关系较为通融，平辈间、上下辈间皆可发生婚姻关系，而最突出者为子承生母以外之诸母与弟之接嫂：此均家长制大家庭之特色。有关史料，为《史记·鲁世家》惠公、仲子条，桓十六年《传》卫宣公烝于夷姜及夺子妇宣姜条，闵二年成风事成季条，庄二十八年晋献公烝于齐姜条，闵二年《传》昭伯烝于宣姜条，僖十五年《传》晋侯烝于贾君条，僖二十三年《传》晋文公婚怀嬴条，文十六年《传》襄夫人欲通公子鲍条，又十八年《传》敬嬴私事襄仲条，宣三年《传》郑文公报郑子之妃条，成二年《传》黑要烝于夏姬条，昭十九年《传》楚平王夺子妇条，哀十一年《传》太叔遗室孔姞条，而《公羊传》亦保存叔术妻嫂故事（昭三十一年）。又"姪娣从嫁"及"媵"之制度亦说明家长制家庭中保存多婚及群婚之婚姻形态。

《诗经》中所载男女关系，亦甚随便，观郑、卫等风可知。男女较易结合，亦易分散，士、庶民阶层似尚有对偶婚残余形态。此类家庭常不甚巩固。

（68）春秋时宗教之变

春秋时社会、政治发展，中原诸国宗教观念亦起变化，重人与重神思想相杂糅。贵族等既已疑神而重人，复不愿完全放弃原有之宗教信仰，乃成矛盾不可解之现象。有关史料至伙，兹姑择典型之二事以明之。

僖十六年《传》："陨石于宋五，陨星也；六鹢退飞过宋都，风也。周内史叔兴聘于宋，宋襄公问焉，曰：是何祥也？吉凶焉在？对曰：今兹鲁多大丧，明年齐有乱，君将得诸侯而不终。退而告人曰：君失问，是阴阳之事，非吉凶所生也。吉凶由人。吾不敢逆君故也。"是年鲁季友等卒,明年齐桓公卒,国内乱,而宋襄霸业亦卒不终,叔兴之言悉验,乃复谓"吉凶由人",重在人事。

襄十八年《传》:"晋人闻有楚师,师旷曰:不害!吾骤歌北风,又歌南风,南风不竞,多死声,楚必无功。董叔曰:天道多在西北,南师不时,必无功。叔向曰:在其君之德也。"是役"楚师多冻,役徒几尽",则师旷、董叔之言验矣;而叔向独以为"在其君之德",亦重人事。凡此皆春秋时人宗教观念之两面性。而《左氏》作者据旧史记述此种思想斗争,既申重人之说,复侈谈奇中之预言,盖犹承春秋时人两面性之宗教观念也。

又春秋时"中国"疆域扩大,如齐、秦、楚、吴、越诸国皆有其异样宗教崇拜,兹姑从略。

(69)重人、重民思想

春秋时比较进步之重人、重民思想史料亦甚多,兹姑举代表子产思想三事:

昭元年《传》:"晋侯有疾,郑伯使公孙侨如晋聘,且问疾,叔向问焉,……子产曰:……山川之神,则水旱疠疫之灾,于是乎禜之;日月星辰之神,则雪霜风雨之不时,于是乎禜之。若君身,则亦出入饮食哀乐之事也,山川星辰之神,又何为焉……"

昭十八年《传》:"裨竃曰:不用吾言,郑又将火。郑人请用之,子产不可,……曰:天道远,人道迩,非所及也,何以知之?竃焉知天道,是亦多言矣,岂不或信。遂不与。"

襄三十一年《传》:"郑人游于乡校,以论执政,然明谓子产曰:毁乡校何如?子产曰:何为!夫人朝夕,退而游焉,以议执政之善否。其所善者,吾则行之;其所恶者,吾则改之:是吾师也,若之何毁之!我闻忠善以损怨,不闻作威以防怨,岂不遽止,然犹防川,大决所犯,伤人必多,吾不克救也;不如小决使道,不如吾闻而药之也。"观此三事,可见子产重人、重民思想之一斑,在当时贵族阶级思想中此为最进步者矣。

（70）孔子与六经

孔子为中国古代一大思想家，亦为一大教育家，然以出身贵族阶级（士），又受传统思想影响甚深，故其思想保守面甚大。其宇宙观承袭春秋时两面性之宗教观念，无甚足述。其伦理思想以礼、孝为人道之大本，仍是过去之传统观念，故能为大贵族如孟孙氏等所师。其新发明，则在"仁"之道德，以"爱人"为本（《论语·颜渊》），推己及人，以"忠"（尽心待人）、"恕"（"己所不欲，勿施于人"）为行仁"一贯"之方（《里仁》）。又以仁通贯一切道德，其言仁多因人说教，不易捉摸。然彼谓："君子而不仁者有矣夫，未有小人而仁者也。"（《宪问》）则仁为君子（贵族阶级）之道德，非庶民所可从事：此孔子言仁之阶级性也。孔子在教育上颇为努力，"弟子盖三千人"（《史记·孔子世家》），因材施教，以"下学上达"为"学"之方（《宪问》），"学""思"并重（《为政》），多学而识，最后"一以贯之"（《卫灵公》）。教人之法重启发（《述而》），以为人性本"相近"，以"习"而相远（《阳货》），故本应"有教无类"（《卫灵公》），然又区别出"上智"与"下愚"，以为不可移改：此孔子教育哲学（士夫阶层之教育）之两面性也。

孔子盖尝以《诗》《书》《礼》《乐》《易》《春秋》等所谓"六经"者传授弟子。然《礼》《乐》本无"经"，今之《诗》《书》恐亦非孔门传习之原本。《易》《春秋》在当时似亦未成书。《春秋》为鲁史，孔子盖尝以教门徒，其弟子或再、三传弟子修为《春秋经》及《春秋传》。《左传》成书较早，《公羊》《谷梁》二《传》与《国语》则秦汉间人据旧说纂集者也。

孔子与"六经"虽本无甚关系，然以后世儒家视"六经"为神圣不可侵犯，系之孔子，遂成史学上一大悬案。

附录　《春秋左传》作者推测

　　《春秋左氏传》作者为谁，二千年来众说纷纭，迄为悬案。兹据本书内证及重要外证试事探索。

　　（一）就本书所表现之生产技术、生产关系、阶级斗争、政治制度、文化形态等观察，基本符合春秋时代之现象，知撰作此书必有大量春秋时代史料为依据，作者离春秋时代当不远。

　　（二）就本书所反映作者之学识观点而言，其人当为儒家后学，而有少量早期法家思想，于军事甚感兴趣，似长于兵家之学。

　　（三）作者似与鲁国有关，故本书记鲁事较详而可信。于列国则扬晋、楚而抑齐、秦，张大楚国之事尤多，则其人亦必与晋、楚有关，而与楚之关系尤密。于内政，鲁则尊季氏而抑公室（如仲子事及成季、成风故事皆被隐晦而曲解）。齐则扬陈氏而抑有显名之齐景诸公。晋亦扬臣抑君，"于魏氏事造饰尤甚"。楚乃尊君抑臣，穆王弑父，共王丧师，灵王骄侈，平王昏庸，昭王失国，皆有奖辞，而大臣若屈瑕、子玉、子反、子重、囊瓦辈，悉见贬抑。

　　（四）本书多预言，最晚一事为僖三十一年"卫迁于帝丘，卜曰三百年"，僖三十一年（公元前六二九年）下数三百年为魏惠王后元六年（公元前三二九年），此时正有子南劲取卫之事（详子南劲取卫条），余所为预言亦多应验于春秋末至战国前期，然则本书当即在战国前期大体写定。

　　据此四端，则昔人所谓本书"吴起之徒为之者盖尤多"（姚鼐

《左氏补注序》），似非妄说。《史记·孙子吴起列传》："吴起者，卫人也，好用兵，尝学于曾子。事鲁君……鲁卒以为将，将而攻齐，大破之。……闻魏文侯贤，欲事之……魏文侯以为西河守，以拒秦、韩。魏文侯既卒，起事其子武侯，……惧得罪，遂去，即之楚，……相楚，明法审令，捐不急之官，废公族疏远者，……故楚之贵戚尽欲害吴起。及悼王死，宗室大臣作乱，而攻吴起……"又《儒林列传》："吴起……受业于子夏之伦。"《韩非子·说林上》："鲁季孙新弑其君，吴起仕焉。"凡此皆与作者身份相合。而《说苑·建本》篇复有"魏武侯问元年于吴子"，吴子对以"《春秋》之意"之事，盖知吴起为深于《春秋》之学者。"吴起，卫左氏中人也"（《韩非子·外储说右上》），此《左氏传》名称之所由来邪？唯吴起于楚悼卒后即为宗室大臣攻杀（公元前三八一年），不及下见子南劲取卫而作预言，昔人复有《左氏》文体前后不一之说，则本书盖吴起及其先师后学陆续写定，唯吴起之功为多耳。此犹《史记》之非成于司马迁一人之手，古代史书类多如是，不足异也。

续

（1）少皞与契

昭十七年《传》郯子曰："我高祖少皞挚之立也，凤鸟适至，故纪于鸟，为鸟师而鸟名……"此少皞氏乃以鸟为图腾之部族。中国东方古代各族多以鸟为图腾，殷人祖先亦然，所谓"天命玄鸟，降而生商"（《商颂·玄鸟》），"殷契母曰简狄，有娀氏之女，……见玄鸟堕其卵，简狄取吞之，因孕生契"（《史记·殷本纪》），以为其始祖契乃玄鸟之所降生，此玄鸟亦即郯子所说之凤鸟，如《天问》："简狄在台，喾何宜？玄鸟致贻，女何喜？"而《离骚》则谓"望瑶台之偃蹇兮，见有娀之佚女；凤凰既受诒兮，恐高辛之先我"可证。《路史》《注》董氏《钱谱》引《世本》："少昊，黄帝之子，名契，字青阳。"《潜夫论·五德志》："少暤……是始作书契。"则少皞即契，实一传说之分化。近人又谓太皞即帝喾，"喾""皞"同音通假，亦可备一说。

（2）丹朱与驩兜

文十八年《传》舜去"四凶"中实有驩兜（浑敦）。驩兜，《尚书大传》郑《注》作"鹎吺"，实"丹朱"之异写，清邹汉勋（《读书偶记》）、毛宗澄（《诂经精舍经学文钞》）诸氏言之详矣。惟毛氏蔽于经师成说，仍以尧子丹朱别有其人，不知古书传说中父子兄弟转为敌国之非鲜见也。《韩非子·说疑》："其在记曰：尧有丹朱，舜有商均，启有五观，商有太甲，武王有管、蔡，此五王之所诛者，皆父子兄弟之亲也。"是尧本有诛丹朱之说，《史记正义》引《竹书纪年》："后稷放帝子丹朱于丹水。"《吕氏春秋·召类》："尧战于丹水之浦，以服南蛮。"而《荀子·议兵》谓"尧伐驩兜"，《史记·五帝本纪》："放驩兜于崇山，以变南蛮。"隐约可见尧子丹朱之即驩兜矣。古籍所记丹朱传说与驩兜传说，实一而二、二而一者也。

（3）皋陶与伯夷　附许由

余旧谓皋陶、伯夷同为刑官，实一人分化，主要之证据乃《墨子·尚贤中》所谓："然则天之所使能者谁也？曰：若昔者禹、稷、皋陶是也。何以知其然也？先王之书《吕刑》道之曰……乃名（命）三后，恤功于民：伯夷降典，哲（折）民维刑；禹平水土，主名山川；稷隆（降）播种，农殖嘉谷：三后成功，维假（殷）于民。"则此言三圣人者，谨其言，慎其行，精其思虑，索天下之隐事遗利，以上事天，则天乡其德；下施之万氏，万民被其利：终身无已。"上言皋陶，下言伯夷，似为一人无疑。然《郑语》谓："姜，伯夷之后也。"又《山海经·海内经》亦云："伯夷父生西岳，西岳生先龙，先龙是生氐羌。""羌"之即"姜"，已有定论，则伯夷本西方姜族之祖。吕亦姜姓，故《吕刑》以伯夷、禹、稷为三后也。至皋陶，据文五年《传》："臧文仲闻六与蓼灭，曰：皋陶、庭坚，不祀忽诸。"则为东夷部族之祖，故《鲁颂》称皋陶，《论语》亦谓："舜有天下，选于众，举皋陶，不仁者远矣。"（《颜渊》）皋陶传说盛于东方，似非无故。盖古神话传说多相混淆，宜细加分析，一分为众固非，亦不得遽合众为一也。

传说中尧让以天下之许由（《庄子·逍遥游》《史记·伯夷列传》等），盖许之祖。隐十一年《传》："夫许，太岳之胤也。"庄二十二年《传》："姜，太岳之后也。"则姜、许同祖，此许由与伯夷诚有为一人分化之可能。姜戎为九州戎之一，昭四年《传》："四岳、三涂、阳城、大室、荆山、中南，九州之险也。"而《吕氏春秋·当染》高《注》："许由，阳城人。"亦是佐证。

（4）太伯、虞仲为虞祖

《大雅·皇矣》："帝作邦作对，自大伯、王季，维此王季，因心则友，则友其兄，则笃其庆。"似太伯已尝君周，然后让国与其弟王季者。然旧谓太伯自此与弟虞仲俱适吴，虞仲（仲雍）支子别封西吴，即晋献所灭之虞，则非也。僖五年《传》宫之奇曰："大伯、虞仲，大王之昭也，大伯不从，是以不嗣。虢仲、虢叔，王季之穆也，为文王卿士，勋在王室，藏于盟府。将虢是灭，何爱于虞？"是太伯、虞仲皆为虞祖。若吴至春秋中叶始见《经》《传》时犹被视为蛮夷，如成七年《传》："吴伐郯，郯成，季文子曰：中国不振旅，蛮夷入伐，而莫之或恤，无吊者也夫！"至襄十二年《传》："吴子寿梦卒，临于周庙，礼也。凡诸侯之丧，异姓临于外，同姓于宗庙……"始以周姓宗国视之。吴自可能为姬姓之国，然必非太伯之大宗。"吴太伯"即"虞太伯"，"虞""吴"古同字，虞公为太伯大宗，故《春秋经》称"公"，而吴子或为其支庶耳（《吴语》"夫命圭有命，固曰吴伯"，则吴本或称"伯"）。

（5）太伯、仲雍所奔"荆蛮"

《史记·吴世家》："吴太伯，太伯弟仲雍，皆周太王之子，而王季历之兄也。……太伯、仲雍二人乃奔荆蛮，文身断发，示不可用，以避季历。……太伯之奔荆蛮，自号句吴，荆蛮义之，从而归之千余家，立为吴太伯。太伯卒，无子，弟仲雍立，是为吴仲雍。"案古称"荆蛮"，皆指楚地，疑吴本汉阳诸姬之一（汾水流域之国，汉水流域多有之。汾水流域有唐，即晋，其附近有虞，汉水流域亦有唐国，而无虞国，疑吴即是也），受楚之压迫而逐渐东迁者。宣八年《传》："楚为众舒叛故，伐舒、蓼，灭之，楚子疆之，及滑汭，盟吴、越而还。"伐舒、蓼而盟吴、越，或是时吴、越尚在今安徽省境内。

（6）鸟夷

《禹贡》：冀州，"鸟夷皮服"。扬州，"鸟夷卉服"（今本作"岛夷"，据《史》《汉》及马、郑本）。则《禹贡》作时东方沿海一带尚有以鸟为图腾之部族，盖古时东方各族本多以鸟为图腾也。殷、郯等国如此（《商颂·玄鸟》、昭十七年《传》），本出淮夷之秦人亦如此（《史记·秦本纪》）。甲骨文有"隹夷"，即淮夷，则淮夷本亦以鸟为图腾。远之如潍水之"潍"字或亦"淮"字所分化。昭二十年《传》齐晏子曰："昔爽鸠氏始居此地，季荝因之，有逢伯陵因之，蒲姑氏因之，而后大公因之。"则东方古代以鸟为图腾之族确甚繁伙，此研究古史传说一大关键，甚应注意。

（7）姬、姜与氐、羌

古姬、姜之族似与氐、羌之族有甚密切之关系。"姜"之即"羌"，近人论之详矣。氐为羌之分族，亦与姬为姜之分族相类（周人女性始祖为姜嫄，姜为西方大族，观《吕刑》三后以伯夷居首可知）。春秋时巴国之君姬姓，而巴人似为氐族。春秋时姜姓有戎，如姜戎氏，与齐、许、申、吕并出四岳。姬姓亦有戎，如大戎、郦戎是。近人因谓姬、姜并是戎族，而非华夏（周人讳言"氐羌"，原始史料中罕见氐、羌之名，但有姬、姜。《商颂》则称："昔有成汤，自彼氐羌，莫敢不来享，莫敢不来王。"周人文献中最早见"羌"字者似为《牧誓》，《牧誓》亦晚出之书：此等确甚可疑）。唯其有可商者：古文化先进之族常有入居落后部族中为其酋长之事，如《晋语四》："同姓不婚，恶不殖也。狐氏出自唐叔，狐姬，伯行之子也，实生重耳。"则所谓大戎狐氏亦唐叔之后，唐叔之后无缘为戎族，明是晋之支族入主诸戎部落者。又如郦姬之父，《左氏》称为"郦戎男"，而《庄子·齐物论》称为"艾封人"，则亦属晋之部落长，或亦晋之支族入主戎狄者耶？故不可以姬姓有戎，遂以姬为戎族。然所谓"姬、姜"确有即"氐、羌"之嫌，盖夏族支族入居诸戎部落，与之同化，遂以姬、姜为姓，其后又进于文明，遂为诸夏之大宗，忘其窜于戎狄间时事，亦甚可能。《周语上》："我先王不窋用失其官，而自窜于戎狄之间。"《史记·周本纪》："古公乃贬戎狄之俗。"则周本杂戎狄之俗，而姜之即羌，已成定说，然则入居戎狄之夏族与戎族相互同化，古民族本相杂居，无固定界限，各民族间文化交流，由来久矣。

（8）东周初王室之渐衰

顾栋高谓东迁后王畿疆域尚广，盖其势尚有可为，其后疆地多赐诸侯，或为戎狄等所据，国势逐渐削弱，几于不及鲁、卫矣。其说是也。读隐、桓时《春秋经》《传》，可见其渐衰之迹。

隐三年《传》："郑武公、庄公为平王卿士，王贰于虢，郑伯怨王，王曰无之，故周郑交质。"郑伯为王卿士，而与周俨若敌国，西周时"宗周"之威势至此已稍坠矣。然隐四年《传》："（卫）州吁未能和其民，厚问定君于石子，石子曰：王觐为可。曰：何以得觐？曰：陈桓公方有宠于王，陈、卫方睦，若朝陈使请，必可得也。"则是时大国若卫尚欲假王室之威而定其君，以得朝王为幸，与春秋中后期周王欲诸侯来朝而不可得者有异矣。五年《传》："曲沃庄伯以郑人、邢人伐翼，王使尹氏、武氏助之，翼侯奔随。曲沃叛王，秋，王命虢公伐曲沃，而立哀侯于翼。"此王室尚能控制晋国，干涉曲沃、翼之争，用虢师伐翼。六年《传》："郑伯如周，始朝桓王也。"七年《传》："初，戎朝于周。"八年《传》："郑伯以齐人朝王。"是其时诸侯尚多朝王。十一年《传》："王取邬、刘、芳、邗之田于郑，而与郑人苏忿生之田：温、原、絺、樊、隰郕、欑茅、向、盟、州、陉、隤、怀。"此王室尚能自由取、易郑国之田。桓四年《传》："王师、秦师围魏，执芮伯以归。"则是时王尚能用秦师以伐诸侯（盖秦本周附庸也）。五年《经》："蔡人、卫人、陈人从王伐郑。"《传》："王夺郑伯政，郑伯不朝。秋，王以诸侯伐郑，郑伯御之。……"王室与郑决裂，既敢夺郑伯在王朝之政，且能合诸侯以讨郑，凡此皆入春秋后周王室之余烈也。然周、郑繻葛之役，王师败绩，此为周势转衰一大关键。

桓七年《传》："夏，盟、向求成于郑，既而背之。秋，郑人、齐人、卫人伐盟、向，王迁盟、向之民于郑。"此繻葛战后郑人之略取周地也。至于晋国，王室尚图继续控制，八年《传》："（曲沃）灭翼……王命虢仲立晋哀侯之弟缗于晋。"九年《传》："虢仲、芮伯、梁伯、荀侯、贾伯伐曲沃。"此役盖无所成。然十年《传》："虢仲谮其大夫詹父于王，詹父有辞，以王师伐虢。夏，虢公出奔虞。"则尚能得志于虢。过此以往，周王室愈益不振，庄十六年《传》："王使虢公命曲沃伯以一军为晋侯。"王室于晋国之威信亦尽失坠。其时齐桓已称霸，"礼乐征伐自诸侯出"之局面乃正式形成。

（9）周政下移

周王室亦与中原诸侯相同，春秋中叶以后，政权渐下移大夫即"内诸侯"之手。唯周王为天下之"大宗"，其臣欲显夺王政，尚有顾忌，故周国内部王室之卑，似转较诸侯国略迟。

春秋之初，周政本属郑君执掌（盖袭西周末郑桓公为王"司徒"之职）。及郑庄渐强，周王忌之，欲分政与虢，致"周郑交恶"。然虢公卒为卿士于周（隐八年《传》），与郑并掌周政（隐九年《传》"郑伯为王左卿士"，则虢公盖右卿士，转尊于郑伯）。其后"王夺郑伯政"，盖以内诸侯周公代郑伯（虢公为右卿士，周公为左卿士，桓五年《传》"虢公林父将右军"，"周公黑肩将左军"，可证）。至虢亡，周政始尽入内诸侯之手。

春秋初，独立之外诸侯地位已颇尊于内诸侯。僖三十年《传》："王使周公阅来聘，飨有昌歜、白黑、形盐。辞曰：国君文足昭也，武可畏也，则有备物之飨，以象其德……吾何以堪之。"可证。则周室卿士由外诸侯转为内诸侯实降一等。

及春秋中叶，王宠任近臣伯舆，与王叔陈生同执周政，盖欲夺内诸侯及王族之权。襄十年，"王叔陈生与伯舆争政，王右伯舆"，"晋侯使士匄平王室"，卒以"单靖公为卿士，以相王室"，王叔、伯舆盖两败俱伤。至鲁昭末年子朝之乱，赖单、刘平定，周政盖自此尽入二氏之手。王子朝之言曰："单旗、刘狄，剥乱天下，壹行不若，谓先王何常之有，唯余心所命，其谁敢讨之？帅群不吊之人以行乱于王室。……单、刘赞私立少，以间先王。"（昭二十六年《传》）知其时单、刘已甚专横矣。盖二氏为新兴之族，较之旧族尹氏、召伯、毛伯等尚有生气。而与于子朝之乱盖皆旧族之失志者，昭二十二年《传》所谓："王子朝因旧官百工之丧职秩者，与灵、景之族以作乱……闵马父曰：子朝必不克，其所与者，天所废也。"

春秋末年，单、刘二氏虽已专政，然以多敌党，犹虚意奉王以为号召。《周语下》："景王崩，王室大乱；及定王，王室遂卑。"又云："及定王，刘氏亡。"所谓"定王"者为后定王，敬王之子或孙也。其时单、刘专政既久，复生内乱，盖刘氏亡而单氏兴，所谓"单氏取周"，或可窥消息于此。

（10）陈氏得政考

顾栋高《春秋大事表》无齐执政表，盖春秋时齐执政之为谁氏确有问题也。其故全在高、国二氏之掌齐政几于贯彻春秋始终，而《左氏》所载陈氏将兴之预言，又使人误会陈氏早已得势。其实高、国二氏乃所谓"天子之二守"，地位仅亚于国君，其势不易动摇也。齐桓公虽任管、鲍，然皆宠臣之流，其后之陈氏、晏氏，亦类于此，高、国"二守"之地位固犹在也。宠臣威逼"二守"实始于崔氏，宣十年《传》："崔杼有宠于惠公，高、国畏其逼也，公卒而逐之，奔卫。"其后崔、庆卒挤高、国而得相位。崔、庆之亡，惠公之后栾、高氏执政。陈、鲍氏逐栾、高，而国政大柄仍入高、国二氏之手。昭十一年《经》：会诸侯大夫于厥慭者为国弱。十二年《经》："齐高偃帅师纳北燕伯于阳。"十九年《经》："弃高发帅师伐莒。"三十二年《经》会"城成周"者为高张。定四年《经》：与召陵之会者为国夏。七年、八年《经》："齐国夏帅师伐我西鄙。"八年《传》："齐国夏、高张伐我西鄙。"九年《传》："齐侯伐晋夷仪，敝无存之父将室之，辞，以与其弟，曰：此役也不死，反必取于高国。"哀三年《经》："齐国夏、卫石曼姑帅师围戚。"四年《传》："国夏伐晋。"五年《传》："（齐景）公疾，使国惠子、高昭子立荼。"六年《传》：陈僖子伪事高、国，以诈谋合诸大夫之力乃逐国夏、高张。然哀十一年《传》帅师伐鲁者仍为国书、高无丕。同年《传》：国书将中军，高无丕将上军，以与吴战于艾陵，国书战死。至哀十四年陈成子杀简公后，虽有"高无丕出奔北燕"事（十五年《经》），而十七年《传》晋赵鞅围卫，齐国观、陈瓘救卫，陈瓘尚谓晋人曰，"国子实执齐柄，而命瓘曰：无辟晋师。"二十三年《传》："晋荀瑶伐齐，高无丕帅师御之。"至二十七年（《左氏》终此年）《传》：晋荀瑶帅师伐郑，郑请救于齐，始以陈成子帅师救郑。此后陈氏盖渐专齐政矣。

庄二十二年，陈公子完奔齐，齐侯使为卿，辞，使为工正（此盖陈氏后人饰其先世之辞，不必可信）。《左氏》曰："及陈之初亡也，陈桓子始大于齐；其后亡也，成子得政。"此预言以后事验之，盖甚符合。昭二年《传》："（晋）韩须如齐逆女，齐陈无宇送女，……晋侯……谓陈无宇非卿，执诸中都。……叔向言陈无宇于晋侯曰：彼何罪，君使公族逆之，齐使上大夫送之，犹曰不共……"是陈桓子为上大夫而非卿。三年《传》：齐侯更晏子之宅，晏子欲复旧宅，公弗许，"因陈桓子以请，乃许之"，则陈、晏其时并是异姓宠臣耳（陈氏何时得卿位，已难考知）。及昭十年《传》：灭栾、高氏而得高唐，"陈氏始大"。哀六年《传》：陈僖子逐高、国，立悼公，朱毛谓悼公曰："君大访于陈子，而图其小可也。"陈氏盖渐得政。然哀十一年《传》艾陵之战，陈僖子尚谓其弟书："尔死，我必得志。"是其时陈氏犹未大得志可知。及齐简公宠任阚止，陈成子惮之，陈、阚不可并，陈成子执杀简公。自此齐高、国二氏虽尚在，而政柄渐移于陈氏。

（11）春秋时邾国盛衰

春秋时中原诸侯视邾为蛮夷小国，战国时乃以邹（邾）鲁并称，为文化之邦，此非无故者。观传世郏国彝器颇多，可知其文化在春秋时固已兴盛；而哀七年《传》"鲁赋八百乘，郏赋六百乘"，则至春秋末郏国力既衰之时亦尚仅次于鲁也。

郏在春秋初本附庸国，然已数与鲁盟，参预列国兵争。鲁僖之世，郏文公屡与诸侯盟会。僖二十一年，灭须句。二十二年，升陉之役，且大败鲁师，国势自此渐强。郏文公之子定公为齐出，鲁文公之时，定公得齐卵翼，益与鲁为敌。文十四年：以鲁使吊郏文丧不敬，伐鲁讨罪。同年，晋人合诸侯纳文公庶子捷菑于郏，复为郏所拒。郏之地位于此殆不可轻视。鲁宣之世，十年，郏都绎邑为鲁伐取。十八年：郏人亦戕杀鲁附庸鄫子。鲁成末，郏宣公即位，虽两次朝鲁（成十八年、襄元年），然襄四年《传》："郏人、莒人伐鄫，臧纥救鄫侵郏，败于狐骀。"六年《传》："莒人灭鄫……（鲁）穆叔如郏聘，且修平。"则鲁似已有畏郏之心。十五年《经》"夏，齐侯伐我北鄙"（《传》"贰于晋故也"），"秋，郏人伐我南鄙"。郏是时仍藉齐势以侵鲁。十六年，郏宣公为晋所执，郏悼公立。十七年，郏仍与齐夹攻鲁南北鄙。十八年，晋人合诸侯伐齐，执郏悼公，又取郏田，自漷水，归之于鲁。然二十年《传》；"郏人骤至，以诸侯之事，弗能报也。秋，孟庄子伐郏以报之。"是知其时郏之不甚畏鲁。二十一年《经》："郏庶其以漆闾丘来奔。"二十三年《经》："郏畀我来奔。"自此郏始渐弱，为鲁所制。二十七年《传》："为会于宋，齐人请郏，宋人请滕，皆不与盟。"是此时郏为齐之属。昭四年《传》：郑子产对楚子曰："郏畏鲁。"十三年《传》：平丘之会，郏人、莒人诉于晋曰："鲁朝夕伐我，几亡矣。"二十三年《传》：鲁取郏师，郏人又诉于晋，晋欲以鲁叔孙婼畀郏人，士弥牟曰："鲁亡叔孙，必亡郏。"则鲁此时确已有亡郏之力，郏甚畏鲁矣。鲁昭之末，二十七年《经》："郏快来奔。"三十一年《经》："黑肱以滥来奔。"郏益为鲁所弱。鲁定公时，郏隐公在位，一与鲁盟（定三年），一与鲁会（十四年），一朝鲁（十五年），一奔鲁之丧（同年），如此事鲁，犹不免于鲁讨。鲁哀初年，鲁乘晋、齐相攻，数伐郏国，夺取郏田（元、二、三、六年），八年：俘郏隐公，郏几濒于亡，赖吴、齐之力幸存，而是年吴又执隐公。二十二年，越人纳隐公于邾，越二年，复执之。春秋时邾国势至此极衰。然卒未见灭，幸存而入战国。

（12）春秋时巴国所在

春秋时巴国旧谓在今四川重庆，以《左氏》验之，殊不相合。桓九年《传》："巴子使韩服告于楚，请与邓为好，楚子使道朔将巴客以聘于邓，邓南鄙鄾人攻而夺之币，杀道朔及巴行人。楚子使薳章让于邓，邓人弗受。夏，楚使斗廉帅师及巴师围鄾，邓养甥、聃甥帅师救鄾，三逐巴师，不克。斗廉衡陈其师于巴师之中以战而北，邓人逐之，背巴师而夹攻之，邓师大败，鄾人宵溃。"邓今河南邓县，巴欲与邓为好，是其国当离邓不远。庄十八年《传》："初，楚武王克权，……迁权于那处，使阎敖尹之。及文王即位，与巴人伐申而惊其师，巴人叛楚而伐那处，取之，遂门于楚。阎敖游涌而逸，楚子杀之，其族为乱。冬，巴人因之以伐楚。"十九年《传》："春，楚子御之，大败于津。"那处旧说在今南津县附近，春秋时楚郢都盖在汉水中游（非今江陵之地，别有考证），巴与楚共伐申，而申本南阳之国，是巴必在楚之西北。文十六年《传》："秦人、巴人从楚师，群蛮从楚子盟，遂灭庸。"则巴当近秦、庸，庸今湖北竹山县。哀十八年《传》："巴人伐楚，围鄾。……三月，楚公孙宁、吴由于、薳固败巴师于鄾，故封子国于析。"鄾本邓南鄙邑，是时属楚，巴伐楚而围鄾，足证巴仍与邓不远。"封子国于析"者，析在丹水流域，盖地近巴国，封子国以制巴也。《战国策·燕策二》苏代说燕："（秦）正告楚曰：……汉中之甲，轻舟出于巴，乘夏水而下汉，四日而至五渚。"（《史记·苏秦传》略同）是巴在汉水流域之明证。今陕南有大巴山脉，当即古巴族根据地。

（13）春秋时北燕国所在

《左氏传》前期所载之燕，皆南燕，非北燕（《齐语》："桓公曰：吾欲北伐，何主？管子对曰：以燕为主。"其书晚出，不可信）。

北燕始见于襄二十八年《传》："齐侯、陈侯、蔡侯、北燕伯、杞伯、胡子、沈子、白狄朝于晋，宋之盟故也。"北燕与齐屡有交涉（襄二十九年《经》、昭三年《经》《传》、六年《经》《传》、十二年《经》），盖齐之附属。

春秋时北燕所在，旧以为在今北京附近，说甚可疑。昭七年《传》："齐侯次于虢，燕人行成，……盟于濡上。"濡上旧说谓在今河北任丘县，案此为北濡水，别有南濡水，在今河北满城县附近，齐、燕所盟，疑为南濡。昭十二年《经》："齐高偃帅师纳北燕伯于阳。""阳"《左氏》作"唐"，即今河北唐县，其地固近满城。燕与齐为城下之盟于濡上，齐又纳燕君于唐以逼燕，知春秋时北燕国都当与此二地相邻。盖在今河北西部近易水处，《史记·燕世家》《集解》："《系（世）本》曰：桓侯徙临易。宋忠曰：今河间易县是也。"其说允矣。至于南燕、北燕有无关系，北燕是否姬姓，今尚难悬断。

（14）春秋时濮族所在

昭元年《传》："吴、濮有衅，楚之执事，岂其顾盟。"知濮为春秋时一大族。然尚为部落组织，文十六年《传》所谓："百濮离居，将各走其邑，谁暇谋人？"濮之卒不能大为楚患者以此。《牧誓》记从周伐商者有"庸、蜀、羌、髳、微、卢、彭、濮人"。蜀、微不知所在，余六国皆西方及周西南之部族也。《郑语》："楚蚡冒于是乎始启濮。"则濮邻接于楚。昭九年《传》周人曰："及武王克商，……巴、濮、楚、邓，吾南土也。"巴、楚、邓彼时皆近汉水，则濮亦当在此。文十六年《传》："楚大饥，麇人率百濮聚于选，将伐楚。……（楚）乃出师，旬有五日，百濮乃罢。"麇亦汉水流域之国也。昭十九年《传》："楚子为舟师以伐濮。"则濮盖在多水之地，约当楚之迤西向南，然部落之国迁徙无常，凿定其处，转难妥当（如昭九年《传》："然丹迁城父人于陈，以夷濮西田益之。"则楚东似亦有濮）。

（15）春秋时之"国"

春秋时所谓"国"者，多与后世之国非同一概念。隐元年《传》："都城过百雉，国之害也。先王之制：大都不过参国之一，中五之一，小九之一。"杜《注》："侯伯之城方五里，径三百雉。"则所谓"国"者，诸侯国都城圈以内之谓，盖犹是城市国家之规模，此《孟子·万章下》所以有"在国曰市井之臣，在野曰草莽之臣"之说也。然近郊之地亦间有包括在"国"之范围内者。隐五年《传》："公闻其入郊也，将救之，问于使者曰：师何及？对曰：未及国。公怒，乃止。"此以郊内为"国"之证。又《齐语》："参其国而伍其鄙。"韦《注》："国，郊以内也……鄙，郊以外也。"焦循曰："盖合天下言之，则每一封为一国；而就一国言之，则郊以内为国，外为野；就郊以内言之，则城内为国，城外为郊。"（《群经宫室图》卷上）其说允矣！"城内为国"之国，春秋文献中最常用，若"每一封为一国"与后世之国同其概念者，如襄二十五年《传》："今大国多数圻矣"即是，然文献中不多见也。

（16）春秋时之"县鄙"

"县鄙"之县与县、郡之县不同，后者为大邑，前者则乡聚之称也。春秋时有以"国""县"对举者，如《周语中》："国无寄寓，县无施舍"，"国有班事，县有序民"。"国"为都邑，则"县"为都邑外乡聚之地可知。昭二十年《传》："县鄙之人入从其政"，此"县鄙"亦是国都外乡聚之地。《齐侯钟铭》记灵公赐叔夷"其县三百"，此所谓"县"即"县鄙"之"县"，非县、郡之县，故多至三百。襄二十六年《传》："疆戚田，取卫西鄙懿氏六十，以与孙氏。"而昭五年《传》："竖牛取东鄙三十邑，以与南遗。"则"鄙"中亦有小邑。凡此所谓"县""邑"皆乡聚之类，在"国"或"都"之四鄙也（《费誓》"鲁人三郊、三遂"，所谓"遂"，亦指远鄙之地）。

《齐语》："制鄙三十家为邑，邑有司；十邑为卒，卒有卒帅；十卒为乡，乡有乡帅；三乡为县，县有县帅；十县为属，属有大夫，五属故立五大夫，各使治一属焉；立五正，各使听一属焉。是故正之政听属，牧政听县，下政听乡。"此等记载虽不可尽信，总有若干史影存乎其间。

（17）春秋时出征兵数与全国兵数比例

春秋时列国出征兵数与全国兵数之比例若何？或举昭五年《传》："因其十家九县，长毂九百，其余四十县，遗守四千。"以为出征兵数约当全国兵数五分之一，其实此非常例也。齐桓公时齐为千乘之国（或八百乘），士三万人，而《吕氏春秋·简选》："齐桓公良车三百乘，教卒万人，以为兵首。"则三之一也。鲁亦千乘之国，而定十年夹谷之会齐人曰："齐师出竟，而不以甲车三百乘从我者，有如此盟。"则亦三之一也，盖三之一最为常见。亦有逾于此者，如昭十三年平丘之会晋用车四千乘，此自为倾国之师，留守者度仅千乘左右，故"鲜虞人闻晋师之悉起也，而不警边，且不修备"。又如襄二十五年《传》："郑子展、子产帅车七百乘伐陈。"亦未必为三分之一，以郑国虽强，度此时其全国兵车未必至二千乘也。要之，征伐之事，自不能倾国以出，而不留守备，一般战役，不动大众，约出全国兵数三分之一已足，其有特殊原因必须多用者，自不在此限。

（18）春秋时宋、秦兵力推测

春秋初期宋为大国，其兵数不得少于鲁，僖公时鲁车千乘（《鲁颂·閟宫》），宋度亦千乘之国。宣二年《传》："郑公子归生受命于楚伐宋，宋华元、乐吕御之，二月壬子，战于大棘，宋师败绩，囚华元，获乐吕，及甲车四百六十乘，……宋人以兵车百乘，文马百驷，以赎华元于郑。"此役宋人丧车四百六十乘，又以百乘赎华元，所失几六百乘，则此役宋所用当至六七百乘之数。郑之兵车大略亦与宋相当，度其时宋、郑二国均逾千乘矣。

春秋初晋、秦并为大国，然秦师固少于晋，僖十五年《传》：韩之役，晋惠公使韩简视师，复曰"师少于我，斗士倍我"可证。僖三十三年《传》袭郑之役，"秦师过周北门，左右免胄而下，超乘者三百乘"，则用兵在三百乘以上。至春秋末，定五年《传》："秦子蒲、子虎帅车五百乘以救楚。"此役救一大国，抗一大国，兵数似嫌过少。如以此数为全国兵数二分之一计，则秦此时仅为千乘之国，如为全国兵数三分之一，则亦仅一千五百乘而已。然观昭元年《传》："秦后子有宠于桓，如二君于景。……鍼适晋，其车千乘。"一公子之车已多至千乘，度其全国兵数至少当在二千乘以上。岂救楚之役非秦本愿，徒以应申包胥之请，故少用其师耶？

（19）春秋时文武不分职及文武分职之萌芽

春秋以上，贵族官僚文武不分职，此以古代实行武士教育，凡士以上之贵族，几无有不能射、御者，《论语》记孔子谓门弟子曰："吾何执，执御乎？执射乎？吾执御矣。"孔子及其父皆以力闻，实武士也。晋军将佐亦即卿相，中军元帅即国相。齐三军之帅即齐侯与高、国二相。桓五年《传》：周桓王以诸侯伐郑，王为中军，虢公、周公二卿士分将左、右军，"祝聃射王中肩，王亦能军"，杜《注》："虽军败身伤，犹殿而不奔，故言能军。"则不特将相不分职，即国君以至周王均能武事也。终春秋之世，未见贵族不能武事者，亦未见文武确实分职之痕迹。至春秋末叶，新兴士夫既起，武士有转成文士之兆，战国以后文武分职之制乃见萌芽。如《论语·卫灵公》篇："卫灵公问陈于孔子，孔子对曰：俎豆之事，则尝闻之矣，军旅之事，未之学也。"是鄙军旅之事为不足学矣。子路以勇力闻，而常见斥于孔门。《论语·季氏》篇："季氏将伐颛臾，冉有、季路见于孔子……冉有曰：夫子欲之，吾二臣者，皆不欲也。"是时冉有、季路盖并为季氏家宰，冉有"千室之邑，百乘之家，可使为之宰也"，疑偏于文职，子路"千乘之国，可使治其赋也"，疑偏于武职，此似为文、武分职之始。然子路固尝总摄季氏家政（定十二年《传》），冉有亦尝"帅左师"，"用矛于齐师，故能入其军"（哀十一年《传》），则二子亦兼能文武也。

（20）春秋时谷禄制度之兴

春秋以上但有封土赐田之制，而无谷禄官俸之事，《晋语四》"公食贡，大夫食邑，士食田，……"可证。虽大夫之家臣亦有食邑或食田，如成十七年《传》："施氏之宰有百室之邑。"襄二十九年《传》："公冶致其邑于季氏，而终不入焉。"盖春秋后期以前无不得封土、食田之贵族也。然至春秋后期，贵族人数日增，渐有无土可封赐之势，始有所谓"无禄"之公子、公孙（昭十年《传》"凡公子、公孙之无禄者，私分之邑"）。贵族最下层之士此时盖多贫困，亟谋仕进以取禄食，然所取者已为谷禄，而非封邑、食田矣。《论语·雍也》："子华使于齐，冉子为其母请粟。""原思为之宰，与之粟九百。"《泰伯》："三年学，不至于谷，不易得也。"《宪问》："邦有道，谷；邦无道，谷，耻也。"此孔子弟子之为家臣者，固多取谷禄为俸；即孔子为鲁大夫，亦无封邑、禄田，而但取谷禄，《史记·孔子世家》"卫灵公问孔子居鲁得禄几何？对曰：奉粟六万。卫人亦致粟六万"可证。

凡有封土即有人民，得组织武装，为独立之资。春秋以来，天子之不能制诸侯，诸侯之不能制大夫，以至大夫之不能制家臣，悉由于此。故封土赐民之制，实为造成割据局面之基础。及谷禄制度兴，臣下无土地人民以为抗上之资，任之即官，去之即民，在上位者任免臣下无复困难，乃有统一局面出现之可能。故谷禄制度之兴，实春秋战国间政治、经济制度上一大变迁。

（21）"国人"成分分析

"国人"之名，屡见春秋文献。春秋时之所谓"国"，通常指国都（或包括近郊）而言，"国人"，即国都中人之谓也。惟春秋时"国人"亦受大贵族统治，"国人"中不包括大夫以上之阶层，文十六年《传》："不能其大夫，至于君祖母，以及国人。"可证。闵二年《传》："卫懿公好鹤，鹤有乘轩者。将战，国人受甲者皆曰：使鹤，鹤实有禄位。"则所谓"国人"盖以士为主也。定八年《传》：

"王孙贾曰：苟卫国有难，工、商未尝不（以）为患，使皆行而后可。……行有日，公朝国人，使贾问焉，曰：若卫叛晋，晋五伐我，病何如矣？皆曰，五伐我，犹可以能战，贾曰：然则如叛之，病而后质焉，何迟之有？乃叛晋。"据此，工、商亦在"国人"之中。《齐语》："制国以为二十一乡，……工、商之乡六，士乡十五，公帅五乡焉，国子帅五乡焉，高子帅五乡焉，……五乡一帅，故万人为一军，五乡之帅帅之。"韦《注》"士乡十五"引唐固说"士与农共十五乡"，曰："昭谓此士军士也，十五乡合三万人。"《管子·小匡》作"士农之乡十五"。则广义之"国人"包括居城中之士、工、商及近郊之农民，犹广义之"国"得包括近郊而言也。否则，士虽为下级贵族，安得有三万人之多？抑且与隐五年《传》："春蒐、夏苗、秋狝、冬狩，皆于农隙以讲事也"之说不合，所谓"公车千乘"，"公徒三万"（《鲁颂·閟宫》）者，必包括农民在内，且以农民为多数，士特其主力而已。

（22）春秋末"国人"力量

终春秋之世，"国人"始终为贵族统治内部及对外之主要力量，虽至春秋之末犹然。定十二年《传》：季氏将堕费，"公山不狃、叔孙辄帅费人以袭鲁"，孔子命申句须、乐颀伐之，"费人北，国人追之，败诸姑蔑，二子奔齐，遂堕费"。十三年《传》：晋范、中行氏作乱伐公，"国人助公，二子败，从而伐之，丁未，荀寅、士吉射奔朝歌"。哀元年《传》："吴之入楚也，使召陈怀公，怀公朝国人而问焉，曰：欲与楚者右，欲与吴者左，陈人从田，无田从党"。哀六年《传》：齐陈乞以诈谋合诸大夫伐高、国，"战于庄，败，国人追之，国夏奔莒，遂及高张、晏圉、弦施来奔"。哀十六年《传》：楚白公作乱，叶公使箴尹固"与国人以攻白公，白公奔山而缢"。哀二十六年《传》：宋大尹专政作乱，国人弗顺，六卿"使国人施于大尹，大尹奉启以奔楚"。据《左氏》所记，知春秋末"国人"力量之不可轻忽矣。

（23）春秋时农业收成有无二季推测

观《诗经》所载农事，春耕秋获，秋获后即无他种植，此为一甚可注意之事。

古代有麦，麦类今通常秋种、夏收。观隐三年《传》："四月，郑祭足帅师取温之麦。秋，又取成周之禾。"成十年《传》："六月丙午，晋侯欲麦，使甸人献麦。"此麦均夏收者，然《豳风·七月》："九月筑场圃，十月纳禾稼，黍稷重穋，禾麻菽麦。"乃以麦与秋收之谷并举。庄七年《经》亦曰："秋，大水，无麦苗。"岂麦亦秋收耶？（杜《注》以"五月"释"秋"，说似牵强。）二十八年《经》："冬，大无麦禾。"（杜《注》："书于冬者，五谷毕入，计食不足，而后书也。"亦牵强难通。）凡此皆甚可疑，非古种植之法异，即品种有异，甚难悬断。古代生产技术低，麦收后是否可再种其他作物，抑即以其地抛荒，皆无明文可考。

僖三年《经》："王正月，不雨；夏，四月，不雨；六月，雨。"《传》："自十月不雨，至于五月，不曰旱，不为灾也。"文二年《经》："自十有二月不雨，至于秋七月。"杜《注》："不雨足为灾，不书旱，五谷犹有收。"十年《经》："自正月不雨，至于秋七月。"杜《注》："义与二年同。"十三年《经》："自正月不雨，至于秋七月。"杜《注》："义与二年同。"凡此《传》所以"不为灾"者，似粮收主要在夏历之秋季也。古文献中农事记载不备，西周、春秋时收成似尚以一季为主。

（24）"百工"一辞分析

西周、春秋文献中"百工"一辞，所指往往非一种身份，其间有统治阶级与被统治阶级之分，不可不辨。如同为金文，《令彝》："明公朝至于成周，出令，舍三事令，及卿事寮，及诸尹，及里君，及百工，及诸侯……"此"百工"列内官之末，诸侯之前，必为工官。而《师毁毁》："□司我西隔、东隔仆驭、百工、牧、臣妾。"《伊毁》："命伊□官司康宫王臣妾，百工。"以"百工"与仆驭、牧、臣妾等并列，则是工人，而不得为工官矣。《尚书·康诰》：
"侯、甸、男、邦、采、卫，百工播民和，见士于周。"《洛诰》："予
齐百工，伻从王于周……"此等"百工"亦是工官，旧以"百官"
释之非也。盖工官虽较众，亦属要职，晚出书中遂有直以"百工"
为百官者，如《尧典》"允厘百工"是矣。《左氏》襄十四年《传》：
"大夫规诲，士传言，庶人谤，商旅于市，百工献艺。"此处"百工"
是工人。昭二十二年《传》："王子朝因旧官、百工之丧职秩者，与
灵、景之族以作乱。""单子使王子处守于王城，盟百工于平宫……
百工叛；己巳，伐单氏之官，败焉。庚午，反伐之；辛未，伐东
圉。"此"百工"似包括工官及其所属工人也。

古文献中同一名词，往往有不同之解释，此读古籍时不可不注
意者。

（25）春秋时下级贵族之经商

商业在远古时本为外来人及解放之奴隶所事，故属贱业。至春
秋时，"庶人、工、商"并称，工、商地位已仅次于农民之"庶人"
矣。盖经商易获利，在西周时农民已有以经商为副业者，如《酒诰》
所谓"肇牵车牛远服贾"是也。"如贾三倍，君子是识"（《大雅·瞻
卬》），则西周末年官府商人经营获利，已为贵族注意、羡慕。降及
春秋，盖渐有下级贵族因贫贱而经商之事，顾史料甚少。郑商弦高
（见僖三十三年《传》）能诈为郑使以犒秦师，"且使遽告于郑"，似
即贵族经商者，盖郑之商业本较发展也。《史记·管晏列传》："管
仲夷吾者，颍上人也。少时常与鲍叔牙游，鲍叔知其贤，管仲贫困，
常欺鲍叔，鲍叔终善遇之。……管仲曰：吾始困时，尝与鲍叔贾，
分财利，多自与，鲍叔不以我为贪，知我贫也。……"盖齐大国，
贵族人多，其下级贵族经商较早，然管、鲍外亦罕闻。鲁下级贵族
经商之见记载者，亦唯子贡一人。《仲尼弟子列传》："端木赐，卫
人。……子贡好废举，与时转货赀……家累千金……"《货殖列传》：
"子贡既学于仲尼，退而仕于卫，废著鬻财于曹鲁之间，七十子之

徒，赐最为饶益。……"自此类下级贵族经商，自由经商者乃益多，官府商业之崩溃及战国时商业之兴盛，盖肇端于春秋时矣。

（26）"小臣"身份

"小臣"在殷周时地位较高，以其为王之亲近也。伊尹即为"小臣"出身，故有"伊小臣"之称（《齐侯钟》）。《康诰》："亦惟君惟长，不能厥家人，越厥小臣、外正……"《君奭》："小臣屏侯甸，矧咸奔走。"此等所谓"小臣"皆王及大贵族之近侍也。

春秋时"小臣"身份，曾有争论。观其时文献，"小臣"实大贵族之仆侍，盖阉寺之类，奴隶之属也（"小臣"，臣之小者。臣本为奴隶之称，如"男为人臣，女为人妾"是。其后衍化为君臣之称，犹清代满洲大臣对皇帝之自称"奴才"也）。僖四年《传》："太子祭于曲沃，归胙于公，公田，姬寘诸宫，六日公至，毒而献之，公祭之地，地坟；与犬，犬毙；与小臣，小臣亦毙。"成十年《传》："小臣有晨梦负公以登天，及日中，负晋侯出诸厕，遂以为殉。"观此，"小臣"之身份可知矣。（《晋语二》："杜原款将死，使小臣圉告于申生。"亦此类身份之"小臣"。）

（27）仲子

仲子是否鲁惠夫人，关系桓公之是否太子，而间接影响三桓之地位。观《左氏》之尊仲子，复可窥见《左民》作者与季氏之关系。故兹事虽细，亦须一考。

案鲁夫人或其子得立为君者，不论嫡庶，皆有谥法。如鲁隐公母曰声子，桓公夫人曰文姜，庄公夫人曰哀姜，僖公母曰成风，僖公夫人曰声姜，文公夫人曰出姜（亦曰哀姜），宣公母曰敬嬴，宣公夫人曰穆姜，成公夫人曰齐姜，襄公母曰定姒，襄公夫人曰敬归（杜《注》：襄公妾。则本非夫人，以其子子野立为太子，故有谥），昭公母曰齐归，哀公母亦曰定姒，"声""文""哀""成""出""敬""穆""齐""定"者，皆谥也，唯昭公被逐，其夫人吴孟子遂无谥。据《左氏》之说，仲子为惠公夫人、桓公之母，则何以无谥？《公羊传》则云："仲子者何？桓之母也。何以不称夫人？桓未君也。……何以不言及仲子，仲子微也。"是不以仲子为夫人（《榖梁传》："仲子者何？惠公之母，孝公之妾也。"则无稽妄说，不必深辨）。然隐公即位后颇尊仲子，如五年《经》："考仲子之宫，初献六羽。"实以嫡夫人之礼奉之。元年《经》亦有"天王使宰咺来归惠公、仲子之赗"之文（二年《经》："夫人子氏薨。"或亦指仲子），则仲子确尚有地位，《公羊》以"仲子微也"一语了之，总属难安。《史记·鲁世家》所记乃有异，其言曰："初，惠公适夫人无子，公贱妾声子生子息（隐公），息长为娶于宋，宋女至而好，惠公夺而自妻之，生子允，登宋女为夫人，以允为太子。"案史公此说与春秋时家长制家庭婚姻情况吻合，非后人所能伪为，必有所本，盖得其实！春秋时习俗：父夺子妻所生之子虽可为太子，然不若子烝父妾（或后母）所生子之为太子（如晋太子申生）之名正言顺，昭二十六年《传》："楚平王卒，令尹子常欲立子西，曰：大子壬弱，其母非适也，王子建实聘之。"视昭王及其母为非嫡，亦缘斯故。然则桓公本在可立可不立之间，此仲子之虽登为夫人，复卒不得谥耶。

隐元年《传》："宋武公生仲子，仲子生而有文在其手，曰为鲁夫人，故仲子归于我。"闵二年《传》："（成季）及生，有文在其手曰友，遂以命之。""有文在其手"已大神奇，乃祖母与其孙同"生而有文"？此明是季氏后人或尊季氏者所造作，以抬高季氏地位耳。

《左氏》作者之尊仲子，尊桓公也；尊桓公者，尊季氏也。其左祖季氏，参以《传》中他语，昭昭明矣！

（28）息妫

庄十四年《传》："蔡哀侯为莘故，绳息妫以语楚子。楚子如息，以食入享，遂灭息，以息妫归，生堵敖及成王焉，未言。楚子问之，对曰：吾一妇人而事二夫，纵弗能死，其又奚言？"此种"一妇不事二夫"之观念，起于春秋、战国间个体家长制逐渐形成之时，而其前所未有者（即有，亦只是微弱之萌芽状态，观《左传》他文所记贵族男女关系可知。《论语》一书亦无夫妻间道德之讲述，而郑、卫之诗孔门且肄习之，均是佐证）。盖《左氏》作者误采战国时之野语入之传中也。

又案：楚之灭息，《经》《传》无明文记其年月，然庄十年《经》："秋九月，荆败蔡师于莘。"《传》言："息妫……过蔡，蔡侯……弗宾，息侯闻之怒，使谓楚文王曰：伐我，吾求救于蔡而伐之。楚子从之。"则其时息未见灭于楚也。设楚即以是年冬灭息，明年息妫即生堵敖，次年复生成王；则庄十九年文王之卒，堵敖仅十岁，成王仅九岁。而《史记·楚世家》载："（文王）十三年卒，子熊囏立，是为杜敖。杜敖五年，欲杀其弟熊恽，恽奔随，与随袭弑杜敖，代立，是为成王。"岂有十四五龄幼童已自相残杀如此？成王能奔随，且能用随师袭楚夺位，其年龄必不甚幼弱。故知《左氏》所言息妫事之多非实录。

（29）元妃

隐元年《传》："惠公元妃孟子，孟子卒，继室以声子，生隐公。宋武公生仲子，仲子生而有文在其手，曰为鲁夫人。故仲子归于我。"上言"元妃"，下言"夫人"，一若元妃与夫人有别者。元妃外复有二妃、下妃、少妃诸称，如文十四年《传》："邾文公元妃齐姜生定公，二妃晋姬生捷菑。"十八年《传》："文公二妃敬嬴生宣公。"昭二十八年《传》："是郑穆少妃姚子之子，子貉之妹也。"昭八年《传》："陈哀公元妃郑姬生悼大子偃师，二妃生公子留，下妃生公子胜。"其间等差，尚待考索。或以此为鲁、陈诸国所特有，恐未必然！然文二年《传》："凡君即位，好舅甥，备昏姻，娶元妃，以奉粢盛，孝也。"此则"元妃"明是夫人矣。宣三年《传》："姞，吉人也，后稷之元妃也。"《太平御览》引《竹书纪年》："后桀伐岷山，进女于桀二人，……桀受二女，……而弃其元妃于洛，……"此元妃亦皆夫人也。顾何以不曰夫人而曰元妃？抑元妃者，始配之夫人；若继配则只称"夫人"而不得曰"元妃"耶？史无明文可证，姑存此疑。

（30）春秋时之学问

《楚语上》："庄王使士亹傅太子箴，……问于申叔时，叔时曰：教之春秋，而为之耸善而抑恶焉，以戒劝其心。教之世，而为之昭明德而废幽昏焉，以休惧其动。教之诗，而为之道广显德，以耀明其志。教之礼，使知上下之则。教之乐，以疏其秽而镇其浮。教之令，使访物官。教之语，使明其德而知先王之务用明德于民也。教之故志，使知废兴者而知戒惧焉。教之训典，使知族类行比义焉。……"观此，似春秋时典籍已甚多，颇有书可读者，其实不然！《国语》之史料价值，低于《左传》。读《左传》则如其时贵族多不学无术，而所谓"王官之学"亦几于废坠。《左传》之常所称引者，厥惟《诗》《书》，此外唯《易》与《春秋》耳，《礼》《乐》虽常述及，是否有书，亦是疑问。昭二年《传》："晋侯使韩宣子来聘，……观书于大史氏，见《易象》与《鲁春秋》，曰：周礼尽在鲁矣。"其时典籍稀少可知。孔子以博学称，然《论语》所记孔子之常所称引者，亦唯《诗》《书》。"子所雅言：《诗》、《书》、执礼，皆雅言也"（《述而》），"吾自卫返鲁，然后《乐》正，《雅》《颂》各得其所"（《子罕》）。《诗》《书》而外，唯《礼》《乐》已。

春秋时所谓"学人"，孔子及其弟子而外，鲁之臧文仲、柳下惠，郑之子产等均是。子产时人誉为"博物君子"，然观其对晋人之问，所谓实沈、台骀（昭元年）、鲧化黄熊（昭七年）诸事，皆神话也。昭十七年《传》郯子所说黄帝、炎帝、共工、大皞、少皞故事，亦属神话传说范畴，而《传》谓："仲尼闻之，见于郯子而学之，既而告人曰：吾闻之，天子失官，学在四夷，犹信。"其时之所谓"学问"，"嘉言懿行"而外，多此类矣。

宣十六年《传》："晋侯使士会平王室，定王享之，原襄公相礼，骰烝，武子私问其故，王闻之，召武子曰：季氏，而弗闻乎？王享有体荐，宴有折俎，公当享，卿当宴，王室之礼也。武子归而讲求典礼，以修晋国之法。"昭七年《传》："公如楚，郑伯劳于师之梁，孟僖子为介，不能相仪；及楚，不能答郊劳。……孟僖子病不能相礼，乃讲学之，苟能礼者从之。及其将死也，召其大夫曰：……我若获没，必属说与何忌于夫子（孔子），使事之而学礼焉。"昭十八年《传》："葬曹平公，往者见周原伯鲁焉，与之语，不说学，归以语闵子马，闵子马曰：周其乱乎！夫必多有是说，而后及其大人，大人患失而惑，又曰可以无学，无学不害。……"观此，知春秋时贵族多昏暗腐朽，不知学问为何事，若士会、孟僖子之能病其不学而补过，时犹以为庸中佼佼矣。

（31）《左传》记秦国势之预言

文六年《传》："君子曰：秦穆之不为盟主也，宜哉！死而弃民……君子是以知秦之不复东征也。"案此末一语有预言性质。春秋之世，唯穆公时为强大，其后即渐衰弱，如春秋末吴伐楚入郢，昭王出奔，秦为昭王外家，乃止以五百乘救楚，足证其无力东顾，固不待入战国后"厉、躁、简公、出子之不宁"（《史记·秦本纪》）也。文十二年《传》："秦伯使西乞术来聘，……襄仲曰：不有君子，其能国乎？国无陋矣。"秦为"陋国"，此春秋时东方国家之传统观念。秦势复张，实在入战国百年后惠文王时，约为公元前三三〇年，亦即《左氏》所记预言之下限（详子南劲取卫条）。《左传》非一时所成（大体为公元前四世纪物），其大部分撰作时间在秦惠文前，故多保存东方国家原对秦国之传统观念，而出此"知秦之不复东征"之预言。

（32）《左传》记滕亡之预言

昭四年《传》："浑罕曰：……姬在列者，蔡及曹、滕，其先亡乎，逼而无礼……"案哀八年（公元前四七二年），宋灭曹。《史记·楚世家》："惠王……四十二年（公元前四四七年），楚灭蔡。"
是诚可谓先亡。若滕，则公元前四世纪孟子时犹在，安得谓"先
亡"？岂《左传》之作尚在孟子之后？自必不然。考《史记·越世
家》《索隐》引《纪年》："于粤子朱勾三十四年，灭滕。"越朱勾
三十四年当公元前四一四年，尚在公元前五世纪之末，此固可以谓
"先亡"矣。孟子时之滕国，盖越人南还后重建者，然其国"绝长补
短，将五十里"（《孟子·滕文公上》），犹不若季氏支裔或臣属所立
之费国（《吕氏春秋》以滕、费并称，《史记·楚世家》顷襄王十八
年条列举小国则有费无滕），遂不为《左氏》作者注意所及耳。

附 录　　周 代 谥 法

　　自王国维以来，学者多谓谥法晚兴，甚有谓时至春秋、战国间尚无谥法者，所谓谥法皆生号。然读先秦文献，此说乃大有可疑。读《左传》《史记》等书，知西周中叶以来，列国君臣以至周天子谥号，多与其人之德行、事业以至考终与否大略相当。如谥为"文"者，多彼时所谓令王或有功烈者，晋文侯有宁王室之勋，秦文公有逐犬戎之劳，楚文王有县申息、强楚国之功，卫文公复兴卫国，晋文公为霸主，鲁文公、宋文公、郑文公、邾文公皆令主，鲁季文子、臧文仲、齐陈文子、晋赵文子等，皆有令德之大夫，即鲁文姜虽被"淫乱"之名，然实参与鲁庄国政，与强齐周旋，亦大有造于鲁者也。谥为"桓"或"武"者，多为武功昭著之君（即周桓王虽有繻葛之败，然固能合诸侯以讨强郑，尚有"王亦能军"之誉）。齐桓公为霸主，鲁桓公时国势极盛（别有考），郑桓公东取虢、郐，建立新国，曲沃桓叔建国强于晋，卫武公"佐周平戎甚有功"，曲沃武公并晋，秦武公屡伐戎狄，楚武王时楚始强称王，此皆所谓善谥也。谥为"昭"者，则多中衰之主与不得其终者：周昭王"南征而不复"，鲁昭公被逐，齐昭公、晋昭公时皆中衰，晋昭侯、宋前昭公无道被杀，卫昭公、郑昭公、蔡昭侯皆被杀，楚昭王尝失国，周甘昭公作乱被杀，鲁叔仲昭子受竖牛之赂，叔孙昭子为季氏排挤而死，臧昭伯被逐，郈昭伯被杀（以上三人皆与于鲁昭之难，君臣皆以"昭"为谥，自非偶然），齐高昭子被逐，晋范昭子被逐亡家，秦太子昭早卒均是（"昭"至战国似已转为美谥，如韩昭侯、燕昭王、秦昭王皆令主）。谥为悼、哀、闵、怀，均其人不寿或不获令终，可哀悼怀闵者：周悼王立七月而卒（按之《史记》实被杀），晋悼公不及三十岁而卒，齐悼公立四年被杀，卫悼公立五年卒，郑悼公立二年卒，蔡悼侯立三年卒，燕悼公立七年卒，曹悼公立九年卒于宋，周甘悼公被杀，鲁季悼子立不久即卒，齐田悼子立五年卒，晋献公子卓（悼）子立而见杀，许悼公尝药而死（《春秋》书"弑"），鲁悼公时"三桓胜，鲁如小侯，卑于三桓之家"（盖为季氏所杀，别有考），楚悼王死后尸被残毁，秦悼武王举鼎绝膑死，悼太子质魏死，赵悼襄王"不得意而死"（《韩非子·饰邪》），宋悼公即见执于韩文侯之"宋君"；周哀王立三月遇杀，鲁哀公被还出国（且有被杀之嫌），庄夫人哀姜为齐人所杀，文夫人哀姜大归于齐，齐哀公为周夷王所烹，宋哀公立一年卒，郑哀公被杀，晋哀侯为曲沃武公所获，晋哀公失政，楚哀王立二月余见杀，燕哀侯立二年卒，陈哀公自杀，蔡哀侯为楚人所虏，韩哀侯被杀；鲁闵公立二年见杀，齐闵王失国见杀，宋闵公被杀，陈闵公亡国身死；卫怀公被杀，怀君为魏囚杀，晋怀公被杀，秦怀公自杀，楚怀王囚死于秦，陈怀公客死于吴。谥为隐者，其死或非其罪，鲁隐公让国而为弟桓公所杀，曹隐公亦为亲族所杀，蔡隐太子被杀。谥为"出"者，失国之谓，卫出公、晋出公、秦前后二出子皆是，于义尤显。"幽""厉"均恶谥，谥为"幽"者，盖非令主，且不得其死。周幽王见杀于犬戎而亡其国，鲁幽公被杀，郑幽公为韩人所杀，晋幽公淫妇人为盗所杀，楚幽王时楚大乱，曹幽伯被杀，赵幽缪王亡国。谥为"厉"者，皆有昏德或不终者，周厉王放于彘，齐厉公暴虐见杀，宋厉公杀君自立，晋厉公被杀，秦厉公时国亦不宁，郑厉公尝见逐，陈厉公淫乱见杀。"灵"之为谥，略近于"厉"，周灵王"防斗川以饰官"，死后王室始乱（《周语下》），《史记·封禅书》又载苌弘以方怪事之，大似周厉之信卫巫。卫灵公、郑灵公、晋灵公、楚灵王、齐灵公、陈灵公、蔡灵侯，皆无道或见杀，秦灵公时秦国势方衰，而灵公务为神怪（见《史记·封禅书》）。赵武灵王虽有武功，然废长立幼，卒致内乱，身死为天下笑。此外与其人生平吻合之谥号尚夥，不更备列。夫个别君主谥法与其生平相合，主生号说者，犹可谓为偶然之事，或径从训诂上考得某恶谥本有善意，因论定其为生号而非死谥。无如谥与其人生平大多吻合，同谥之人其善恶常大略相埒，若以为生号，岂不大奇！窃以为西周中叶以后，谥法实兴，渐取生号之制而代之，《左氏》襄十三年《传》："楚子疾，告大夫曰：不谷不德，……亡师于鄢，以辱社稷，为大夫忧，其弘多矣，若以大夫之灵，获保首领，以殁于地，唯是春秋窀穸之事，所以从先君于祢庙者，请为灵若厉，大夫择焉……"（《楚语上》略同）《孟子·离娄上》："暴其民甚，则身死国亡，不甚，则身危国削，名之曰幽、厉，虽孝子慈孙，百世不能改也。"此书虽战国前期之文，当非无稽妄说，而《论语·公冶长》："子贡问曰：孔文子何以谓之文也？子曰：敏而好学，不耻下问，是以谓之文也。"则是春秋后期以"文"为死谥之明证，安得谓春秋、战国间尚无谥法耶？盖西周中叶以后，王室中衰，政柄下移，至春秋则更入大夫、家臣之手，所谓令主身后，固按其行事奉以美谥，若不得其死或失国之主，自易以恶谥谥之，与后来中央集权专制之世臣下不敢议其君上者有异。至秦政统一天下，专制政权巩固，遂有"朕闻太古有号毋谥，中古有号，死而以行为谥。如此，则子议父，臣议君也，甚无谓，朕弗取焉。自今以来，除谥法"之制。所谓中古，自不能为战国之世，必西周、春秋时也。汉以还恢复谥法，然亡国之外，率不得恶谥也，此时之臣下诚不得议其君矣。主春秋时无谥说者之所据，止二三彝器，其铭文有齐灵公、陈桓子诸称，然安知此等器不为灵公、桓子身后所铸？不然，何以传世彝器至数千具，铭文中多不见此等所谓生号耶？

又周代谥号往往多至二三字，而文献中常简称其主要之一字，如卫武公之为"睿圣武公"，齐灵公之为"桓武灵公"是也。余如周贞定王亦称"定王"或"贞王"，考哲王亦称"考王"，威烈王亦称"威王"，元安王亦称"安王"，夷烈王亦称"烈王"，显圣王亦称"显王"；秦厉共公亦称"厉公"，元献公亦称"献公"，惠文王亦称"惠王"，悼武王亦称"武王"，昭襄王亦称"昭王"；田齐孝武桓公亦称"桓公"；魏惠成王亦称"惠王"；韩昭厘侯亦称"厘侯"；赵惠文王亦称"文王"，燕昭襄王亦称"昭王"或"襄王"；东周昭文君亦称"文君"，均为二字谥。又若韩桓惠王亦称"悼惠王"，宣惠王亦称"威侯"，秦悼武亦称"武烈王"，则或为三字谥，盖古谥法颇为错出也。《檀弓下》："公叔文子卒，其子戍请谥于君……君曰：昔者卫国凶饥，夫子为粥与国之饿者，是不亦惠乎！昔者卫国有难，夫子以其死卫寡人，不亦贞乎！夫子听卫国之政，修其班制，以与四邻交，卫国之社稷不辱，不亦文乎！敀谓夫子贞惠文子。"则古谥法三字似为常例。